"十二五"高等院校精品

———— 工商管理系列 ————

企业商业模式

运营与管理

THE OPERATION AND MANAGEMENT OF
ENTERPRISE BUSINESS MODEL

余来文 林晓伟 封智勇 袁青燕／编著

经济管理出版社

ECONOMY & MANAGEMENT PUBLISHING HOUSE

图书在版编目（CIP）数据

企业商业模式运营与管理/余来文，林晓伟，封智勇，袁青燕编著. —北京：经济管理出版社，2015.7（2018.1 重印）

ISBN 978-7-5096-3810-1

Ⅰ.①企⋯ Ⅱ.①余⋯ ②林⋯ ③封⋯ ④袁⋯ Ⅲ.①企业管理—商业模式—运营管理—研究 Ⅳ.①F270

中国版本图书馆 CIP 数据核字（2015）第 121704 号

组稿编辑：申桂萍
责任编辑：申桂萍　高　娅
责任印制：黄章平
责任校对：赵天宇

出版发行：经济管理出版社
　　　　　（北京市海淀区北蜂窝 8 号中雅大厦 A 座 11 层　100038）
网　　址：www. E-mp. com. cn
电　　话：（010）51915602
印　　刷：三河市延风印装有限公司
经　　销：新华书店
开　　本：720mm×1000mm/16
印　　张：20
字　　数：370 千字
版　　次：2015 年 7 月第 1 版　　2018 年 1 月第 2 次印刷
书　　号：ISBN 978-7-5096-3810-1
定　　价：49.00 元

"十二五"高等院校工商管理专业
精品课程系列编委会名单

总　编：

叶仁荪（江西理工大学党委书记）

李良智（江西财经大学校长助理、研究生院院长）

副总编：

赵卫宏（江西师范大学商学院院长）

陈　明（江西财经大学工商管理学院副院长）

黄顺春（江西理工大学经济管理学院副院长）

余来文（江西师范大学商学院教授、文字传媒总裁）

编委会委员：（排名不分先后）

余来文　陈　明　黄顺春　赵卫宏　边俊杰　曾国华　孟　鹰

封智勇　林晓伟　孙立新　庞玉兰　王　欣　张明林　嵇国平

李继云

前　言

　　"互联网+"将成为 2015 年最热的词语之一，是 WEB2.0 后的发展新常态，代表着互联网科技的未来，代表着财富的未来！同时，依托"互联网+"概念而衍生出"互联网+商业模式"概念将越来越热！当然，"互联网+商业模式"不仅是个创新的概念，更是吸引众多行业人士关注与尝试的商业之道。依托互联网技术、资源与传统实体经济结合，打造"互联网+商业模式"新兴模式，不再只是飘在云端的模式，也不再是搭一个数据平台靠概念卖产品的模式，而是传统服务在新时代的新节奏！

　　"以一个互联网人的角度去看传统行业，你就会发现太多事情可以做。"国内最大中文搜索引擎百度 CEO 李彦宏的这句话道出了"互联网+"的创新视角。随着互联网的快速发展，毋庸置疑，更多新的商业模式将会诞生，但是依然离不开对消费者需求的研究、对消费者的关注、服务的提升、产品的创新等。在互联网时代，重要的是如何让互联网思维为企业服务，而不是企业被互联网思维所误导，坚持商业的本质，抓住最简单的产品、服务、消费者是正道，企业才能在浮躁的商业氛围中赢得市场。今天，互联网行业正在加速渗透传统行业，包括图书、电子产品、媒体、电信、金融等诸多行业都发生了天翻地覆的变化。以电商酒仙网为例，从过去的行业"新兵"到今天的流通行业巨头，酒仙网在短短几年内就以令人惊愕的成长速度震惊酒业。

　　无论是实行互联网改造传统企业，还是试水 C2B 私人定制的电商、酒企，互联网思维正在以前所未有的程度影响着今天的商业和从业人员。小米创始人雷军曾说："台风来了，猪都会飞！"对于传统的企业而言，互联网正是当下的"台风"，顺势而为，似乎已成定局，要么原地踏步等待死亡，要么应用互联网思维成就未来。

　　互联网加速了整个社会的开放化、扁平化，而不是人为地阻断用户之间信息的交互。内外兼修才能标本兼治。借助互联网，实现自身的组织再造，才能保证企业价值管理、供应链管理、财务管理、市场营销、组织管理、战略管理调整落到实处。对组织自身的调整超越传统布局，是成立具备管理系统的互联网中心对组织的再造，通过自身打造成为互联网企业，实现从"电商"升级到"互联网化"的战略目标。

没有成功的企业，只有时代的企业，每个企业都是时代的产物。如果你不能跟上时代，你就会被时代淘汰。今天，我们都处在互联网时代，我们只能跟上这个时代。过去在传统经济时代，所有成功的做法，今天可能都不适用了，你只能按照互联网时代来运作。因此，你必须改变自己，这就是为什么一定要做互联网时代的商业模式。

市场从来不缺需求，缺的是行业标准与信任，互联网时代的企业该如何与时俱进，从传统的商业模式中走出来分一杯羹呢？这就需要企业结合先进互联网信息化管理模式在竞争中、在面对客户服务中突破自我，既要传承更多的行业元素，同时还要有自我革命的勇气。互联网的价值匹配体系并非是真正公平的，获取最多被推送和推荐的，并非是真正意义上与某个人最契合的用户，很有可能恰恰是购买用户服务价格最高的那个人。虽然他未必是真正的"高富帅"，很有可能只是包月最多的用户，这一切并非是互联网自身的过错，而是由于商业收费模式所决定的。除了标准化的产品服务设计以外，更不能忽视非标准产品——信息的长效价值链构建。普遍来说，重点不是单纯意义的信息服务，而是实体服务，需要的是能够告诉用户如何选择、如何学会的能力，不是把最重要的人员放在销售上，而是放在专业的高附加值服务上。

"过去我们中国企业基本上是追赶型的，我们在改革开放初期学习的就是日本的全面质量管理，后来学习美国的六西格玛，然后是所有欧美先进的管理模式。"在美国管理学会（AOM）第73届年会上，海尔集团董事局主席、首席执行官张瑞敏说，"在互联网时代，传统的管理模式都不奏效了，现在必须去打造新的。所以这其实是机遇也是挑战。"商业模式创新中的探索试错对我们来讲就是探索创新。在具体做的时候就是试错、纠错，没有正确的道路，必须不断探索。海尔探索的内容有三点：第一是战略；第二是组织；第三是薪酬。战略和组织对企业来讲是非常重要的，美国的企业史学家钱德勒有一句话：一个是战略；另一个是组织。

《企业商业模式运营与管理》主要定位的读者群：工商管理、创业管理、电子商务、金融类专业学生、企业经营管理人才、管理咨询顾问、投资人才。可以说，本书不仅旨在面向经济管理类专业学生的培养学习，而且还对企业管理人员有一定的参考价值。当然，读者对这一类教材的阅读都应持批评的态度，而非照搬。本书由余来文、林晓伟、封智勇、袁青燕编著，承担了从项目策划、拟订大纲及各章节详细的写作思路、内容的审定、提出具体修改意见与执笔修订、定稿等工作。同时，南昌工程学院嵇国平和校建立讲师，江西财经大学刘东东、熊志强、石磊研究生，江西师范大学赖晓燕研究生等参与了本教材相关章节的编写工作，具体参与编写人员分工为：第一章（刘东东、林晓伟）；第二章（熊志强、林晓伟）；第三章（刘东东、余来文）；第四章（熊志强、封智勇）；第五章（石磊、余来文）；第六章（赖晓燕、余来文）；第七章（校建立、嵇国平）；第八章（赖晓燕、封智勇）。当结束该书写作时，如果说最后成书是一个成果，那么这是一个众人智慧的集合。本书在写作过程中得到了江西教育厅厅长叶仁荪教授、江西财经大学校长王乔教授、澳门科技大学协理副校长庞川教授等的指导和帮助，特此表示衷心的感谢。感谢经济管理出版社申桂萍主任在写作本书过程中给予的大力支持。

在这里，我们必须感谢本书参考文献的所有作者！没有你们的前期贡献，就不会有"巨人肩上的我们"。我们还必须感谢本书案例中的中国企业！没有你们的业界实践，《企业商业模式运营与管理》将成为"无本之木"。特别需要说明的是，本书在编写过程中，学习、借鉴、吸收和参考了国内外众多专家学者的研究成果及大量相关文献资料，并引用了一些书籍、报刊、网站的部分数据和资料内容，已尽可能地在参考文献中列出，有的部分由于时间紧迫，未能与有关作者一一联系，敬请见谅，在此，对这些成果的作者深表谢意。

由于编写者的学识水平有限，书中难免还有瑕疵，敬请广大读者批评指正！使本书将来的再版能够锦上添花！如您希望与我们进行沟通、交流，扬长补短，发表您的意见，请与我们联系。电子邮件：eleven9995@sina.com。

目　录

第一章　互联网时代的商业模式

【本章要点】

☆ 互联网时代的新商业生态环境

☆ 商业模式创新对新时期企业的巨大作用

☆ 企业模式创新的影响因素及路径选择

☆ 互联网时代的成功商业模式

【开章案例】　　奥瑞金包装：商业模式创新=未来

　　奥瑞金包装股份有限公司始创于 1994 年，是一家集金属制罐、金属印刷、底盖生产、易拉罐制造和新产品研发为一体的大型专业化金属包装企业，主要为客户提供各类食品、饮料、罐头、调味品、啤酒、乳制品等产品的包装制品生产，同时可提供包括高科技包装设计、印刷、制造及全方位客户服务等一体的综合包装解决方案。

图片来源：www.orgcanmaking.com。

一、公司介绍

　　奥瑞金包装致力于振兴中国金属容器制造行业，打造国际品质的金属包装，产业规模从北京辐射至山东、湖北、四川、浙江、广东、福建、云南、海南、新疆等地区，海外包括澳大利亚和尼日利亚等国家，已有多个生产制造基地，拥有多条国际领先的生产流水线和多套检验、检测设备。奥瑞金包装以绿色包装为根本，创新应用仿瓷涂料和粉末补涂工艺以保证食品安全，享誉国际市场，产品冠名为著名商标；加快实施金属包装减量化和薄壁化，每年为国家节约钢材上千吨，单位产值对资源的消耗降低 20% 以上，成为业内最优化企业；以创造优质品取胜，成为红牛、王老吉等名牌饮料的最大供应商；以挑战世界前沿技术为制高点，获取专利 12 项，获得国际知名行业组织——Asia Can Tech 颁发的四项大奖，5 升啤酒桶的研制和生产填补了亚洲空白并获得了亚洲异型罐参展大奖。在金属印刷方面，奥瑞金包装实施高保真六色印刷技术，保证了产品最佳的视觉效果。

奥瑞金包装还通过了 ISO9001-2000 国际质量管理体系和 ISO14001 国际环境管理体系的认证，实现管理与国际接轨。公司两次被国际行业组织评为"年度最佳制罐公司"，连续获得全国守信企业、高新技术企业和技术进步企业等 20 余项光荣称号。

二、奥瑞金包装经营运作情况

随着全球食品经济发展，包装行业所创利润也在节节攀升。包装企业逐渐走向正轨，越来越多的企业呈规模化发展，为我国包装行业整体向前推进做出了重要贡献。

（一）创新经营模式，创造超越客户期望的价值

第一，技术研发+智库。公司将技术研发作为企业发展的根本动力，建立起国内领先的技术研发中心，从事金属包装的应用技术、前瞻性技术及整体解决方案的持续研发。吸引和培养了一批优秀的高素质人才，成功完成企业研发战略框架性团队及组织架构的构建。公司聘用拥有多行业、多专业背景的资深专家学者组成的企业顾问团队，充分利用和整合了行业的智力资源，极大地促进了公司技术开发和转化的能力和效率。

第二，先进设备+全方位信息渠道。随着公司业务规模不断扩大，公司逐步配备了具有国际先进水平的金属制罐生产线，主要产品的生产工艺达到了国际先进水平，具备较明显的装备和技术优势。至今，奥瑞金包装技术研发中心已具备和实现了为饮料和食品企业提供整套的产品应用解决方案的实力，这也是奥瑞金包装产品在同等条件下比同业厂家产品定价更高的根本性前提。在当今民众对食品安全日益关注的现状和趋势下，包装产品的质量安全已成为包装企业发展和赢取核心客户的核心竞争力，如图 1-1 所示，奥瑞金包装对原材料的选择与检验有着高标准的要求。将客户和市场的需求转化为技术研发的方向和公司运营的目标，与客户建起全方位的网络沟通渠道，实现信息的全面、及时、有效对接与整合，帮助解决各类显性和隐性质量问题，实现共同成长。奥瑞金包装与国内食品饮料领域内具有优势市场地位的知名企业展开合作，形成与主要核心客户长期、稳定的合作关系，主要客户包括："红牛"、"加多宝"、

"旺旺"、"露露"、"中粮屯河"、"达利园"、"伊利"等食品、饮料领域内具有综合竞争优势的知名企业和品牌。

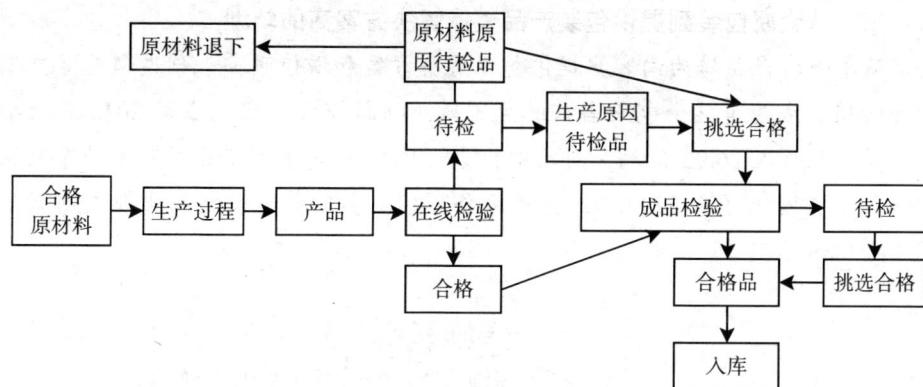

图 1-1 奥瑞金包装质量要求高标准

第三，创新模式+响应政策。奥瑞金包装创造了享誉海内外的三个经典客服合作模式：OEM 代加工模式、Wall to Wall 模式、Inplant 模式，实现了紧贴客户、快速服务客户的生产运营模式。同时，公司的高层、中层和基层与客户组织形成交叉立体网状的信息沟通渠道，奥瑞金包装与红牛品牌的共同成长之路是其营销服务模式的经典之作。同时，为了积极顺应市场和客户的当前和未来的发展需求，满足国家产业调整升级政策，奥瑞金包装技术研发中心实施了包装材料创新、罐体薄壁减量化和安全评价体系构建等项目的研发和及时的成果转化，为客户实现成本节约的前提下，实现产品外形设计差异化和产品安全升级的包装方案优化，从而使得客户在选择奥瑞金包装解决方案的同时，也选择了一种新的营销亮点。创造超越客户期望的价值、让客户变得更好，已成为奥瑞金包装企业发展的重要理念。

（二）资产完整，机构运作独立，业务流程健全

奥瑞金包装是由奥瑞金新美整体变更而来，整体继承了奥瑞金新美的业务、资产、机构及相关债权、债务，未进行任何业务和资产的剥离。奥瑞金包装各职能部门分工协作，在机构设置、人员及办公场所方面均独立于控股股东，不受控股股东和实际控制人的干预，与控股股东、实际控制人及其控制的其他企业间不存在混合经营、合署办公的情形。奥瑞金包装拥有独立于股东的生产经营场所和经营性资产，拥有自主知识产权，拥有独立完整的采购体系、生产体系、销售体系和研发设计体系，各职能部门均拥有专职工作人员，奥瑞

金包装具有直接面向市场独立经营的能力，不存在依赖控股股东进行生产经营的情况。

三、从金属包装到提供包装产品整体解决方案商的转型

从单一卖产品转为向客户提供整体解决方案和增值服务来创造超越客户期望的价值已成为奥瑞金包装当前的主流商业创新模式，实现公司 2014 年上半年实现营业收入 26.95 亿元，同比增长 20.17%；归属于上市公司股东的净利润 4.23 亿元，同比增长 37.80%，业绩符合预期。奥瑞金包装的商业模式创新如图 1-2 所示。

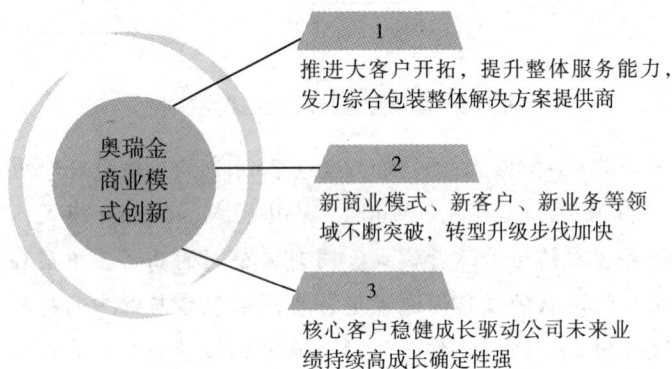

1
推进大客户开拓，提升整体服务能力，发力综合包装整体解决方案提供商

2
新商业模式、新客户、新业务等领域不断突破，转型升级步伐加快

3
核心客户稳健成长驱动公司未来业绩持续高成长确定性强

奥瑞金商业模式创新

图 1-2　奥瑞金包装的商业模式创新

（一）提升整体服务能力，发力综合包装整体解决方案提供商

北京一轻食品集团是北京老字号的综合性食品集团，双方约定由奥瑞金包装向北京一轻食品集团的产品北冰洋饮料、义利面包、义利糖果提供金属罐、玻璃瓶及其他包装的生产、包装设计、品牌管理及饮料罐装等服务。通过本次合作，奥瑞金包装一方面实现了新客户开拓、优化客户结构，打造客户资源"护城河"；另一方面有望加强饮料罐装业务，并形成集包装设计、生产、罐装等于一体的整体服务能力，有利于公司由传统金属包装制造商向综合包装整体解决方案提供商转型。

（二）新商业模式、新客户、新业务等领域不断突破，转型升级步伐加快

第一，新商业模式：公司未来将以制造为基础，逐步拓展"品牌运营+包装设计+互联网平台（二维码等业务）"，提供综合包装整体解决方案提升了综合竞争力，有力推进了公司智能包装业务的发展；第二，新客户：除了北京一轻食品集团外，公司还开始为伊利、佳必可等知名企业供应包装，预计未来还

将有新的优质大客户取得突破；第三，新业务：公司已收购控股股东罐装业务，并基于移动互联技术向红牛提供二维码服务，实现了产业链延伸，未来公司在覆膜铁方面的技术优势也有望带来成长新机遇。

（三）核心客户稳健成长驱动公司未来业绩持续高成长确定性强

核心客户红牛有望持续快速成长：预计 2015 年增速在 15%~20%；新基地产能释放与新客户开拓；商业模式创新以及外延并购；包装产业链不断横向并购与纵向延伸。外延并购已是奥瑞金包装实现业绩快速增长的重要思路，公司大股东上海原龙投资近期收购了 Ardagh 公司在澳大利亚和新西兰的制罐业务，上市公司有望显著受益，并借机实现国际化；纵向产业链延伸也是公司发展思路，预计公司未来的综合包装解决方案案例会较多。

四、结论与启示

我国包装产业正在以突飞猛进的态势向前迈进，呈现一派欣欣向荣之势。我国作为制造业大国，包装行业庞大的市场将逐步成为我国经济增长主体，走上属于它自己的历史舞台。预计未来的包装行业将向三大方向发展：

第一，由"简单包装"向"创新包装"转变。随着经济和消费水平的提升，消费者对包装品质、材料、款式等要求都在提高，具有创新能力的包装企业将越来越受到客户的青睐。

第二，大力发展绿色包装。随着"低碳经济"受到更为广泛的关注，政府对包装品的环保要求日趋严格。

第三，包装一体化专业服务。产业链分工精细化成为必然的发展趋势，越来越多的制造企业倾向于将包装环节整套外包，这样可提升管理效率、节约成本。在国内如奥瑞金包装能够为下游提供专业的包装全面解决方案的企业依然不多，公司具有较强的技术创新能力（DR 材、覆膜铁）和商业模式创新能力，准确的金属包装产品综合解决方案提供商的战略定位，能够持续完善生产布局，巩固在我国金属包装领域的行业地位，有望引领未来包装行业发展的趋势。

资料来源：作者根据多方资料整理而成。

新经济时代已经到来，将来不会有互联网企业与传统企业之分，只有互联网思维与传统思维的较量。互联网时代企业运营环境和管理思想的变化，直接影响企业组织结构、运营方式以及员工管理方式的变革，变革的根本目的是适应互联网时代的商业模式创新、组织模式创新以及外部合作模式的创新。互联网思维的爆发推动互联网时代的企业管理的深刻变革。在新互联网时代想要生存下去，需要理解互联网的生存结构与互联网思维，寻找适合自己的生存方式，拥抱这个令人振奋的时代。

第一节　互联网时代的商业生态环境

为迎接经济和社会发展的新常态，企业转型升级、创新驱动的压力，面对强国梦的追求和行业持续发展，互联网时代需要新的商业生态环境。企业传统的竞争思维定式"市场如战场，战胜对手，无休止掠夺市场份额"，要逐步过渡到"良性互动，竞争基础上多赢，高效配置资源，消费者与生产者双获益"的创新思维。实现互利共赢的竞争，创新商业盈利模式，营造共同成长的商业生态环境，将成为未来发展的风向标。

一、互联网时代的市场竞争环境变化

在新的经济环境下，国际、国内市场竞争环境发生深刻变化，企业需要用新的商业思维，寻找商业模式创新的时代驱动因素，改变企业原有价值创造链条，切实满足客户的核心需求。

（一）企业内外融合引发产权变革

互联网上非常流行按使用收费，看似并无特别之处，实际背后酝酿着一场产权革命，它彻底改变了企业竞争力的实现方式。产权环境是企业竞争力的根本环境，不同的产权制度会孕育不同的竞争力。工业化的产权制度被称为现代产权制度，互联网的产权制度是现代之后的更"现代"的产权制度。现代产权制度主要是围绕所有权与经营权展开，互联网的产权变革，却是围绕所有权本身展开，在所有权内部发生了核裂变，产生出支配权与使用权的两权分离。

从互联网实践看，云计算就是这样，软件支配权不收费，按服务中的使用权收费，这产生了支配权与使用权分离这种奇怪的新现象。回顾历史，我们赫然发现，在古罗马时代，人类是把支配权与使用权完全分开的。自 1793 年法国大革命的《人权宣言》以来，支配权与使用权就一体化了。恰在工业化完成后，支配权与使用权又神奇地分离了。苹果公司从这种产权核裂变中，释放出 5600 亿美元的竞争力。这种产权裂变与互联网是什么关系？我们看到，在工业化时代，以租代买，曾是所有权内部支配权与使用权的分离。但苹果公司不同，可以零成本复制，这就改变了竞争力的条件，出现了 Store（重资产）与 App（轻资产）的分离。苹果不进行两权分离，重资产只能给内部开发者使用一次，产生一次增值收益；而进行两权分离，可以零成本地让外部开发者免费使用四五十万次，只要其中一个零头的使用产生了收益，从收益中回报 30% 给苹果，苹果的现金就超过了美国政府。

互联网产权变革的前提，是对应支配权的生产资料（固定成本、重资本）可以零成本复制。这就是生产力改变带来生产关系的调整。

（二）垄断与竞争融合引发市场结构变革

互联网带来的第二个市场竞争环境的变化，是出现了新的市场结构。在工业化条件下，市场只有三种市场结构，即完全垄断、完全竞争和垄断竞争。但互联网带来第四种市场结构，这就是新垄断竞争结构。其特点是统分结合双层经营，即平台自然垄断，应用完全竞争。中国互联网上市公司，如腾讯、阿里巴巴等，基本都是这个模式。互联网免费模式，就是以新垄断竞争结构为前提才得以成立的。新垄断竞争与张伯伦时代的垄断竞争的区别，就在于原来的垄断竞争不区分平台和应用。没有出现平台免费而增值业务收费的竞争方式，而是采用品牌和广告来进行差异化运作。

（三）规模范围融合引发企业战略变革

竞争战略是竞争力的基本面，钱德勒的范围经济认为越多样化，成本越低；波特的差异化战略认为越多样化，成本越高。而互联网带来的第三个市场竞争环境的变化，出现了新的企业低成本差异化竞争战略。这是互联网创新出的一种波特没有识别出来的、教科书也没有的基本竞争战略。实践证明，互联网企业基本是在低成本差异化这个基本面上设计竞争力模式，钱德勒更符合互联网条件。

（四）平台应用融合引发企业模式变革

互联网带来的第四个市场竞争环境的变化，是产业与企业之间业态发生的变化，产生了平台基础业务与应用增值业务的分离，以及分离基础上的相互融合的业态，如阿里巴巴平台与网商店主构成的商业生态系统。对市场环境的直接改变，是出现了商业性的准公共产品提供者。

（五）线上线下融合引发业务模式变革

互联网带来的第五个市场竞争环境的变化，是以 O2O 为代表的线上线下融合。在为一对一营销服务的大数据业务支持下，数据业务将日益成为各行各业的核心业务。出现各行各业传统业务零增长，而数据增值业务高速增长的新竞争景观，如电信业出现的形势。互联网时代企业面临的市场竞争环境的变化如图1-3所示。

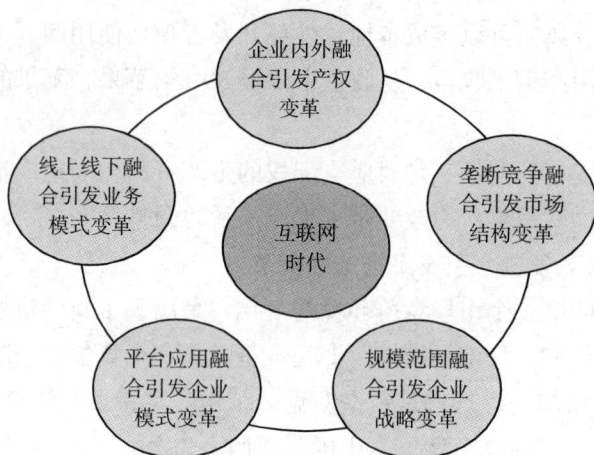

图1-3　互联网时代企业面临的商业环境变化

二、技术创新驱动与商业模式创新协同发展

一个好的商业模式，能够把技术创新、产品创新和服务创新进行有机的集成，将产业链上的各环节利益捆绑在一起，不断地推动产业竞争模式的发展和经济进步。在此过程中，技术创新与商业模式创新相辅相成、协同发展。

（一）技术创新支撑商业模式创新

技术创新是商业模式创新的前提，有了更先进的技术就可以改变企业的盈利模式和利润来源。我们在分析苹果的过程中经常将关注点放在其独特的"硬件+平台+内容"的商业模式上，往往忽略了苹果产品的新技术，其实每一代苹果产品给人们带来的完美体验都是依靠技术创新的支撑，如新型显示技术、多点触控技术等，这些新技术使苹果产品以高于同类产品的价格销售并获得丰厚的利润，也构成了苹果独特的商业模式中最基础的一环。人们选择苹果产品很大程度上是因为它的设计和技术，而坚持使用苹果产品则更多的是因为它的商业模式。

（二）技术创新驱动商业模式创新

很多新的商业模式都是围绕着技术创新而产生的，新技术往往可以为商业模式创新注入动力，最典型的就是云计算。云计算本身既是技术也是商业模式，不同的公司建立不同的云计算商业模式。谷歌立足于终端用户，通过建立强大的基础平台、软件系统和信息资源，以信息搜索服务的方式提供给用户，从广告获得收益。而微软的云计算思路是"云+端"，既强调云端的服务功能、将软件以服务方式提供给用户，又强调不断提高用户端的软件功能，同时让云端与用户端无缝连接。

（三）商业模式创新有效推动新技术转化应用

技术创新往往伴随着更高昂的成本、稀缺的配套资源和低下的市场认同度。如果没有合适的商业模式创新与之匹配，技术创新很有可能以失败告终。特别是对于新兴产业和变革性的新技术而言，由于技术不成熟、研发成本高、缺乏配套设施等原因，技术和产品的市场推广应用是其发展的重要难题。通过商业模式创新有效降低成本，是新技术、新产品走进市场的一条重要途径。特别是在新兴产业领域，技术和商业模式都处于探索阶段，更需要有活跃的商业模式创新来配合技术应用推广。

（四）商业模式创新助力开辟市场新空间

商业模式创新的核心价值在于最大限度地满足客户需求，许多商业模式的创新都是通过细分、挖掘、定位不同客户的不同需求进行的。苹果产品对消费者最大的贡献在于它创造了人们的需求。在 iPad 出现之前，消费者对平板电脑没有明确的需求，而一旦使用 iPad 平板电脑，其内容服务就在市场上迅速普及起来。

价值链模式专栏 1　　唯优：全产业链冲击家具租赁模式

图片来源：www.weyou360.com。

一、家具租赁行业背景与企业发展历程

在欧美及日本等发达国家，租赁模式已是家居市场的一类主流商业模式，而这一模式在国内尚属于起步的阶段。唯优网则是从家居定制的过程中，逐渐发现国内部分人群的这一消费需求，并将其产业链主动向下延伸的。在近 15 年的时间里，唯优从一个普通的家具生产工厂和家装公司，逐步过渡到家具租赁行业的一员，并建立了自己的物流和客服体系，打造了一套全产业链的创新型家具租赁模式。唯优网的租赁平台如图 1-4 所示。

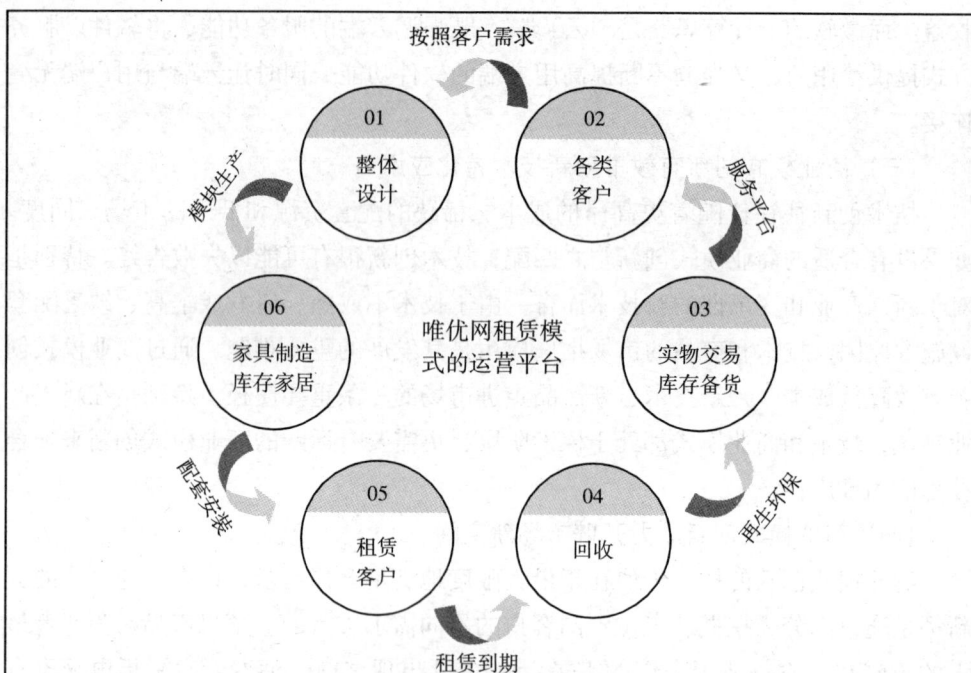

图1-4 唯优网租赁模式的运营平台

唯优家居成立于1999年，公司一开始的定位就区别于普通的家具工厂和家装公司，利用自身的设计优势，为上海的中高端消费人群提供家居的量身定制服务。当时大多数家装公司的经营范围还在为客户提供硬装服务的时候，唯优网就已经开始为客户提供"硬装+软装"的整体设计了，这一模式使公司积累了大量的家装设计经验和更高的营业利润。当时公司的营业范围主要是在上海富人聚集的古北区，这里也是跨国公司高管们定居和生活的一个相对密集的区域，公司的调研结果显示，跨国公司高管在华任职多以三年为一周期，且多以租房为主。这些高管们希望家具的款式有更多的选择范围、家具使用的成本更低，以及家装公司能做好对家具的后期维护。这一需求也催生了唯优网现在的模式，即提供家具租赁服务。

二、唯优网挖掘新市场，探索新的盈利渠道

在美国，家居租赁已有440亿美元的市场规模，而中国的家居市场规模约为7400亿元，但租赁市场几乎为零。相信随着国内消费者在环保、家居审美等方面意识的提高，家具租赁模式必然会迎来高速发展期。在现在的环境下，他们服务的主要客户仍是跨国公司人员。在经过数年的摸索后，唯优网目前已经与很多外国高管的服务机构，以及遍布大街小巷的房产中介建立了稳定的合作，通过 B2B 的方式去推广业务。

虽然唯优网挖掘了一项新的市场需求，但目前跨国公司高管的需求市场显然有限。为了寻找更多的盈利渠道，唯优网开始将寻找目标客户范围扩大到了家具需求量同样巨大的酒店市场。面向酒店行业的调研结果显示，星级酒店的家具，存在 5~7 年的折旧期，而这一周期在经济型酒店更短。对于酒店而言，一次性购置家具的投入大，且处理折旧家具的过程也费心费力。相比之下，家具租赁的优势就比较明显。唯优家居目前针对酒店用户的模式是，在确认租赁后，公司按酒店的要求设计并批量生产，在约 45 天的制作工期后完成交付，同时启动售后服务，即为酒店方提供维护维修及更换的服务，使得酒店在合同过程中不再需要考虑家具的折旧和损耗，待租赁合同期满，酒店方可选择继续租赁、购买或退还家具。这一模式下，涉及家具行业的设计、生产、物流、客服等全部环节。实际上，只有将产业链上的这些环节牢牢抓住，才能获得最低的成本和最佳的客户满意度，这也是公司最为核心的竞争力之一。

除了酒店客户外，唯优网还在洽谈其他的渠道客户，如这些年上海市公租房的建设力度非常大，公司正在与相关管理部门协调，将家具租赁模式引入其中，这也可缓解政府对公租房的一次性资金投入的压力。

三、唯优网未来如何引领家具租赁行业

从长期看，发达国家的今天就是发展中国家的明天。按照欧美等国的家具消费趋势看，家具租赁未来很可能成为国内家具消费的主流模式；唯优网通过打造一套全产业链的家具租赁模式，保证了最低成本，增加了客户满意度，建立了核心竞争力，拥有了一定的先发优势。但短期看，目前国内一些家具租赁的门店生意都很冷清，家具租赁是个看似市场空间大、实际需求小的状况。因为在国内消费者的传统观念里租东西是没面子的，国内家具租赁是个需要悉心培育、慢慢改变的市场。在这种状况下，虽然唯优网瞄准跨国公司人员的租赁需求，找到了针对外国高管的服务机构及房产中介等业务推广的路径，并开展与酒店和政府公租房进行合作，但是仅凭这些，唯优网的发展空间仍然有限。

唯优网在以上海为中心的长三角地区进行发展，最好的策略就是将业务做细，把业务渠道拓展做到极致，除了已有的跨国公司高管、酒店、公租房几个市场外，还要从医院、养老院、教培学校、自主创业者、电视剧组甚至广告拍摄等市场进行深挖。在我们看来，只有这样的极致化营销，才可能伴随家具租赁这个缓慢发展的市场，走到高速发展的美好明天。

资料来源：作者根据多方资料整理而成。

三、管理思想的革命：长尾理论、免费理论的颠覆

当前经济增长的传统动力减弱，互联网不仅从信息技术层面培育和催生经济社会发展新动力，而且影响企业的经营与管理，更从员工行为、消费行为、生活理念、生产方式、供应链、产业链等方方面面影响着我们的生活，互联网时代的生产模式、消费方式、组织战略和商业模式的变化使现代企业管理变革成为必然和趋势。

长尾理论是对传统的二八定律的伟大颠覆。当世界经济从供不应求的短缺时代走到了供过于求的丰饶时代时，长尾理论认为，我们应该把视线从那20%的主流商品和主流客户身上移开，更多地去关注那80%的非主流商品和非主流客户。长尾理论模型如图1-5所示。长尾理论深刻揭示了互联网的商业力量，而新经济的特点也在于需求方的规模经济，在立足互联网的基础上，消费者多样化的需求能够形成规模优势。让那些面向特定小众的产品、服务和聚集在需求曲线"头部"的大热门具有同样的经济吸引力，消除货架容量限制的"瓶颈"，让更多的人能够接触到更多的商品。而互联网的出现让有限货架开始无限延伸：亚马逊的存书品种比任何一个实体书店都要多得多，YouTube的视频片段之丰富远远超出所有电视频道的容量。

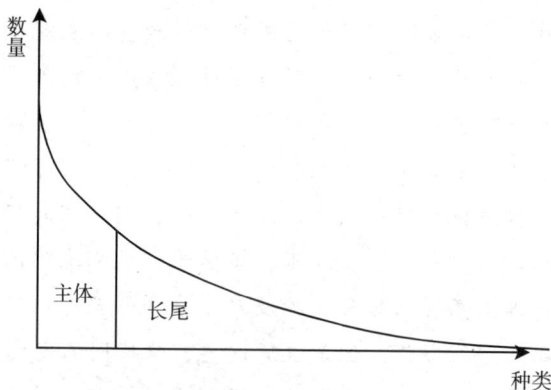

图 1-5　长尾理论模型

基于互联网的免费商业模式创新大量涌现，不断冲击着传统的商业运行模式。一方面，数字产品不同于传统产品的特征，它具有特殊的成本结构。数字产品具有较大的高固定成本和极低的边际成本特征。正是基于互联网数字产品的这种生产及消费成本的特征，使得互联网数字产品的制造商往往选择前文所述的

"免费"商业模式来销售商品,以期取得更大的市场份额,从而通过大量低边际成本的后续商品销售来实现前期投入的回收,并最终获得收益的最大化;另一方面,吸引消费者注意力就成为成功获取最终收益的关键。在互联网经济中,互联网企业为了盈利就必须将注意力转化为经济价值,互联网媒体既需要吸引大众的注意力,同时又要完成注意力价值的交换,所以互联网经济是在吸引大众注意力的基础上创造价值。正如目前中国最大的互联网综合服务提供商腾讯公司当初所采取的商业模式,在通过"免费"的产品"诱饵"成功获得消费者的注意和认可后,再通过后续经营利润去回收当时的大量固定投资和免费产品的成本。

价值链模式专栏 2   花样年物业的"零物业费"商业模式创新

花样年集团起步于 1998 年,2009 年 11 月在中国香港联交所主板上市,截至 2013 年底,集团资产规模超过人民币 300 亿元,拥有员工 12000 余人。花样年致力于成为有趣、有味、有料的生活空间及体验的引领者,秉承"花样创造价值"的品牌理念,花样年目前全面完成

图片来源:www.hynwygj.com。

基于移动互联网、客户大数据时代的业务战略布局,成为中国领先的以金融为驱动、服务为平台、开发为工具的金融控股集团。花样年国际物业拥有国家一级资质,积极参与中国物业市场发展中的高端物业运营,以高端客户的优质体验为宗旨,得到迅猛发展,目前已经成功进驻深圳、成都、北京、天津、上海、无锡、合肥、桂林、重庆等城市,初步形成了覆盖成渝、珠三角、长三角、环渤海经济圈的全国化核心区域战略布局。

一、花样年物业管理的"免费思维"

如果不提高物业管理收费,许多公司都要在亏损线上挣扎,那么不收物业费能够盈利吗?这使花样年构建了全新的商业模式,利用低价的主业平台,建立了数十个新盈利点,实现了收入多元化,既成功锁定了客户,也排除了竞争对手,创造了全新的企业价值。

传统物业管理的定位,是"物业日常维护与管理"。花样年则定位于"社区增值服务"。花样年的"业务系统"与众不同,传统物业管理强调"小而全"模式,而花样年则强调"网络平台管理"和"专业细分的分包模式",降低人员费用。而花样年最大的特点,在于其"盈利模式"。传统物业管理定位于

"物业日常维护与管理"，收入来源单一，主要是 10% 的 "管理费酬金"。花样年则定位于 "社区增值服务"，构建了 "彩生活" 服务系统。

"花样年物业管理" 整体收入包括三大部分：一是以专业工程委托保养、维修带来的后续长期收入，如清洁、绿化、道路、外墙、机电设备等的保养或维修；二是以专业管理，采用承包方式获得的 "物管收费" 以及 "日常住户服务收入"，也就是物业管理费，这部分收入持续性好，可以随着物业管理规模的提升而增加；三是 "社区网络服务项目收费"，增长潜力巨大，并可跨越自身业务领域不断复制。由于花样年提供的 "多样化增值服务"，形成了具有增长潜力的 "多样化收入"，从而在降低 "物业管理收费" 的情形下，仍可盈利，这种 "低价优质服务" 有助于它的复制和扩张。

二、与传统盈利模式的比较

传统的 "盈利模式" 往往比较单调，依赖企业的主营业务，企业提供什么样的产品和服务，就针对这种产品和服务，相应地向客户收费。然而，在当今 "微利" 时代，市场竞争导致产品、渠道、促销同化，甚至是利润来源同化，在此情况下，突破 "同化竞争" 成为制胜关键，出路在于实现 "盈利模式" 的转变。"现代盈利模式" 超越过去做什么就靠什么赚钱的方式，强调收入的 "关联性" 和 "多样化"。即以主营业务作为平台，发现平台产生的关联业务和收入，通过向客户、供应商以及合作伙伴提供多种经过整合的 "增值服务"，实现 "收入来源的多样化"。在这种 "收入模式" 下，"主营业务" 和 "单个盈利点" 可能盈利较少，甚至不盈利，但在整个盈利模式中，依托主营业务建立起来的 "组合盈利点"，却为企业带来不菲的利润。这样，在主营业务的竞争中，利用低价吸引客户，并且提供比竞争对手更多层次的后续服务，来增加客户满意度，可以有效地锁定客户，构建安全发展空间，扩大市场份额，获得持续增长。以 "低价的主业" 为平台，实现 "服务和盈利多样化"。在这种商业模式面前，依赖 "主业专业化经营" 和 "单一收入" 的商业模式必然失败。

花样年以 "物业管理" 为平台，提供 "多样化的增值服务"，获得持续增长的 "多样化收入"。这样的新模式不依赖地产商，可复制和规模化扩展，是对传统物业管理商业模式的破坏性创造。

资料来源：作者根据多方资料整理而成。

第二节　互联网时代企业的生存和发展方式

互联网的兴起，伴随的是对旧有工业体系的颠覆，要了解互联网时代企业的生存结构，转换互联网思维，才能找到新的生存和发展方式。从价值网理论看互联网时代的生存结构，从价值网的成本结构、性能属性与组织形式三方面来考察，会发现互联网的生存结构与工业时代显著差异：成本结构上毛利率为零，性能属性上产品周期为零，组织形式上人与人的融合度为零。

一、互联网时代企业的生存法则

以信息技术为代表的多样化的信息交互正改变着人们的消费方式，进而是生产方式。为了适应互联网时代中瞬息万变的市场，满足广大客户多元化的利益与价值需求，面对新的商业生态环境，企业应敏锐洞察到让自身稳固、持续、高速发展的新的生存法则，如图1-6所示。

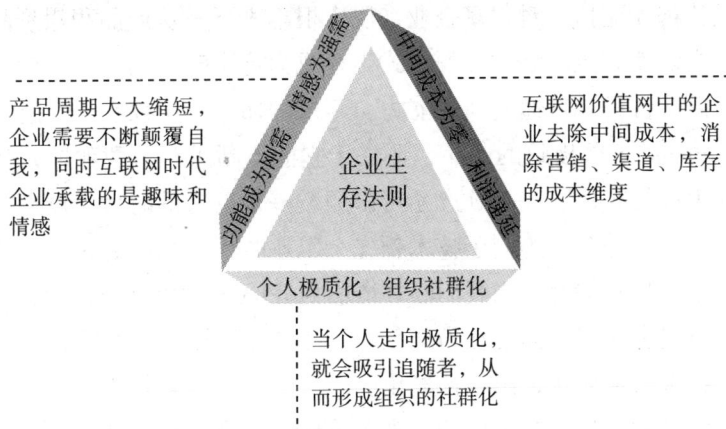

产品周期大大缩短，企业需要不断颠覆自我，同时互联网时代企业承载的是趣味和情感

中间成本为零　利润递延

互联网价值网中的企业去除中间成本，消除营销、渠道、库存的成本维度

功能成为刚需　情感为强需

企业生存法则

个人极质化　组织社群化

当个人走向极质化，就会吸引追随者，从而形成组织的社群化

图1-6　互联网时代企业的生存法则

法则一：中间成本为零，利润递延。

黄太吉传统美食的创始人赫畅说："通过改变信息交互手段，改变原行业的成本结构，这就是互联网思维。"这句话并不全对，但离开成本结构谈互联网思维必定是伪互联网思维。互联网价值网中的企业能够去除中间成本，消除营销、渠道、库存这些对于传统厂商来说天经地义的维度，发动"降维式攻击"。比如

小米与特斯拉，通过社会化媒体接触用户，在自有电商销售产品，根据用户预订量分批生产产品，从而实现"零营销费、零渠道费与零库存费"的成本结构，这对于传统厂商来说则不可想象。而企业往往把这部分省出来的成本让利给消费者与用户，以后续递延利润的方式获得盈利。再以智能手机行业举例，传统手机厂商以销售硬件（手机）为核心，把硬件卖给客户，卖完即关系两清，考量的是出货量与市场占有率。而小米卖手机，是跟用户建立长期关系，以经营用户为核心，除了硬件销售，从游戏联运、内容服务、配件销售都可以再获得利润，因而小米追求的是粉丝数、MIUI用户数、版本更迭次数以及软件应用量。通过这种方式倒逼，会让卖方主动提升质量和服务。

以大型零售商为例，国美、苏宁、京东的实物交易毛利都趋于零，国美和苏宁70%利润来源于商业地产，而京东计划从在线金融获得70%的利润。从实物交易到商业地产或是在线金融，这种利润递延的模式，意味着企业从工业时代以商品为中心转变为互联网时代以用户为中心，从经营实物转变为经营用户，用户成为零售商最重要的资产以及变现的基础。

法则二：功能成为刚需，情感成为强需。

进入互联网时代，产品生命周期"快进"，产品的辉煌期大大缩短，竞争优势和品牌优势都在速朽。对很多企业来说，根本来不及从产品积累到品牌，其产品生命周期之短就如流星划过。颠覆式生存成为这个时代的常态，而企业需要具备的是不断颠覆自我，快速刷新的能力。苹果的伟大，不仅在于它能推出苹果电脑、iPod、iPhone这些极致的产品，还在于它能不断进行自我颠覆，映射的正是这个颠覆式生存的时代。在一款产品可以颠覆一个巨头的时代，产品的重要性前所未有，但产品优秀并不等同于技术领先。工业时代承载的是具体功能，互联网时代承载的是趣味和情感。当我们心甘情愿为iPhone付出高溢价时，并非因为它比其他手机有更多功能，而是在为出色的设计与体验带来的美感买单。

法则三：个人极质化，组织社群化。

移动互联网时代，最难改变的是观念革新，以及组织、管理的创新。人与人融合度为零，个人要生存，需要将才能发挥到极致，甚至成为"极质"。乔布斯在1997年重返苹果后，推出"Think Different"这则广告，为当时已经趋于平庸的苹果重新找到了灵魂。"极质"自然是格格不入的，但是没有人能漠视他们，因为他们改变了事物，推动了人类的进程。引领世界的几家公司Facebook、Google、苹果乃至小米，在选才、用人的标准和方法上都秉承追寻"极质"人才的精神。

当个人走向极质化，就会吸引追随者，从而形成组织的社群化。在 Netflix 流传甚广的一份人才管理文件中，最为核心的观念是："你能为员工提供的最佳福利，不是请客吃饭和团队活动，而是招募优秀的员工，让他们和最优秀的人一起工作。"优秀的互联网公司相信，他们所需要的不是一群庸才，而是几个甚至一个顶尖的人才。

二、企业商业模式的竞争战略

彼得·德鲁克指出，当今企业之间的竞争，不是产品之间的竞争，而是商业模式之间的竞争。商业模式是关系到企业生死存亡、兴衰成败的大事，企业要想获得成功就必须从制定成功的商业模式开始，新成立的企业是这样，发展期的企业更是如此。商业模式是企业竞争制胜的关键。商业模式的竞争战略，解决的是商业模式向何处去的方向问题。

竞争战略包括两种方式：价格竞争战略和差异化战略。价格竞争战略指的是积极地参与竞争，向对手发起攻击，通过与竞争对手割喉杀价、血腥拼搏，试图跨越对手，解决竞争，然后取而代之，成为市场中的胜利者；差异化战略是摆脱既有市场竞争者，不与竞争者竞争，开创全新市场空间或领域，在新的战场上将竞争者远远抛在后面，独自悠悠地身处一片崭新的天地之中。价格竞争战略是以竞争为核心的商业模式，差异化战略则是以差异化为核心的商业模式。

价值链模式专栏 3　百度推"轻应用" 挑战移动互联网商业模式

虽然移动互联网如今呈现出爆发性增长的市场现状，但是开发者从中获利的却是少之又少，而位于行业前列的"明星开发者"往往让整个行业忽略了众多"不幸福"开发者的存

图片来源：www.baidu.com。

在，因此百度联盟峰会上李彦宏就以"移动互联网如同一辆醉驾的跑车"来形容行业的现状，身为中国最大互联网企业的 CEO，李彦宏也正设法让百度的移动互联网战略成为解决行业困境的"灵丹妙药"。

一、重磅推出"轻应用"

在应用商店里，99.9% 的中长尾应用下载量仅仅占到总下载量的 30%。应用商店有根本性缺陷，很难实现对中长尾应用的有效分发。当李彦宏如此评价

应用商店的价值时，参加百度世界大会的观众们可能还搞不清楚李彦宏葫芦里到底卖的什么药，毕竟百度不久前以破中国互联网史上纪录的19亿美元收购了91家应用商店。但当百度提出"轻应用"的解决方案来应对应用商店的"根本性缺陷"时，百度全方位布局移动互联网分发渠道的谋略才逐渐浮出水面。

"轻应用"解决方案是基于搜索的检索与智能分发特性，采取无须下载、即搜即用的模式，可以解决好移动用户需求与开发者对接的问题。百度方面介绍，"轻应用"创新的需求和应用对接方式能帮助大量中长尾应用通过百度搜索轻松获得用户。例如百度移动搜索上每天的旅游相关搜索、美食相关搜索，分别都已经达到了百万量级，每天的医疗健康领域相关搜索更是达到了千万量级，这些需求都能够通过"轻应用"与开发者的应用实现精准对接。而在后端百度"轻应用"则开放多种能力，帮开发者开发出更强大的应用功能、更好的用户体验。"轻应用"提供移动广告、前向付费两种方式帮助开发者变现，商业模式非常具有想象空间。作为流量分发最成功的中国互联网企业，在移动互联网领域谋划同样的战略，而利用流量分发与移动应用进行结合，正是"利人又利己"地解决移动互联网发展"瓶颈"的良方。

二、入口之争"双雄争霸"

移动应用和应用商店的移动互联网商业格局由苹果发扬光大，到如今的确取得了空前的成功，也成了苹果公司继硬件产品外另一项让人称道的"丰功伟绩"。虽然苹果建立的移动互联网商业模式在为自己带来了巨额收入的同时，也的确为开发者带来了机会，但是如今移动互联网开发者当中"大者恒大、强者恒强"的格局显然不是一个健康的状态。应用商店的模式使得有资源的移动应用通过合法的推广、营销和预装甚至不合法的刷榜等手段，牢牢占据着用户的入口资源，用户入口被少数几个应用所垄断，而百度通过"轻应用"的流量分发模式，理论上将会是搭建一个类似于搜索这样的相对公平的移动应用平台，用户可以更多地接触到所有开发者所提供的应用。

虽然移动互联网中机会众多，但是随着大量资本的进入，机会也不再是公平均等。开发者开发出一个应用并上架后，很可能隔日就被其他人复制，而且凭借着资源方面的优势刷到了应用商店的前列，而老老实实的开发者根本还没有机会获得用户的了解就已经埋没在应用商店当中。在用户角度可能并不太在意应用到底是谁提供的，但是在开发者看来，"轻应用"商业模式的提出其意义不亚于苹果Apple Store的诞生，未来将会是应用商店与"轻应用"双雄争霸的入口时代。

资料来源：作者根据多方资料整理而成。

三、企业商业模式创新的作用

商业模式创新为我国企业的发展转型提供了更具创业精神的行动方略。在今天竞争激烈的动态复杂环境中，处于新常态转型经济中的我国企业面临着许多新的挑战。经过 30 多年的改革开放，国内企业逐渐成长起来，企业今天取得成功的模式与当初依靠创业者的胆识和善于把握机遇的模式已大不相同，企业必须依靠更具创业精神的行动与创新的商业模式才能在激烈的竞争中取胜。

商业模式创新为我国企业二次创业提供了新思路。在全球化、知识经济、改革深化的条件下，依靠创业者个人才能与低成本优势的民营企业还能否续写辉煌？新时期的竞争必然是企业综合系统间的竞争，得依靠企业具有的难以模仿的综合优势来最终赢得胜利，现在越来越需要通过更为综合的商业模式创新来战胜对手。因为商业模式可以提供具有独特资源组合的企业系统，并为企业持续发展竞争优势奠定基础，所以商业模式创新是我国民营企业进行二次创业的新途径。

拥有高新科技强大武器的同时，企业也必须思考如何打造"商业模式创新战略"，进行创新，提升自己的核心竞争力，打造竞争壁垒。对于那些市场定位是大众消费者和产品技术含金量不高的企业而言，商业模式的创新则显得更为重要。例如，微信的 SNS+移动电子商务、苏宁的 O2O 云商模式、小米手机市场定位模式和三和茶叶的连锁模式，它们的发展历程都是对商业模式创新战略的最好诠释。

转型之间，在明确的战略目标和有效的执行之间，作为企业战略优化核心的商业模式的创新至关重要，企业商业模式创新战略运筹决定着现代企业的快速增长，创新性商业模式正在缔造中国成功的企业。因此，研究商业模式创新战略，必须深入研究虚拟经济时代的创新经营和商业模式创新的新思路，从产品研发到资本运作，从运营管理到营销传播，从企业自身资源到战略联盟，从单一模式到整合模式，从局部策略到全局策略，全方位、全过程、全阶段、系统化诠释企业战略运筹的核心系统——商业模式管理的创新。

同时，商业模式的创新有助于增强我国企业应对全球化竞争的能力。全球化的竞争环境下，我国企业必须与国外企业在同等条件下展开激烈的竞争，我国企业依靠廉价劳动力的低成本优势在国际市场竞争中很难持久保持，要想继续在竞争中战胜来自全球的竞争对手，在世界市场之林占有一席之地，围绕市场提供的特殊机会，强壮自身，打造独特的经营系统，创建具有开创性的商业模式，从而提高全球化竞争的能力。

第三节　从管理创新到商业模式创新

企业商业模式创新贯穿于企业经营管理的整个过程，贯穿于企业资源开发、研发模式、制造方式、营销体系、市场流通等各个环节，企业经营的每个环节的创新都可能变成一种成功的商业模式。企业从管理创新过渡到以商业模式创新为核心，有助于构建特有的资源组合形式，培育独特的核心竞争力，实现企业快速成长过程的平稳发展。

一、企业管理创新

在信息化、市场化、一体化日益深化的背景下，企业要取得持续发展，必须要在理念、技术、组织及制度上不断创新，运用新的理论指导企业管理，在变化中求生存，在创新中求发展。

理念创新是企业管理创新的灵魂。理念创新就是企业打破陈规陋习，克服老旧思想，为取得更好的经济效益，而树立的全新的管理思路。管理理念创新首先要改变传统的思维模式，充分调动全体员工的积极性、主动性和创造性，要适应市场经济发展的需要，努力做好内部挖潜，积极开拓外部市场，树立自觉维护企业形象意识、建立严格的成本观念和全面质量管理观念，强化品牌战略意识和竞争意识，树立以人为本、超值服务的理念。

价值链模式专栏 4　　**海底捞："人文情怀"模式**

四川海底捞餐饮成立于 1994 年 3 月 20 日，是一家以经营川味火锅为主，融汇各地火锅特色于一体的大型直营连锁企业。公司始终秉承"服务至上、顾客至上"的理念，以创新为核心，改变传统的标准化、单一化的服务，提倡个性化的

图片来源：www.haidilao.com。

特色服务，致力于为顾客提供愉悦的用餐服务；在管理上，倡导双手改变命运的价值观，为员工创建公平公正的工作环境，实施人性化和亲情化的商业模式，提升员工价值。

一、一线服务员有为客户服务的支配权

配送中心以规模化的生产能力和成本管理提供了获取最大程度营业额和利润的可能。此外，海底捞在门店也配置了各种现代化设备，以最大限度地减少员工的工作量。火锅底料制作与客人点餐都做到极致精简和快捷，目的只有一个，使员工能有更多的精力让客户满意。海底捞也很重视门店的选址，选址问题是关系海底捞保持足够上座率的重要因素，最终直接影响营业额。另外，店长的最大职责是保证顾客满意，保证员工工作积极性高，这也是店长对企业最大的贡献。

服务员的优质服务带来的超额翻台率就意味着利润，满意的员工会积极主动地工作和节约，将在许多餐饮企业里的浪费和损耗等隐性成本降到最低。将成本尽量后移，实现规模化管理和效益；将生产与服务剥离，分别实现标准化和人性化管理，从而有可能达到各自的最优。

二、员工享受到充分信任与平等

海底捞的员工很少从社会招聘，大部分是现有员工介绍来的亲戚朋友。在大家彼此都熟悉的环境里，无论好的还是坏的，都容易蔓延和生长。海底捞在极力推行一种信任平等的价值观，基于一切以客户服务为重和对员工的信任，海底捞给一线服务员的授权很大，包括可以为客户免单的权力。

公司给员工的总是超出预期，所以员工就会死心塌地地为公司工作。鼓励每位基层员工参与创新，是海底捞信任平等的价值观里的重要组成部分。公司专门为此下了文件，员工提出的每项创新建议都会有专门的记录和片区经理的意见及总经理的评价。

三、企业灌输的价值观和人性化的服务理念

海底捞员工的入职培训很简单，主要讲一些基本的生活常识和火锅服务常识。真正的培训是在进入门店之后的实习中，体会海底捞的价值观和人性化的服务理念，学会处理不同问题的方法，比起那些固定的服务动作规范更难也更实用。为了保证这种价值观和氛围不被稀释，培养后续储备干部，是海底捞对中高层管理人员的一个重要考核指标。海底捞的扩张不会很快，现在新开店的核心人员，至少要在老店里有三五年的经验。而一般的服务员工，也会保证有80%是从老店里调来的，目的是持久保持客户满意度。

在海底捞的公司目标里，"创造一个公平公正的工作环境"，"致力于双手改变命运的价值观在海底捞变成现实"则排在前面。对一个公司而言，扩张显然已不再是纯粹的商业目标，而是将其对员工和社会的责任，甚至理想放在了

更高的位置。随着新开店面不断增加，如何保障根本的理念能够始终如一、不打折扣地坚持下去，恐怕是海底捞在成长过程中的最大变数。

资料来源：作者根据多方资料整理而成。

技术创新是企业管理创新的基础。企业的技术创新包括技术研发和技术改造，企业可根据自身的技术条件充分开展技术创新活动，通过技术创新取得核心技术优势。核心技术优势决定着企业在市场的认知度以及获得市场的广度和深度。技术创新已成为企业赢得市场的根本途径和有力武器。必须建立有效的激励机制和稳定的技术支撑体系，形成有自己知识产权的技术创新能力。同时，企业应该积极争取国家有关政策的支持，充分利用技术优势大力开发外部市场，形成一个稳定、多元、互惠、友好的外部市场环境。

组织创新是企业管理创新的关键。现代企业组织创新就是通过调整优化管理要素人、财、物、时间、信息等资源配置结构，开展资产重置与重组，按照新的组织结构和比例关系，形成新的管理模式，使企业获得更多的效益。组织创新的目的就是依据企业的实际需要，建立一套高效、有序的现代企业制度，真正做到"职责明晰、权责分明、政企分开、管理科学"。

制度创新是企业管理创新的保证。制度创新就是把思维创新、技术创新和组织创新活动制度化、规范化，具有引导思维创新、技术创新和组织创新的作用。它是管理创新的最高层次，是管理创新实现的基础保障。企业制度创新的目的是建立一种更优、更高效的管理制度，综合协调企业所有者、经营者、劳动者的权力和利益关系，使企业具有更高的管理效率。

价值链模式专栏5　　**从"嘿客"看顺丰创新商业布局**

　　2014年5月，顺丰的"嘿客"便利店全国启动，计划要开3000多家便利店，顺丰的这一重要布局将实现从顺丰速运、顺丰优选、顺丰移动端，到金融、社区，再到O2O服务平台、农村物流的全线整合，加速了顺丰速运及其电商平台顺丰优选的发展。

图片来源：www.sfbest.com。

　　一、近几年顺丰优选的精准商业布局

　　从商业布局可以看出顺丰优选其稳健的、连续的商业模式，如表1-1所示。

表 1-1　顺丰优选的商业布局

时间	重大事件	战略价值
2012 年 5 月 31 日	顺丰优选正式上线，北京区域全品类配送	低调试水
2013 年 2 月 26 日	开通上海、广州、深圳常温商品配送	试水半年后扩张
2013 年 3 月 26 日	开通天津、南京、苏州、武汉、杭州常温商品配送	快速布局常温配送
2013 年 5 月 26 日	开通天津生鲜商品配送	一年后布局生鲜
2013 年 9 月 9 日	启动华东仓、华南仓，开通 28 个常温商品配送城市，9 个生鲜商品配送城市	全国布网启动
2013 年 10 月 10 日	开通 20 个常温商品配送城市，覆盖除港澳台外中国所有大区	常温大网布局
2013 年 11 月 5 日	再开通 17 个常温商品配送城市，覆盖江苏省、浙江省、广东省全境	继续扩张物流
2013 年 12 月 1 日	常温商品配送覆盖全国	常温全网布局完毕
2013 年 12 月 18 日	开通地方特色馆，全面打造农产品电商直供平台	整合基地，打造直供平台
2014 年 3 月 26 日	入驻京东，进入多平台战略	多平台战略
2014 年 5 月 18 日	顺丰嘿客便利店的启动，为顺丰优选 O2O 战略布局开辟新章	借便利店全线布局社区末端
2014 年下半年	推出开放平台，启动新冷库，在三四线城市加强拓展	开放平台，布局全网冷链

　　解读顺丰优选两年的布局之道：①以物流为通路，渗透电商；②先试水常温高端食品，再布局低温生鲜；③物流先布局一线城市，再渗透二、三、四线城市；④先布局 B2C，再布局产地直采的 C2B；⑤平台建设先布局 B2C，再启动多平台战略，然后依托顺丰嘿客便利店试水 O2O，最后启动开放平台。从顺丰优选复杂而全面的布局，可以看出企业稳扎稳打、环环相扣、步步领先，每一步都走在行业的前沿。顺丰优选的每一步商业模式是怎么推动和实施的呢？

二、顺丰优选的商业模式解读

　　顺丰优选是全国最先启动全网布局的生鲜电商平台，试从商业模式角度进行分析解读。

　　（一）传统 B2C 模式切入

　　顺丰优选刚起步时布局独立的 B2C 平台，电商与物流都是独立的，没纳入顺丰快递的体系。顺丰优选的起步就定位中高端市场，起初阶段覆盖全了食品 9 大品类，启动的前半年配送覆盖区域仅限北京。在 2012 年的时间内，顺丰优选都是独立的 B2C 运营模式，团队和供应链体系经历了半年的历练，2013 年才开始全面渗透全国。

　　（二）产地直采模式

　　产地直采模式是顺丰优选 2013 年启动的全新的生鲜电商供应链模式。产地直采的闭环供应链模式如图 1-7 所示特征。

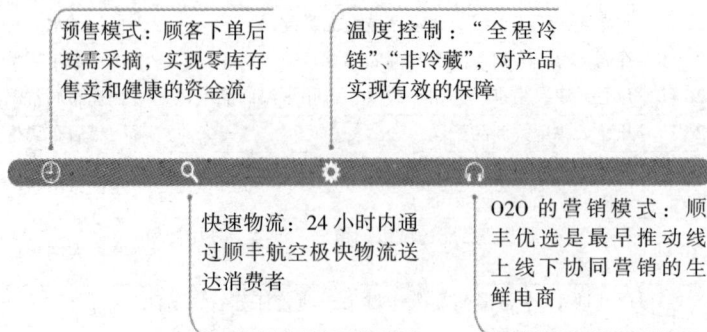

图 1-7 顺丰优选闭环供应链模式特征

（三）特色农产品馆模式

特色农业馆模式是顺丰优选在 2013 年 12 月启动的新模式，将顺丰优选、顺丰速运、地方政府"三位一体"地整合，是新型地方特产电商化商业模式。在采购环节与地方政府合作，政府负责推荐当地安全优质的食品供应商并提供政策支持，顺丰速运的地方工作人员帮助进行商品甄选和供应商审核，并通过顺丰的快速物流进行商品配送。

（四）高端家庭蔬菜宅配卡定制预售模式

顺丰优选低调地推出一种有机蔬菜宅配卡模式，主要针对顺丰优选的家庭高端定制服务。这是顺丰优选为高端用户提供定制化服务的首次试水，未来顺丰优选还将在更多城市推广宅配业务，并推出以"顺丰优选"命名的宅配卡。

资料来源：作者根据多方资料整理而成。

二、企业商业模式创新

商业模式创新是指企业价值创造基本逻辑的创新变化，即把新的商业模式引入社会生产体系，并为客户和自身创造价值。新引入的商业模式，既可能在构成要素方面不同于已有的商业模式，也可能在要素间关系或者动力机制方面不同于已有的商业模式。

商业模式创新有几个明显的特点：第一，商业模式创新更多地注重和涉及企业经济方面的因素。第二，商业模式创新更多的是系统和根本，它常常不是单一因素的变化，而可能涉及多个要素同时发生的大的变化，常需要组织结构的较大战略调整。第三，虽然它也常带来内部效率提高、成本降低，但它更注重为客户所创造价值的增加，视角更为外向和开放，常给企业带来更大的竞争优势。商业模式创新能带来战略性的竞争优势，在提供产品和服务时，能比竞争对手有更多的销售、利润和现金流。

三、企业商业模式创新影响因素

在综合商业模式创新概念和要素分析的基础上，提出了较为重要的商业模式创新的影响因素，如图 1-8 所示。

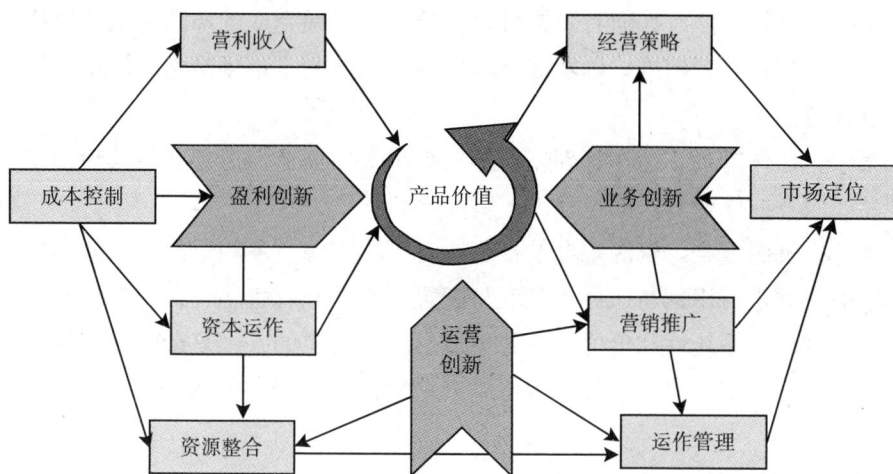

图 1-8　商业模式创新九大影响因素

在企业经营中，为企业系统地设计和配置一个新的商业模式是有些困难的。原因在于：商业模式在研究和商业实践中缺乏统一的理念和方法；商业模式的量化评价是不易的，因为大多数的案例研究缺乏标准性；商业模式的动态特性是很难预测的，价值网络相互依存，缺乏有效的分析方法。因此，需要研究一种商业模式的结构、流程、关系作用及其变化，发现商业模式的创新规律以明确商业模式的优化方法，评估创新的商业模式结构变化的影响，找到创新的商业模式成功的关键因素。

（一）业务创新

第一，产品价值。产品价值的创新是指提高产品或服务的核心竞争力，通过为客户创造更多的价值来争取顾客，赢得企业商业模式创新成功。在市场定位上，通过重新定义新目标市场来创造产品的价值优势，重新定义顾客的新的需求认知来达到产品或服务价值创新。

第二，经营策略。成功的企业经营策略，会制定出具有独特商业模式要素和特征的竞争策略和经营目标。经营策略创新的目的，是为了取得核心竞争力优势，适应企业外部宏观和微观环境的变化，利用竞争对手间的利益相关性和优势互补性，实现资源整合，寻找增长潜力。

第三，市场定位。市场定位是指差异化竞争战略，主要可以从地域市场划分、消费者群体细分、产品差异化、技术壁垒和营销模式等差异，来进行精准的市场定位。

（二）运营创新

第一，营销推广。如何有效接触目标群体，传递企业的产品或服务价值，需要依靠营销模式。营销推广创新战略是指企业如何制定市场策略，开拓市场和建立销售渠道。

第二，运作管理。运作管理创新是指组织形成创造性思想并将其转换为有用的产品、服务或作业方法的过程。

第三，资源整合。资源整合是指企业对不同来源、不同层次、不同结构、不同内容的资源进行识别与选择、吸取与配置、激活和有机融合，使其具有较强的柔性、条理性、系统性和价值性，并创造出新的资源的一个复杂的动态过程。目的是要通过组织制度安排和管理运作协调来增强企业的竞争优势，提高客户服务水平。

（三）盈利创新

第一，营利收入。营利收入模式是对企业经营要素进行价值识别和管理，在经营要素中找到盈利机会，探求企业利润来源、生成过程以及产出方式的系统方法。

第二，成本控制。成本控制创新是企业根据一定时期预先建立的成本管理目标，由成本控制主体在其职权范围内，在生产耗费发生以前和成本控制过程中，对各种影响成本的因素和条件采取的一系列预防和调节措施，以保证成本管理目标实现的管理行为。

第三，资本运作。关于资本运作创新，是以利润最大化的资本增值为目的，以价值管理为特征，将本企业的各类资本，不断地与其他企业、部门的资本进行流动与重组，实现生产要素的优化配置和产业结构的动态重组，以达到本企业自有资本不断增加这一最终目的的运作行为。

价值链模式专栏 6　　　　沪江网：多元化盈利模式

于 2001 年成立的沪江网，作为目前国内少有的纯线上教育获得盈利的企业，通过多元化运营实现了持续盈利。互联网与教育的结合至今仍然处在探索盈利模式的节点上，粉笔网、多贝网、拓词、云词等新兴在

图片来源：www.hujiang.com。

线教育平台和应用在 2012 年抢夺眼球，吸引了更多互联网人潜入在线教育市场掘金，而移动互联网带动下的新模式和新技术也点燃了多年沉寂的在线教育市场。

一、无互动不收费

目前沪江网有 2000 多万个注册用户，日常 PV 达到 200 万，年营收 1 亿元以上。目前网站主要有三大盈利板块，线上学习平台占到网校营收的 40%，教育周边产品电商业务占到 30%，另外 30% 为传统广告业务。2005 年在积累了几十万个注册用户后，将英语学习论坛改为英语学习门户。这为沪江网带来了 Banner 广告模式，门户广告成为沪江网第一个盈利板块。2007 年沪江引入碎碎念的微博功能，2009 年实现多媒体形态教学，2012 年沪江网开始做开放平台，并开发了 40 多款移动应用。在一路发展中，沪江网一直以跟随互联网产品的创新节奏不断变化。沪江网一直遵循慢跑的企业通常基础会打得更牢的规律。在十几年的发展中，网站运营模式的变化也带动了盈利模式多元化。沪江网的核心是通过技术驱动产品，开发出多个个性化适应在线教育的课程体系，学员通过付费听取课程，不同资质的外语学习者，都可以在沪江网上 DIY 一套适合自己的教育方案，这就是沪江网的与众不同之处。沪江通过将在线学习货币化，实现了在线教育收费模式。在 2012 年的过亿元营收中，网校业务占了沪江网总营收的 40%，网校付费用户达到 150 万人，在过去两年的收入增长率都在 150%。

在很多业内同行看来，在线教育一直无法突破互动性的"瓶颈"，现金流都很难，更毋庸谈盈利。对于沪江网来说，无互动不学习，这已成为公司所有学习类产品的开发原则。沪江网还通过互动性来构建差异化的进入门槛。会员登录沪江网，会发现沪江网提供的是一个包含娱乐、社交以及学习的综合社区，用户体验与其他学习类网站大为不同，从学习激励机制到学习角色，沪江

网采用了大量模仿现实的教育机制。

二、无专业不电商

随着产品不断优化，沪江网在模式上逐渐向现金流靠拢。沪江网做开放网络平台，上游整合出版社的图书渠道，下游把线下传统培训学校做到网上，与线上课程合作运营，课程代销。在几年前，众多垂直电商或倒闭、被收购，或在垂死挣扎中度日，但沪江网决定向开放平台转型，不只运营教育周边类的实体产品，也将线下传统培训学校的课程拿到网上销售。沪江在线教育的发展更多是依赖线上课程的拉动，虽然购买教材、上课等一站式服务，未必能有价格优势，但是却满足了用户便捷性的需求。

挖掘重点产品，了解用户的需求，这是教育领域电商的优势。目前沪江网的电商主要出售的是教材图书、电子词典等教育周边类实体产品以及各类线下培训学校课程网络版虚拟产品，显然沪江在教育领域的品牌附加值成为其利润保证。

资料来源：作者根据多方资料整理而成。

四、企业商业模式创新的路径

亨利·加斯伯（Henry Chesbrough）认为，创造出新商业模式并不容易，但它是可能的。理想条件下，公司应该及时更新它的商业模式，而不是在出现财务紧张情况后被迫进行。

在新互联网时期产生新经济力量，原有的商业运行规则被摧毁，各利益相关者的利益格局已被打破，需要重新设计新的利益交易机制和新的商业模式。本节我们提出移动互联网时代企业商业模式创新遵循的两大路径，彻底地去改变和创新企业现有的商业模式。

（一）基于价值创造的商业模式创新路径

互联网时代企业基于价值创造的商业模式创新路径如图 1-9 所示。

第一，顾客价值创新。移动互联网时代企业针对顾客的价值创新可以从两方面展开，一是开拓新的市场，即探索寻找新目标客户群体，二是对现有市场所提供的价值主张重新定位，以更好地满足客户需求。因此，顾客价值创新主要围绕目标客户和价值主张两个商业模式突破点展开。

第二，根据新的顾客价值构建价值创造系统。顾客价值创造系统根据新的价值定位来构建，用于实现所要提供的价值。此系统确定了企业主要业务流程、关

长尾效应
价值曲线 ➤ 顾客价值创新 ➤ 寻找长尾理论
描绘新的价值曲线

价值网络理论 ➤ 构建价值创造
系统 ➤ 构建价值网络

网络外部性
平均成本趋零 ➤ 设计价值获取
机制 ➤ 第三方收入
免费增收

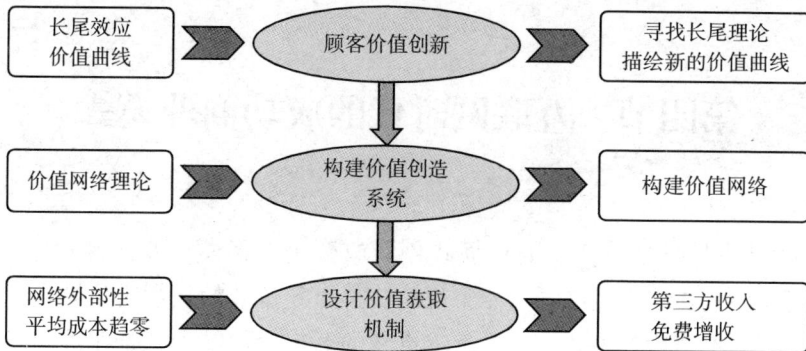

图 1-9 企业基于价值的商业模式创新路径

键的合作伙伴、提供产品和服务的渠道形式、所需的资源以及如何管理客户关系等内容，因而会影响到关键业务、重要合作、渠道通路、核心资源和客户关系等组成要素。

第三，设计合理的企业价值获取机制。在获得了新的价值定位和构建了相应的价值创造系统之后，企业要考虑如何实现自身的经济利益，价值获取机制所关注的就是企业如何根据自身成本结构来获取可持续的收入与利润，因而主要涉及成本结构和收入来源两个要素。

（二）基于组织结构创新的商业模式创新路径

第一，挖掘企业资源潜力和整合资源配置。在企业的成长过程中，企业会不断形成自己的能力和特有资源，利用这些新增资源、能力和原有的资源能力整合配置，就能够使企业形成新的商业模式，促进企业的不断发展。例如，广州恒大地产整合地产资源、足球俱乐部资源、女排资源，然后开创出恒大冰泉的品牌，不断形成新的商业模式。

第二，企业组织流程的再造和组织结构的重组，革新原有商业模式的经营独特性。如亚马逊开始时是专注于书籍的网络销售，后来形成庞大的用户和消费者群体，就将产品和服务扩大到电子产品，直至扩大到所有消费产品的网上销售等，在量的增长基础上，实现了质的转变，从原来图书销售的垂直模式，变成了全方位的网上销售平台模式。

第三，通过兼并收购重组来增加新的商业模式。企业的兼并收购重组是互联网时代商业模式转型的一个捷径。通过收购和兼并来扩展企业，引入新的模式和新的资源，通过兼并原有企业的资源使之和原有资源有效整合和利用。例如，Oracle 公司就是在不断的兼并收购中，从原来的一个软件服务提供商转变成为ERP 的供应服务商，实现了商业模式的转型。

第四节　互联网时代的成功商业模式

21 世纪的互联网时代是商业模式创新改变企业经营的观念和思维的时代。成功的商业模式要求企业必须改变常规的获得市场份额的规模增长模式，转向以客户为中心的价值增长模式，转为追求卓越的客户价值能力、企业盈利能力和产业价值链中的战略模式的增长。可以说，企业成功的商业模式是企业决胜未来的法宝。

一、企业商业模式的发展趋势与基本特征

在新互联网时代，现代信息技术日新月异，市场经济发展也愈来愈成熟，新的商业模式将层出不穷，呈现以下几个趋势特征。

（一）产业跨界融合

基于现代科学技术的发展和应用，未来社会产业跨界融合将会成为一种发展趋势，将会催生更多的新兴产业，如农业和旅游业的融合，产生观光农业这样的新兴产业；金融和电子商务的融合，产生如阿里巴巴银行；线上线下的融合，产生如苏宁的云商模式。随着工业化与信息化深度融合的不断推进，将加快传统企业转型升级与新型工业化进程，设备、管理与信息化融合，促进信息化全面高度集成，云计算、云制造、物联网构建服务型制造，新型工业化、商业模式、管理模式全面创新，制造业全面调结构、促升级。

作为软件服务与云计算服务相结合的一种创新模式，工业软件云服务平台侧重工业软件资源的共享和应用。云计算技术与工业领域的融合为企业打造了新的具有集成、开放、虚拟和自治特征的服务平台，同时也为制造业和生产性服务业创新发展提供了新思路，有助于解决当前制造领域产品多样化开发面临的资源共享和协作难题，提升产品附加值。近年来，工业化与信息化融合已经取得了显著成效，企业信息化应用正从大中型企业逐渐扩展到中小企业，越来越多的中小企业对信息化的需求更加明确和迫切。

（二）技术创新推动

第一，颠覆式新技术应用。如 3D 技术的应用，将带来制造业的彻底革命，改变现有产业结构，冲击中国经济模式，对社会经济产生巨大影响。一些传统行

业将受到 3D 打印技术的冲击而逐渐萎缩。然而，挑战也是机遇，新技术同样会催生大量前所未有的行业和巨大机遇。

第二，大数据技术对产业结构和商业模式的影响。社交网络兴起，大量的 UGC 内容、音频、文本信息、视频、图片等非结构化数据出现了。物联网的数据量更大，加上移动互联网能更准确、更快地收集用户信息，比如位置、生活信息等数据。从数据量来说，我们已进入大数据时代。哈佛大学社会学教授加里·金说："这是一场革命，庞大的数据资源使得各个领域开始了量化进程，无论学术界、商界还是政府，所有领域都将开始这种进程。"

第三，大数据是一个很好的视角和工具。从资本角度来看，什么样的公司有价值，什么样的公司没有价值，从其拥有的数据规模、数据的活性和这家公司能运用、解释数据的能力，就可以看出这家公司的核心竞争力。虽然大数据在国内还处于初级阶段，但是商业价值已经显现出来。首先，手中握有数据的公司站在金矿上，基于数据交易即可产生很好的效益；其次，基于数据挖掘会有很多商业模式诞生。定位角度不同，或侧重数据分析，比如帮企业做内部数据挖掘，或侧重优化，比如帮企业更精准地找到用户，降低营销成本，提高企业销售率，增加利润。

价值链模式专栏 7　　双侨新模式"典当+物流"

典当业如何与物流业融合发展，泉州市国资系统首创新模式："典当+物流"在双侨物流公司开始投入运营，这家由两大市属国企共

图片来源：www.minqiaogroup.com。

同组建的新型物流公司，成为打破传统物流"瓶颈"的新商业模式的缔造者。

一、新模式缓解企业融资难

日前，双侨物流打出的"典当+物流"新模式，引起诸多"融资难"中小企业的广泛关注。典当业如何与物流业"结缘"？两家国企又如何开展业务合作？

企业用于典当的货物可在专业的物流仓库保管，货物买卖的配送流程也可交给物流公司"一手包办"。一个急需资金的家电商，可以将拥有的家电货存作为担保，向典当行出资，典当行放款于企业，再将这批家电转交给专业的物

流公司保管,以家电为案例,双侨物流诠释了这种"典当+物流"内部运作模式。在市国资委的牵头下,双侨物流由闽侨、中侨公司各出资50%创办,闽侨公司提供典当信息业务,双侨物流则将闲置已久的场地"变身"为保管质押品的仓库。首期仓储用地近10000平方米,配备的信息网络结算中心在省内可以说是数一数二的,结算中心将为入驻园区的企业提供物资采购、储存管理等物流综合服务。随着业务的不断扩展,公司下一步计划将仓储用地开发至30000平方米。

二、可改善商贸企业现金流

目前,双侨物流的客户多为在闽侨典当融资的商贸企业。谈到客户源,与拥有大量厂房、机械设备等固定资产的生产型企业相比,商贸企业基于土地、建筑等不动产不足,作为动产的商品货物又难以向银行抵押贷款等问题,致使企业"望货兴叹",业务拓展步伐之路被"资金紧链"死死束缚。流动货物占压资金,引起备货不全,进而客户锐减,这一恶性循环是诸多商贸企业最头痛的事情。对商贸企业而言,一方面,与其将货物积压在仓库,倒不如将其当作质押物贷款,卖出一批货得来的货款,再用来赎回下一批质押货物。另一方面,物流公司配套的仓储、配送等服务,也为商贸企业提供了运输便捷。

三、新型物流尚待市场认可

将资金流、货物流、信息流三者结合,为商贸企业提供综合服务,这是一种在传统物流领域上的新尝试。新物流体系要得以成功,一方面,需要得到大众和行业的认可;另一方面,还要政策、资金、人才三者的联合支持。目前,这种新尝试在短时间内达到盈利有一定难度,还需要一段时间的市场认可,才能逐步发展起来。将金融注入传统物流服务中,有别于传统物流,这是一种从两方契约扩至三方的进展模式,物流公司作为第三方监管,参与到企业向典当行的贷款传统业务上。物流公司运用金融信息,为客户提供所需要的配套服务,并收取一定费用,这类新型的合作模式将是未来物流的一大发展趋势。

目前,由于竞争较大,传统物流的年回报率局限于3%~7%,而泉州不少物流企业还是以传统运作模式为主。传统模式不但利润微薄,同时,也跟不上企业的配套服务需求。已有诸如金山石材、海天轻纺等企业,开始尝试利用高效率、专业化的综合物流服务。

资料来源:作者根据多方资料整理而成。

二、企业商业模式的盈利模式及创新点

企业商业模式创新的盈利模式可分为三部分构成：营利收入创新模式、成本控制创新模式、资本运作创新模式。

（一）营利收入创新模式

第一，衍生收费。衍生收费是指由原有的资源和收费项目衍生出来的收费渠道。例如，360 的主要收入渠道，就是依靠免费模式拥有大量的用户，并将用户转化成为赚钱的资源，运用这些资源开发衍生收费模式，通过推荐软件功能和文字广告来获取收入。

第二，利润来自直接客户。企业为消费者或者客户提供产品与服务，消费者或客户为这种产品与服务进行付费，企业从这种付费中扣除企业成本，剩下的就是企业的利润。例如，在淘宝上的所有网店，都是采用这种依靠直接产品向直接客户获取利润的模式。

第三，利润来自第三方。盈利模式是直接客户用最低的价格或不付费的方式购买产品或服务，而企业利润的来源则主要来自于相关的第三方的方式。第三方或是广告主，或是政府或其他的愿意付费方。例如，百度这种搜索引擎类网站，它的营利收入模式就是这样的。

（二）成本控制创新模式

第一，结构驱动。该模式侧重于在每个地方尽可能地降低成本。这种做法的目的是创造和维持最经济的成本结构，采用低价的价值主张、最大限度自动化和广泛外包。如西南航空、易捷航空和瑞安航空就是以成本驱动商业模式为特征的。

第二，价值驱动。该模式不太关注特定商业模式设计对成本的影响，而是专注于创造价值。它是提供增值型的价值主张和高度个性化服务为特征的。例如，迪拜的七星级帆船豪华酒店的优质设施及其独到的服务就属这一类。

第三，固定成本驱动。该模式是一种受产品或服务的产出业务量变动影响而保持不变的成本的盈利模式。例如，索尼的科技开发型公司，是以高比例固定成本为特征的。

第四，规模经济。该模式是通过享有产量扩充所带来的成本优势的模式。规模较大的公司从更低的大宗购买费用中受益。例如，富士康的产能扩大模式。

第五，范围经济。该模式是指企业由于享有较大经营范围而具有的成本优势。例如，中国电信的产品集群模式。

（三）资本运作创新模式

第一，整体上市。整体上市创新模式是将企业全部资产打包上市的模式，给公司带来产业扩张的新契机，也为其带来一个新的资本运作平台。例如，阿里巴巴在美国上市。

第二，产业资本、金融资本结合。当产业资本发展到一定阶段时，由于对资本需求的不断扩大，就会开始不断向金融资本渗透；而金融资本发展到一定阶段时，也必须寻找产业资本支持，以此作为金融产业发展的物质基础。于是，产业资本与金融资本的融合就成为市场经济发展的必然趋势。互联网时代企业创新的盈利模式框架如图1-10所示。

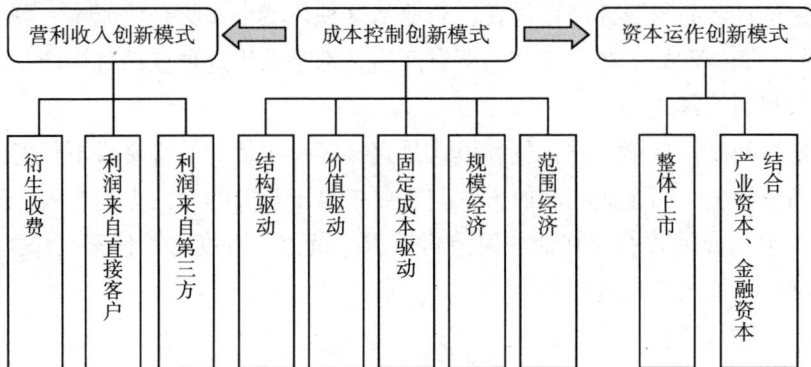

图1-10　企业创新的盈利模式

三、互联网商业模式的主要模式

近些年，凭借互联网技术创新商业模式并颠覆行业的案例屡屡出现，最早的搜狐、新浪综合信息平台颠覆传统报纸和媒体；接着出现的阿里巴巴外贸交易平台颠覆传统的产品交易会等。随着互联网宽带化、大众化、个性化、移动化的不断发展，新应用层出不穷，互联网呼唤新的商业模式出现。创新，是互联网的基本驱动力，其中最根本的就是不断深化技术与市场拓展的专业化商业模式的探寻。

互联网商业发展模式包括电子商务与无线的结合发展模式、企业电子商务平台的垂直发展模式、"以销定采"的电子商务发展模式（B for C模式）、线上线下畅通的电子商务发展模式（e邮宝）、搜索引擎与电子商务运营商间开展合作、强强联手的合作创新模式、虚实电子货币市场的合作创新模式、网络广告媒介资

源的合作创新模式、给玩家发"工资"的个人合作创新模式、与用户一同赚钱的
合作创新模式等创新的商业模式，如图1-11所示。

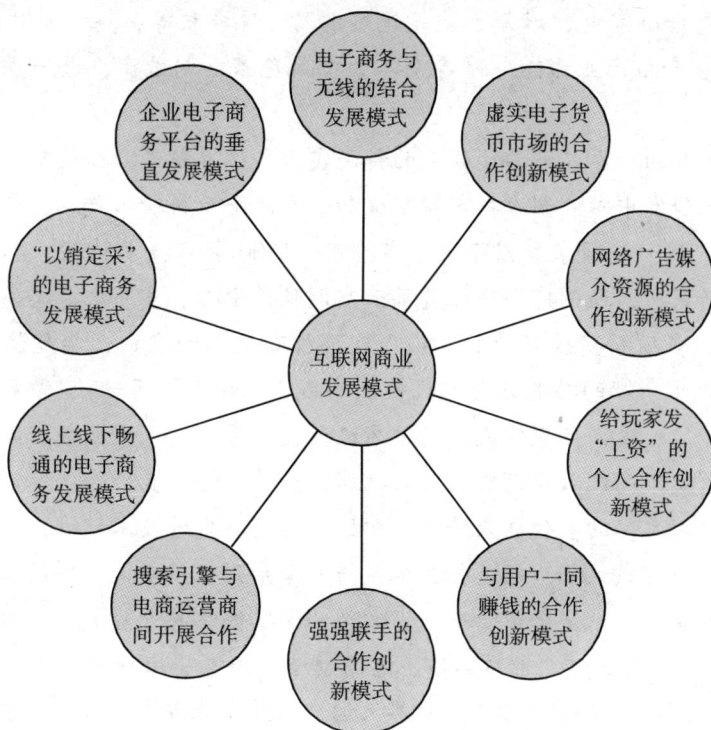

图1-11 互联网商业发展模式

【章末案例】 志高：云空调创新变革赢未来

一、公司介绍

广东志高公司创建于1994年，系香港联合交
易所主板上市公司志高控股旗下核心企业，总部
位于珠江三角洲工业重镇佛山市南海区，拥有佛
山、九江、四会等生产基地，集团产业涵盖家用
空调、中央空调、冰箱、洗衣机、制冷设备、生
活电器等领域。经过20多年快速稳健的发展壮

图片来源：www.china-chigo.com。

大，公司现拥有三大工业园，完整的空调配套产业链及物流中心，家用空调年
设计产能达1000万套，是国内拥有包括压缩机在内的最大、最完整集群式空

调产业链企业之一，业务遍及全球 200 多个国家和地区。与此同时，凭借专业制造和技术研发优势，充分发挥集团的产业规模，志高不断扩大白色家电产品线，包括小家电、冰箱、空气能热水器、洗衣机等，逐渐构建起了完整的白色家电产品产业形态。跻身全球大型白色家电制造商，进一步推进产品多元化。

志高产品的世界品质源于强大的科研实力和技术积累，公司不仅拥有业内一流的技术研发中心、制冷技术研究院和国家博士后科研工作站、行业首家院士工作站、数十个国家和国际认可实验室、1500 余名技术精英，志高研究院下辖多个研究所，还创建了全球首家云空调服务中心。多年来，志高自主研发硕果累累，多项科研成果填补了国内空调核心技术的空白：集超静音、超节能、超健康于一身的功能复合化代表性产品"三超王"问世；"管式高效等离子除烟、除尘、除菌健康空调"通过省级科技成果鉴定，检测数据高于国家标准；定频、变频高能效空调曾先后六次刷新世界能效纪录。

志高追求卓越的步伐从未停歇，积极采用国际先进技术标准，先后获得国内外 200 多个权威认证，既是行业唯一一家全系列分体空调获得国家"出口免验"资格的企业，也是全球唯一一家做到"零配件终身免费更换"的企业。专业专注 20 年，志高以"世界品质、志高创造"而享誉海内外，产品曾先后被"雅典奥运会"、"上海世博会"、"世界大运会"等全球重大项目工程采用，并荣获多项荣誉称号，是消费者最值得信赖的品牌。

二、志高的战略转型

在国内宏观经济层面，"新常态"成为描绘中国经济发展最新态势的关键词，从要素趋向投资趋势向创新趋势转型成为稳增长的新动能，这其中技术创新、产业变革、战略转型、物联网、智能化、互联网营销成为中国经济的新增长点，也是未来家电制造业转型的方向。目前，中国空调产业也结束了高速增长的时代，进入了一个深度调整期。空调市场由粗放扩张转向企业精细化升级转型，以"大数据、智能化、移动互联网、云计算"为特征的"云"时代扑面而来，以"用户体验"为基础的智能化浪潮将成为空调行业未来发展的趋势。志高云空间的创新功能如图 1-12 所示。

（一）志高布局高端战略，推行精益制造

志高的高端战略是在适应新环境的同时，挖掘属于自己的市场机会，将以满足消费者需求为战略出发点，瞄准高附加值、高溢价能力，推动高端产品结

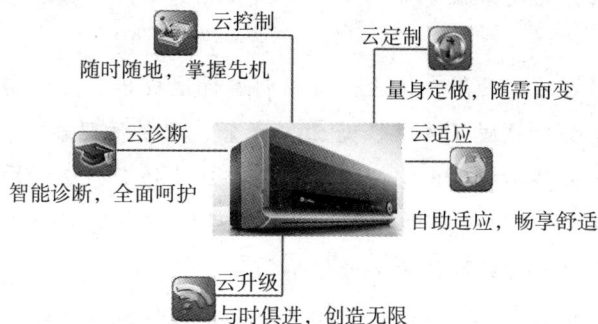

图1-12 志高云空间的五大创新功能

构升级、高端科技升级、智能制造体系升级，这也是志高开启全球品牌战略的内涵所在。2012年，志高率先提出智能云空调计划。而自创业伊始便拥有快速创新转型"血脉"的志高，在新技术、新产品的创新方面占尽先机，拥抱互联网，以智能云空调为主导走向高端市场发展。而后的一系列从技术到生产到商业再到品牌推广完善而又成熟的智能云空调组合战略，掀起智能云空调的发展热潮，并持续带动云空调行业进一步规范和完善。

志高的高端战略转型主要分为三大部分：一是产品结构升级，志高未来推出的新品，将采用行业领先的智能技术、最强大的健康技术、最极致的工艺要求、最舒适的功能搭配；二是高端科技转型，志高进一步完善智能云核心科技，完善自建云服务中心，推动空调跨入云计算时代；三是智能制造体系升级，志高不仅全面量产云空调，还将在此基础上，通过与精益生产的衔接，推动生产资源整合，大幅提升工厂效率。

（二）志高深入互联网思维，创变中不断夯实产业价值链

互联网思维，是在互联网、大数据、云计算等科技不断发展的背景下，对市场、用户、产品、企业价值链乃至整个商业生态进行重新审视，志高空调高端转型离不开互联网思维。2012年，志高首次推出内置智能控制芯片的云空调，从那时起，互联网思维就已经融入志高产品开发的各个环节中。2015年推向市场的新款云空调可利用大数据，通过云计算技术和互联网互通技术，使空调与气候、空间、人之间产生互通互动，在数据积累的基础上，云空调会变得越来越智能，更了解用户个性化需求，适时地完成自动监测、维护和升级。互联网思维完全颠覆了传统产品逻辑，把主导权交给用户和数据，基于云空调

用户数不断积累，志高云服务中心完全可以实现价值链上每一个环节的资源共享和深度挖掘。

运用互联网思维满足用户体验，志高创造性地提出三大营销项目：一是推出志高财富宝 App，摆脱了库存、店面、资金、人员的限制；二是由卖转租，在高校、政府等公共场所推出空调租赁服务；三是转卖为送，启动"三年内向有车阶层赠送 1000 万台云空调"计划，借此吸引中高端消费者会集到志高云平台上，为推出更多后续增值服务做铺垫。

志高空调调整其在互联网时代的发展战略，由传统空调转向智能高端空调制造，并将"智能化、互动化、健康化、艺术化"定为发展方向。当前，新一轮科技革命和产业变革蓄势待发，智能制造、网络制造、绿色制造、服务型制造等日益成为生产方式变革的重要方向，跨领域、协同化、网络化的创新平台正在重组制造业创新体系。

志高的全面转型就是要变革制造体系，将精益生产理念运用到从技术到生产的各个环节，大力推动生产资源整合，提升工厂效率，实现品牌、技术、产品、行业位置、生产链的真正意义上的全方位战略升级。

志高在以智能制造为主攻方向的同时，还将以工业互联网和自主可控的软硬件产品为重要支撑，培育新型生产方式和商业模式，加快生产型制造向服务型制造转变。志高铜管、压缩机已于 2014 年上半年投入运营，开始了自给时代，这意味着志高拥有了一个 100% 无缝链接的全产业链，质量控制、成本控制及抗风险能力进一步增强；此外，志高自 2013 年以来深入推进精益生产，去除多余环节，极大地提升了产业链的反应能力。据悉，志高首期精益生产项目实现平均生产周期缩短了 7 天。志高 2010~2013 年的合同额和收入额，如图 1-13 所示。

志高分析了新常态下推行产品研发、生产、营销、渠道建设等方面创新的重要性和路径，如提倡用户思维、如何继续领导中国智能空调发展，积极推动产品"上线下乡"等。与此同时，强调了创变中坚守的重要性，一方面，"造世界上最好空调"的目标和诚信互惠为原则的财富共同体建设不会改变；另一方面，"坚持产品主义，不断夯实产业价值链的基础，在持续的创新和质量改善中带给消费者最佳使用体验"的追求亦不会改变。

在拥有十足技术底蕴之后，一直高调于技术、低调于品牌的志高也于近日正式与国际巨星成龙签约代言协议，这将是志高在品牌战略上的大转型，也是

（万元）

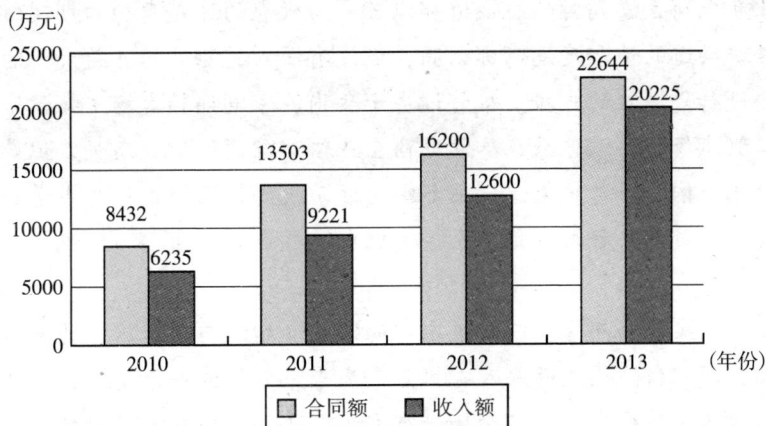

图1-13 志高2010~2013年的合同额和收入额

一次迎接新浪潮的标志。

三、打造线上线下一体化商业模式

目前，志高正布局线上高速增长，线下深度挖掘的战略模式，以传统渠道和以苏宁为代表的家电连锁为线下支点，以京东、天猫为线上主销平台，这是志高所要打造的线上线下一体化的商业模式。

第一，新互联网时代志高的线上线下一体化商业模式创新。

对于制造企业，这是一个最好的时代，也是最坏的时代，以移动互联高速普及为标志的全新互联网时代的到来，给制造企业在商业模式构建、产品开发上提供了丰富的机会，同时，碎片化、个性化的消费者需求也给工厂带来前所未有的挑战，尤其是电商平台最近几年的高速发展，给线上体系与线下渠道的均衡协同带来了显而易见的难度。

志高空调在电商上的发展一直有着优异的市场表现，2014年志高空调在全网领域实现销量同比增幅超过了50%。在全面提升价值链和结构化转型战略中，电商也是其中不可或缺的一环。电商处于高成长性阶段，成长性的背后是他们掌握了大量的消费者，再以庞大的消费者群体转化为盈利模式，但是，电商到目前为止还只是作为一个中介商业平台而存在，只是一种渠道工具，不会颠覆现行的消费和商业模式。尽管如此，志高空调表示不会丝毫放松对电商平台的拓展，"我们要适应电商的发展，因为不改变的话，在这个领域的发展就跟不上整体形势"。

相比于电商，志高对传统渠道和以苏宁为代表的连锁卖场的期望值可能会更高，传统渠道的饱和度没有那么高，还没有深入挖掘，尤其是大量的地方卖场，还要进行更深入的挖掘。尽管过去十年内，家电连锁卖场主导了家用空调市场一二级市场的终端体系，尽管电商企业依然呈高速增长态势，但是国内空调市场的根基依然是传统渠道，每个年度近70%的产品是由传统渠道进行销售的，尤其是大量的工程机项目，无论是家电连锁还是电商，与传统渠道相比没有任何的优势。

相比一二级市场而言，三四级市场的容量和增速与国家推行的城镇化战略紧密吻合，所以传统渠道的深入挖掘是志高未来发展的一个支点；另外一个支点就是对以苏宁为代表的连锁卖场进行发力。志高之前在连锁卖场上显得有些保守，因为卖场的产出和其资源投入并不相匹配，所以前两年有点收缩，今后想在卖场大幅度前进，定位是中高端产品，这也将是志高结构化转型的主战场之一。事实上，家电连锁自身也在进行积极调整，在电商平台的冲击下，家电连锁对企业合作资源如饥似渴，与此同时，在与电商的竞争过程中，相互之间也形成了一个稳定格局，这使得制造工厂在终端选择上显得更为游刃有余。

在志高冲击千亿元企业的战略宏图中，在志高将以云空调为智能化发展牵引实现从制造商向服务提供商转型的过程中，时刻考验着志高这群年轻的领导人。短期内无论是内销市场还是出口市场，外部机会只会越来越少，竞争只会进一步激化，这也容不得有丝毫懈怠。"每个企业都有精彩之处，别人的精彩也很好，但是要守住你自己，其实真正的压力来自于你自己"，现在到了每一个志高人拼命的时刻。

第二，志高打通渠道，提升产业价值，实现财富共享。

只有获得足够的利益，企业才能维持发展，才能有资源去实现社会就业、产品开发和社会责任践行等一系列职能。志高目标全面提升价值链，这个价值链包括供应商、代理商、销售人员、员工、股东乃至客户，总体战略就是要让价值链上的每个环节都赚到钱，获得收益。价值链若没有赚到足够的钱，企业如果做企业文化、品牌等，就没有更好的基础，作为价值链上的主导环节，志高有责任将产业价值链进一步提升。

毋庸置疑的是，不管以怎样一种方式去提升价值链，市场一定是企业实现增长和发展的根本。为了进一步激化渠道活力、提升营销竞争力，志高已经设计并开始实施完整的经营策略。志高线上线下一体化商业模式创新如图1-14所示。

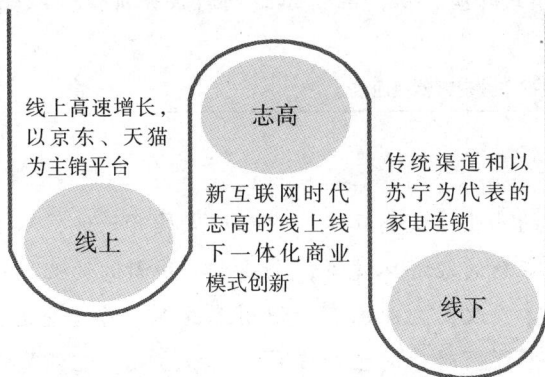

线上高速增长，以京东、天猫为主销平台

志高

线上

新互联网时代志高的线上线下一体化商业模式创新

传统渠道和以苏宁为代表的家电连锁

线下

图1-14 志高线上线下一体化商业模式创新

志高在提升代理商盈利空间的同时，商家也要转型，不能只卖特价机、低端产品，商家要能够和工厂一起做推广、开发网络。要跟着公司一起转型，商家自身转不了，志高有义务帮助转型，但是，如果商家的理念不一致，志高只能采取大胆扬弃的策略，跟不上就只能淘汰。事实上，2015年志高空调国内市场的渠道运作并不轻松，尽管志高空调自身渠道的库存量较低，但是由于国内整体市场的库存量创下历史新高，理顺渠道通路，提振渠道发展信心是一个痛苦和充满着细致工作的过程。

作为与代理商、经销商直接接触的营销体系的组织竞争力就显得尤为关键。对此，现在志高空调2015年的营销任务、责任、激励机制都已经在各个区域实现了分解和落实，以一种开发式企业营销规划和责任权利一致对等的体系，发挥整个营销系统的集体智慧。全面提升价值链只能从市场中获得空间与资源，作为直接接触市场的渠道和营销体系，无论是在给价值链提供动力还是实现自我价值的进一步提升，都只能是通过市场。

四、结论与启示

坚持技术创新，把握智能云核心技术，在互联网思维带给空调业的变革才刚刚开始。以极致"用户体验"为中心，不断夯实产业价值链，实现战略转型，志高空调为高端品质生活而来。从全球首款云空调的上市、免费赠送千万台云空调，到志高财富宝App商业模式的应用、主导参与制定的国际云空调标准发布，再到邀请成龙代言，本土企业志高空调近两年来坚定地完成了一系列的转型步伐。面对新的机遇，志高迈出战略转型步伐，加快推进核心技术自主创新，深化打造高端空调引领者品牌。面对新常态，志高要走差异化之路，从产品转型到商业模式转型，从产品价值到创新服务价值，以全新的高端品牌战略冲刺千亿目标。

资料来源：作者根据多方资料整理而成。

【本章小结】

本章围绕企业的商业模式创新这一中心论点展开论述，从互联网时代新的商业环境切入，描述在新的经济环境下，企业需要用新的商业思维，寻找商业模式创新的时代驱动因素，改变企业原有价值创造链条。通过论述长尾理论和免费理论的颠覆，体现出互联网时代的生产模式、消费方式、组织战略和商业模式的变化使现代企业管理变革成为必然和趋势。并具体叙述企业商业模式创新的影响因素和实施路径，来论证如何构建有效的资源组合形式，培育独特核心竞争力，以实现企业快速成长过程的平稳发展。通过论述未来商业模式创新的发展趋势，以及针对具体的商业模式进行分析，说明成功的商业模式是企业决胜未来的关键。同时，本章列举大量案例进行实证分析，以增强本章的说服力和生动性。

【问题思考】

1. 简述企业商业模式创新与传统企业管理创新的区别。

2. 试论述互联网时代"消费—供给"理念的变革。

3. 试从资本运作方面对企业商业模式创新的路径进行再优化。

4. 针对国内企业，分析某企业商业模式创新所带来的优越性。

第二章　企业商业模式管理的概述

【本章要点】
☆ 商业模式管理的内涵
☆ 互联网思维的核心理念
☆ 用户体验和用户体验设计
☆ 资源整合的内容
☆ 企业商业模式运营管理

【开章案例】　乐视网以用户为中心，驱动产品创新和商业模式变革

图片来源：www.letv.com。

一、公司介绍

乐视网（股票代码：300104）成立于 2004 年 11 月，享有国家级高新技术企业资质，并于 2010 年 8 月 12 日在中国创业板上市，是行业内全球首家 IPO 上市公司，中国 A 股唯一上市的视频公司。2014 年 1 月 27 日，乐视股价一度冲至 55.5 元，市值创下历史新高，达 441.3 亿元。

乐视致力于打造垂直整合的"平台+内容+终端+应用"的生态模式，涵盖了互联网视频、影视制作与发行、智能终端、大屏应用市场、电子商务、生态农业等。乐视网连续三年获得德勤"中国高科技高成长 50 强"、"亚太 500 强"，并获"中关村 100 优高新技术企业"、"2013 福布斯潜力企业榜 50 强"、"互联网产业百强"、"互联网进步最快企业奖"等一系列奖项与荣誉。

二、乐视生态造就的独特商业模式

传统智能电视厂商的硬件研发理念造成了整个智能大屏产品的体验不佳，整个行业要从卖屏的思维方式转换为卖服务的思维方式，用户核心需求是"看"，需要有从源到云到端整套的解决方案才能给用户提供极致体验，因此，只有垂直整合的生态系统才能带来产业变革。

从内容版权销售走到智能电视领域，乐视一直用互联网的思维构建商业模式，互联网思维又是以用户思维为中心，乐视的商业模式就是通过垂直整合的生态系统优势为用户提供极致体验。乐视生态造就的独特商业模式就是：内容是基础，应用为增值服务，智能电视终端则是为了保证用户有着良好的体验，最终建成云视频开放平台。

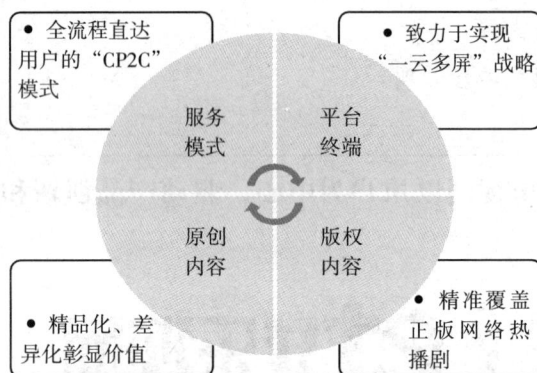

图 2-1 "乐视生态"的内容

（一）平台终端：致力于实现"一云多屏"战略

超级电视发布意味着乐视网"内容+平台+终端+应用"的产业布局完全成型。之前，乐视网已发布了盒子 C1、C1S，此次电视的发布使得乐视网的终端实现了盒子、电视的双重布局，同时覆盖到电视存量市场和增量市场。在乐视云视频平台的大数据体系下，PC、Pad、Phone 和 TV 等四大终端平台都能够通过统一的账号实现实时转换和互动，最终实现多屏联动，即"一云多屏"战略填补了目前基于 PC、Phone、Pad 和 TV 大屏等多个屏幕终端进行视频跨屏一致体验的空白。

乐视网页端采用 HTML5 和 CSS3 技术开发的"Screens Play"多屏合一界面技术（栅格系统及响应式布局），实现内容根据终端屏幕大小自动适配，让大屏真正发挥价值；乐视网移动客户端包括乐视影视、看音乐、看球和大咔，覆盖 Android phone、iPhone、iPad 等移动客户端，装机量超过 8000 万个。乐视影视客户端凭借乐视强大的内容优势和极致的用户体验，在视频应用中排名前列，该客户端拥有视频播放、下载、分享、收藏、搜索等功能，内容涵盖电影、电视剧、动漫、娱乐、电视节目等热门视频；乐视网 TV 版是中国第一付费视频应用，目前已成为乐视超级电视、乐视盒子、海信、创维等众多品牌智能电视设备的核心应用。

（二）版权内容："技术+版权"两轮驱动，精准覆盖正版网络热播剧

乐视在 2012 年覆盖了网络中高达 87.5% 的热播剧。目前，乐视已经锁定 2013 年热门影视剧中超过 80% 的剧目，其中包括独家网络首播的郑晓龙新作《新编辑部故事》、《新天龙八部》、《非诚勿扰之新恋爱时代》、新版《将爱情进行到底》、《盖世英雄曹操》等多部热门大剧。其中，乐视网凭借超过 5000 万元的价格摘得《新编辑部故事》的独家网络版权，相比于两年前《甄嬛传》创下的 2000 万元网络版权纪录，足足翻了 1.5 倍，将已经处于高位的版权价格再推向顶端。

（三）原创内容：精品化、差异化彰显价值

作为乐视生态内容端重要的组成部分，乐视制造自 2011 年 9 月诞生之日起，就把"精品化和差异化"作为自己的终极目标，以此作为网络自制剧抑或自制节目的制作原则。除了被外界津津乐道、颇有互联网精神风格的自制谈话节目《午间道》之外，原创网剧的亮眼成绩也足以让公司自豪。

"剧集、综艺、微电影，样样拿手；渠道、创意、趣味性，一样不少。它熟练掌握受众需求，融会视频与电视之所长。它用作品的质量与密度提升了一个行业的想象力，乐视制造成为中国视频制造业的创意引擎。"这是《新周刊》对乐视制造的评语。乐视对版权内容重要性的认识和判断力可以说是有目共睹。在内容端，乐视已拥有全行业最全的影视剧版权库之一，拥有 90000 集电视剧、5000 部电影的网络版权，并打造了"乐视自制"这一强调精品化、差异化路线的网络视频自制品牌；而乐视兄弟公司乐视影业，每年制作和发行近 30 部大片，为乐视提供了丰富的内容支持。

（四）服务模式：全流程直达用户的"CP2C"模式

乐视 TV 将开创性地采用 CP2C 模式（众筹营销），让乐视盒子和未来推出的超级电视全流程直达用户。乐视 TV 的"CP2C"模式，更加注重用户价值的发挥，使得用户的意愿能更多地反映到产品的研发、生产、销售和使用过程

中，形成不断扩充、无限循环、正向生长的良性发展。面对国内外众多视频公司都是后向收费，而前向收费的商业模式让乐视变得极为显眼。乐视网 TV 版的收费用户还可以得到像专享 CDN 加速、宽带、4K 画质等增值服务。

极致的体验不仅仅是一个应用能够做到的，除了有硬件和系统高度的融合外，一套行之有效的商业模式管理方法是必不可少的。互联网思维是乐视做用户体验的根本，乐视网 TV 版让用户真正全流程参与到 TV 应用的研发之中。在产品立项、研发、测试各环节，用户都会反馈给乐视更多的信息，让其进行改进。所有用户都可以在乐迷社区中提交需求并进行投票，通过投票的需求会打上标签，之后相应的产品经理会将需求再分配到不同的工程师处解决。

而除了传统沟通的方式外，基于 CP2C 用户全流程参与的研发社区，可以让员工到管理层都参与到整个公司决策流程。同时，社区还会同研发系统打通、形成任务跟踪系统闭环，通过互联网的工具让用户全流程参与，并通过机制来保障运行，用户和员工形成自管理。并且在整体管理模式上乐视也实现了生态协同组织，管理模式也使用互联网管理模式，自下而上让员工成为项目负责人，这也让用户体验可以进一步得到保证。

三、总结与启示

可以总结得出，乐视网的商业模式创新性主要体现在三个方面：

第一，以技术引领战略走向，内容为根本，内容的质量和性价比为核心，架构传播平台，夯实企业商业模式的战略基础。

第二，开发类 App 商店的视频软件应用，构建 B2C 全民消费模式为主导商业构架，并以 B2B 满足企业视频发展需求为辅，打造全产业链平台，从而为 PC、TV、移动三屏提供最优质的服务。

第三，通过 PC 和移动端以广告盈利，TV 端以固定年费收入为盈利，形成一个具有持续性的盈利系统。

资料来源：作者根据多方资料整理而成。

商业模式是创业者创意，商业创意来自于机会的丰富和逻辑化，并有可能最终演变为商业模式。其形成的逻辑是：机会是经由创造性资源组合传递更明确的市场需求的可能性，是未明确的市场需求或者未被利用的资源或者能力。尽管它第一次出现在 20 世纪 50 年代，但直到 20 世纪 90 年代才开始被广泛使用和传播，已经成为挂在创业者和风险投资者嘴边的一个名词。商业模式的确定是企业立足的根本，亚信公司创始人田溯宁就说，商业模式就是1元钱在你的公司转了一圈，最后变成1.1元，这增加的部分就是商业模式所带来的增值部分。商业模式贯穿于企业资源开发、研发模式、制造方式、营销体系、市场流通等各个环节，要想将商业模式成功运用于企业，就需要在商业模式管理上下足功夫。

第一节　商业模式管理的内涵、特征与作用

早在人类社会初期，商品交易就开始了，最初是以物易物，用自己的物品（商品）交换自己所需要的物品。随着社会的发展，产生了货币，人类的交易链上出现了第一层中介：货币。人们开始用钱来买东西，不过这时往往是一手交货币，一手交商品进行现场的交换，商品所有权的转换仍然是紧随物流的（只不过是以货币为中介）。再后来随着商业信用和网络信息技术的发展，传统的商业模式被打破，商业交易不再受时间和空间的限制，有力促进了资金流、信息流和物流的有机结合，现代企业商业模式的管理也具有了新的内涵、特征与作用。

一、商业模式管理的内涵

商业信用的发展，催生了专门从事货币服务的机构，如银行。它们提供货币中介服务和货币买卖，使得物流和资金流开始分离，产生了多种交易方式：交易前预先付款，交易中的托收、支票、汇票，交易后付款如分期付款、延期付款。这就意味着商品所有权的转换和物流分离开来，在这种情况下，信息流的作用就凸显出来了。

而随着网络技术和电子技术的发展，电子中介作为一种工具被引入生产、交换、销售中，人类进入了电子商务时代。传统的商品交易流程被彻底打破，此时的信息流处于一个极其重要的位置，贯穿于交易过程的始终，在一个很高的位置上对商品流通过程进行控制，记录整个商务活动的流程，是分析物流、资金流，进行决策的重要依据。如图2-2所示。

企业商业模式管理就是利用一系列的管理活动或手段来提高企业商业模式的运行效率，使其更高效地利用和整合企业资源，获取效益。商业交易过程中的商流、物流、资金流和信息流不仅是企业与供应商之间、企业相互之间及企业与客

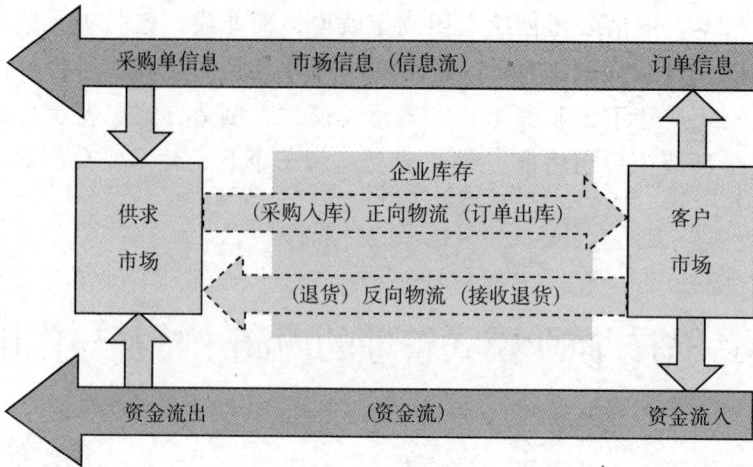

图 2-2 商业流程的"三流"模型

户之间高效沟通的四条主线，而且是企业商业模式管理极其重要的组成要素，如图 2-3 所示。

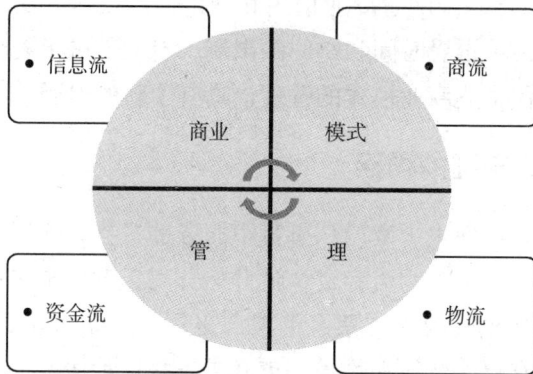

图 2-3 商业模式管理内涵

商流、资金流、物流及信息流的关系如图 2-4 所示。

（一）商流

所谓商流，就是一种买卖或者说是一种交易活动过程，通过商流活动发生商品所有权的转移。商流是物流、资金流和信息流的起点，也可以说是后"三流"的前提，一般情况下，没有商流就不太可能发生物流、资金流和信息流。反过来，没有物流、资金流和信息流的匹配和支撑，商流也不可能达到目的。"四流"之间有时是互为因果关系。

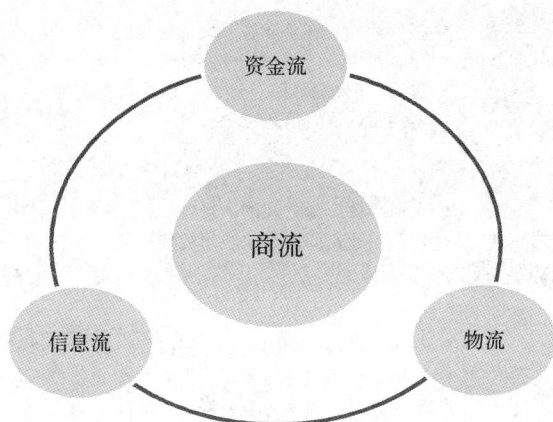

图 2-4 商流、资金流、物流及信息流的关系

（二）物流

物流是指商品在空间和时间上的位移，包括这个过程中的采购配送、物流性加工、仓储和包装等环节中的流通情况。其宗旨在于满足企业与顾客的物流需求，尽量消除物流过程中各种形式的浪费，追求物流过程的持续改进和创新，降低物流成本，提高物流效率。物流只是交易的一个组成部分，但却是商品和服务价值的最终体现，"以顾客为中心"的价值实现最终体现在物流上。

（三）资金流

资金流作为现代企业商务交易流程的三个构成要素之一，是实现商务交易活动的不可或缺的手段。在常见的 B2C 交易中，持卡顾客向商家发出购物请求，商家将持卡人的支付指令通过支付网关发给银行的电子支付系统；银行通过银行卡网络从发卡行获得批准，并将确认信息再从支付网关返回商家；商家取得支付确认后，向持卡人发出购物完成信息。

（四）信息流

信息流是指商业交易活动中买家和卖家为促成利于己方的交易而进行的所有信息获取、辨别、处理与应用的活动。它是一切商业活动的核心。企业商业模式管理的本质和核心就是对企业信息流实施有效控制，从而促进企业商业模式的有效运行，增进企业效益。根据企业信息的流动路径，信息流可分为以下三类，如图 2-5 所示。

企业内部信息流	• 横向流动，在企业各平级部门之间传递的信息流 • 纵向信息，自上而下的信息流（指导性和决策性的信息），如企业战略、经营计划等；自下而上的信息（日常运营的反馈信息）
企业与企业之间的信息流	• 企业与供应商之间的信息流 • 生产企业与商业企业之间的信息流
企业与客户之间的信息流	• 与客户进行有交的交流、获得客户对产品的第一手信息 • 建立客户档案并与其有效沟通，形成和分析各种客户数据并做出市场导向的决策

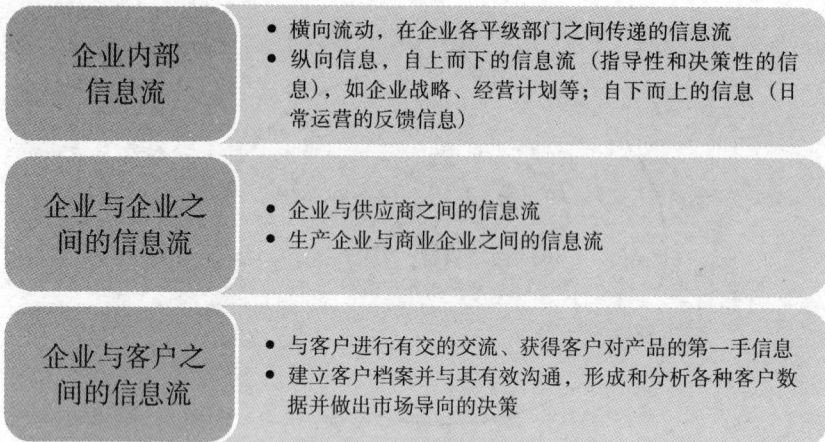

图 2-5　信息流分类

企业商业模式管理专栏 1

美的公司"低成本差异一体化"的物流完善之路

美的公司上市后为了满足消费者对产品差异化的需求和愿意支付的价格，并确立在接近饱和的中国家电业生存空间中的独特地位，用五年的时间进行了一场"低成本差异一体化"

图片来源：www.midea.com。

的物流完善之路，即通过不断完善的物流设计保证公司的总成本领先，又能实行适度差异化。美的公司的物流完善之路可分为三个阶段。

一、通过物流中心内部整合

美的集团进行改组，使用"事业部制"和分级法人提高反应速度。各事业部均通过相对独立的后勤体系来覆盖市场。以往空调、风扇这样季节性强的产品，断货或者压货是常有的事。各事业部的上千个型号的产品，分散在全国各地的 100 多个仓库里，有时一个仓库甚至就是只存两三种商品的"窗口"，仅是调来调去就是一笔巨大的开支。而且因为信息传导的渠道不畅，传导链条过长，市场信息又常常误导工厂的生产，造成生产过量或紧缺。为减少无效物流，在保证事业部销售的前提下，美的在 1998~1999 年走出了物流完善的第一步：开始建立"内部虚拟物流中心"，通过物流中心内部整合资源，初步改善整合现物流环节中不合理的方面，统一各事业部在本部和外部的仓储管理，集中安排各事业部的运输，为长期物流发展作准备。在具体操作上，内部虚拟物流中心以各事业部原有物流人员与操作流程为基础，并分别运作以保证与现在工作的连续性。物流中心的组织定位是行政上隶属集团，业务上服务于事业部。

二、通过安得物流进行外部整合

2000 年，美的通过建立自己的第三方物流公司——安得物流，专注于物流问题的解决，而不是过早跳跃到整个供应链的整合上，合理发挥规模优势，显著加强物流职能。通过整合，不仅解决了别的企业为之头痛的物流成本居高不下的问题，还造就了一个新的利润增长点。安得物流公司的主要业务是建立自己的平台，包括仓储平台和网络平台。美的把各个事业部原先分散的仓储资源整合起来交给安得，使安得在全国建立了比较健全的仓储网络。信息技术平台在 2000 年 8 月也开始试运行。此外，安得还掌管家庭事业部的全部运输业务和空调事业部 1/3 的运输业务。

三、实现信息化，完善整条供应链

2002 年 11 月 1 日，美的企业集团旗下的安得物流公司在广州正式成立，这家注册资金仅为 160 万元人民币的新公司一亮相，就在华南物流界引起了强烈反响。其业务定位在"为客户提供高端服务"的"第四方物流"——这在国内物流业尚属首次，也标志着美的公司将以高效高质，低成本和先进的信息技术支持提供全方位最佳的客户物流服务。

资料来源：作者根据多方资料整理而成。

二、商业模式管理的特征

企业商业模式管理的定义为：企业为实现商业模式目标而实施的一系列管理活动或手段，它把企业商业模式运行的内外各要素整合起来，使之形成一个完整的、内部化的，或利益相关的、高效率的、具有独特核心竞争力的运行系统。根据商业模式运行过程中所出现的变化进行调整，从而实现商业模式的目标，同时达成企业的战略规划。这个定义明确了商业模式管理的五个基本特征：战略性、系统性、动态性、协调性和集成性。

第一，战略性。企业商业模式管理不仅注重商业模式本身的计划、执行及控制，而且关注商业模式内部的营利性和可行性。商业模式的运行必须与企业总体的发展战略紧密相连并保持一致，在保证商业模式成功的同时保证企业整体战略

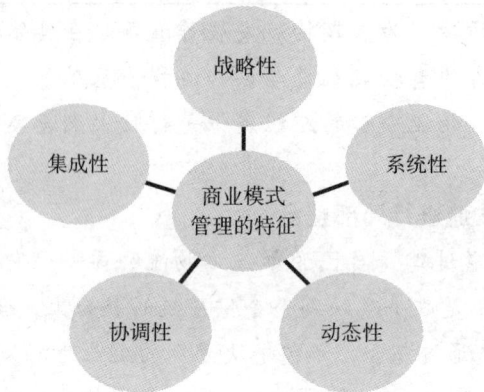

图 2-6　商业模式管理的特征

目标的实现，它既是战略管理的延伸，也是战略实施的一部分。

第二，系统性。企业的商业模式是一个完整的系统方案，具有多个组成部分，而且各个部分也并非单独孤立的，它们是有着一定的内在联系的。企业商业模式管理正是对商业模式内的各个部分进行的一种系统化综合管理。因此，企业商业模式管理具有系统性，在管理的难度和复杂性上，也要高于一般的项目管理。

第三，动态性。企业所处的环境是复杂多变的，呈现动态特性，企业根据环境的变化和需求及时地进行战略调整。企业商业模式管理能够根据企业环境变化所引发的战略目标变化和需求变化及时对商业模式内的要素进行调整，同时处理各部分之间的资源、效益等方面的互相影响，满足了动态性的要求。

第四，协调性。商业模式的有效运行是一个企业的整体目标，它包含着多个部分。由于企业战略的长期性以及企业商业模式运行环境的复杂性，各部分所需的企业资源不尽相同，其所取得的效益也有差异。因此，企业需要在内部协调和资源分配上花费更多的精力。为了充分发挥各种资源的效用，根据各项目的特点和需求，及时调整资金和人员，通过协调各项目的进度计划和资源，最终实现整个商业模式的效益最大化。

第五，集成性。企业商业模式管理是战略管理和传统项目管理的桥梁，它集成了战略管理、项目管理、资源管理以及其他部门管理的内容。同时，商业模式管理又是对企业内多个项目进行的统一协调管理，在管理处理上也体现出一定的继承性。企业商业模式管理的这种特性，不仅提高了组织技术、知识、信息的共享程度，而且增强了商业模式的内部联系，解决了资源配置不能得到优化、资源有效利用效率低等问题，更加注重了整体效益。

企业商业模式管理专栏 2　商业模式创新管理，美丽说创立分享模式

所谓的美丽说模式，是指社会化电子商务分享的模式，在一个垂直的领域内，有相同兴趣爱好的人聚集在一个社区，相互之间可以推荐、分享、评论商品，而商品的链接来自外部的电商网站，社区自身通过展示广告、点击购买分成取得收入。

图片来源：www.meilishuo.com。

一、公司简介

该模式源自美丽说，美丽说创立于 2009 年 11 月，是一家以女性时尚分享为主的社交媒体，在这个垂直的时尚领域中，爱好时尚的人可以聚在一起分享包括服饰、美容等时尚话题的内容、评论相关商品，商品链接来自外部网站，目前以电子商务网站为主。美丽说是国内最大的女性快时尚电子商务平台，致力于为年轻时尚爱美的女性用户提供最流行的时尚购物体验，拥有超过 1 亿个女性注册用户，用户年龄集中在 18~35 岁。

二、模式特点

美丽说的商业模式是一种新的商业模式，它源于 Pinterest 模式。但美丽说不局限于 Pinterest 模式的简单的收集、整理和分享的图片社交网站，更倾向于是一个购物导向的社交网站。美丽说的切入点十分准确，美丽说选择了女性的垂直市场。其一，女性喜欢逛街、喜欢购物、喜欢分享、喜欢晒单、喜欢收藏。其二，打破互联网藩篱，直接推荐购物导购分享社区。其三，不是靠女性喜欢看的娱乐八卦资讯留住用户，而是活生生的购物经验分享、晒单、街拍照片、产品下单链接。其四，选择了淘宝。其五，把最火的微博粉丝功能引入社区。归纳一条，在美丽说网站可以满足女性购物前决策，购物中经验交流，购物后分享晒单的一站式需求。

美丽说的 CEO 徐易容谈到未来美丽说的商业模式将是 Facebook 模式，"我们走 Facebook 模式而非亚马逊模式，未来营收主要依靠广告，包括品牌广告、效果广告等"。

这种模式将相同兴趣爱好的人聚集在一起，在这个垂直领域中，这些人相互之间可以分享经验、推荐商品。在为用户提供讨论场所的同时，也为商家找到了精准用户，从商业模式的角度来说，这种链条非常短，是非常高效的商业模式。

三、现状及发展

由于具备了商业链条短、用户匹配度高等优点，自美丽说诞生后，美丽说模式开始逐渐蔓延。阿里巴巴参谋长曾鸣曾对美丽说创始人徐易容说：淘宝等"美丽说模式"整整等了两年。在美丽说之后，在母婴、零食等各个领域均出现不同的效仿者。阿里巴巴集团旗下 C2C 网站淘宝网也在之后推出了众多类似产品，例如"淘宝哇哦"和"淘宝爱逛街"。此外，蘑菇街也是一个典型的模仿者。目前，美丽说模式已经获得了资本行业的高度认可。

资料来源：作者根据多方资料整理而成。

三、商业模式管理的作用

一般地，我们将商业模式定义为实现客户价值最大化，把能使企业运行的内外各要素整合起来，形成一个完整的、内部化的，或利益相关的、高效率的、具有独特核心竞争力的运行系统，并通过最优实现形式满足客户需求、实现客户价值，同时使系统达成持续盈利目标的整体解决方案。

（一）商业模式的三要素

其本质上是客户价值实现与创造的逻辑，内在地包含了客户价值主张、资源和生产过程与盈利公式三个要素，如图 2-7 所示。

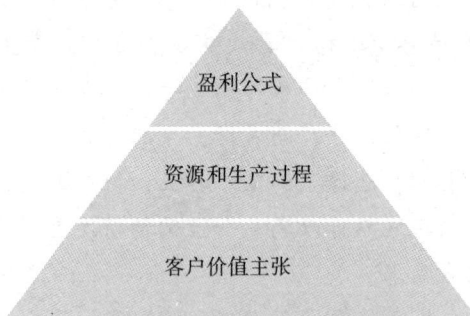

盈利公式

资源和生产过程

客户价值主张

图 2-7　商业模式的三个要素

第一，客户价值主张。在一个既定价格上企业向其客户或消费者提供服务或产品时所需要完成的任务。

第二，资源和生产过程。支持客户价值主张和盈利模式的具体经营模式。

第三，盈利公式。企业用以为股东实现经济价值的过程。

（二）商业模式管理的作用

相对于商业模式的三个要素，企业商业模式管理的作用也表现在三个方面，如图 2-8 所示。

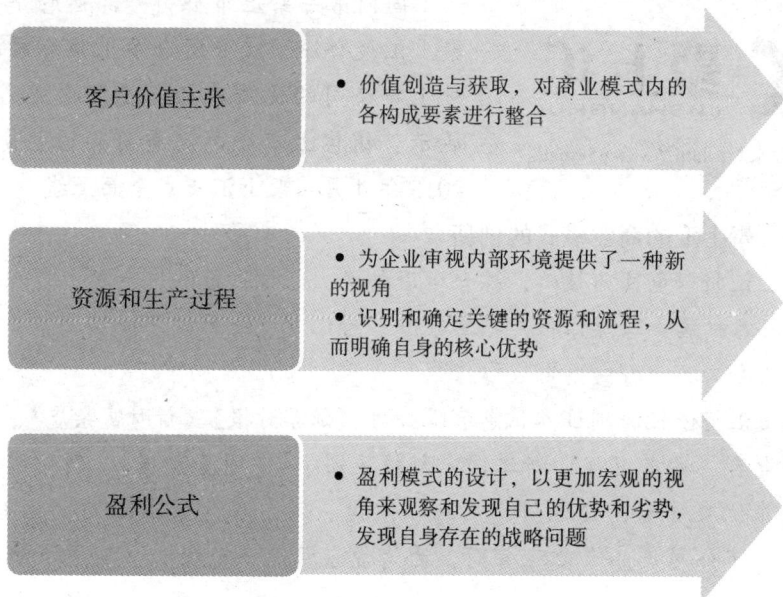

图 2-8　商业模式管理的作用

第一，商业模式管理能够帮助企业全面、系统地思考价值创造与获取问题。商业模式管理的主要作用就是把商业模式内各构成要素整合成一个整体来运行。

第二，商业模式管理为企业审视内部环境提供了一种新的视角。商业模式不仅着眼于外部需求，而且还侧重于描绘企业的价值创造、传递和获取方式。商业模式管理不仅有助于企业明确自己与其他企业之间的分工和联系方式，还有助于企业从中识别和确定关键的资源和流程，从而明确自身的核心优势。

第三，商业模式管理有利于实践中盈利模式的设计。与价值链管理相比，商业模式管理内容更加丰富，有助于企业从更加宏观的视角来观察和发现自己的优势和劣势，并且更容易发现自身存在的战略问题，而这对于实践中盈利模式的设计是至关重要的。

企业商业模式管理专栏 3

聚上汇：国内首家上市公司产品运营平台横空出世

图片来源：http://www.p5w.net/。

国内第一家上市公司产品运营平台——聚上汇聚合深沪交易所众多上市公司以及境外上市公司的优质产品，是国内首个聚集、展示、销售上市公司优质商品的电商平台。2015 年 4 月，聚上汇正式全面上线。

一、聚上汇的商业模式的创新

聚上汇将以电商为核心，综合运用电视、电台、报纸、杂志、自媒体、微店、App 客户端等跨媒体推广销售渠道，为亿万观众和股民提供上市公司产品重磅优惠和新品推荐。

聚上汇将依托深圳证券信息有限公司、《证券时报》、《新财富杂志》、中国国际广播电台、甘肃卫视、浙江国光科技集团、《中国基金报》、新财富澳门论坛等股东优势资源，让优质、周到、便捷、实惠成为聚上汇的"标签"，致力成为上市公司产品专业运营商，为消费者营造一个安心、实惠、纯净的购物环境。

二、聚上汇的商业模式的用户体验

聚上汇在为消费者提供价廉物美商品的同时，还将为消费者、投资者创造深度体验机会，同时也为上市公司有效打通资本市场与消费市场，为上市公司提供从产品品牌宣传到销售的一站式解决方案。

同时，聚上汇还将推出同名电视购物栏目《聚上汇》和节目板块《聚上汇·股东爱体验》系列，在甘肃卫视、浙江电视台、江西电视台等 200 余家省市级电视购物频道进行播出。

与此同时，还将充分运用聚上汇平台股东单位的优质媒体资源群——全景网、甘肃卫视、中国国际广播电台、《新财富杂志》、《证券时报》、《中国基金报》，以及旗下微信、微博、微店、App 客户端等多种媒体传播渠道，进行全方位、高频次宣传推广，合力将聚上汇打造成为中国首家上市公司产品运营平台。

资料来源：作者根据多方资料整理而成。

第二节 企业商业模式管理的核心理念

时至今日，我们已经处在无处不在的网络连接中，也处于各种各样信息的包围中。在信息时代，互联网驱动数字世界和物理世界深度融合，在任何传统企业和传统产业，融合互联网技术的商业模式成为企业创新焦点，或者说传统企业和传统产业要借助互联网来重构企业商业模式。企业的思维模式、商业模式、营销模式、研发模式、运营模式、服务模式等，都必须以互联网的时代特征为出发点进行重构，不是仅仅把互联网作为工具叠加在商业模式之上，而是将互联网思维作为企业商业模式管理的核心理念，融入企业商业模式的创新管理中。

一、互联网思维与商业模式管理

商业模式是以价值创造为核心，这一逻辑贯穿并统领着具体的价值创造活动。这些价值创造和实现的活动或因素之间相互联系，构成有机的商业模式体系。一个好的定位需要有一套相应的运行机制来实现。每一种具体的核心活动又有两个辅助因素来保证其实现。

（一）商业模式体系

价值定位是商业模式设计的起点和支撑，统领价值创造和价值实现两个要素及其衍生活动，而后者之间相互联系、相互支持，共同构成保证价值定位成功实现的运行机制和系统。如图 2-9 所示。

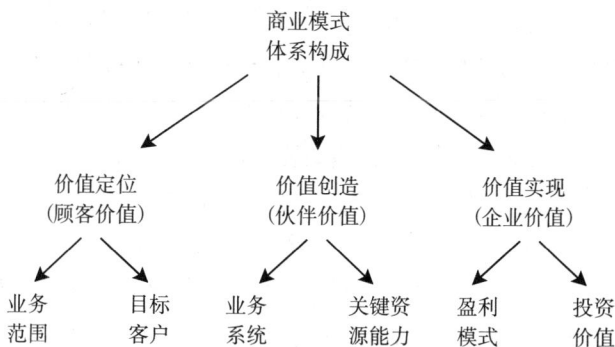

商业模式
体系构成

价值定位
（顾客价值）

价值创造
（伙伴价值）

价值实现
（企业价值）

业务
范围

目标
客户

业务
系统

关键资
源能力

盈利
模式

投资
价值

图 2-9 商业模式体系

企业商业模式管理纷繁复杂，概括起来其实就是通过整合企业内部资源，协调商业模式内各要素，将价值定位、价值创造和价值实现这三个核心活动贯穿成一条有机的商业链条。由于电子工具的引入，互联网思维已经渗透到商业模式内部的各个环节，特别是在产品研发和客户管理等领域。而且这种渗透是全方位的，通过汇集海量的用户信息和交易信息，借助大数据分析等技术，可以充分发掘用户的行为信息，形成新的信息垄断，使企业获取巨大的效益。根据互联网思维的内容及其所涉及的范围，可以将互联网思维分为 4 类（共 9 种），如图 2-10 所示。

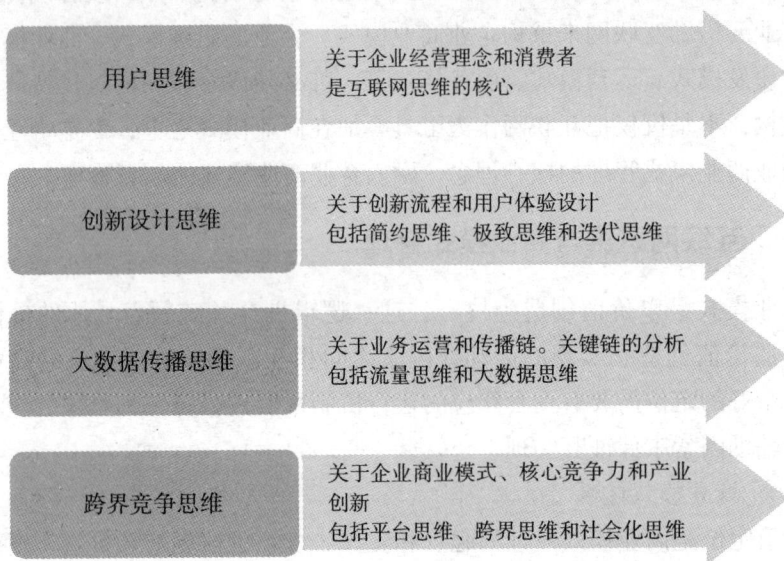

图 2-10　互联网思维

第一，用户思维。在价值链各个环节中都要"以用户为中心"去考虑问题。作为厂商，必须从整个价值链的各个环节，建立起"以用户为中心"的企业文化，只有深度理解用户才能生存。好的用户体验应该从细节开始，并贯穿于每一个细节，让用户有所感知，并且这种感知要超出用户预期，给用户带来惊喜。

第二，简约思维。互联网时代，信息爆炸，用户的耐心越来越不足，所以，必须在短时间内对消费者形成刺激。大道至简，越简单的东西越容易传播，也越难做。在产品设计方面，要做减法，外观要简洁，内在的操作流程要简化。

第三，极致思维。就是把产品、服务和用户体验做到极致，超越用户预期。品牌定位要专注，专注才有力量，才能做到极致。尤其在创业时期，做不到专注，就没有可能生存下去。

第四，迭代思维。"敏捷开发"是互联网产品开发的典型方法论，是一种以人为核心、迭代、循序渐进的开发方法，允许有所不足，不断试错，在持续迭代中完善产品。要从细微的用户需求入手，贴近用户心理，在用户参与和反馈中逐步改进。同时，只有快速地对消费者需求做出反应，产品才更容易贴近消费者。这意味着企业必须要及时乃至实时关注消费者需求，把握消费者需求的变化。

第五，流量思维。互联网产品大多用免费策略极力争取用户、锁定用户。任何一个产品，只要用户活跃数量达到一定程度，开始产生质变，就能带来商机或价值。

第六，大数据思维。对大数据的认识，对企业资产、关键竞争要素的理解至关重要。用户在网络上一般会产生信息、行为、关系三个层面的数据，这些数据的沉淀，有助于企业进行预测和决策。在互联网和大数据时代，企业商业模式的营销策略已经转向针对个性化用户的精准营销。

第七，平台思维。互联网的平台思维就是开放、共享、共赢的思维。平台思维的精髓，在于打造一个多主体共赢互利的生态圈。未来的平台之争，一定是生态圈之间的竞争。

第八，跨界思维。互联网和新科技的发展，使很多产业的边界变得模糊。跨界思维的核心就在于发挥企业自身的网络优势、技术优势、管理优势等，去提升、改造线下的传统产业，改变原有的产业发展节奏、建立起新的游戏规则。

第九，社会化思维。社会化商业的核心是网络，公司面对的客户以网络的形式存在，这将改变企业生产、销售、营销等整个形态。企业要思考如何利用外脑，充分发挥所处的网络效应。

（二）互联网思维在价值链中的分布

面对不可阻挡的信息社会，顺应行业的大势，以互联网思维为核心理念，借助先进的电子信息技术，创新企业商业模式的管理，已经成为适应信息时代的必然选择。这是一种全面的、深刻的变革，并不是简单地把互联网作为工具使用，而是要以互联网的全连接和零距离的基本特征为起点，重构商业模式、营销模式、服务模式等外在形态，并以此驱动管理模式、研发模式、运作模式等内在形态的重构，从而重构整个企业的观念、组织和流程，将互联网思维内化到企业商业模式的供、研、产、销的各个价值链条的管理中，如图 2-11 所示。

二、互联网思维就是用户思维

用户思维是互联网思维的核心。其他思维都是围绕用户思维在不同层面的展

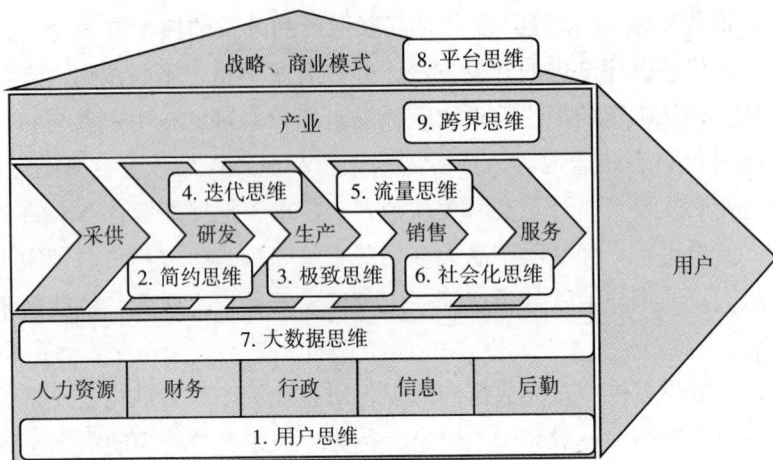

图 2-11 互联网思维在价值链中的分布

开。用户思维，是指在价值链各个环节都要"以顾客为中心"去考虑问题，即用户思维是企业流程设计的起点和终点。

互联网思维是对传统企业价值链的重新审视，体现在战略、业务和组织三个层面，以及供、研、产、销的各个价值链条环节中。战略层、业务层和组织层都围绕着终端用户需求和用户体验进行设计，这就形成了互联网思维的"价值环"模式。如图 2-12 所示。

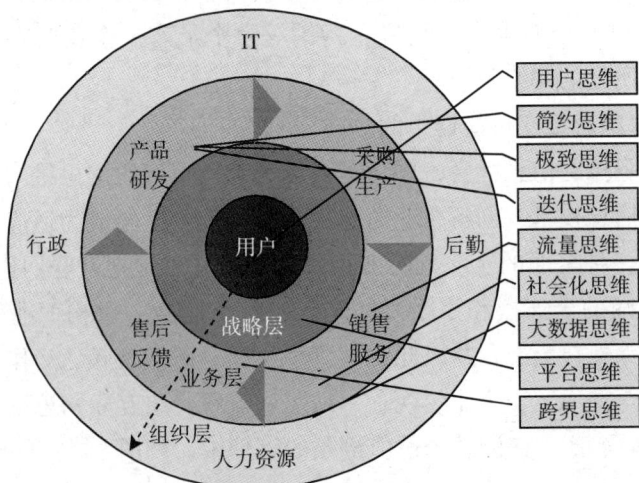

图 2-12 价值环模型

"价值环"以用户为中心，从战略制定和商业模式设计到业务开展、组织设计和企业文化建设均以用户为中心。其中，在业务层面，用户端和供应链端连接起来，形成了一个闭环，将不断地实现价值动态的传递，用户将需求反馈至研发生产，研发生产形成产品或服务再传递到销售端，销售端通过接触用户又形成了二次的循环。"价值环"要求我们必须持续不断地关注用户需求、聆听用户反馈并且能够实时做出回应，这是未来企业建立商业模式的基础，如表2-1所示。

表 2-1 互联网思维在价值环中的分布

层次	主要命题		典型思维
战略层	怎样明确产业定位 怎样制定战略 怎样设计商业模式		用户思维、平台思维、跨界思维
业务层	前端：品牌及产品营销	怎样做品牌传播和业务经营 怎样做商业决策	用户思维、流量思维、社会化思维、大数据思维
	后端：产品研发及供应链	怎样做业务规划 怎样做品牌定位和产品设计	用户思维、简约思维、极致思维、迭代思维、社会化思维
组织层	怎样设计组织结构和业务流程 怎样建设组织文化 怎样设计考核机制		用户思维、社会化思维、平台思维、跨界思维

可见，互联网思维使得信息更加透明化，用户获得更大的话语权。要求企业在各个层面上来实现"以客户为中心"，不是简单地听取客户需求、解决客户的问题，更重要的是让客户参与到商业链条的每一个环节，从需求收集、产品构思到产品设计、研发、测试、生产、营销和服务等，汇集用户的智慧，企业才能和用户共同赢得未来。可以毫不夸张地说，互联网思维的核心就是用户思维，产品设计、极致用户体验和口碑传播等，都离不开用户的参与。

企业商业模式管理专栏4 农业众筹：用互联网思维营销现代农业

褚橙、柳桃、潘苹果都是在传统农业中崛起的新品牌，互联网让他们的品牌家喻户晓。传统农业——一个几乎被淡忘在角落的行业沾上了互联网，相互作用的结果是产生了新的营销方式，农业也被重新定义。

图片来源：http://www.zhongchou.cn/open。

一、众筹网的发展历程

2014 年 7 月 30 日，众筹网宣布进军农业众筹领域，并与汇源集团、三康安食、沱沱工社等达成战略协议。据悉，此次众筹网与汇源集团等的合作将会实现双方的资源整合和优势互补。一方面，汇源集团等线下农业平台可以利用众筹网开展创意营销和融资服务，另一方面，众筹网也可以借这些农业平台逐渐打开农业众筹领域。据了解，接下来众筹网将从有机农场乡村体验游、私家果园/私家茶园认领、拯救即将遗失的农耕文明，以及助力打造互联网新农人等几个方面探索农业众筹业务模式。

众筹网合伙人李玉民表示，农业参与众筹的最大好处在于，可以获得从创意到市场开拓全过程的配套服务。此次众筹网与汇源集团等正式签署合作协议，将众筹业务链条延伸至农业领域，将为接下来的农业众筹起到典范作用，推动农业众筹业务模式革新，同时意味着众筹网垂直板块再次丰富。

二、农业众筹与生鲜电商的区别

农业众筹与生鲜电商存在本质区别。电商单纯是将现成的产品拿到网上卖，而农业众筹则是在产品形成之前就已经有了完整的创意，这种模式包含了更多的内容和可选产品，为用户提供的是个性化的定制服务，是新农业革新的有力手段。

国内的农业转型发展是必然趋势，但是如何转型创新，如何实现现代化发展仍然是需要探索的事情。新兴模式众筹应用场景广泛，具备的优势明显，尝试与农业结合并非头脑发热，而是内因使然。可以预测，随着众筹模式应用的日益成熟，众筹与农业的合作方式必将更加多样化，而这对双方来说，都是互利双赢。

资料来源：作者根据多方资料整理而成。

第三节　用户体验与企业商业模式管理

互联网思维强调的就是"用户至上"和"优越的体验"，这两点是对"以客户为中心"的理论的延伸，强调对产品使用者的反馈做出快速反应。企业不能再是低头精雕细琢，更要用心收集用户的意见，按用户的需要迅速改进产品，不断地进行"微创新"、"迭代更新"。企业不仅仅从产品质量这一个方面考虑，还要从产品的外观、包装，甚至是货运等多个环节考虑，满足用户多个感官的体验。

一、用户体验及其构成要素

互联网经济是体验经济，新竞争力在网络营销基础与实践中使技术创新形态发生转变，以用户为中心的观念越来越得到重视，用户体验也因此被称作创新2.0模式的精髓。用户体验是人们对于针对使用或期望使用的产品、系统或者服务的认知印象和回应，通俗来讲就是"这个东西好不好用，用起来方不方便"。

（一）用户体验的要素特征

用户体验是主观的，且其注重实际应用时产生的效果，也即可用性。但是，良好的用户体验不仅仅只是可用性，而应该包括可用性之外一些其他要素特征，如图 2-13 所示。

图 2-13　用户体验的构成要素

第一，可用性。产品在特定使用情境下被特定用户用于特定用途时所具有的有效性、效率和用户主观满意度，即用户能否用产品完成他的任务，效率如何，主观感受怎样，实际上是从用户角度所看到的产品质量，是产品用户体验的核心。

第二，有用性。设计的产品应当是有用的，而不应当局限于上级的条条框框去设计一些对用户来说毫无用处的东西。

第三，可找到性。企业应当提供良好的产品导航和定位元素，使用户能很快地找到所需信息，并且知道自身所在的位置。

第四，可获得性。产品信息应当能为所有用户所获得，而且获得这些信息应该是低成本的或者是免费的。

第五，满意性。产品设计元素应当满足用户的各种情感体验，这个是来源于情感设计的。

第六，可靠性。企业的产品要能够让用户所信赖，要尽量设计和提供使用户充分信赖的组件。

第七，价值性。企业应能通过设计用户体验盈利，而对于非营利性机构，也要能促使其实现预期目标。

（二）用户体验的种类

在某些行业内，一个企业的产品如果具有极佳的用户体验，那么这将被视为确保良好品牌忠诚度和提高客户群增长速度的有效手段。按体验方式的不同可以将用户体验划分为三种，如图 2-14 所示。

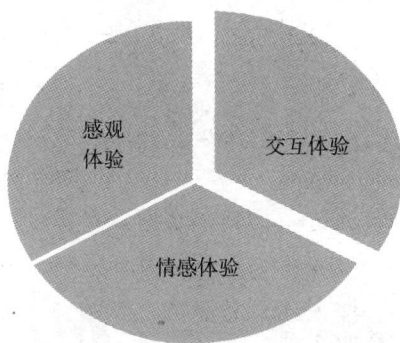

图 2-14　用户体验的分类

第一，感观体验。呈现给用户视听上的体验，强调舒适性。一般在色彩、声音、图像、文字内容、网站布局等呈现。

第二，交互体验。界面给用户使用、交流过程的体验，强调互动、交互特性。交互体验的过程贯穿浏览、点击、输入、输出等过程给访客产生的体验。

第三，情感体验。给用户心理上的体验，强调心理认可度。让用户通过站点能认同、抒发自己的内在情感，那说明用户体验效果较深。情感体验的升华是口碑的传播，形成一种高度的情感认可效应。

（三）用户体验的影响因素

有许多因素可以影响用户在使用产品时的实际体验。影响用户体验的这些因素被分为三大类：使用者的状态，系统性能以及环境状况，如图 2-15 所示。

使用者的状态	• 精神状态和性格特征（动机、期望、情绪、认知）等
系统性能	• 系统设计、品牌优势，系统的主要价值和目的
环境状况	• 物理因素、社会因素、时间因素、基础成本因素、法律限制、任务目的因素等

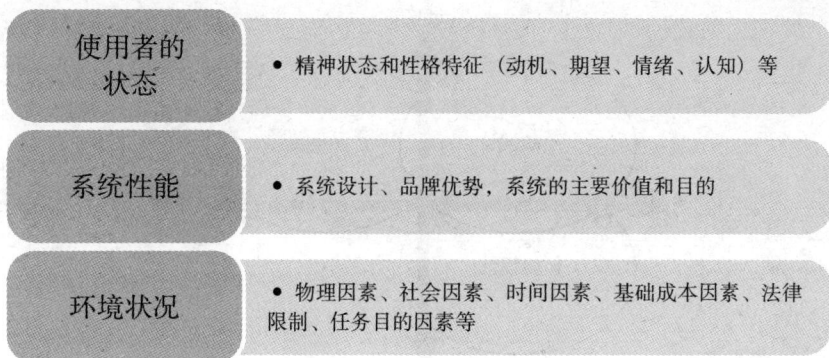

图 2-15　用户体验的影响因素

现代企业商业模式的创新越来越具有鲜明的用户体验特性，这体现在：产品和服务的实用性、可靠性，即企业提供的"产品内容"必须是能满足消费者的实用需求，同时通过一系列的视觉呈现让消费者觉得可靠，平台系统的便捷性、安全性，导航系统、支付系统和物流系统要尽可能体现人性化的特征，满足消费者方便、快捷、安全的心理需求。因此，关心用户需求，增强用户体验成为企业商业模式制胜的关键因素，也是商业模式创新的一个重要手段。

二、从产品设计到用户体验设计

所谓产品设计，是一个创造性的综合信息处理过程，通过多种元素如线条、符号、数字、色彩等方式的组合把产品的形状以平面或立体的形式展现出来。其本质上是设计一套能影响、控制甚至操纵用户的机制，潜移默化地改变用户的心理与行为。用户体验设计，是使产品符合用户的心理模型和行为习惯，满足用户的需求与期望，以实现良好的用户体验。

（一）产品设计与用户体验设计的关系

从产品与用户关系的角度来看，产品设计更像一种进攻型设计，用户体验设计则是一种防守型设计。在企业商业模式中，产品设计并非一个孤立的环节，一般与产品上线后的营销、推广和运营联系在一起。这些活动都是试图影响用户的心理与行为，不过产品运营是设计各种事件，而产品设计则是一种更稳定的机制设计，如图 2-16 所示。

可见，产品设计是"进攻型（改变用户）"的机制设计，其所处层面的创新可能是革命性的，因此难度和风险非常大。相比之下，用户体验设计和产品运营等方面则更容易出一些"微创新"，难度和风险都相对较小，更具有操作性。

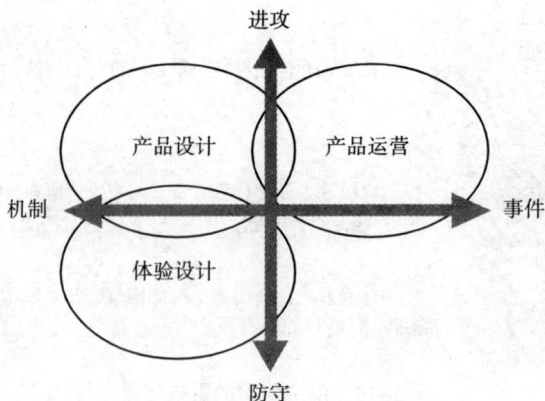

图 2-16　产品设计与用户体验设计

（二）互联网时代的用户体验设计

在互联网时代，用户体验设计是一项包含了产品设计、服务、活动与环境等多个因素的综合性设计，每一项因素都是基于个人或群体需要、愿望、信念、知识、技能、经验和看法的考量，如图 2-17 所示。

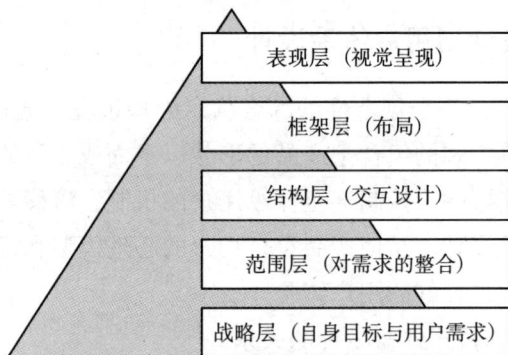

图 2-17　用户体验设计的五个层次

在这个过程中，用户不再是被动地等待设计，而是直接参与并影响设计，以保证设计真正符合用户的需要，其特征在于参与设计的互动性和以用户体验为中心，以提供良好的感觉为目的。根据用户体验构成要素的五个层次，用户体验设计也可分为五层。

第一，表现层。在这个五层模型的顶端，我们把注意力转移到用户会首先注意到的方面：视觉设计。内容、功能和美学汇集在一起来产生一个最终设计，满足其他四个层面的所有目标。

第二，框架层。在结构层中开始形成了大量的需求，这些需求都是来自战略目标的需求。在框架层，我们要更进一步地提炼这些结构，确定很详细的产品外观、功能和信息设计。

第三，结构层。在收集完用户需求并将其排列好优先级别之后，我们对于最终产品将会包括什么特性已经有了清楚的图像。然而，这些需求并没有说明如何将分散的片段组成一个整体。

第四，范围层。本着"我们想要什么"、"我们的用户想要什么"的明确认识，我们就能弄清楚如何去满足所有这些战略的目标。把用户需求和企业目标转变成企业应该提供给用户什么样的内容和功能，战略制定就变成了范围选择。

第五，战略层。成功的用户体验，其基础是一个被明确表达的"战略"。知道企业与用户双方对产品的期许和目标，有助于确立用户体验各方面战略的制定。

用户体验贯穿于企业商业模式的设计与创新过程中，对于用户而言，他们的这种体验是连续的。他们所理解的情感，并不仅仅来源于他们所完成的商业模式本身，以及他们是如何理解的。如果一件产品在视觉上、内容上很具有吸引力，他们将会有目的地花费更多的精力来理解和使用它。如果他们感觉这一产品很容易使用，也许就会经常用它，并形成忠诚和依赖。

三、用户体验就是商机

用户体验是用户使用产品或者享用服务的过程中建立起来的心理感受，涉及人与产品、程序或者系统交互过程中的所有方面，对于产品生命周期的商业价值实现，用户体验是产品成功与否的关键。

同时，作为一种"以人为本"的商业交易模式，用户体验贯穿企业商业模式运行的全过程，从产品的设计到产品和服务的提供，从支付平台的搭建到物流配送系统的建立，从线上体验到线下体验，无一不是用户体验创新的领地。如果企业能抓住其中的某一个或几个环节加以改进，创造与众不同的用户体验，就有可能获得更多消费者的青睐，从而提升企业的业绩。

第四节　商业模式管理的内容

商业模式是企业创造价值的基本逻辑，这不仅仅是企业商业模式的盈利，而是包括了合作企业以及客户在内的整个价值链的共同价值。企业为了实现客户价值最大化和持续盈利的目标，整合内外各要素，形成独特核心竞争力和难以模仿的价值链体系和生态系统便是企业商业模式管理的主要内容。

一、核心内容：资源整合

企业商业模式管理是一个为长远利益而实施的战略规划工作，随着市场的变化情况与发展，企业的战略目标也会有所改变，企业的各种资源必须随之整合与优化，这需要极强的战略协调能力。企业必须设立动态战略综合指标，及时调控企业的资源能力，从而完善企业商业模式管理。

（一）资源整合的类型

资源整合，是企业战略调整的手段，也是企业商业模式管理的核心内容。资源整合是指企业对不同来源、不同层次、不同结构、不同内容的资源进行识别与选择、吸取与配置、激活和有机融合，使其具有较强的柔性、条理性、系统性和价值性，并创造出新的资源的一个复杂的动态过程。资源整合体现了一种优化配置的思维。根据企业的发展战略和市场需求对有关的资源进行重新配置，以凸显企业的核心竞争力，寻求资源配置与客户需求的最佳结合点。同时，通过组织制度安排和管理运作协调来增强企业的竞争优势，提高客户服务水平。按照企业之间整合资源的方式不同，可以把资源整合分为三种形式：纵向整合、横向整合和平台式整合。

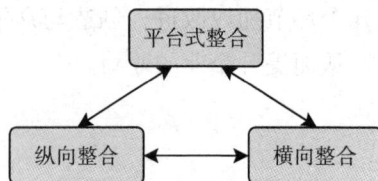

图 2-18　资源整合的类型

第一，纵向整合。纵向整合是将处于一条价值链上的两个或者多个厂商联合在一起结成利益共同体，强调的是每个企业要找准自己的位置，做最有比较优势的事，并协调各环节的不同工作，致力于整合产业价值链资源，创造价值链的最大化价值。例如，按照传统的经营方式，花店从花农处采购鲜花，再卖给顾客。几十年来，都是如此。但是，这并不意味着它是最好的经营方式。花农可以与快递公司结成战略联盟。花店作为一个鲜花的订购中心，顾客到这里订购鲜花（可通过网络或电话订购），花店记录下顾客订购的花的种类和数量，以及顾客希望送达的地址和希望送达的时间。同时，把顾客需要的花的种类和数量信息发给花农，通知花农准备鲜花。然后，把顾客订购的花的种类和数量，以及顾客希望送达的地址和希望送达的时间等信息发给快递公司，由它从花农处取得鲜花，再送给顾客。花店通过与快递公司的合作，整合快递公司的运输资源，把传统情况下的两方合作变成三方联盟。新的战略联盟大大扩展了生意量，每个参与方都获得了更多的收入：花农可以卖出更多的花，快递公司得到更多的生意，而花店得到更多的订单，并同时节省了运输成本。顾客也可以享受到更多的鲜花选择和方便快捷的上门送花服务，这都是传统的花店做不到的。

第二，横向整合。横向整合把目光集中在价值链中的某一个环节，探讨利用哪些资源，怎样组合这些资源，才能最有效地组成这个环节，提高该环节的效用和价值。与纵向资源整合不同，横向整合的资源往往不是处于产业链内，而是处于本产业链外。

第三，平台式整合。不论是纵向还是横向资源整合，都是把企业自己作为所整合资源的一部分，考虑怎样联合别的资源得到最佳效果。而平台式资源整合却不同，它考虑的是，企业作为一个平台，在此基础上整合供应方、需求方甚至第三方的资源，同时增加双方的收益或者降低双方的交易成本，自身也因此获利。阿里巴巴就是一个典型的搭建平台整合资源的例子。它整合了供应商和需求方的信息，打造了一个信息平台。供应商和需求商可以通过它交换信息，互通有无，达到最佳的交易效果，而阿里巴巴则通过收取服务费而盈利。类似的成功例子还有携程网等。

（二）、资源整合的方法

虽然纵向资源整合、横向资源整合和平台式资源整合三种资源整合方式各有其特点，但在现实应用中，很难将它们截然分开，有时甚至还相互交叉在一起。常见的资源整合方法主要有以下六种。

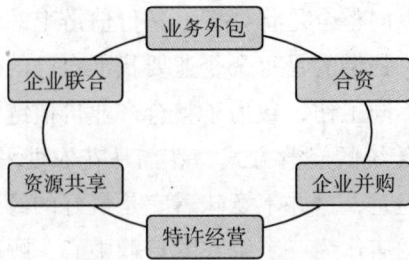

图 2-19　资源整合的方法

第一，业务外包。所谓业务外包，也称资源外包、资源外置，是指企业基于契约，将一些非核心的、辅助性的功能或业务外包给外部的专业化厂商，利用它们的专长和优势来提高企业的整体效率和竞争力，从而达到降低成本、提高效率、充分发挥自身核心竞争力和增强企业对环境的迅速应变能力的一种管理模式。企业应集中有限资源强化其核心业务，对于其他非核心职能部门则应该实行外购或外包。通过实施业务外包，企业不仅可以降低经营成本，提高效率，集中资源发挥自己的核心优势，更好地满足客户需求，增强市场竞争力，而且可以充分利用外部资源，弥补自身资源和能力的不足，同时，业务外包还能使企业保持管理与业务的灵活性和多样性。当前，业务外包主要有三个方向。如图 2-20 所示。

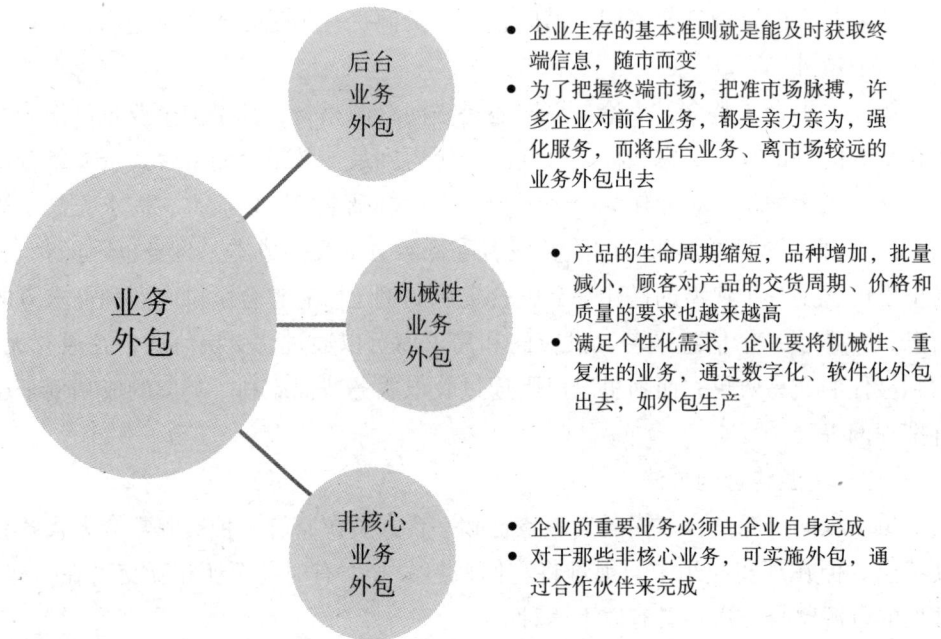

图 2-20　业务外包的方向

第二，合资。企业通过合资经营的形式将各自不同的资源组合在一起，共同经营，共担风险，实现双方资源和能力互补，达到共同发展的目的。在一个企业单独运作时不经济或有风险，或者通过集合两个或更多企业的资源和能力能够为一个企业带来更多的资源，克服进口份额、关税、国家政治和文化障碍，使之成为一个强有力的竞争者时，合资是一种比较好的策略。

第三，企业并购。企业并购也是企业取得外部经营资源、谋求对外发展的策略之一，通过并购，可以获得出让公司经营资源的支配权。企业并购的方式如图 2-21 所示。

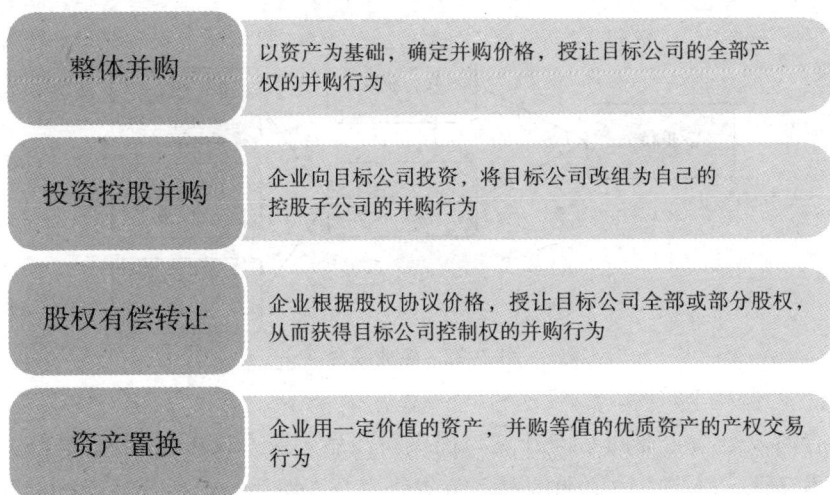

整体并购	以资产为基础，确定并购价格，授让目标公司的全部产权的并购行为
投资控股并购	企业向目标公司投资，将目标公司改组为自己的控股子公司的并购行为
股权有偿转让	企业根据股权协议价格，授让目标公司全部或部分股权，从而获得目标公司控制权的并购行为
资产置换	企业用一定价值的资产，并购等值的优质资产的产权交易行为

图 2-21　企业并购方式

第四，特许经营。特许经营是指特许经营权拥有者以合同约定的形式，允许被特许经营者有偿使用其名称、商标、专有技术、产品及运作管理经验等从事经营活动的商业经营模式。拥有重要无形资产的一方，撬动了广泛的社会资源，迅速扩大规模，获取额外收益。例如在酒店业中，如家快捷便是比较成功的特许经营方式。

第五，资源共享。任何企业都不可能在所有资源类型中拥有绝对优势，即使同一资源在不同企业中也表现出极强的比较优势，从而构成了企业资源互补融合的基础。资源共享就是把属于本企业的资源与其他企业共享，其共享方式可以是有偿的，也可以是无偿的。特别是已经固化在企业组织内部的某些资源，不可完全流动交易，如营销渠道、市场经验、客户数据库资料等无形资源，不便通过市场交易直接获取，要获取对方的这些独特的资源，就必须与之建立合作关系，实现双方的共享和互补。资源共享一方面可以充分利用现有资源提高资源利用率，另一方面可以避免因重复建设、投资和维护造成的浪费，是实现优势互补和高效、低成本目标的重要措施。

第六，企业联合。在产品技术日益分散化的今天，已经没有哪个企业能够长期拥有某种产品的全部最新技术和经营资源，企业单纯依靠自己的能力已经很难掌握竞争的主动权。为此，大多数企业选择企业联合的方式以实现内外资源的优势相长。根据企业联合的目的，企业联合主要可分为联合研发和联合促销两类。如图 2-22 所示。

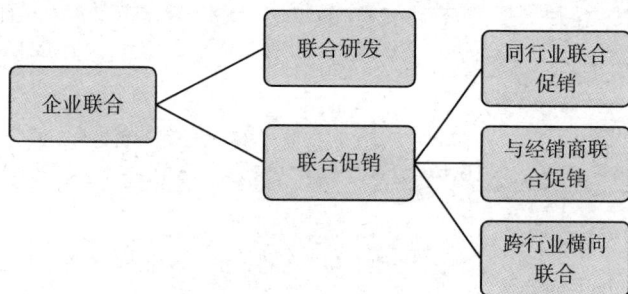

图 2-22　企业联合

联合研发是指企业间共同开发与提供新产品，这不仅可以利用共同的资源，进行技术交流，减少人力资源闲置，节省研究开发费用，分散高风险和共同攻克技术难题，而且可以利用新产品改造现有的产品，提高产品的质量或创新卖点，从而提高市场竞争力。联合促销则是指两个或两个以上的企业实体，在资源共享、互惠互利的基础上，开放各自的营销资源，共同进行促销，通过优势互补，各取所需、各得其所的促销方式。在竞争激烈的市场环境中，采用联合促销策略往往能起到单一促销无法达到的效果。如同生产热水器的两大厂家——万家乐与神州，化干戈为玉帛，联合进行广告促销。万家乐热水器的广告词是：万家乐崛起于神州；而神州热水器的广告词则是：款款神州，万家追求。其结果是两家企业双双跻身于全国 500 家最大工业企业行列。联合促销是双赢思维的产物，它的本质是借助外力资源达到自身促销效益的最大化。常见的联合促销方式要有：同行业联合促销、与经销商联合促销和跨行业横向联合三种。

（三）资源整合的对象

资源整合对于提高企业商业模式的运营效率，改善经营质量，奠定企业决策基础具有十分重要的意义。在实施企业商业模式管理的过程中，对于企业资源进行整合决策应从企业资源能力的构成要件出发着力抓住三个方面，如图2-23所示。

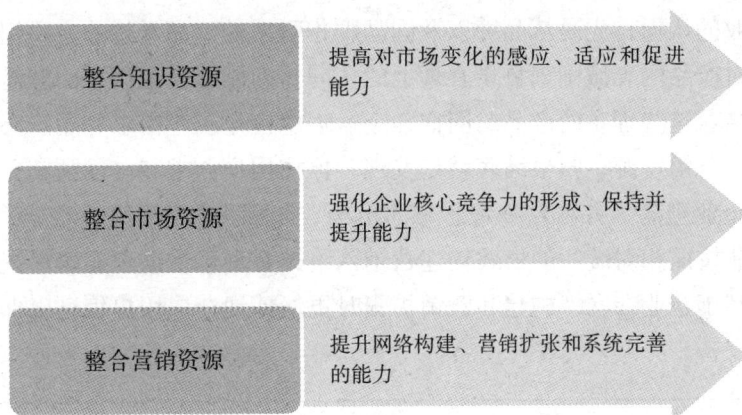

图 2-23 资源整合决策

第一，整合知识资源。企业所拥有的知识资源应该包含具有特定文化内涵的经营理念、蕴含在产品中的核心技术和满足企业价值实现的技能技艺，它体现在设计、工艺、制造、营销、服务等方面。知识经济时代，知识更新的速率和市场变化的频率都在明显加快，知识对企业生存和发展的挑战日益严峻，无视这一变化，企业能力将一步步削弱，市场竞争力也将逐步丧失。整合知识资源，核心是要按照"学习型组织"的原则调整企业组织构架，注重团队持续学习，改变员工心智模式，建立共同的"知识"价值取向，做到工作学习化，学习工作化，以提高对市场变化的感应、适应和促进能力，使企业的核心技术能够不断地形成和再生，并得以拓展和延伸，以保持企业持续的创新能力。

第二，整合市场资源。企业的核心竞争力并不仅指企业所掌握的核心技术的多少，也不只在技术这一层面上体现。市场是多元的，市场竞争也应在多层面上展开。凡是能够在一个方面做到极致，独步一时的企业，也就具有了在这一层面上的核心竞争力。核心竞争力是企业在生产、营销、服务、管理、经营理念等一系列过程中形成的，由具有自己独特优势的关键技术、关键机制等决定的巨大资本能量和经营实力。它是企业能力的集中体现，形成、保持、提升核心竞争力是企业能力再造的基本目标。可见，把握市场资源的总体态势，整合市场资源使目标市场细分化、产品创新贴近顾客需要生活化、企业品牌突出个性化和差异化，是强化企业核心竞争力的形成、保持、提升能力的重要手段。

第三，整合营销资源。市场营销是企业经营的出发点，满足用户需要是企业经营的终结点，产品只有与市场联系在一起才有意义。营销的本质是理念的推销，是企业将自身理念通过产品这一中介传达给用户，并取得用户认可的行为。用户对企业的认识首先是从品牌以及同品牌相联系的产品开始的，而用户对企业的接受和对产品的忠诚则来自于心理上的认同，即能够满足用户心理需求的企业理念和凝结着这些理念的产品。同样，企业理念也是用户需求和用户心理预期的升华。整合营销资源，归根结底就是发现并抓住用户需求和心理预期，在经营过程中形成企业理念，并将这一理念推向市场，与用户取得共识。整合营销资源，有利于企业按照相对统一的模式构建营销网络，有利于借助理念的渗透实现营销扩张，有利于企业在网络构建和营销扩张时更便捷地获取用户信息以保障营销体系的持续完善。

企业商业模式管理专栏 5

立思辰："整合设计、专业外包、长期服务"的新型业务模式

立思辰是一家办公信息系统服务提供商，其主要从事办公信息系统解决方案及服务。公司利用在文件设备销售业务中积累的经验，以及与客户和供应商的多年合作关系，从降低客户的复印、打印成本着

立思辰 LANXUM

图片来源：www.lanxum.com。

手，将"设备销售+零件耗材销售+后续维修保养"的传统业务模式转化为"整合设计、专业外包、长期服务"的新型业务模式，成为文件管理外包服务应用的先行者。

一、立思辰的商业模式创新

立思辰的商业模式创新是改变整个企业和网络与员工、供应商、客户及其他方面的关系而实现价值链中角色的创新，从价值链中低端的设备供应商转变为高端的综合解决方案的服务商。通过将设备销售为核心的传统业务模式，转化为"整合设计、专业外包、长期服务"为核心的多方共赢的新业务模式，为客户实现节约办公费用、优化办公流程、加强信息安全、提高管理效率，并带来环保、健康的效益。

二、立思辰资源整合能力

公司与客户的关系也从传统的一次性交易关系转变为新型的长期合作伙伴关系。立思辰商业模式创新的成功主要得益于其作为解决方案及服务的设计者和实施者，逐步形成集"硬件、软件、服务"于一体的资源整合能力，如图 2-24 所示。

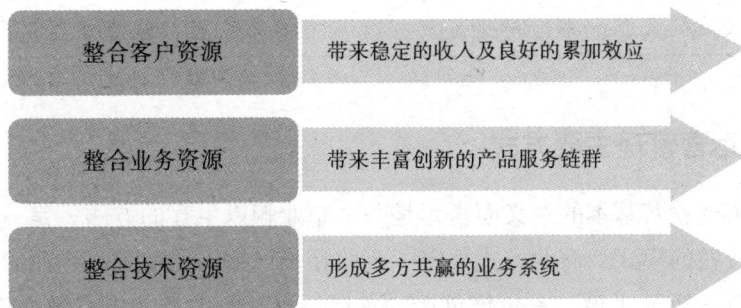

整合客户资源	带来稳定的收入及良好的累加效应
整合业务资源	带来丰富创新的产品服务链群
整合技术资源	形成多方共赢的业务系统

图 2-24　立思辰的资源整合

第一，整合客户资源，带来稳定的收入及良好的累加效应。在办公信息系统服务领域，公司通过外包服务与客户签订 3~5 年的长期合同，接管客户的非核心业务环节，使客户能够更专注于其核心竞争力的提升，公司从长期外包服务中获得稳定、可靠的收入，从而将不稳定的一次性交易关系转变为稳定的长期合作关系，由于服务期限较长，公司易于发现和满足客户不断发展变化的需求，为其持续提供系统与服务的升级，长期绑定客户，收入稳定、可预期，并具有累加效应，在长期服务中不断向相关的其他业务机会延伸。

第二，整合业务资源，带来丰富创新的产品服务链群。公司业务具有较好的延展性，可以在已有客户中不断推广新的产品和服务。例如，文件管理外包服务可以从输出管理延伸到文件生命周期各环节；文件管理外包服务与视音频解决方案及服务之间可以相互延伸。

第三，整合技术资源，形成多方共赢的业务系统。传统模式下，经销商或服务商与客户是交易关系，其收入来源于客户的付出，其利润增加意味着客户的付出增加。立思辰并非仅通过外包服务接替客户原有的工作，而是首先凭借行业经验和技术优势，在解决方案及服务中运用管理软件和应用软件，介入客户的办公流程并予以优化，在为客户实现节约效果的同时，改善客户的办公信息流转，从而明显提高客户的管理水平和管理效率，并由此给客户的核心业务带来增值空间。

　　新商业模式为客户创造了更高的价值，也成就了公司本身，实现了多赢格局。在新模式下，立思辰通过管理型外包服务帮助客户明显节约了办公成本和提高了办公效率，收入来源于为客户所实现的节约、高效等价值；为客户提供增值和节约的度越大，公司对客户的价值越大，服务被客户长期采用的可能性越高，收益也就越大。

资料来源：作者根据多方资料整理而成。

二、运营管理主要方式

　　商业模式就其基本的意义而言，是一个企业赖以生存的方法，是一种能够为企业带来收益的模式，商业模式规定了企业在价值链中的位置，企业的商务模式是企业创新的重要土壤，是价值创造的关键源泉。企业商业模式包括价值定位、价值创造和价值实现三大环节。企业商业模式以顾客价值定位为起点，以企业价值实现为终点，因此任何商业模式最后都必须归结到"企业如何盈利"这个最原始的问题上来，也即企业商业模式的运营。

　　（一）商业模式运营管理的概念

　　商业模式的运营管理则是指对商业模式内的生产系统（为企业提供产品和服务）的设计、运作和改进的活动，如图 2-25 所示。

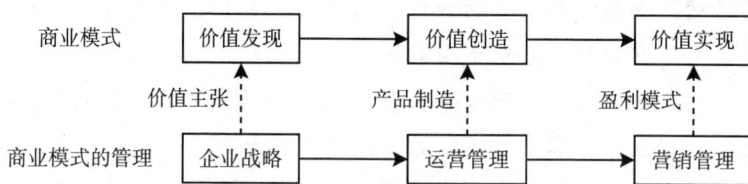

图 2-25　商业模式与商业模式管理

　　其本质是以一种系统的方式创造价值，也就是将业务的各个部分怎样组合在一起构成一个价值创造系统。因此，商业模式是从价值发现、价值创造到价值实现的过程，而企业商业模式的管理则是从企业战略、运营管理到营销管理的过程。

　　（二）企业商业模式管理

　　商业模式管理通过企业战略层、运营管理层和营销层三个层次贯穿了企业商业模式价值实现的全过程。其中，在商业模式运营管理阶段，便可利用诸如资源整合、价值链环节重构、价值拓展等实现价值创造的价值杠杆，以较小的代价和商业运作实现商业模式价值创造的最大化。一般来讲，根据商业模式运营管理的侧重对象不同，可以将运营管理方式分为以下三种，如图 2-26 所示。

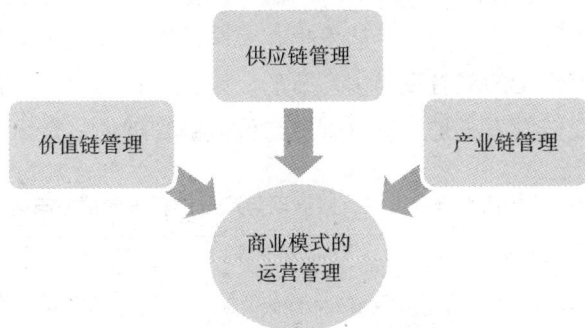

图 2-26 商业模式的运营管理

第一，价值链管理。任何一个企业都是其产品在设计、生产、销售、交货和售后服务方面所进行的各项活动的聚合体。每一项经营管理活动就是这一价值链条上的一个环节。价值链管理就是为了满足和超越客户的需要和欲望，为了实现企业商业模式的价值创造而对企业价值链活动，尤其是增值活动所实施的整合。

第二，供应链管理。供应链管理是指使供应链运作达到最优化，以最少的成本，令供应链从采购开始，到满足最终客户的所有过程，包括工作流、实物流、资金流和信息流等均能高效率地操作。它执行了供应链中从供应商到最终用户的物流的计划和控制等职能。通过改善上、下游供应链关系，整合和优化供应链中的信息流、物流、资金流，以获得企业的竞争优势。供应链管理是企业的有效性管理，表现了企业在战略和战术上对企业整个作业流程的优化。整合并优化了供应商、制造商、零售商的业务效率，使商品以正确的数量、正确的品质、在正确的地点、以正确的时间、最佳的成本进行生产和销售。

第三，产业链管理。产业链管理是对企业所处的整个产业，包括产业的组织、产业的发展、产业的布局以及产业的政策等的统筹规划。其目的是为了在这个产业中更好地定位和业务布局。企业只有在定位后才能在整个上下游中发生关系。

价值链管理有助于了解企业的价值生成机制，其既是一个分析竞争优势的工具，也是建立和增强竞争优势的系统方法。但是，价值链管理并不是孤立地存在于企业商业模式管理系统之中，而是可以进行外向延伸或连接的。如果几个企业之间形成了供应链连接并实现了同步流程管理，那么我们可以认为这些企业的价值链一体化连接，因此，企业辨清自身的价值链是实施供应链管理的前提。

产业链管理虽然是对企业商业模式的一种宏观经济管理，但在运作上企业却是其构筑的载体，就是说，产业链条的构筑依赖于企业之间在经营上的有序连接。供应链管理可能是多向的，可能发生在有限的产业范围内，但产业链管理则往往是垂直的和广范围的或者说是多环节的。因此，供应链管理往往是产业链管理的基础，而产业链管理正是供应链管理与价值链管理的复合体。

表 2-2　价值链管理、供应链管理与产业链管理的联系与区别

	价值链管理	供应链管理	产业链管理
侧重点	如何有效地创造价值	如何有效地降低供应成本	如何有效创造价值的同时降低供应成本
主要目标	通过满足消费者需求来使价值最大化	通过提高供应流程的效率，降低成本	满足消费者需求创造价值的同时提高供应流程效率、降低成本
关注环节	产品的设计研发与销售环节	产品的生产环节	产品设计研发、生产、销售环节
信息流	从消费者流出的价值信息流	从供应商到消费者的供应信息流	价值信息流与供应信息流的结合

企业商业模式管理专栏 6　海尔集团：创新供应链管理模式

海尔创立于 1984 年，经过 30 年创业创新，从一家资不抵债、濒临倒闭的集体小厂发展成为全球白色家电第一品牌。海尔秉承锐意进取的海尔文化，不拘泥于现有的家电行业的产品与服务形式，在工作中不断求新求变，积极拓展业务新领域，开辟现代生活解决方案的

图片来源：www.haier.net。

新思路、新技术、新产品、新服务，引领现代生活方式的新潮流，以创新独到的方式全面优化生活和环境质量。

一、研发设计管理流程创新

海尔通过建立产品生命周期管理后，海尔研发部门在以下几个方面的工作得到了很大改善：产品设计物料清单 BOM 系统化管理；产品知识实现电子流程管控；为型号经理提供了快速决策的资源管理；产品开发模块化。

二、模块化采购流程的创新

模块化采购战略是：模块化采购，非模块化即个人买单；100%实现大资源换大资源采购，降低采购成本。整机成本竞争力是：锁定整机市场竞争力目标，倒逼采购成本预算；采购成本的下降要转化为毛利率提升。模块定价管理：以合同为起点，通过国际化供应商的参与设计和信息化招标流程确定价格。大宗原材料价格管控：大宗原材行情趋势的专业化，建立行业信息库，通过大资源整合锁定大宗原材料价格目标。成本管理体系：满足锁定盈利目标的采购成本竞争力，从整机成本转化为模块成本。库存政策：满足即需即供原则下按单采购政策，库存天数小于 7 天，超过 30 天库存小于 25%。采购平台：集团内所有的材料采购通过 GO 信息平台操作，流程有手册进行指导和固化。

三、供应链流程的创新

一开始，海尔人都觉得供应链就是制造，就是事业部的事情。在了解了什么是供应链，了解了海尔和先进企业在供应链上的差距后，大家开始明白供应链要形成竞争力，首先要建立海尔自己的供应链业务流程模式；其次，要有信息、系统全程支持；最后，也是最重要的是供应链绩效导向：库存周转天数降低，供应链总体成本低，供应链反应速度改善，客户订单完美履行，所有行动围绕供应链绩效改善，这也是集团战略运营卓越的具体落实。

资料来源：作者根据多方资料整理而成。

三、商业模式运营管理的模式

企业商业模式的运营管理是对商业模式运营过程的计划、组织、实施和控制，是与产品生产和服务创造密切相关的各项管理工作的总称，如图 2-27 所示。

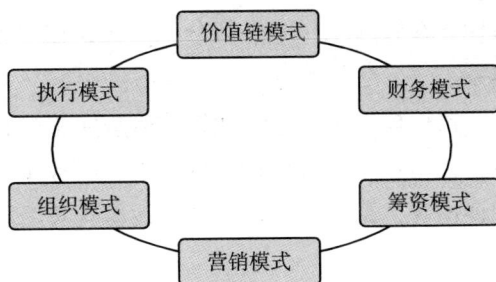

图 2-27 商业模式运营管理的模式

其最基本、最主要的职能是融资、财务会计、生产运营、市场营销、人力资源管理和风险管理。企业的经营活动是这六大职能有机联系的一个循环往复的过程，企业为了达到商业模式的运营目的，必须对上述六大职能进行统筹管理，这便构成了企业商业模式不同的运营管理模式。

第一，价值链模式。在企业商业模式的众多"价值活动"中，并不是每一个环节都创造价值。企业所创造的价值，实际上来自企业价值链上的某些特定的价值活动；这些真正创造价值的经营活动，就是企业价值链的"战略环节"。企业在竞争中的优势，尤其是保持长期的竞争优势，是企业在价值链某些特定的战略价值环节上的优势。价值链模式正是通过对这些特定的战略环节的控制来达到对整个商业模式的影响，是对商业模式管理的生产运营职能的统筹管理。

第二，财务模式。财务模式即企业商业模式的财务管理体制，是指存在于企业商业模式整体管理框架内，为实现商业模式总体财务目标而设计的财务管理模式、管理机构及组织分工等项要素的有机结合，主要涉及商业模式的盈利分析、资金运作和财务管控等，发挥了企业商业模式管理的财务会计职能。

第三，筹资模式。筹资是一个企业的资金筹集的行为与过程。也就是企业根据自身的生产经营状况、资金拥有的状况，以及企业未来经营发展的需要，通过科学的预测和决策，采用一定的方式，从一定的渠道向企业的投资者和债权人去筹集资金，组织资金的供应，以保证企业商业模式的正常运行需要。筹资模式正是对企业商业模式筹资所实施的一系列规划管理。

第四，营销模式。营销模式指的是把产品通过某种方式或手段，送达消费者的方式，完成"制造→流转→消费者→售后跟进"这样一个完整的环节。营销模式的核心在于执行，把一个好的营销策划案执行到位，取得最大的营销效果。

第五，组织模式。组织模式是对于企业商业模式管理中的工作任务如何进行分工、分组和协调合作的一个统筹，是整个管理系统的组织框架。包括组织的全体成员为实现组织目标，在管理工作中进行分工协作，在职务范围、责任、权利方面所形成的结构体系。

第六，执行模式。执行模式是企业商业模式管理实施的管控系统，涉及商业模式管理的各个细节，包括：企业战略目标的落实、财务预算的执行、各部门职能的设计和绩效管理评估等，是企业商业模式有效运营的保障系统。

【章末案例】　　**中搜商业模式：为客户创造巨大价值**

一、公司介绍

中搜是中国著名的搜索引擎公司。自2002年正式进入中文搜索引擎市场以来，中搜取得了一系列令人瞩目的成绩。在一年多的时间里，发展成为全球领先的中文搜索引擎公司，先后为新浪、搜狐、网

图片来源：www.zhongsou.com。

易、TOM等知名门户网站，以及中搜联盟上千家各地区、各行业的优秀中文网站提供搜索引擎技术。中搜网络（股票代码：430339）是国内领先的第三代搜索引擎服务及技术应用提供商。成立于2004年，中搜网络以第三代搜索引擎技术和微件（Widget）技术为基础，推出多个PC互联网及移动互联网应用平台，向用户及客户提供互联网信息搜索服务、搜索技术服务及其他相关服务。目前，每天有数千万次的中文搜索请求是通过中搜实现的，中搜也被公认为第三代智能搜索引擎的代表。

中搜移动云平台已有数以万计的企业在使用，主要集中在为央企、国企、大型民企及外企提供可分拆、自动升级的移动云应用，如企业可自由调用中搜移动云提供的移动搜索、个性化订阅、新闻阅读、IM、兴趣圈社区、进销存、产品调度中心、货品管理、支付、评价体系等应用模块，并在此基础上引入了中搜虚拟货币系统，建立起不同产品属性间的紧密联系，从而构建完成集"信息＋社区＋电商"三位一体的中搜移动云生态体系，为企业使用中搜多类无线解决方案提供商品和技术保障。

二、中搜搜索平台：中搜搜悦及云平台

作为一款超级App应用，中搜搜悦的问世，既实现了对超级App整合发展趋势的回归性升级，也完成了对整合移动互联网生态链的基础性定义，为移动互联网创新产业构建了新的增长坐标。与微信以社交软件为基础不断外延扩展功能不同，中搜搜悦从一开始就呈献给大众一个清晰的生态链架构，即"信息、社区、电商"三位一体的核心移动互联网生态链，如图2-28所示。

随着"搜悦云商城"的发布，中搜旗下企业级无线解决方案已经增加为4个系列，这很大程度上完成了"从信息到社区再到电商"这一系列的中搜移动

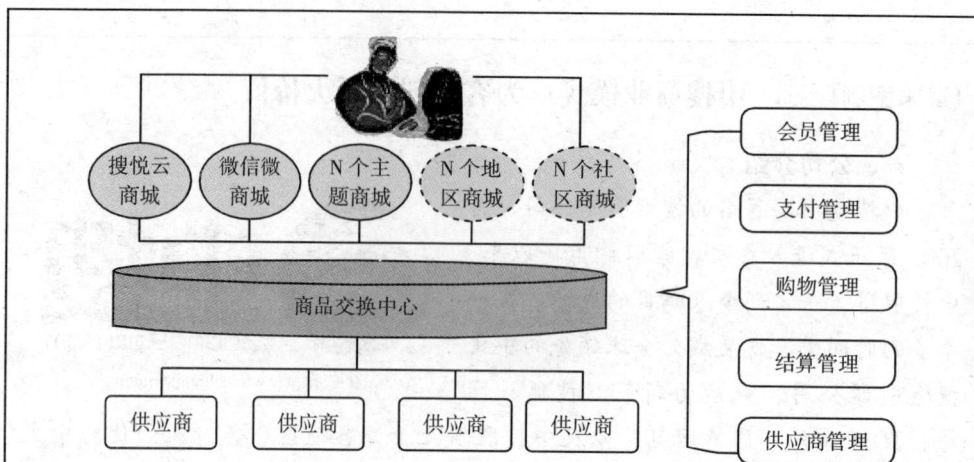

图 2-28 中搜搜悦三位一体的核心移动互联网生态链

云战略布局，引入超过万家商家入驻，成功吸引上亿用户使用其用户级手机客户端"搜悦"，而日益膨胀的用户数，为企业级服务提供良好的用户消费、购买力。这也正是搜悦云商城区别于其他无线商场的主要竞争力。

在中搜搜悦的移动平台上，一个基于中搜搜悦的开放生态链体系已经初具规模。中搜搜悦带来的前所未有的应用体验，已经悄然在移动互联网浪潮中抢夺了产业发展的主动权。

三、中搜给客户带来的客户体验和商业价值

伴随着互联网重心向着移动互联转移的加快，互联网数据规模延续着爆发式的增长趋势。中搜搜悦个人门户的出现，成了智能化的网络过滤器，它整合了用户所需的各类信息流；更关键的是，中搜还提供基于用户偏好的个性化聚合服务。

中搜搜悦通过为用户提供全面、及时、个性化的信息服务工具来吸引用户，进而通过主题兴趣社区，加之以类似微信的互动社交功能，把用户留在特定的虚拟空间内，为用户提供积分兑换、本地生活服务、自动贩卖机线上购物、移动商城等电子商务O2O服务模式，最终实现合作伙伴的商业化变现。同时，中搜作为中国电子商务协会旗下最大的移动广告联盟体"中国移动联盟"的唯一官方指定运营合作伙伴，除了丰厚的互联网广告价值外，中搜还可以为企业提供成套的移动营销方案，互助共赢，为企业移动营销搭建桥梁。中搜搜悦不仅为行业展示了一个完整的移动互联网生态链全貌，更是真正意义上的一个开放式平台。中搜平台呈现出四层开放体系，如图2-29所示。

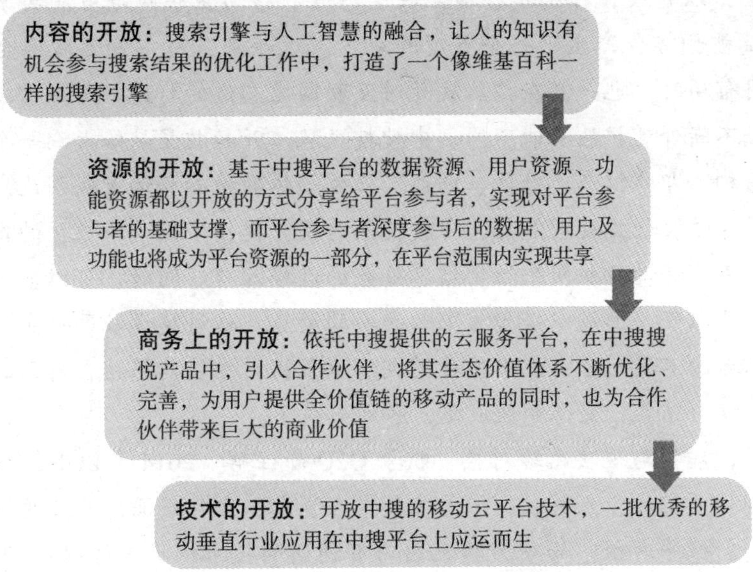

内容的开放：搜索引擎与人工智慧的融合，让人的知识有机会参与搜索结果的优化工作中，打造了一个像维基百科一样的搜索引擎

资源的开放：基于中搜平台的数据资源、用户资源、功能资源都以开放的方式分享给平台参与者，实现对平台参与者的基础支撑，而平台参与者深度参与后的数据、用户及功能也将成为平台资源的一部分，在平台范围内实现共享

商务上的开放：依托中搜提供的云服务平台，在中搜搜悦产品中，引入合作伙伴，将其生态价值体系不断优化、完善，为用户提供全价值链的移动产品的同时，也为合作伙伴带来巨大的商业价值

技术的开放：开放中搜的移动云平台技术，一批优秀的移动垂直行业应用在中搜平台上应运而生

图 2-29 中搜平台的四层开放体系

中搜搜悦移动个人门户满足了用户在互联网时代的搜索、阅读、应用下载、本地生活服务、第三方评价、社区互动等各项刚性需求，中搜凭此成功抢占了移动互联网的"入口"。对线下企业而言，中搜搜悦个人门户将为企业提供庞大的用户优势，助力企业进军移动互联网。

中搜搜悦个人门户为企业提供了完善的会员管理系统。而搜悦的个性化订阅与推送提醒功能，可帮助企业实施精准营销服务，使企业最新推广的促销信息即时触达用户，降低企业的运营管理成本。通过分析订阅用户的行为，企业还可深度挖掘潜在用户。另外，在入驻企商家页面方面，搜悦还为企业提供了多图轮播广告展位，为企业提供更加生动的品牌形象展示，扩大企业影响力。

中搜搜悦个人门户聚合了应用商店功能。下载移动宝典后，中搜搜悦与应用宝典实现互通，可根据个人需求或者系统推荐选择下载并安装感兴趣的App。除为中搜移动应用宝典带来流量优势外，还将为App开发者们提供了更为丰富的推广渠道。

四、结论与启示

移动互联网产业无论是在技术创新推动下越发精准，还是出现新的产品模式，都无法改变企业对于开放平台模式的追求。而由此也可以总结得出中搜商业模式创新的三个关键点。

第一，以开放合作构建移动互联生态链。移动互联网是当前兵家必争之地，也是被预言会产生下一个百度的地方。近年来，当中外互联网企业围绕App应用布局时，也一直在悄然展开对互联网生态链的打造。与微信以社交软件为基础不断外延扩展功能不同，中搜搜悦从一开始就呈献给大众一个清晰的生态链架构，即"信息、社区、电商"三位一体的核心移动互联网生态链。基于海量信息的大数据处理能力，中搜搜悦为用户提供了极端个性化的信息服务能力，是用户移动互联网个性化信息服务的直接入口。同时，可以通过个人兴趣圈来汇聚人气，形成以兴趣为中心的人的聚集。这种建设社区社交平台的模式与微信理念不谋而合，当中搜搜悦拥有海量用户并使其根植在自己的社交平台上时，电商销售就变得顺理成章，水到渠成了。

第二，虚拟与现实无缝对接，赋予O2O新注解。2014年以来，移动端的O2O受到巨头们的重点关注，但更多集中在资本、合作层面，真正的技术、商业模式创新微乎其微。而中搜搜悦因为有稳固的技术保障，得以在O2O商业模式不断探索和创新。中搜搜悦中添加的移动商街功能，加入其中的企业将获得个性化推送功能：向所有在中搜搜悦关注自己的用户推送本企业消息，达到了精准、快速的宣传推广和客户沟通。而且，中搜搜悦与自动售货机运营商友宝中国的牵手，将O2O赋予了全新的注解：搜悦用户无须现金，使用中搜币就可直接购买线下友宝饮料，在互联网领域首次实现了虚拟币与实物购买的联动联通。

第三，虚拟货币理财，入局互联网金融。在中搜搜悦发布会上另一个受人关注的亮点是与中信建投携手推出了互联网理财产品——"聚宝盆"。与传统互联网金融产品不同，聚宝盆是移动互联网市场首次实现虚拟货币理财。用户既可以通过诸如注册、登录、分享、原创等网络的行为获取中搜币，也可以通过充值购买中搜币。中搜"聚宝盆"为用户提供虚拟货币理财服务，让用户的每一块虚拟币都能获得最大的理财收益。通过聚宝盆，中搜搜悦打通了线上线下资源，进一步激活加速了中搜生态圈内的运营流动，正式入局互联网金融领域。

不难发现，随着移动互联产业的高速发展，人们对于整合多种功能于一体的超级App追求越加强烈。中搜搜悦作为业内出名的开放平台，从搜索到生活服务再到电商，几乎无处不在地开放吸收外界营养。加之其不断补进线下合作伙伴后，虚拟币带动的生态圈也已经基本健全，价值从广告主到中搜再到用户最后到合作伙伴，完整的闭环正在形成。中搜搜悦最终将站在 App 链条的最顶端，引领移动互联产业的变革。

资料来源：作者根据多方资料整理而成。

【本章小结】

为了在日益激烈的竞争中赢得发展机会，现代企业开启了创新商业模式的征程，一种卓越的商业模式可以使企业在竞争中保持持续竞争优势，而有效的商业模式管理却是商业模式成功的关键。本章首先介绍了企业商业模式管理的内涵、特征和作用；其次，阐述了企业商业模式管理的核心理念——互联网思维，以及由互联网思维所引出的用户体验以及用户体验设计的相关内容；最后，论述了企业商业模式管理的核心内容（资源整合）和商业模式运营管理的方式。总的来说，一个完整、全面、科学的企业商业模式管理体系是商业模式有效运行的保证系统，它不仅能通过各种不同的方式来提高企业商业模式的运营效率，而且还可以促进企业商业模式的创新，是企业商业模式创新的温床。

【问题思考】

1. 商业模式管理的内涵是什么？
2. 什么是互联网思维？
3. 简要介绍用户体验与用户体验设计。
4. 为什么说用户体验就是商机？
5. 简要分析价值链管理、供应链管理与产业链管理的联系与区别。
6. 简要论述资源整合的内容。

第三章　价值链模式

【本章要点】

☆ 价值链与供应链管理的思想

☆ 价值链核心流程设计

☆ 价值链管理模式的收益及风险挑战

☆ 价值链管理模式的机制策略与规划

【开章案例】　国美电器 O2M 全渠道战略，实施商业模式变革

至 2014 年 8 月，国美电器依靠着 O2M 全渠道"线下实体店+线上电商+移动终端"的组合式运营模式和企业高效率的执行力，给低迷的家电零售业注入新的活力，2014 年上半年企业业绩全面飘红，上市公司净

图片来源：www.gome.com.cn。

利劲升 115.2%达 6.9 亿元，各项核心财务指标连续六个季度超行业水平。同样是受到整体宏观经济不景气和互联网购物的影响，纵览上市零售企业财报，发现太多企业将亏损归咎于外部因素，国美上半年取得的业绩对此给予了强力反击，零售企业能否把握自身实际情况，探寻准确的价值链运营模式，是企业做大做强的关键所在。

一、公司简介

2003 年，国美电器在中国香港开业，是中国最大的以家电及消费电子产品零售为主的全国性连锁企业。国美电器在中国大中型城市拥有直营门店 1700 多家，年销售额千亿元以上。2004 年，国美电器在中国香港成功上市，迈出中国家电连锁零售企业国际化的第一步。国美电器持续地以满足消费者需求为导向，进一步以网络优化和提升单店盈利能力为核心，进一步扩展网络覆盖保持有效规模增长，并注重精细化管理，领导中国家电零售市场。

面临经济增长放缓、消费习惯改变、电商崛起等多种因素冲击，当前整个零售业的大环境并不景气。相比之下，国美电器上市公司在2014年上半年依托O2M全渠道战略引领，依靠低成本高效率的采购、物流、IT开放型供应链，实现销售收入人民币291.2亿元，同比上升7.4%，销售收入连续六季同比增长；而总费用率同比进一步下降0.8%~16.3%。2014年第二季度净利润约人民币4.3亿元。2014年上半年取得净利润率2.4%，同比增长高达1.2%，在如此大环境下国美电器取得如此成绩难能可贵。国美主张回归商业本质，以消费者需求为中心，秉承"开放、协同、共享、共赢"的精神，借助互联网、移动互联网、大数据等技术推进企业转型升级，通过内生式变革，建立起更高效的供应链系统，从而在线上、线下、移动端为消费者提供更专业的服务。

二、公司经营运作情况

国美电器的成功并非偶然，公司的经营管理、资本运作都表现出一个长远发展者的眼光，不断利用自己具有的各种优势，去完善价值链经营模式的各个环节，提高市场的整体运转效率。国美电器作为中国家电零售连锁业的龙头老大、行业的风向标，其经营管理和运营模式具有行业的代表性。

（一）国美的经营管理

1. 家电零售连锁经营管理模式

家电零售连锁经营实行家用电器集中采购和销售，具有相似的店面形象，它以产权或契约为纽带，将分散的、独立的店面组织起来形成整体，从而使企业经营实现规模化和契约化。连锁经营并不是一种独立的零售业态，而是零售企业扩张的一种方式。只有大型家电零售连锁较适合于国美的发展。它的全国性覆盖性较强且具有较先进的物流分配系统，有专业销售能力和一定的售后服务能力等特点，就目前来说竞争优势比较明显。

2. 控制成本领先的经营管理

国美电器坚持"薄利多销，服务当先"的经营理念，低价是国美电器的战略，也是国美电器受到消费者青睐的原因之一。在卖方市场时，国美靠薄利多销迅速在国内站稳脚跟。国美电器靠勤进快销，大批量包销、定制、招投标采购来降低进货价格，再靠低价去不断开拓市场。国美电器将低价作为整个企业市场定价策略的核心，在经营的采购环节、物流环节和销售环节三个方面上实现了它的低成本。

3. 差异化的经营管理

对家电零售业来说，企业品牌形象远比产品的价格更有影响，优秀的品牌形象可以帮助顾客增强对产品购买和服务的信任感。国美电器在树立良好的品牌形象和提供优质的售后服务的同时，开展了特色营销活动，以特色营销手段为消费者提供更加多样、物美价廉的商品。

国美电器与其他企业的合作供销关系，也不再局限于短期的利益，而是在采购、研发、生产、销售等方面进行全面的合作，这样可以促进供应链和需求链的紧密结合，防止因供应链与需求链的断裂而出现供不应求或供过于求的情况，这就是国美的差异化经营策略。

（二）国美电器运作模式概述

国美电器通过近 30 年的发展，建立了三根链条的混业公司集团模式：第一链由电器零售和房地产企业构成，这是经营获利的实业基础。第二链由从事内部资金调配的投资企业构成，这是公司集团内部现金流动的平台。第三链由从事资本运作的上市公司构成，承担放大公司集团经营实体财富效应的使命。这种实业加资本的方式，使得国美电器成为中国民间第一家金融、实业混业经营的垄断巨头。这种混业寡头企业模式，恰恰是西方成熟资本主义企业在经历了自由竞争、康采恩、价格联盟、托拉斯垄断之后的最新模式，如图 3-1 所示。

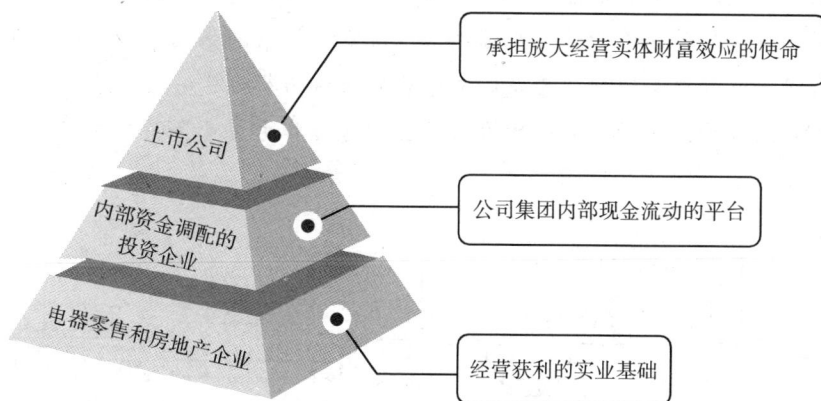

图 3-1　国美电器的资本运作模式

（三）国美电器经营模式特点一：类金融模式

所谓的类金融模式是指零售商与消费者之间进行现金交易的同时，延期数月支付上游供应商货款，这使得其账面上长期存有大量浮存现金，并形成"规模扩张→销售规模提升带来账面浮存现金→占用供应商资金用于规模扩张或转作用→进一步规模扩张提升零售渠道价值带来更多账面浮存现金"这样一个资金内循环体系，如图 3-2 所示。

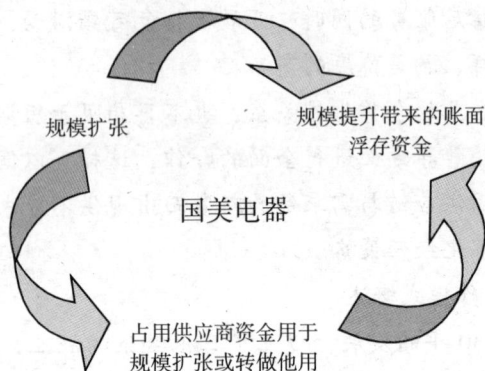

图 3-2　国美电器的类金融经营模式

（四）国美电器经营模式特点二：非主营业务盈利模式，渠道为王

传统零售商的盈利模式是通过提高销售规模来增加自己对供应商的议价力，从而降低采购价格，用薄利多销的方法获取差价以达到盈利的目的。国美电器更强调"吃"供应商的非主营业务盈利模式，即国美电器以低价销售的策略吸引消费者从而扩大销售规模，但是低价带来的盈利损失并非由国美电器独自承担，相反地，国美电器将其巧妙地转嫁给了供应商，以通道费、返利等方式获得其他业务利润以弥补消费损失。低价策略带来的强大的销售能力使得供应商对国美电器更加依赖，于是国美电器的议价力得到进一步提高——以更低的价格采购货物，同时以更低的价格销售，这种非主营业务盈利的模式也便如此不断循环，如图 3-3 所示。

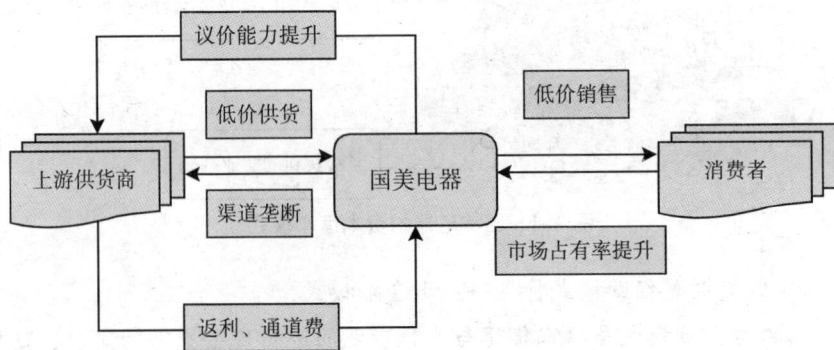

图 3-3　国美电器的非主营业务盈利模式

三、国美电器 O2M 组合式运营模式

近年来，O2O 战场硝烟弥漫，国内众多的零售企业早已杀成一片"红海"，当零售商们还在讨论如何打造与众不同的 O2O 时，国美电器却另辟蹊径。国美电器在深圳宣布 2014 年将战略升级为更开放、协同、共享、共赢精神下的"O2M 全渠道零售商"，全力抢占蓝海，搭建开放型供应链价值平台并将其向外无限延伸，在"线下实体店+线上电商+移动终端+社会化渠道"的运营模式基础上，与社会化渠道展开广泛协同性合作。

（一）国美电器新战略：做 O2M 全渠道零售商

随着移动互联的快速发展，带来消费者行为碎片化的变化，这种变化直接导致消费者行为从选择渠道转变为选择价值。由于顾客选择终端界面进出更加自由方便，停留在一个渠道一站式购买商品的机会越来越少，而能给消费者带来需求价值的专业性的渠道会不断增加。

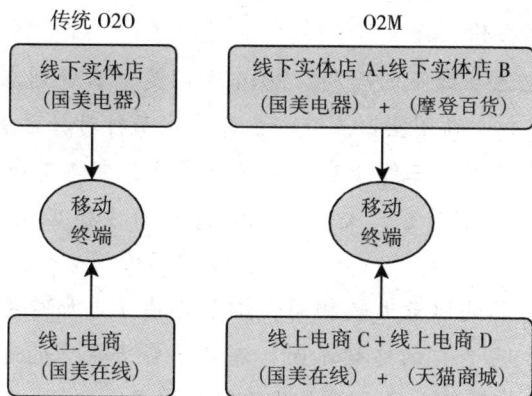

传统 O2O 　　　　　　　　　　　O2M

```
┌─────────────┐          ┌──────────────────────────┐
│  线下实体店  │          │  线下实体店 A+线下实体店 B   │
│  (国美电器)  │          │  (国美电器) + (摩登百货)    │
└─────────────┘          └──────────────────────────┘
       │                              │
       ▼                              ▼
    ╭───────╮                     ╭───────╮
    │ 移动  │                     │ 移动  │
    │ 终端  │                     │ 终端  │
    ╰───────╯                     ╰───────╯
       ▲                              ▲
       │                              │
┌─────────────┐          ┌──────────────────────────┐
│  线上电商    │          │  线上电商 C+线上电商 D      │
│  (国美在线)  │          │  (国美在线) + (天猫商城)    │
└─────────────┘          └──────────────────────────┘
```

图 3-4　传统 O2O 与 O2M 的模式比较

现在大家都在提 O2O 模式，但是，看看目前市场上供应链及渠道界面终端的现状，天猫、亚马逊、京东、易讯走的仍是线上的模式，虽然目前他们意识到做线下实体店的重要性，在布局线下方面有些动作，但要像国美电器、苏宁一样在全国开出几千家店铺却不大容易。实际上，在中国零售市场上，无论是以线上为主体还是以线下为主体的零售商的 O2O 模式虽然被谈得很多，但却缺少能够证明这一模式成功的案例。

这恰恰正是国美电器的机会，真正的全渠道零售商并不是 O2O，而应该是O2M 模式，即"线下实体店+线上电商+移动终端"的组合式运营模式，而

O2M 全渠道零售商要掌握的核心是"价值平台",如图 3-4 所示。所谓的"价值平台"就是是否掌握和拥有开放式的供应链平台,这个供应链平台的核心价值在于采购能力、物流能力和 IT 能力。国美电器这几年虽然对外相对低调,但对内却非常高调地在建立"开放式供应链"这个决定零售核心竞争力的价值平台。

(二)利用有效供应链打造价值平台推动线上线下开放合作

按照国美电器做 O2M "全渠道零售商"的战略设计,国美电器将在线上线下展开广泛协同性合作。在线下,除了国美电器自有的一级、二级门店之外,国美电器还将与百货、超市、综合性卖场、地方连锁等业态进行合作。在线上,除了国美在线的自营业务和平台业务之外,国美电器还将与社会化电商平台展开广泛合作,加上移动终端与线上、线下的紧密融合,一种新的 O2M 模式开始浮出水面。目前,国美电器已经开启了与百货、地方大型超市的联营合作,比如超市方面,与北京物美、浙江联华的联营合作,百货方面与广州摩登百货和武汉国贸的合作。

而按照国美电器在线下的布局,2014 年国美电器计划在一线城市进一步优化网络布局,在核心商圈空白点进一步开店,而针对社区店和亏损门店将进一步关店。同时在二线、三线城市加大开店步伐,完善二级网络。2014 年国美电器计划新开门店 200 家,关闭无战略意义的亏损店 80 家,全年实现门店正增长。

线上与线下合作的取意大致相同,都是要建立更加密集而有效的零售触角,形成开放式、覆盖广的终端界面,满足消费者更多的选择及便利性的需求。需要说明的是,国美电器之所以敢于制定并提出这样一种全渠道开放共赢的合作策略,正是基于国美电器差异化的竞争策略及业界所称的强大的供应链管理体系。采购成本可以做到业内最低,同时在全国各地有完善的物流基地,加上目前拥有全世界最先进的零售 IT 系统以及大数据中心对于消费者需求的趋势把握,可以在产业链形成互利共赢的有效合作。

(三)国美电器 O2M 全渠道战略入轨,赢得厂商、消费者广泛认同

国美电器上市公司在 2014 年上半年依托 O2M 全渠道战略引领,依靠低成本高效率的采购、物流、IT 开放型供应链,实现销售收入人民币 291.2 亿元,同比上升 7.4%,2014 年二季度净利润约人民币 4.3 亿元。2014 年上半年取得净利润率 2.4%,同比增长高达 1.2 个百分点。面对相对饱和的一线市场,国美

电器抢先一步的渠道下沉颇具成效。2014 年上半年国美电器上市公司部分新增门店 55 家，其中二级市场 34 家，同店增长 7.3%，其中二级市场增长 11.3%，销售收入增长 15.1%，二级市场门店开店比率占据 62%。此外，国美电器率先开创了与超市、商场、百货等业态渠道融合的合作模式，经过一段时间的发展，目前效果也逐渐显现。

事实证明，国美电器战略正在得到制造商的普遍认同。2014 年家电厂商大佬纷纷亲自到访国美，双方形成深度战略合作，并签下历史性大单。2014 年 2 月初，格力电器董事长兼总裁董明珠亲赴国美电器，双方开启了一个新的合作时代。格力与国美电器的签单突破了 80 亿元，展开更加深度的战略合作。2014 年 2 月 15 日，TCL 董事长李东生也带领核心团队亲自到访国美电器，以其旗下华星光电独有的大屏智能技术与国美电器展开合作，双方达成以国美电器作为最核心渠道来推广 TCL 智能大屏的普及，国美电器将在门店终端的展示体验上给予最充分展示。双方制定了在规模上快速放量策略，并签下了 120 万台的突破性目标。目前，国美电器体现在移动终端的成果显著，店铺内提供显示终端为消费者提供比价服务，同时移动终端还承担着产品性能介绍、购物流程指导、其他消费者信息反馈，也可以直接在移动终端上下单购买等众多功能。国美电器以大数据打通的供应链，以及向产业链上游的布局和延伸，宗旨也只有一个，即满足消费者的需求。

四、结论与启示

在互联网发展的新形势下，国美电器并没有盲目向互联网化进行转型，而是充分洞察竞争对手和自身的优劣势后，以消费者需求为核心，将 28 年积累下的供应链作为立足于行业的最大竞争力，同时在前端进行渠道模式和体验的创新。在各零售企业的转型期，国美电器采用了内生式变革，由内而外进行优化转型，国美电器转型 O2M 全渠道战略初见成效，证明了国美电器已经找到了一条适合自身的转型路径。

国美电器的成功给其他企业的发展提供了指导性的启示，处在时代洪流中的企业需要有变革性的创新，精准分析自身实际情况，制定出最适合自身的发展计划，利用现有模式进行缓慢进步与微型创新的方式，已不能适应时代趋势快速变化的要求，一味地模仿在现今竞争如此激烈的大环境下更是没有出路的。

资料来源：作者根据多方资料整理而成。

商业模式是企业围绕客户价值最大化构造价值链的方式，其实质就是提升企业的价值创造能力，更快地为客户创造新的价值。只有围绕客户价值最大化的商业模式，才能在竞争中真正形成价值竞争优势和持续盈利。商业模式是企业各种战略运用的结合体和组合表现形态，它关注的是如何通过有效的战略组合进行价值创新和系统运营，从而构建企业的核心竞争力和建立竞争优势。商业模式的内在范围涵盖了企业的整个运营流程，也就是我们通常所说的价值链，它是一个整体的、系统的概念，而不仅仅是一个单一的组成因素，是由包括融资、研发、生产、营销等相关联的价值活动所构成的。

第一节　价值链与供应链管理

价值链是一种高层次的物流模式，由原材料作为投入资产开始，直至原料通过不同过程售给顾客为止，其中做出的所有价值增值活动都可作为价值链的组成部分。为了提升企业商业运营战略，美国战略管理学家波特（1895）第一次提出价值链分析的方法。

一、价值链设计与管理

价值链管理强调价值链的各项业务活动间的联系不仅存在于企业价值链内部，而且存在于企业价值链与供应商和渠道的价值链之间。供应链是价值链的一部分，主要关注产品和原料的事物移动过程，支持信息流和资金流，贯穿供应、生产和分销的过程。价值链是从顾客角度观察公司的，即创造价值的一体化产品服务，而供应链更多的是从内部关注实际产品的创建过程。价值链管理应该包括：制定集成的供应链计划、规划（利用 MRP、MRPII、JIT 等思想）；管理全部资源；整个链条范围内的资源优化和信息集成。

（一）商业模式中经典价值链的构成

企业的商业运营在设计和配置价值链时面临许多决策。通过观察企业的运营模式，我们可以看到这些包括：确定数量、类型和制造厂的位置，选择分销中心、零售店、维修中心以及客户服务或技术支持中心位置；生产制造产品、提供服务的技术和流程的选择；管理整个价值链信息流的方式；供应商和合作伙伴的选择；以及将所有方面整合到一个有效的系统中，如图 3-5 所示。

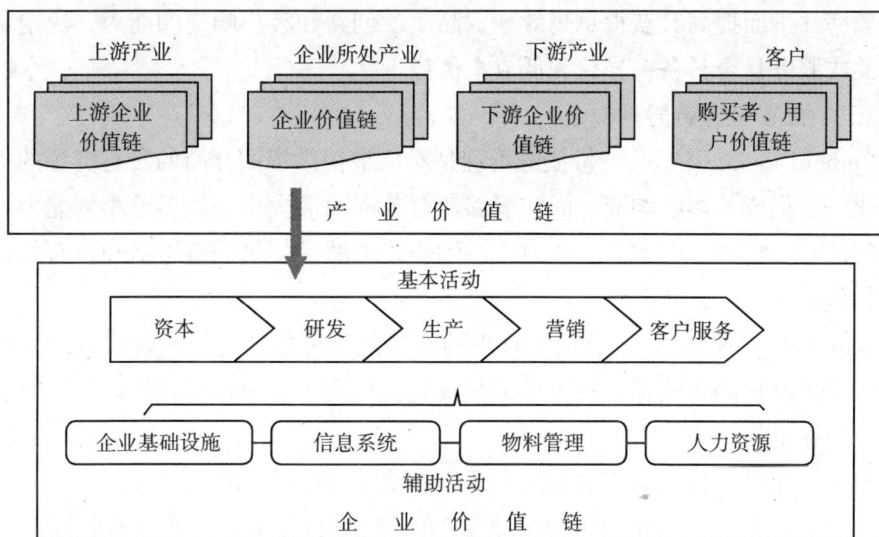

图3-5 商业模式的构成——价值链

波特把企业的活动分成主要活动和次要活动两大类，主要活动包括内部后勤、生产经营、外部后勤、市场销售和服务；次要活动包括采购、技术开发、人力资源管理、企业基础设施等。对于发展企业竞争优势二者是同等重要的。他同时提出，"企业价值链与上游供应商价值链、下游买方的价值链连接，这一串活动构成价值系统"。

构建价值链、实施价值链管理的真正动因在于通过对价值链上各项活动，不断优化和协调企业活动，强化核心业务流程，满足顾客价值需求的同时降低产品和服务成本，从而获得和提高企业竞争优势。如果我们将价值链管理的各种要素构成的整体称为价值链管理平台，那么价值链管理平台应该包括：价值链管理的指导思想、管理理论和管理方法体系；价值链管理信息平台；价值链控制系统。

（二）企业价值链的合理性分析

价值链管理的根本目的是使企业获得和保持竞争优势，应对日趋激烈的市场竞争。由此，价值链合理性分析应该针对具体企业开展，同时由于价值链的上游阶段在质量、支持与服务、及时性、成本几方面决定了下游阶段，要实现企业价值链的有效管理，必须把企业内部活动与包括原料的最初供应商及产品或服务的最终用户在内的上下游企业的相关活动看作一个有机整体，应该将经营理念延伸到价值链的上下游环节。价值链的企业运营结构就是所有资源的构造，比如供应商、工厂、仓库、分销商、技术支持中心、工程设计和销售办事处以及联络通信。另外，企业是否围绕战略定位和盈利模式构建价值链，决定着企业能否提高运营效率并进而提高其获得卓越效率、品质、创新和客户响应的能力，决定着它的产品或服务是否具备差异化和低成本优势。

（三）企业价值链管理概述

Gerhard Plenert 认为，"价值链管理是对从最初供货商开始的所有资源的集成和优化，它集成了影响响应时间和能够使财务资源最大化、耗损最小的能力管理方案的信息、物料、劳动力、能力、后勤等。也就是使供应链网络和所有的各级客户价值最优"。

Tom McGuffog 认为，"价值链管理的本质是改进整个链条的整体效能。用系统化的、标准化的方法检验每个环节和过程，从而了解怎样使总体响应速度、成本效益能够最优"。表现在：

第一，要采用统一的方法和标准理解和定义最佳运作状态。

第二，价值链中所有伙伴对价值链如何能够实现最佳运作具有共同的认识和实践极为重要，它是价值链管理得到最有效执行并使价值链中所有企业获益的保证。

第三，对价值链管理的共同认识可以使正常的竞争环境下价值链中所有伙伴追求共同利益的合作更为紧密。

本书认为价值链管理是从价值分析的角度，实现对从企业原料最初供应商开始的上游企业到核心企业，再到产品或服务最终用户的下游企业的集合体的管理过程。站在企业角度，构建价值链、实施价值链管理的真正动因在于通过对价值链上各项活动的分析，不断优化和协调企业活动，强化核心业务流程，满足顾客价值需求的同时降低产品和服务成本，从而获得和提高企业竞争优势。

价值链模式专栏1　潍柴动力：打造完备的动力供应链解决方案

中国发动机行业，潍柴动力毫无疑问是引人注目的。它不仅推出了第一台具有完全自主知识产权的"蓝擎"发动机，而且斥巨资并购湘火炬，目的在于整合发动机上下游产业，打造完备的通用动力解决方案。通过收购湘火炬，潍柴动力由单一的发动机制造商摇身一变成为

图片来源：www.weichai.com。

了通用发动机供应商，在产业链上尽可能地形成一个闭环的整合，使得企业的采购、生产、销售等产业链系统在较短的时间内有效发挥最大的协同效应。

一、"链合创新"理念

发动机是汽车和重型机械的心脏，看上去是一块"肥肉"，而潍柴动力在大功率发动机市场上接近垄断的市场份额似乎可以让霸主地位十分稳定。但无论从国际还是从国内来看，独立的柴油发动机企业越来越少。对于国内来说，一汽锡柴在一汽集团的支持下投入巨资开发出奥威发动机，东风有日产雷诺11升发动机和康明斯的C300系列产品，上柴则与日野合资开始涉足11升发动机，玉柴达欧1标准的YC6113系列重型发动机也新近投放市场。潍柴动力不仅面临同业之间的竞争，更为严重的是来自于整车制造厂的潜在竞争压力。

内忧外患迫使潍柴动力不得不做出改变，提出"链合创新"的概念，在股权整合的同时，与几百家供应商组建了"链合创新"战略联盟，与关键合作伙伴组建了三国四方的合作联盟（潍柴、福田、博世、AVL）为客户提交低能耗高效率的动力解决方案，确保客户的个性化需求得到准确理解。

二、布局"湘火炬"，打造"动力总成"价值链

很显然，如果潍柴动力继续做独立的发动机制造厂，必然存在高度的风险，向上下游延伸则是一个好的选择。突破"瓶颈"的解决之道就是在产业链上尽可能地形成一个闭环的整合，核心还是在发动机，但增加产品种类、综合提升技术、产品生产逐渐外延，摆脱中国重汽的制约。潍柴动力打造"动力总成"的战略思路由此明晰，此时需要的只是一个机会。

机会说来就来。2004年，德隆崩盘出现危机，明斯克航母公司的资金问题波及湘火炬，导致后者资金链断裂。此时潍柴动力感到机会来了，当时初步判定，湘火炬是德隆旗下唯一一块净土，并且拥有中国盈利能力最高的重卡零部件资产。于是正式把收购湘火炬提上议事日程。2004年3月，潍柴动力实现中国香港主板上市，募集到11.6亿港元资金，由此考虑产业链横向整合的资金问题得以解决，扩张时机开始成熟。

三、决战万向，形成闭环产业链

就在潍柴动力紧锣密鼓地调研的同时，万向集团已先行一步于2004年7月21日分别与新疆德隆、广州创宝投资有限公司、陕西众科源新技术发展有限公司三方签订了《股权转让协议》。当时主导重组湘火炬的原管理层也表达了将股权、债权转让给万向的意向，如图3-6所示。

在湘火炬的5块主要资产中（陕西齿轮、陕西重汽、湖南火花塞、牡丹江空调、越野车），陕西齿轮处于潍柴动力的产业链上游，陕西重汽处于潍柴动

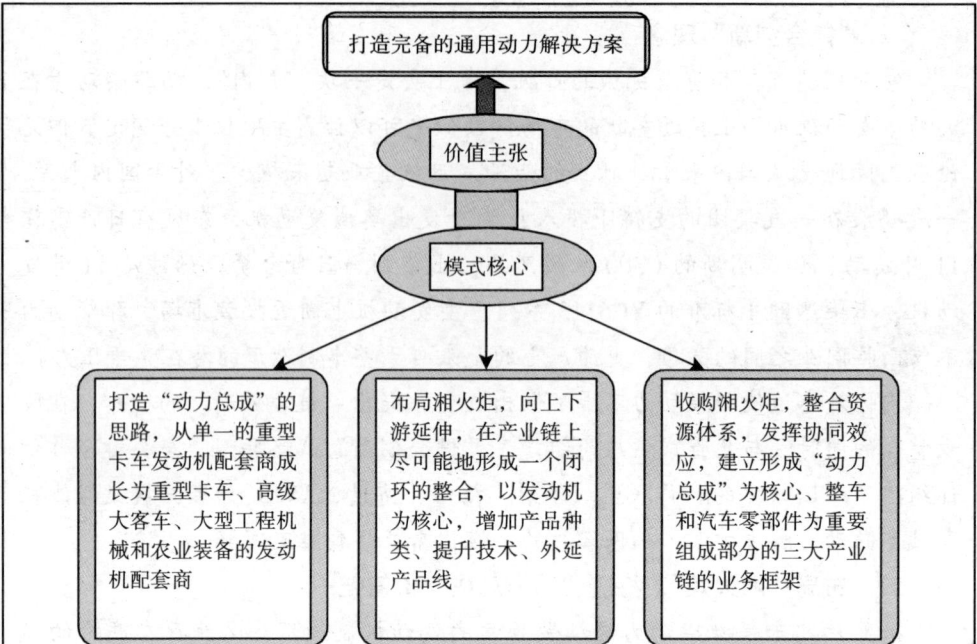

图 3-6　潍柴动力的价值模式

力的产业链下游，一旦万向得手，潍柴动力不仅鸿鹄之志化为乌有，就是生存也将面临上下受压的局面。潍柴动力对此次收购高度重视，企业高层悉数出马，并组织精干团队和专业投行进行认真研究分析。2005 年 11 月 24 日，潍柴动力宣布以 10.23 亿元人民币并购湘火炬，成为业内最大规模的一场并购。

潍柴动力的战略部署是最终形成以发动机为核心的闭环产业链，而这不仅仅指中国市场，剑锋所指意在国际市场。潍柴动力并购湘火炬后，提出了如下战略安排：

第一，最大限度地发挥潍柴动力与湘火炬紧密相关业务之间的协同效应，整合资源体系，建立形成动力总成为核心、整车和汽车零部件为重要组成部分的三大产业链的业务框架，迅速提升公司的盈利能力，成为全世界规模最大的"动力总成"生产基地，并在国际上构建具有较强竞争能力的汽车产业链。

第二，对于湘火炬拥有的汽车零部件资源，将依托于中国汽车工业和重型装备业的快速发展，实现其机械零部件产品与潍柴动力的产品资源整合，以期企业的采购、生产、销售等产业链系统在较短的时间内有效发挥最大的协同效应。特别是对具有国内行业主导地位的变速箱业务，在充分发挥各自优势的前提下，实现其与潍柴动力发动机业务在技术、品牌和市场营销政策上的整合，为国内重型汽车、客车及工程机械等多领域提供资源服务，并使其迅速发展成为企业的核心业务内容，成为中国最具规模和影响力的总成供应商。

资料来源：作者根据多方资料整理而成。

二、供应链战略与价值链核心流程设计

供应链的管理战略是指要从商业模式发展战略的高度，考虑供应链管理的事关全局的核心问题，从而决定如何构建供应链，为供应链的发展选择方向，为供应链的结构和每一环节必经的流程设计总体方向。只有制定了供应链管理的战略才能够实施供应链的管理，因此它在商业模式的成败中发挥着极为重要的作用。供应链管理已经不再是一个单一的企业与其他企业之间的竞争产生的结果，而是不同的供应链之间为争夺市场而采取的一种策略。

（一）基于商业模式的供应链管理战略

企业的供应链管理战略内容应主要包括竞争战略、合作战略、文化战略。

第一，供应链战略合作伙伴是指一种基于高度信任，供应链成员间共享竞争优势和利益的长期性、战略性的协同发展关系，它能对外界产生独立和积极的深远影响。相互信任是巩固制造商与供应商的战略合作伙伴关系的基础。相互依赖性强，应该制定共同的战略和运作目标，以促使双方从长期战略合作关系中获得最大的利益。建立合理的收益分配机制，从而稳定双方的战略合作伙伴关系；定期对合作模式和效果进行评估和修订，为未来的合作打下坚实的基础。

第二，随着信息技术的发展，企业面临的竞争是以全球企业为竞争对手的全球市场竞争环境，而且信息传递的无障碍和无时滞，使得响应时间成为第一位的竞争要素。供应链管理必须要建立一个具有快速反应能力和以客户需求为基础的系统，能充分体现信息技术在供应链各个环节中的作用，提高整个供应链的效率，从而降低整个供应链的成本、库存和物资储备成本，同时满足客户的各种需求。

（二）商业模式价值链核心流程设计

基于价值链的定义，价值链的核心流程是一条连接供应商到用户的作业流、物流、资金流、信息流、控制流和价值增值流的链条，可以称其为"六流链"，这些流相互关联、相互影响，形成了一个完整的系统。价值链管理实际上是对这些流的不断优化和管理，如图 3-7 所示。

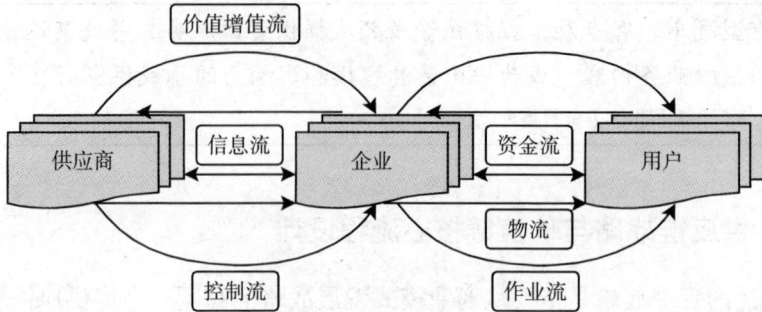

图 3-7　价值链的六流图

第一，作业流。我们将业务过程定义为作业，每个业务过程即每一项作业都是由一个或若干个业务活动构成的。价值链是一条由采购、生产、销售和服务等作业按照一定的先后顺序构成的链条。

第二，物流。随着供应商、企业到用户各实体间作业的流动，价值链出现了从供方开始由采购的物料等资源到制造企业转变成半成品、产成品，随后产品（或服务）经过分销商、经销商流达最终用户的实物流，就是物流。

第三，资金流。实物是有价值的，物流必然导致价值链上的供应商、企业和用户间的资金结算，于是产生了资金流。由于最终产品（或服务）的价值是从材料到产品及为此提供的一切服务的价值总和，因此从总体和数量上看，资金流是从下向上流动，即从用户向企业，最后到材料供应商。

第四，信息流。伴随作业流、物流和资金流的流动，各种相关数据和信息不断产生，并从一个环节进入另一个环节，形成一条信息流，信息流并不只是从上游向下游流动，而是双向流动的。

第五，控制流。作业流、物流、资金流和信息流从一个环节到另一个环节的流动必须有相应的控制作保证，构成一条按照作业变化形成的控制流。

第六，价值增值流。企业价值链是一系列旨在提供产品和服务的活动，链中每个环节都为下一环节增加一定价值。随着作业流的运动，价值不断增加，形成价值增值流。

（三）供应链管理与价值链管理的协同性分析

供应链和价值链同处于商业模式的价值系统之中，在企业内和企业间承担着相似的协调和优化价值活动的功能。因此供应链和价值链可以在价值系统中得到有效的协同和整合。供应链管理与价值链管理的协同是现代企业商业模式的灵魂，完整的价值链系统由内部价值链和供应链两部分组成，而企业与多个联盟合作伙伴（包括企业的竞争对手）的多个价值链系统则构成了价值系统中的价值网，如图 3-8 所示。

图 3-8 供应链与价值链协同的价值系统

企业间商业模式的较量，既是价值链间的竞争，也是供应链间的竞争。价值链可以决定供应链，供应链同样服务和服从于价值链。明确价值链和供应链的关系以及供应链是如何在价值链中为企业创造价值的，可以指导价值链和供应链的协同管理。同时，价值链和供应链共同依赖于企业的组织机构和管理制度，共同培育企业的核心竞争力，共同经营和运作企业业务流程（物流、资金流、信息流等）。

价值链模式专栏 2　美的厨电的价值链逻辑：打开新一轮业绩增长通道

一、美的业绩逆势增长

2014 年以来，家电行业受到宏观经济下行、消费刺激政策退出和房地产政策调控等多重因素影响，行业整体增速逐渐放缓，部分品类甚至出现下滑情况。业内专

美的 Midea

图片来源：www.midea.com。

家认为，家电行业进入结构调整、消费升级、效率优先的运营新周期。而自 2011 年战略转型以来，美的集团从过去追求规模增长转变为追求"有质量的成长"，不断加大科技投入，创新重心转向更务实的消费者体验为中心，产品力得到显著提升、产品结构明显改善、企业盈利能力不断增强。2014 年前三季度实现营业收入 1091 亿元，同比增长 16.4%，实现归属于母公司净利润 89.5 亿元，同比增长 49.2%，每股收益 2.12 元，同比增长 49.3%。盈利能力为近年来最好水平。预计全年净利润将超过百亿元，成为家电企业最赚钱的上市公司。

二、美的逆势增长的谜底——以需求为导向的价值链整合

正是美的集团顺应市场环境和行业趋势变化，转变增长方式，及早布局互联网和智能转型战略，为其打开了新一轮业绩增长通道，加速向其"成就时代企业"的目标迈进，如图3-9所示。

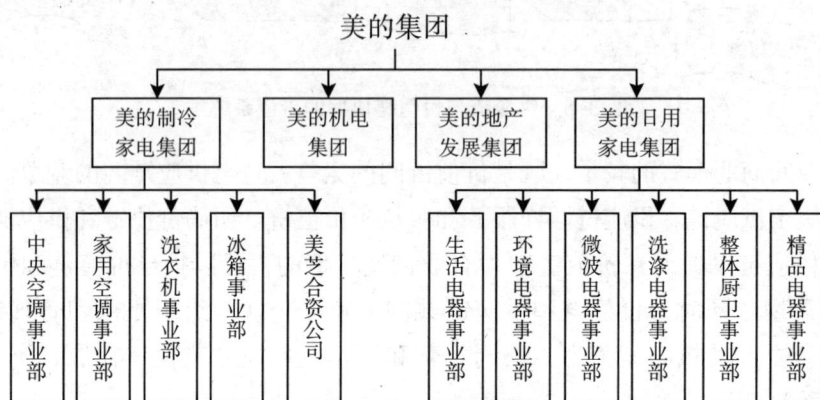

美的集团

美的制冷家电集团 — 美的机电集团 — 美的地产发展集团 — 美的日用家电集团

中央空调事业部 | 家用空调事业部 | 洗衣机事业部 | 冰箱事业部 | 美芝合资公司

生活电器事业部 | 环境电器事业部 | 微波电器事业部 | 洗涤电器事业部 | 整体厨卫事业部 | 精品电器事业部

图3-9 美的集团组织架构

2014年8月，美的集团刚刚公布了至2016年的股份回购计划，将在2015年6月30日前及2016年6月30日前，推出两期股份回购方案。首期回购股份资金上限为15.95亿元，第二期回购资金上限为2014年净利润的30%。回购股份可依法注销，或用于股权激励计划、员工持股计划的股份。企业从传统的单品、套系化产品向整体厨房转型，随之而来的是营销手段、渠道、服务模式等要重新考量，传统的制造商、经销商角色将改变。变得更快的是，传统价值链也许会被打破。因为现在的环境不一样了，很多人通过平台整合原来不能整合的优势。在互联网思维的影响下，经销商也要从传统的价值链、大流通角色跳出来，从以产品为中心到以用户为中心，最终为用户创造价值。

智能整体厨房让美的厨电的产品战略升级成为现实，它的价值链融合了不同产业的经营主体：房地产开发商、软件开发商、装修设计与施工服务商、橱柜制造商、食品生产加工商等，产业链上的伙伴共同为消费者提供智能整体厨房解决方案。美的厨电要以自己为核心，构建一个智能生态圈。在这个动荡的互联网时代，一步落后步步落后，无论是移动互联网的发展趋势还是家电行业的创新方向，美的厨电这一步棋走得恰到时机。

资料来源：作者根据多方资料整理而成。

第二节　价值链管理模式的风险

价值链管理模式是一个开放的动态系统，链中企业是一种竞争—协作关系，它们有共同利益，同时也有各自的目标；联合的同时又可能是竞争对手；某种方式下合作的同时又保持各自的独立。价值链从构建到解散一直面临着能否持续存在的风险；价值链日常运作的过程中物资经由供应链流经众多的生产流通企业到用户，产生作业流、物流、信息流、价值流，涉及运输、储存、装卸、搬运、包装、流通、加工、配送、信息处理等诸多过程，任一环节都可能出现问题，面临风险，影响其正常运作。

一、价值链模式管理的结构风险

第一，价值链结构变化带来的风险。价值链构建的初衷是实现价值链中企业的共同利益需求，提高竞争优势。为了实现这一目标，必须进行业务流程的优化和信息共享，而一旦某个企业违背了当初的契约，或者由于竞争导致某些企业被价值链淘汰出局，那么必然使其他企业受到商业秘密泄露、相关业务无法运转，甚至破产倒闭的威胁，其风险损失将是巨大的。

第二，价值链结构的松散性、动态性风险。由于价值链的松散结构，比如缺少统一的风险协调管理机构，或者即使有统一协调管理机构，其管理指令没有得到各企业的切实执行，使整个价值链风险分析和管理概念不统一，口径不一致，影响风险管理的效益。

二、价值链模式管理的外部环境风险

外部环境风险可以划分为自然环境风险、社会环境风险、经济环境风险等，这些环境因素使价值链面临巨大风险，考验着价值链的风险控制能力。比如从宏观的经济波动和产业政策考虑，当价值链所处的外部环境经济波动较大时，产业政策转型对某些供应链的影响就大，企业可能出现原材料短缺或产品成本上升的问题，甚至使某些供应链发生中断。

三、价值链模式管理内部风险

第一，企业文化不一致带来的风险。不同的企业文化会导致对相同问题的不同看法，从而采取不同的处理手法，最后产生不同的结果，由于价值链是从整个最优化方面设计业务活动及作业流程，这就使不同企业处于同一流程中，企业文化以及由此引发的差异的协调成为一个管理者必须关注和解决的问题。解决不好企业文化差异必然对价值链效率、效益产生不利影响，最终导致价值链的断裂。

第二，彼此过度依赖带来的风险。供应商从保护己方利益、打击竞争对手的目的出发，也会使用各种手段促使企业减少供应商数量，结果是企业的供应越来越集中，企业对各供应商的依赖程度越来越大，甚至可能会出现某些物料独家供应的情况，此时就会存在巨大风险：一旦某个环节出现问题，整个链条就会受到影响，甚至崩溃。

第三，价值链企业发展不平衡的风险。价值链企业之间在企业规模、企业文化、管理水平等诸多方面都存在差异，甚至相差悬殊，导致价值链本身发展并不平衡。比如弱小的企业可能没有足够的资金用于风险管理，没有条件采用新技术等，于是根据"木桶效应"原理，价值链风险控制的能力取决于最薄弱的环节，因此价值链企业合作本身就隐含着风险。

第三节　价值链模式管理的收益分配

尽管在顾客价值的实现过程中，有许多企业参与价值的创造，但这些企业对于收益的分享并不相同，它们各自的利润也不相同。价值链上的供应商和企业通常会协调分配由于优化价值链结构所带来的收益，这取决于各机构在价值链中的作用以及行业特有的性质。

一、影响价值链模式的收益分配的行业因素

在整个纵向价值链中决定收益分配的因素是多种多样的，本书中最为主要的有以下几种行业的性质。行业性质主要是根据行业对生产要素的要求不同而划分的，不同性质的行业对于其生产要素投入的要求不相同，最为常见的划分有技术密集型行业、劳动密集型行业、资本密集型行业。不管是什么类型的行业，其经

济活动都可以用价值链的方法来进行分析，只是不同行业的价值链构成不同，从而使各企业在纵向价值链上的重要性也相应不同。

通常意义上，技术密集型行业对于技术要素的投入要求比较高，因而使得纵向价值链上拥有生产该项产品关键技术的企业在价值分配上占主导地位，或者可以说由于该企业拥有生产这一产品的垄断核心技术，因而可以获得这一纵向价值链上的垄断利润。类似地，劳动密集型行业和资本密集型行业的价值分配也会向拥有该产品关键生产要素竞争优势的企业倾斜。

价值链模式专栏 3　　　　**深圳发展银行：供应链金融制胜**

一、推出"供应链金融"服务变革

2006 年，深圳发展银行正式在全国率先推出"供应链金融"服务，整合资源，面向产业供应链提供本外币、离在岸一体化的全链条金融

深圳发展银行
SHENGZHEN DEVELOPMENT MANK CO.,LTD.

图片来源：www.bank.pingan.com。

服务。贸易融资客户和业务量均取得 50% 的增长。不良率继续维持在 1% 以下。2006 年 12 月初，深圳发展银行"供应链金融"获得深圳市第二届金融创新奖。

深圳发展银行"供应链金融"是指把供应链上的相关企业作为一个整体，根据交易中构成的链条关系和行业特点设定融资方案，将资金有效注入处于相对弱势的中小企业，并为大型企业提供资金化的全链条金融服务，从而解决供应链中资金分配的不平衡问题，并提升整个供应链的企业群体竞争力，如图 3-11 所示。

二、点到链路径："1+N"贸易融资

深圳发展银行研究发现，中小企业融资难，原因并不一定在企业自身。而是因为链条上的核心企业挤占了上下游配套中小企业的资金和信用。一条供应链里占绝对优势的核心企业，可以利用其强势地位，要求原料供应商先货后款；对下游的经销商，又要求先款后货。竞争力越强、规模越大的核心企业，对上下游的压力越大。同时，深圳发展银行也发现，中小企业拥有的存货和应收账款价值是其不动产价值的 1.5 倍，这就是中小企业的优势！只要盘活了它们，中小企业贷款难迎刃而解。因此，由"点"到"链"，深圳发展银行首先

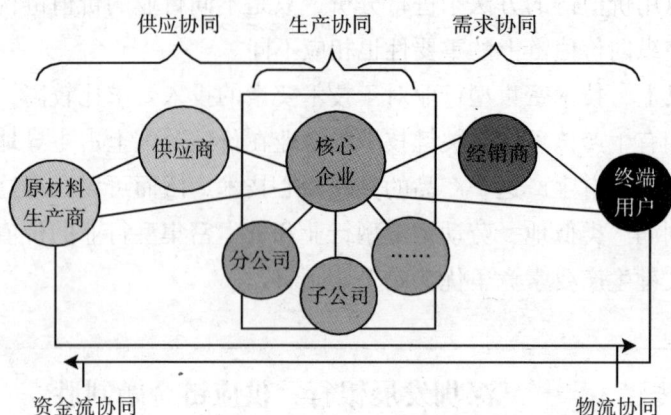

图 3-10　深圳发展银行：线上供应链金融用户过千家

提出了"1+N"贸易融资的概念。所谓"1"是供应链上的核心企业，"N"则是链条上的中小企业。从"N"入手，用"N"来包围"1"，这个"1+N"就是"供应链金融"的雏形。

深圳发展银行将"1+N"贸易融资作为银行发展的方向，及时在内部进行了改革，最为独特的就是撤销了公司银行部（对应国内业务）、国际业务部（对应国际业务），而成立了贸易融资部，专注于供应链金融业务的开拓。此外，深圳发展银行开始推行贸易金融的事业部制，将以前按地域划分业务范围，变为按行业划分，一个事业部掌握一个行业、行业内主要企业及产业链的相关信息，制订产业链整体发展规划，负责与核心企业谈判，再根据具体情况进行产品开发和营销策划，进行贷款审批。

三、合作共赢：打造金融物流服务链

深圳发展银行供应链金融物流监管业务外包，为供应链融资提供了便利，对深圳发展银行来说不仅降低了融资业务风险，拓展了业务范围，同时也有利于深圳发展银行将精力集中在需求研究和金融产品创新上。对于物流企业来说，与银行深度合作开展物流金融服务更是为自身创造了新的增长空间。

在国内市场，目前金融物流给物流企业带来的最大益处是可以加深与供应链的合作，提升物流企业的竞争优势。在供应链管理模式发展下，企业逐渐转向强调跨企业界限的整合，使得顾客关系的维护与管理变得越来越重要。物流管理已从物的处理提升到物的附加值方案管理，可以为客户提供金融融资的物流供应商在客户心中的地位会大幅度提高。据了解，除了与几个大的物流

公司有战略合作之外，深圳发展银行已经与国内大型港口以及超过200家的第三方物流公司签约合作，与中华商务网及多家担保公司建立了战略联盟合作关系。

深圳发展银行只要通过"巧用强势企业信用，盘活企业存货，活用应收账款"三大路径就可以将中小企业融资的风险化于无形。而其中"强势企业信用、存货、应收账款"都是一些通俗的招数，如果单独看，并没有多少新意，但是通过供应链金融的组合，却把原来中小企业融资难的三大障碍"信用弱、周转资金缺乏、应收账款回收慢"解决了，从而使这一模式具有低风险的存在基础。

对一个产业供应链中的单个企业或上下游多个企业提供全面金融服务，以促进供应链核心企业及上下游配套企业"产—供—销"链条的稳固和流转畅顺，并通过金融资本与实业经济的协作，构筑银行、企业和商品供应链互利共存、持续发展的产业生态。由于一条产业链上80%都是中小企业，普遍缺少资金，因此，中小企业不但是供应链金融主要的支持对象，也是银行"插进"产业链的突破口。

资料来源：作者根据多方资料整理而成。

二、价值链模式管理收益分配的路径与策略

企业在价值链上的收益分配，首先必须确定和分解企业所在行业的纵向价值链，并根据企业的自身能力拟定各种可行方案。由于价值链模式管理环节比较复杂，因此对价值活动的鉴别往往需要多次反复，并随着分析的深入及分析的要求，对价值活动的分解进行调整。

（一）确定和分解企业所在行业的价值链

企业对于价值链的分解也必须借助供应商和顾客的帮助，从而避免衔接环节上的信息失真。资产分摊到价值链的各个环节中去，其中成本的分摊在原则上比较简单。但是传统的会计信息往往是按照产品而不是价值活动来归集成本的，这样可能使其在实际操作中产生一定的问题。因此必须对传统的会计记录按价值链作业成本法重新整理，以便成本的归集和分配与价值增值活动相匹配。

（二）价值链模式管理上资产分摊的原则

资产应分摊到使用、控制它们或对其使用影响最大的价值活动中去。进行价

值链分析，必须确定各种价值活动所耗用的资产和经营费用，从而计算各种价值活动的成本和价值增值率。

成本和资产的分摊往往是同时、交叉进行的。为了确定价值链上某一环节的成本就必须获得这一价值活动所使用的有形固定资产的现行成本或重置成本。这些成本可以通过向设备管理者、设备供应商，以及相关管理人员得到。

具体进行分摊时还应考虑对固定资产按照价值活动进行重新分类和固定资产的折旧年限重新界定，这往往存在一定的主观臆测性，因而折旧成本的分摊必然会存在一定的偏差。此外，如果企业可以分解为价值链上的多个环节，则对于各个环节之间共享的价值活动，应该按照一定的标准将该价值活动的成本和资产分摊到各个环节，分摊标准的选择可能会随着分析的深入发生改变。

（三）确定价值链上企业以外环节的成本和资产

仅仅确定企业自身的成本和资产，对于分析纵向价值链上的价值分配是远远不够的，企业还必须确定纵向价值链上企业以外环节的成本和资产。这些信息在企业自身传统的信息系统是找不到的，故企业只有采取各种调查方法，例如查阅各企业的财务报告了解关键的财务信息，阅读相关行业出版物等了解其他信息，由于这样得到的信息并没有固定和适当的格式，因而对这些信息的甄别和整理就显得非常重要。有条件的企业可以视情况建立起一套价值情报信息系统，专门收集价值链上各企业的成本、资产信息来支持这一步骤的实现。

（四）估计和确定转移价格企业外部的产品转移

由于存在外部交易市场，产品的转移价格很容易判定。而对于企业内部转移的中间产品，如果存在中间产品交易市场，就应在中间产品外部市场交易价格的基础上对运输费用、营销费用等进行调整得到。如果该中间产品不存在外部交易市场，就应确定合理的转移价格确定，如以成本加合理利润后的价格为基础对运输费用、营销费用等进行调整。

（五）确定有关资产回报率和价值增值率

通过上述成本、资产分摊的方法我们可以估计出各环节中每生产一个单位的产品所需投资的现行成本或重置成本，同时我们也可以根据价格和成本计算出单位产品的净增加值，从而计算有关资产回报率和价值增值率。

价值链模式专栏4 五谷磨房：布局上游 掌控下游

五谷磨房食品集团有限公司（原香雅国际集团）是一家专注于天然食补谷物食品研发、生产、销售的公司。公司成立于2006年，是"五谷磨房"这一新品类的开创者和行业领跑者。

图片来源：www.wgmf.com。

五谷磨房通过自建原料基地或与供应商、农户联营确保原料供应，以商超联营专柜直销的方式与品牌渠道商建立战略合作关系，采用ERP等信息化系统整合与管理基地原料管理、运输、加工及仓储一系列流程，打造了一条集研发、生产与销售于一体的垂直化产业链。五谷磨房利用自主研发的研磨机器将五谷杂粮研磨成粉状，在商超现磨现卖，并提供科学配方或按照客户需求进行灵活搭配，满足现代消费者对健康便捷食品的需求。自2006年成立，五谷磨房在全国200多个重点城市大型超市中拥有1400多个联营专柜，创业前四年营业额年复合增长率达500%，2012年营业额超过5亿元，并搭建了从原料生产供应到制成品销售的完整产业链。

一、布局上游原料基地

确保食品安全是每家食品企业必须面对的问题，而原料供应是源头，直接影响产品的质量与安全。五谷磨房通过自建原料基地，或与供应商、农户联营基地的方式控制上游。其中自建生产基地占总采购量的70%，其余30%来自联营基地。五谷磨房将原料进行初步加工后，再分配给各个销售点，部分剩余原料会销售给外部。农副产品通常一年收一季，价格波动幅度大，传统的产品供应链是赊销，五谷磨房在控制上游上采取跟经销商合作的方式，给经销商提供充足的资金来保证库存。

二、建设下游商超联营

五谷磨房采用商超联营的模式，与沃尔玛、大润发、家乐福等零售业巨头建立战略合作关系，开设品牌专柜，按照销售额给予超市分成，分成比例按照地区不同在10%~20%。这种商超联营模式的好处，一是将大型超市的品牌效应延伸至五谷磨房的产品，消费者会把对超市的信任转嫁到产品上；二是大型连锁超市通常位于城市的中心地段或人流密集地段，在选址时已经对周边消费群体能力及人流量进行考察分析，对产品销售量会有一定的保障；三是超市专柜的租金成本远远低于独立的商铺。

　　商超联营模式的一系列品牌及连锁效应，推动五谷磨房迅速扩张。五谷磨房采用开放式专柜进行销售，现磨现卖的增值服务拉近了与消费者的距离，还会根据不同消费者的需求来制定科学的原料配置，消费者可以看到所有的原材料及完整的加工过程，大大提升了他们对产品的信任度。

　　与此同时，五谷磨房运用 ERP、CRM、HER 等信息化管理系统对产业链的各个环节进行管理，实现以销定产，提升库存周转和销售量，确保运营效率，搭建自生产、加工、运输、仓储、销售的良性循环。

　　食品行业的特点是门槛低，复制性极强。五谷磨房从上游的基地建设到下游的商超联营模式都很容易被竞争对手复制，虽然目前由于先发优势占据了市场，但也面临众多的挑战。五谷磨房的核心竞争力在于保障产品质量及品牌效应，以优质的产品作为前提，进行品牌及市场推广。

　　资料来源：作者根据多方资料整理而成。

第四节　价值链模式管理的规划

　　通过价值链模式管理的规划研究，改进企业管理思想和方法，认清价值链模式管理的发展趋势，实现企业的价值增值。运用价值链模式管理的分析方法来确定核心竞争力，就是要求企业密切关注组织的资源状态，要求企业特别关注和培养在价值链的关键环节上获得重要的核心竞争力，以形成和巩固企业在行业内的竞争优势。

一、价值链模式管理的规划方式

　　企业的优势来源于价值活动所涉及的市场范围的调整，也源于企业间协调或合用价值链所带来的最优化效益。其中价值链模式管理的活力在于价值链的分解、整合以及价值链管理的网络化。

　　（一）价值链模式管理的分解和整合

　　在科学技术迅猛发展的今天，消费者的需求日益多样化，这就要求社会分工更加细化，致使价值链的增值环节变得越来越多，结构也更复杂。一种产品或服务所形成的价值链过程已很少能由一家企业来完成，除非企业具有非常充足的资金和十分全面的能力。于是价值链开始分解，一些新的企业加入了价值链，并在某个环节建立起新的竞争优势。这种竞争优势表现为在该环节上具有成熟、精湛的技术和较低的成本，使市场上出现了许多相对独立的具有一定比较优势的增值环节。于是出现了新的市场机会——价值链的整合，即可以设计一个新的价值链，通过市场选择最优的环节，把其联结起来，创造出一个价值链。

（二）价值链模式管理的虚拟化

价值链的虚拟管理就是对一个没有实体企业作为依托，而是由不同的价值链的战略活动环节构成的虚拟企业的价值活动的协同管理，以达到竞争优势最大化。显然，它在一定程度上突破了波特的价值链管理范畴。随着科技的进步，电子网络技术的发展及在此基础上虚拟企业的出现、虚拟经营的兴起和发展，价值链的管理必将涌现出虚拟化发展趋势。

价值链模式专栏 5　鼎芯科技："产品分销+应用方案"串通产业价值链

深圳市鼎芯科技有限公司是一家专业生产 U 盘、MP3、MP4 等数码产品和电子礼品的厂商，位于深圳这个前沿城市。追求卓越、不断创新的经营理念持续发展并获得业界及客户的一致好评，为打造核心

ＤＸＹ鼎芯
物 联 网 射 频 方 案 专 家

图片来源：http://www.dxytech.com。

竞争力，增强企业产量综合发展，公司进行了大规模的企业体制改革，培养人才、招聘专业人士、学习国外管理模式并投入大量资金引进国际先进技术，拥有高效生产设备。

一、"产品分销+应用方案"的综合解决方案

鼎芯在 IC 芯片分销的基础上，附加从设计、软件到生产的增值服务，为客户提供"产品分销+应用方案"的综合解决方案，成为连接产业链上下游的纽带，实现 IC 原厂、鼎芯、下游客户三赢的局面。

一方面，作为物联网射频综合解决方案提供商，鼎芯从全球顶级 IC 供应商处采购产品，拥有稳定的上游供应网络，与多家供应商签署代理及合作协议，IC 原厂在信息、技术、供货方面对鼎芯直接支持，部分供应商为鼎芯设有专门的缓冲仓库，可按鼎芯需求及时备货。另一方面，鼎芯对市场需求、价格走势的理解超过 IC 原厂，可帮助其节约推广产品的时间和成本，鼎芯也因此获得较强的议价能力。

鼎芯的优势在于与上游 IC 原厂紧密的合作关系，对下游需求能够精准把

握，并对分销渠道有力把控，在分销的基础上，为下游客户提供 IC 芯片"产品分销+应用方案"的综合解决方案，降低客户的研发风险和成本，缩短研发周期并协助其快速进入市场。而其自身也在这一过程中成为连接产业链上下游的纽带，实现 IC 原厂、鼎芯、下游客户三赢的局面，如图 3-11 所示。

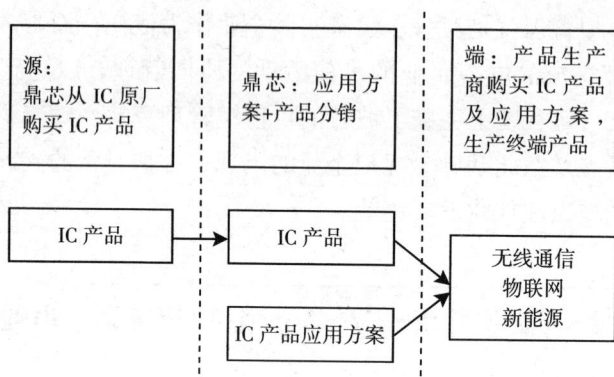

图 3-11　鼎芯业务系统

二、鼎芯的主要盈利来源

目前，鼎芯的客户群体覆盖了无线通信及物联网行业内的安防监控、智能电网、M2M 无线通信模块、RFID 等领域的企业，同时也在向车联网、LED 新能源等领域拓展。截至 2012 年 12 月底，客户数量超过 1000 家。

鼎芯的盈利主要来源于两部分，一是将产品扩展为"产品+方案"综合解决方案的技术服务增值；二是 IC 原厂的返点。2012 年鼎芯的主营业务收入达2 亿元，净利润 1548 万元。

鼎芯连接 IC 芯片产业链的上下游，其商业模式具有显著的增值价值，在细分行业获得了一定的领先优势，但"天花板"较明显，需不断开拓新的应用领域。规模扩大后如何持续提高效率，对鼎芯而言也是极大的挑战。并且，行业壁垒并不高，未来可能会不断涌现市场的争夺者。

资料来源：作者根据多方资料整理而成。

二、价值链模式管理的规划趋势

优化管理、培养核心竞争力是价值链模式管理的主要趋势。随着价值链理论研究的深入，价值链模式管理的应用也越来越广泛，由原来的只注重生产领域扩展到企业的整个价值创造过程，并将价值链模式管理与其他管理方法相结合，形成了价值链模式管理的新发展，具体表现在以下几个方面：

（一）确定合理的企业规模

企业的规模是由企业运作资源的多少和内部业务量的大小所决定的。企业在成长初期，总希望通过规模扩张来降低成本、分散风险。但随着企业的不断发展壮大，许多企业都出现了不同程度的"大企业病"。价值链理论把企业内部各项业务活动分为基本活动和辅助活动，并进一步分析了各项活动之间的联系。

（二）进行业务流程重组

随着市场竞争的加剧，企业之间技术、资金实力等实体资源的同质性不断增强，企业越来越认识到，竞争的焦点应该从产品或服务的生产、营销、财务等具体部门的管理，转移到从整体上考虑企业的运作以及激励机制、组织结构等系统性的流程因素，业务流程重组应运而生，通过重新审视企业的价值链，从功能成本的比较分析中，确定企业在哪些环节具有比较优势，在此基础上，以顾客满意为出发点进行价值链的分解与整合，改造原有流程的路径、工作环节和步骤划分，最终实现业务流程的最优化。

（三）培育企业的核心能力

随着全球一体化的发展和市场竞争的加剧，企业之间的竞争已不仅仅是企业内部某一个部门或某几个部门之间的竞争，而是以核心能力为基础的整个价值链的竞争。企业要保持竞争优势，就要保持价值链上某些特定的战略环节上的优势。运用价值链的分析方法来确定核心能力，要求企业特别关注和培育在价值链的关键环节上获得重要的核心能力，以形成和巩固企业在行业内的竞争优势。

价值链模式专栏6　普亿螺丝：垂直整合与超级库存的高效互动

螺丝又称为"工业之米"，如同经营粮食一样，螺丝制造行业也面临着规模和利润的两难选择：一是螺丝的单位利润微薄，必须依靠规模实现效益；二是因为螺丝种类繁多，扩大规模必将带来大量库存，这样会占用大量周转资金，进一步拉低利润率。为了突破这个"瓶颈"，普亿螺丝采取与众不同的商业模式：垂直整合与超级库存。

图片来源：www.pyluosi.com

一、垂直整合的成本优势

螺丝的成本结构主要由原材料、模具、运输和管理四项因素组成，为了提高利润率，必须降低成本。因此，普亿螺丝的降低成本之路从整合角度出发，在上游原材料供应方面，投资上游工厂设备，整合钢铁材料与材质处理，其中光是建造钢材再加工处理设备，投资金额就高达上亿元；在下游运输环节方面，因为运输成本约占总成本的 25%~30%，普亿螺丝从一开始就对运输环节加以系统规划，普亿螺丝首先选址位于沪杭铁路、302 国道和大运河三线"交汇"的浙江嘉善，其有高速公路直通、离火车站不到 5 分钟车程、低成本运河水运等便利，普亿螺丝将自己的原料库与各交通枢纽直接相通，且自建三座私人码头接驳货物。

二、规模库存的效率之争

成本优势仅仅是企业撬动市场的一个杠杆，要使企业获得快速发展，就必须通过扩大规模来实现成本优势的迅速放大和倍增，而要做到这点，首要之务就是克服库存管理的"瓶颈"。

为了解决库存管理的困难，普亿螺丝建立了自动化立体仓库。自动化立体仓库采用开放式立体储存结构，其存放高度达 18 米，可存放 15 层，存放空间相当于传统仓库的 5 倍。其中内部又按照半成品、模具和制成品区分为 3 个子仓库，分别设计了 4968 个、14400 个和 41488 个库位单元。这样区分不仅提高了进出效率，同时也解决了空间的有序利用问题。仅就空间而言，普亿螺丝3 个自动仓库相比于传统仓库节省了 6 万平方米，相当于 4 个足球场的面积。并且，普亿螺丝的自动仓库与制造系统构成了一个一体化的物流体系，其中半成品与模具自动仓库相配合提高了制造工序的作业效率，而成品自动仓库成为实现企业内、外产品转移的物流中心。

三、信息平台让"大象"翩翩起舞

由于螺丝产品的种类繁多，要实现产、贮、运、销的同步、高效运转，必然对企业的信息处理能力提出苛刻要求。普亿螺丝的信息管理系统包括业务、生产、技术、成本、采购、材料及制成品等相互关联的子系统，普亿螺丝借此实现生产、采购、配置库存和交货。在灵活的信息化手段支持下，普亿螺丝的超级库存这只"大象"不仅没有成为包袱，反而成为企业规模发展的不二利器，使企业在瞬息万变的市场中从容起舞。

普亿螺丝的目标并不止于制造业，更重要的战略升级是运用其成熟的物流管理技术做中国第一家五金行业的专业第三方物流公司。螺丝产业不再是制造业，而是变成另一套管理与服务模式。

资料来源：作者根据多方资料整理而成。

第五节　价值链模式管理的创新机制和策略

商业模式是在外部环境及内部资源条件约束下，以价值链分析为基础，进行价值活动分解及有效组合，实现价值创造并获取盈利的整体运营方案及活动的总和。商业模式成功施行及创新的重要途径在于核心价值活动的准确把握与创新，企业应准确定位价值链管理的机制和策略，从理论和实践上探索商业模式通过价值链整合与优化的过程，进一步提出进行商业模式创新中的企业经营活动关键控制点的发掘。从微观角度探讨提高企业竞争能力的方法，以及由此带来的企业商业模式新路径，对我国企业在探讨商业模式优化、重视顾客价值主张、改进盈利模式、发展利润保护模式方面提供指导。

一、价值链模式管理的创新机制

价值链管理可以分为基本增值活动和辅助性增值活动两大部分。本书基于传统理论中的九个环节，尝试将它们抽象概括为四个模块进行分析。基本增值活动与商品实体的加工流转直接相关。由于内部后勤、生产作业、外部后勤是指企业价值由理论转为产品的过程，因此，将这三个基本活动抽象概括为"价值生产模块"。

由于销售和服务是将产品价值实现于市场和顾客，因此将其概括为"价值实现模块"。辅助活动包括企业基础设施、人力资源管理、技术开发和采购四部分。由于采购及研究开发是企业在理论上对价值进行创造和开发的活动，因此将其概括为"价值研发模块"。而人力资源管理和基础设施更多地倾向于管理，因此将其精练为"价值管理模块"，如图3-12所示。

将原有价值链理论模块化，针对不同模块进行商业模式创新研究。企业根据自身具体情况，可以在价值链中的四个模块九个环节上进行创新，有助于企业明确分析运行的哪个环节可以提高价值或降低生产成本。

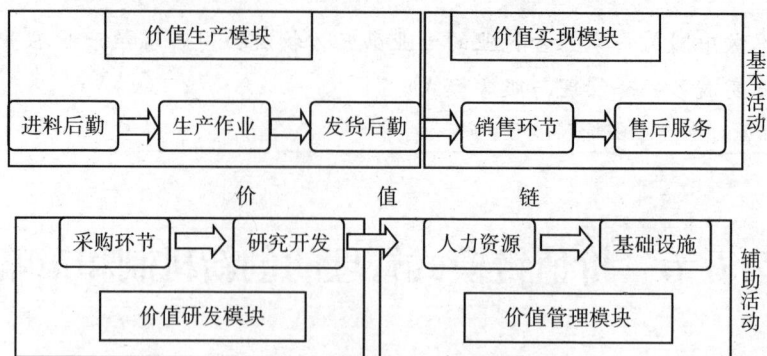

图 3-12　价值链理论模块化图

（一）基本增值活动中"价值生产模块"的创新

在这一模块中，可以运用向后一体化商业模式来降低在进料环节中的生产成本。将供应商价值链纳入企业价值体系中，可以节省大量的交易费用和采购成本，从而增强企业生产成本优势和盈利能力。在生产环节中，对于有明显竞争优势的环节，企业可以将这些特定的价值活动在相关行业之间进行核心能力的转移应用。当两个行业的价值链上的关键环节相同时，企业可以将自己在一个行业中的核心能力扩散到另一个相关行业，形成范围经济优势，使得生产成本降低的同时为企业创造利润。亚马逊利用互联网平台建立新型的商业模式，虚拟网络营销平台不仅加快物流速度，也减少实体店面的销售成本，从而增加企业价值。

（二）基本增值活动中"价值实现模块"的创新

企业应认清服务本质，树立全新的服务理念，在原有服务基础上不断创新服务内容，根据客户需求提供差异化服务；结合企业自身发展战略，与客户共同寻求最佳服务方式，争取实现从短期到长期的服务。海尔成功的很大原因在于它的客户服务，在给用户带来满意和方便的同时，也为企业自身带去顾客价值。同时，企业应重视顾客价值和顾客知识，这是企业构建竞争优势的基础，是摆脱发展困境、提升企业层次的重要战略。

（三）辅助性增值活动中"价值研发模块"的创新

第一，企业应合理预测需求。在制定采购计划中，可让供货商先期参与。由于供应商更了解企业的真正需求，可在降低企业采购风险的同时，提升企业的技术创新能力。第二，在采购渠道方面可使用电子采购等新型途径降低成本并进行信息共享。第三，对于库存应建立最优化库存管理，可以让供应商管理自己的库存。采购企业可以降低采购管理成本，供应商也能够及时掌握市场需求信息来调整库存，双方实现双赢。苏宁集团采取价值链延伸，与上游家电制造商保持密切合作与信任关系，优化采购流程，使得采购环节更流畅。

（四）辅助性增值活动中"价值管理模块"的创新

价值管理模块中的人力资源管理不仅对基本和支持性活动起到辅助作用，而且支撑着整个价值链。企业必须充分重视人力资源的科学管理，在人员招聘、培训、激励等方面科学规划、不断创新。应结合发展需要与实际，采取创新的人力资源管理策略，促进企业的快速发展。天宇朗通为提高员工价值，安排研发组为员工面试，培训研发人员，指导公司构建细分的研发团队。公司规定，所有的研发人员必须通过研发科的考试。而这在一定程度上保证了员工的自身价值，为企业获取利润带来动力。

价值链模式专栏7　　去哪儿网：谷歌版盈利模式

"去哪儿"（Qunar.Com）是旅游领域的垂直搜索服务商，它所从事的是类似于搜索服务提供商谷歌的工作，即通过技术手段即时抓取并实时更新整个网络上的相关信息，并在后台进行智能化的整理和有效组合。不过，"去哪儿"的搜索范围仅局限于机票、酒店之类的旅行产品，并且以价格和其预订情况为主要排序依据来整合结果。

图片来源：www.qunar.com。

一、市场细分

对于在线旅游尚处于起步阶段的中国市场，"去哪儿"的诞生恰逢其时。随着航空公司相继推出在线旅游服务，以实现其自有服务在网络空间的延伸，在线旅游市场中的用户需求已经逐渐变化：中立、智能、全面的比较平台，对用户进行旅游产品选择和决策的作用日渐突出。正是这种需求的增长，促使了公正、中立的旅游新媒体"去哪儿"的出现，并凭借其便捷、人性且先进的搜索技术，对互联网上的机票、酒店、度假和签证等信息进行整合，为用户提供及时的旅游产品价格查询和比较服务。通过和多家旅行网站及机构的合作，目前在"去哪儿"上可以进行包括机票、酒店等在内的多种旅行产品的搜索，并且很容易地按照价格或离开/到达时间进行归类。此外，"去哪儿"还能对某些搜索结果进行跟进，以确定其广告是否真实可信，剔除坑害顾客的虚假信息。目前，"去哪儿"汇集了近400家网站信息，超过3000条航线和30000家酒店信息，拥有3500万/月用户访问量。

二、盈利模式

"去哪儿"的收入主要来自两个方面：一是点击付费的返佣模式，即由"去哪儿"帮助带来成功订单的旅行网站需要交纳一定的介绍费或交易费，这也是包括"去哪儿"在内的垂直搜索网站目前主要的盈利来源；二是品牌广告，即争取更多的旅行服务提供商在其网站上刊登广告，或提供与谷歌类似的"付费搜索"结果。经过四年多的发展，"去哪儿"成为改变中国在线旅游业格局的代表性力量，2009 年公司营收增长 4 倍，全年实现盈利，并已成为中国航空业最大的机票销售在线渠道。"去哪儿"将机票和酒店的价格悉数从低到高摆在用户面前，满足了用户需求，也开创了细分领域谷歌版盈利模式。不过，"去哪儿"归根到底提供的是一种"比价服务"，价格是重要的信息分类指标。但对于已经形成一定黏度的携程、艺龙网用户来说，他们不仅希望价廉，更看重服务的品质。这其实也意味着"去哪儿"在争夺这些用户时，必须根据他们的核心需求升级自身的商业模式。

资料来源：作者根据多方资料整理而成。

二、价值链模式管理的策略

未来企业的竞争将是商业模式的竞争，企业为在当今竞争激烈的环境中快速发展，必须制定基于价值链管理的有效策略，为企业生存发展提供新思路，价值链模式管理的策略存在以下几种应用：

（一）价值链分解：强调做精做强，而非做大做全

企业应重新审视自己所参与的价值过程，从功能与成本的比较中，研究在哪些环节上自己具有比较优势，或有可能建立起竞争优势，集中力量培育并发展这种优势；从维护企业品牌角度研究哪些是重要的、核心环节，保留并增强这些环节上的能力，把不具有优势的或非核心的一些环节分离出来，利用市场寻求合作伙伴，共同完成整个价值链的全过程。

（二）价值链整合：设计新的价值链，广泛利用社会资源

在买方市场的态势下，在生产能力相对过剩的情况下，市场上就会存在许多相对独立的，且具有一定比较优势的增值环节。对企业来说，这些都是可利用的社会资源。然而，要让这些分散的环节创造出新的价值，必须要用一个价值链把它们有机地串联起来。这就要求我们的企业家掌握丰富的信息，具有创新的观念和敏锐的眼光，并具备相关的知识和经营智慧。

（三）价值链协同：核心竞争能力的培养

近些年来，核心能力在企业发展和企业战略管理研究方面迅速占据了主导地位，成了企业经营和管理的重要理论之一。一些企业的经验实证分析有力地证实了这一理论的主要论点，但在企业的实践中却缺乏足够的吸引力。原因是企业管理者虽然理解核心能力是企业持续竞争优势的源泉，却不知道如何养育、维持和转换核心能力。波特以价值链为分析工具，提供企业在经营活动中应抓住关键的价值增值活动，这些价值使增值活动能以比竞争者更低的成本进行，正是这些独特的持续性活动构成了企业的核心能力；Hamel、Prahalad（1996）在《为未来竞争》中指出核心能力来源于企业内部的核心资源；David J.Collion、Cynthia A. Motgomery（1995）提出企业核心能力来源于企业在产业环境中相对于竞争对手的有"价值"的资源。因此，从某种意义上来说，也可以认为企业核心能力来源于企业价值链管理的协同效应及企业价值系统的整合协调管理。如企业文化、品牌等都可看作企业的核心竞争能力。而它们的培养绝不是企业内部价值链的某项战略活动管理的结果，而应来自企业内部整体资源的协同，来自企业的利益攸关者（供应商、批发商、零售商、顾客等）创造。

（四）加强企业战略联盟

战略联盟指两个或多个企业之间为了实现一定的战略目标，在一定时期内进行的一种合作安排。它已成为企业加强国际竞争力的重要方式之一。实施战略联盟的主要原因是由于企业之间存在着资源的相互依赖性和经济活动的多元化性，这些资源和价值活动在联盟中能够得到新的组合和延伸，使企业降低交易成本，获取更多的潜在利润；企业在联盟中可以相互学习，形成新的知识和技能等。比如联盟追求的是竞争中的合作，通过对各成员企业技术、管理、资金、信息和市场资源的重新组合，形成新的、更强的协同优势，共同做大市场，为企业的利益攸关者创造最高价值。

战略联盟不同于企业间的并购，并不强调伙伴之间的全面相容性，它所重视的是相互之间的某些经营资源的共同运用，对相容性的要求是部分的、有选择的。把握不同的选择，可以组成各种不同类型的合作联盟，具有灵活、快速、经济等优势，易于整合联盟中分散的公司资源，凝聚成一股力量，提高运作速度，使企业能够把握伴有较大风险的机遇，加强合作者之间的技术交流，在各自独立的市场上保持竞争优势。

（五）提升流程的能力

流程能力是通过供给链的建设、管理与创新来实现的，不仅包括内部价值链的不断改良和创新，还要统筹协调与供应商、中间商的经营程序，保障整个通路对顾客需求的快速而协调的反应，内部的研发、生产以及上下游企业的关系都是并购与战略联盟所希望加强的环节。

（六）企业虚拟化经营

虚拟化经营是企业在知识网络经济与电子商务环境下的一种重要的经营方式。它有利于增强企业在合作伙伴、合作领域、合作方式、各自组织结构选择的灵活性，企业之间便于借助互联网快速、高效地发布和接受业务数据和信息，既大大降低了风险，又适应电子商务环境的特点，在资源、技术、人员、物流、配送、安全等多方面发挥协同的优势。

（七）价值链外包战略

企业越来越多地将价值链的非核心环节业务外包给其他企业，特别是中小型企业，这就是价值链的外包战略，它必将成为未来企业关注的热点。它可以有效地降低产品成本，引进和利用外部资源，有效地确立企业的竞争优势。从战略上看，业务外包可以给企业提供较大的灵活性，尤其是在购买高速发展的新技术、新式样的产品，或复杂系统的组成零部件方面更是如此。

另外，当多个一流的供应商同时生产一个系统的组成部件时，就会降低外包企业的专有资产投资，缩短设计和生产周期。供应商既有相关方面的人才优势，又有专门领域的复杂的技术知识，而且可以不断地更新产品。企业实行价值链的外包战略，把其所研制技术和零部件所要承担的风险扩散到每个供应商身上，就无须承担零部件的研究与开发计划失败的全部风险，也不必为每一零部件系统投资或不断地扩大配件本身的生产能力。这样，企业就可以全力改善本身的核心业务的竞争能力。

【章末案例】　　　海澜之家：商业模式变革驱动高速增长

一、公司介绍

海澜之家股份有限公司成立于 1997 年，2000 年在上海证券交易所挂牌上市，公司是一家大型服装企业，业务涵盖高档精纺呢绒、高档西服、职业服的生产和销售，以及

图片来源：www.heilanhome.cn。

品牌服装的经营，其中品牌服装的经营包括品牌管理、供应链管理和营销网络管理等业务。下属"海澜之家"、"EICHITOO"、"百衣百顺"和"圣凯诺"四大

服装品牌，其中"海澜之家"品牌自推出以来，以全国连锁、超大规模、男装自选的全新营销模式引发了中国服装市场的新一轮革命，其平价优质的市场定位，款式多、品种全的货品选择，无干扰、自选式的购衣方式迅速赢得了广大消费者的欢迎，塑造了"海澜之家——男人的衣柜"的鲜明品牌形象。"海澜之家"男装自选连锁超市已在全国全面铺开，市场销售态势良好。

二、公司的经营运作管理

海澜之家自选商场看上去似乎与普通服装连锁店没有区别，然而，仔细研究就会发现，传统的服装消费通路模式在海澜之家发生了根本性颠覆。海澜之家依据价值链管理的商业运营之路，带来高速的规模增长和巨额的利润回馈。海澜之家的经营运作管理有以下几个特点：

（一）超大型男装卖场

在海澜之家200~1000平方米的卖场内，陈列了成年男性从上到下、从内到外、从正装到休闲，从春夏到秋冬一年四季所有的服装服饰产品，共有17大系列，5000多个品种，消费者年龄涵盖18~100岁。目前，海澜之家已有的服饰品类包括套装西服、休闲西服、夹克、大衣、羽绒服、毛衫、针织衫、休闲裤、牛仔裤等，成年男性所需的服装在这里应有尽有，确实是一个男人的衣柜。

（二）真正实现"高品位、中价位"

海澜之家的"后盾"——海澜集团第一个在国内提出服装生产新概念，即服装的研发从最原始的羊毛开始，从而在国内服装界率先形成了从羊毛进来到服装成品出去的完整产业链。正是有了这样的产业链，才使得海澜之家的产品能经历最纯净的流通环节，从牧场到工场直接到卖场，每个环节都是自己的资源，没有任何中间商参与，从而有效控制产品的成本和品质，直接让利给消费者，因此，海澜之家每套西服的价格只在480~1680元之间，比同档次类似品牌西服的价格低很多，完美实现了"高品位、中价位"的品牌理想。

（三）首创"无干扰、自选式"的购衣模式

对于男人购物"需要才买，看中就买"的特点，海澜之家的服饰产品按品种、号型、规格分类出样陈列，并且设有一目了然的自选导购图，消费者可以根据自己的身高、体型轻松自选购衣。其还在货架旁、试衣间里设有按铃，如果顾客需要服务，只要按动按铃，海澜之家专业的服务人员会在最短时间内出现，提供周到服务。

（四）既"连"又"锁"

海澜之家是统一形象、统一价格、统一管理、统一采购、统一配送、统一装修、统一招聘、统一培训、统一结算，实行全国统一的连锁经营管理，真正做到了既"连"又"锁"，"连"住了品牌，"连"住了形象，"连"住了产品，"连"住了服务，也"锁"住了管理，使每一家门店都能按照公司的标准化模式经营，每一个部门也能按照标准化的业务流程为门店服务，标准化成了海澜之家门店"拷贝不走样"的保证。

三、海澜之家重构价值链

海澜之家模式创新解决了目前品牌服饰企业难以提供"高性价比"服饰的问题，是对社会资源的高效组合，实现了价值链重构，激发了产业链上各个群体的动力，而且海澜之家的诞生有其独特的历史背景，在短期内难以被其他企业所复制。目前，海澜之家借壳凯诺科技，顺利完成重组，市值超过400亿元，成为A股最大的服装企业。

（一）携手供应商，实现双赢

公司的采购模式采用零售赊购的方式，货物入库货款不超过30%，后续资金在实际销售后支付，而传统的采购模式公司一次性买断货物，公司可充分利用该部分的资金进行运营，保证了充裕的现金流。海澜之家紧紧把握服装供应链中利润来源的核心环节：品牌管理、产品企划、供应链营销，将中间环节的生产、运输等环节外包，集中精力抓住主要环节。海澜之家的设计中心主要控制设计流程中最关键的开发提案和最终选型环节，将非核心的打样等工作外包给供应商的设计团队，如图3-13所示。

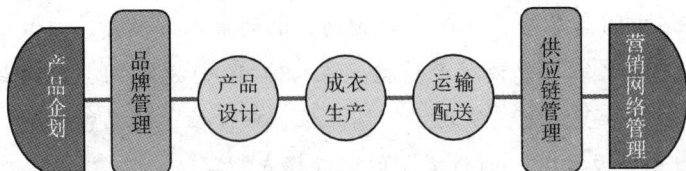

图3-13 海澜之家的业务模式

公司与供应商联合开发产品，采取销售后付款、滞销货品退货及二次采购相结合的模式，将供应商和公司的利益紧密捆绑在一起。产品设计方面由海澜之家设计中心完成产品开发提案后，交由供应商的设计团队进行打样，双方沟通修改后确定最终款式，具体订单量由海澜之家主力门店的店长投票决定。

海澜之家采购价格为供应商生产成本的 1.5 倍，当两季动销率达到 70% 以上时，供应商处于盈亏平衡状态，后续尾货的销售基本可以完全确认为利润，并加快资金回笼速度。从历史数据来看，海澜之家加盟商两季售罄率平均水平为 75%。公司与供应商签订的采购合同中附带两个适销季后仍滞销的产品可以进行退货的条款，海澜之家本身不承担库存风险。此外，海澜之家的采购量也显著高于同业，2012 年超过 2400 万件，是七匹狼、九牧王等品牌的 1.4 倍以上，供应商退出或选择其他品牌的机会成本极大，如表 3-1 所示。

表 3-1　近年海澜之家与其他同行业增长率比较

	营业收入增长率（%）				净利润增长率（%）			
	2010 年	2011 年	2012 年	2013 年	2010 年	2011 年	2012 年	2013 年
九牧王	19.30	43.66	29.07	-2.29	39.74	43.66	29.07	-14.03
七匹狼	10.59	32.89	19.05	-4.27	33.12	43.43	36.46	3.51
报喜鸟	15.19	61.23	11.13	13.29	31.16	48.15	30.46	-37.41
海澜之家	62.18	60.17	26.01	52.56	52.24	53.09	21.80	41.98

资料来源：作者根据网络公开资料整理而成。

公司 2013 年对普棉和丝光棉 T 恤、羽绒服等基本款进行了买断采购并取得成功，今年将加大对以上品类货品的采购量，长远来看，买断货品比例的增加将提升毛利率水平或利于终端售价的下调。

随着自身规模的不断提升，海澜之家的供应商也获得了快速发展，2012 年底，公司通过对上游供应链的整合降低采购成本，同时终端产品售价在此基础上进行下调（即终端售价降幅大于采购成本降幅，毛利率下滑），吊牌价平均下降 15% 左右，拉动销量大幅增长 80% 以上，表明公司产品真正迎合消费者，性价比已被消费者广泛认可。以 T 恤为例，单价从 2012 年上半年的 148 元/件下降 38% 至 2013 年上半年的 91 元/件，销量从 216 万件大幅增长 211% 至 670 万件，销售收入从 3.18 亿元增长 93% 至 6.13 亿元。

（二）变加盟商为投资者

海澜之家主要依靠加盟店进行外延扩张，然而模式独特。公司在国内男装品牌中是 2012 年和 2013 年渠道均正增长的少有的几家公司，其中公司的渠道扩张数超过其他所有男装公司。区别于传统男装的加盟模式，公司没有设置各级代理，所有加盟商均直接与公司签订协议，只有一层代理层级。

公司采取模式加盟与直营相结合，所有权与经营权相分离。加盟商承担门店的租金、装修费用、水电物业、员工薪酬、货物运输及其他经营活动中产生的费用，具有门店的所有权，但不承担铺货费用，而海澜之家负责加盟店管理人员和营业人员的招聘、培训、录用、解聘和管理，管理人员和销售人员的报酬标准，在协议期内的铺货、补货和应季换货等具体经营活动均由海澜之家代加盟商具体管理，实际控制了销售渠道，具有门店的经营权，如图 3-14 所示。

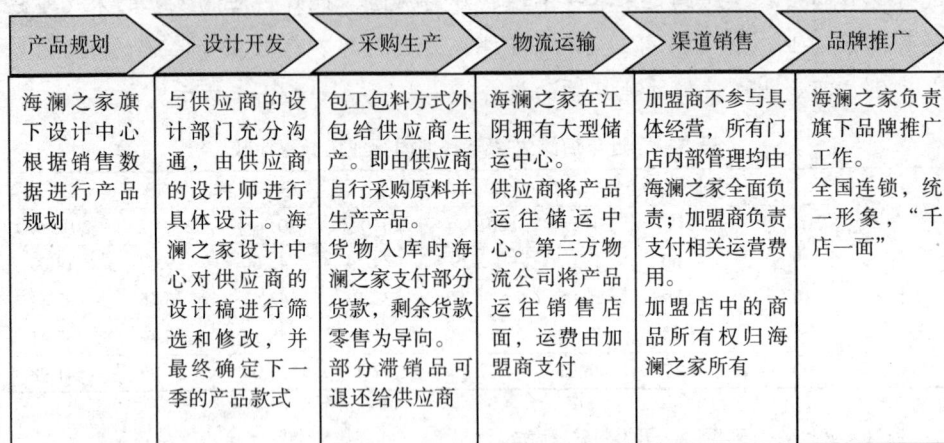

产品规划	设计开发	采购生产	物流运输	渠道销售	品牌推广
海澜之家旗下设计中心根据销售数据进行产品规划	与供应商的设计部门充分沟通，由供应商的设计师进行具体设计。海澜之家设计中心对供应商的设计稿进行筛选和修改，并最终确定下一季的产品款式	包工包料方式外包给供应商生产。即由供应商自行采购原料并生产产品。货物入库时海澜之家支付部分货款，剩余货款零售为导向。部分滞销品可退还给供应商	海澜之家在江阴拥有大型储运中心。供应商将产品运往储运中心。第三方物流公司将产品运往销售店面，运费由加盟商支付	加盟商不参与具体经营，所有门店内部管理均由海澜之家全面负责；加盟商负责支付相关运营费用。加盟店中的商品所有权归海澜之家所有	海澜之家负责旗下品牌推广工作。全国连锁，统一形象，"千店一面"

图 3-14　海澜之家的运营管理

据了解，公司拥有 200 人以上的职业店长团队和 100 多名专门的渠道拓展员，主攻二三线城市的核心商圈，通过严密的数据分析测算商圈的综合能力，选定达标门店后将数据反馈给加盟商，由其决定是否参与投资；加盟商也可主动提供门店资源，但需要符合公司选址标准。

为保证海澜之家全国特许经营体系统一的营运管理模式和品牌形象，所有门店的内部管理由海澜之家全面负责。"千店一面"，实现统一管理的高品质营销网络，相较而言，传统男装品牌的加盟商水准参差不齐，经营理念、专业眼光、门店大小等方面都有一定的差异。订单的碎片化增加了公司供应链生产难点、提升了生产成本，无法享受规模优势。而对比海澜之家，标准化的订单有利于实现大订单低成本的规模效应。

海澜之家与加盟商之间的销售结算采用委托代销模式，海澜之家拥有商品的所有权，加盟商不承担存货滞销风险。商品实现最终销售后，加盟店与海澜之家根据协议约定结算公司的营业收入。对于部分加盟店铺，公司取消了加盟 100 万元的押金制度，降低了加盟商 35% 的返点，将部分加盟商利润反馈于消费者，在此模式下，加盟商化身为投资商，不用承担库存和经营风险，只需关注门店的回报率是否符合预期。根据现有数据和调研反馈进行测算，加盟商年均投资收益率达到 20%，远高于同期低风险财务投资收益。数据显示，过去几年海澜之家年关店率只有 2% 左右。

而对于海澜之家来说，公司因此具备了快速健康的渠道扩张能力、对零售终端的控制力强、业绩的可靠性强的优势，并为加盟商提供了具有吸引力的回报率，保障了该模式的持续发展。该模式可以最大限度地利用社会资金，加速公司的营销网络布局。由于公司具有较强的门店扩张能力，"海澜之家"的门店数量从 2009 年初的 655 家增长到 2013 年末的 2900 家，年均复合增长率约为 37%。统一管理使得公司及时掌握所有产品在全国各门店的销售情况，并及时调货。通过公司的信息系统，公司及时掌握所有产品在全国各门店的销售情况。此外，在物流运输环节，海澜之家以海澜服装工业城为统一货物调配中心，实现了海澜之家与各个加盟店的直线管理。海澜之家根据已有信息精确地设计货物运输路线，做到了单线货物运输的合理利用，既节省了货物运输成本，又做到了对门店货品调换、补货的迅速反应。

四、结论与启示

目前我国服装行业处于产能过剩期，服饰制造行业服装销售率下降，服饰制造企业数量逐年攀升，竞争程度加剧。国内男装行业在未来几年的发展趋势表现为四个方面：行业集中度提升、渠道扁平化、品牌系列化及产品的核心向高质高性价比发展。与未来发展趋势相对应的公司应具备快速健康的渠道扩张能力、零售终端控制力、品牌差异化能力以及产品的精准定位能力等核心竞争力。

这正是海澜之家所具备的能力，最根本的在于其经营模式的选择对行业发展趋势具有前瞻性并先于其他企业提前调整了商业模式，适应了产业环境的要求，目前该商业模式全国仅此一家。海澜之家的品牌发展战略顺应了产业发展机遇，通过对产品高性价比及产品商务和时尚元素相结合，与电商销售形成差异化竞争，能够抵御网购冲击，在竞争相对激烈的男装市场中独树一帜。海澜之家成功的背后，关键在于独辟蹊径地围绕男士服装这个缝隙市场，精耕细作，提供高品质、高性价比的成年男性所需的所有服装，以及针对具体竞争形势构建价值链，实现对社会资源的高效组合，激发各部门运营活力，使海澜之家这个品牌的知名度、影响力与日俱增，成为"男人的衣柜"。

资料来源：作者根据多方资料整理而成。

【本章小结】

企业的本质是价值创造的组织，价值链模式管理，就是要把企业的外部价值链与企业的内部价值链有机地整合起来，形成一个集成化的价值链条，把上下游企业之间以及企业内部的各种业务及其流程看作是一个整体过程，形成一体化的价值链管理体系。从上述分析可以看出，价值链模式管理对企业具有战略性意义，有效的价值链模式管理对于企业提高客户服务水平、节约成本、提高交货速度、降低存货，最终提高销售量和增加市场份额有着积极作用。企业只有明确自身的发展战略，并对传统的管理方式、业务流程和组织结构进行变革与优化，价值链模式管理才能实施成功；在这个过程中，企业利用外脑的支持并对外部智力服务机构的价值链进行有效整合，也是企业价值链管理的应有之义。

【问题思考】

1. 简述供应链与价值链管理模式的区别。
2. 论述价值链管理模式的优越性体现在哪些方面。
3. 价值链管理模式的收益分配是否合理？为什么？
4. 简述价值链管理模式对企业未来发展有何战略意义。
5. 针对国内企业，试从价值链管理角度具体分析其商业模式。

第四章　财务模式

【本章要点】

☆ 财务思维与财务运营能力

☆ 盈利模式分析

☆ 财务杠杆和财务风险

☆ 财务风险控制

☆ 财务管控模式

【开章案例】　　神雾环保：变革驱动业绩，创新商业模式

　　随着全球能源供应日趋紧张，国家和政府层面对高耗能企业的环保节能要求愈加严苛，加之目前国内电石行业总产能处于一个相对饱和的状态，绝大多数电石企业亟须通过节能环保的技术改造，改善普遍面临的经营状况不佳、生产高耗能与高

图片来源：www.shenwu.com。

排放等问题。而资金资本短缺、技术力量薄弱等客观不利条件，又使得目前大部分电石企业难以通过自身努力彻底解决上述问题。为有效应对电石企业的这种两难局面，最大限度地顺应和释放市场需求，神雾环保及时创新商业模式，充分发挥创新节能技术+合同能源管理（EMC）模式的聚合效应，利用最新的自主创新核心技术，主动出击、主动投资，积极为客户创造节能减排效益并与之分享，努力建构客户与公司的双赢格局。

一、公司介绍

　　神雾环保技术股份有限公司（原名"天立环保工程股份有限公司"，以下简称"神雾环保"）成立于 2004 年，注册资本 28872 万元，公司于 2011 年 1 月 7 日在深交所创业板成功上市（股票代码：300156）。神雾环保的实际控制

人为北京神雾环境能源科技集团股份有限公司，是一家针对全球化石能源（煤炭、石油、天然气及衍生燃料等）节能环保与大气雾霾治理技术解决方案的提供商，是目前我国专业从事化石能源、矿产资源及可再生资源高效清洁利用、新技术研发及产业化实施的行业领军企业。2014年5月，神雾集团入主天立环保，天立环保随后更名为"神雾环保"。之后，公司对自身业务进行重新梳理，结合自身热装式节能密闭电石炉技术优势和行业发展趋势，明确了以电石及煤化工为业务主体，对非主业逐步进行剥离，在减轻业绩压力后使得公司能够轻装上阵。此外，公司通过控制成本，清收欠款，改善现金流等一系列举措，不断改善公司财务状况。

当前，公司市场空间广阔，技术优势明显，业绩稳步上升，正走向一个良性循环轨道。公司作为致力于新型节能密闭电石炉技术开发和技术服务的节能环保公司，在行业内拥有领先地位。本项目的顺利实施，将有效形成公司创新节能技术的示范效应，扩大公司在电石行业传统工艺改造领域的市场占有率，提升品牌影响力，进一步巩固公司在电石行业节能减排领域的领先地位。通过本次募集资金投资项目，公司盈利能力将进一步加强，盈利规模将进一步扩大，可持续发展能力将持续增强。

二、神雾环保与港原化工基于合同能源管理的节能服务模式

合同能源管理是指通过与客户签订节能服务合同，为客户提供包括能源审计、项目设计、项目融资、设备采购、工程施工、设备安装调试、人员培训、节能量确认和保证等一整套的节能服务，并从客户进行节能改造后获得的节能效益中收回投资和取得利润的一种新型商业运作模式。神雾环保与内蒙古港原化工公司于2014年9月15日签订了《密闭电炉节能技术改造项目合同能源管理项目合同》，神雾环保拟采用近年来已逐步为节能减排市场所推崇的合同能源管理节能服务模式，由公司独立投入技改资金1.6亿元，对港原化工正在运行的电石炉生产系统进行节能降耗技术改造。预计改造后每年产生的节能效益总金额可达7576万元人民币，神雾环保则可分享该项目改造后期限为8年的节能效益，且分享的比例为70%。神雾环保凭借自身拥有的"神雾热装式节能密闭电石炉"创新技术，成功推出了新型热装式节能密闭电石炉。该节能产品的推出和推广，将使目前电石企业每吨电石生产平均减少能耗约189千克标准煤，折合降低二氧化碳、二氧化硫和氮氧化物等排放值分别为495千克、1.6千克和1.4千克左右。本次港原化工节能技术改造合同能源管理项目，将煤炭热解工艺与电石反应工艺相耦合，技术先进、运行稳定，不仅成功破解了电石生产高能耗和高污染的难题，而且可大幅降低电石企业生产成本，并为其创造良好的节能减排效益。

神雾环保以其作为切入点和改造示范项目，并计划在不到6个月的时间内完成技改范围内的全部投资，这不但使得港原化工完全化解了技改资金紧缺，甚至因亏损而停产的矛盾与风险，同时也确保了港原化工在快速引入电石生产新工艺后，能尽快创造出较好的节能减排综合效益，增强了其快速盈利能力和履约能力，进而为神雾环保自身经营业绩的长期稳定增长、新技术的行业转型升级示范作用以及快速推动行业并购整合战略均奠定了非常坚实的基础。

三、合同能源管理的财务效应

神雾环保期望以此次合作为契机，迅速抢占传统电石生产工艺改造项目的巨大市场，为公司业绩持续增长提供强有力保障。按神雾环保与港原化工签订的合同内容推算，10万吨电石生产线的技改投入约1.6亿元，则320万吨投入约51亿元。以目前神雾环保与港原化工的合作模式，神雾环保每年可分享效益占投资额的比重达33%以上，即未来如果神雾环保每年能够拿到电石技改市场10%的订单，则每年的效益分享额可达到17亿元左右，且下一个年度的效益分享额较上一年度更呈叠加趋势。这对于2013年实现销售收入仅2亿多元，利润尚处于亏损的神雾环保公司而言，意味着经营业绩将可能出现巨大的拐点，或将迎来爆发式增长周期。

四、结论与启示

此项目作为神雾环保将节能新技术+合同能源管理聚合运用的推广示范项目，系国内电石行业在承接传统电石工艺改造项目方面所取得的首次重大突破，而从神雾环保合同能源管理模式的成功中，我们不难总结得出：

第一，就目前阶段，我国企业要想顺利实施战略转型，应根据企业自身条件并结合其所处的产业环境进行，企业商业模式的创新，为企业注入新的生机。

第二，企业商业模式创新的首要目标就是要帮助企业形成突出的竞争优势，进一步扩大市场份额。

第三，企业商业模式创新成功的关键在于资源整合，尤其是立足于全行业成本变革环境下的财务整合。

资料来源：作者根据多方资料整理而成。

随着我国市场经济的不断完善和发展，企业间的竞争已十分激烈和残酷，许多企业管理者发出"商场如战场"、"管理企业犹如逆水行舟，不进则退"的感叹。如履薄冰的企业如何在"市场"这个广阔的竞技场上站稳脚跟、取得发展、获得成功呢？哈佛商学院迈克尔·波特教授提出，企业管理者应该运用"五力竞争模型"思维框架来认识企业在行业竞争中的地位以及应该采取何种竞争策略、运用价值链的分析架构来理解企业业务的拓展等。这种思维模式就是要管理者具有一种财务观念，即运用财务思维引导企业实现价值最大化。

第一节　领导者的财务思维与营运能力

在众多企业面临的各种各样的经营管理问题中，企业的经营决策仅凭经验感性判断、缺乏必要的理论指导和定量分析等问题具有普遍性。如果你是一名企业管理者，则应该具备一些基本的财务知识，自觉地应用财务思维来考虑盈亏、风险、发展等企业问题，努力提高决策能力。在欧洲，很多国家对企业的经营管理者都有着财务管理资格的要求。他们认为，一个看不懂财务报表、不能进行企业财务分析的人是很难做出正确的经营决策的，也就没有资格担任企业的管理者。作为企业管理者对财务知识的汲取，最主要的是掌握财务的思维模式，懂得财务"语言"，理解财务"语言"所描绘企业的经济全貌，运用财务的概念和方法指导企业管理。

一、领导者的财务思维

财务管理学作为经济学科中的一项重要分支，为企业管理者认知企业提供了一种较为直接、较为有力的思考企业问题的思维模式。因此，财务思维本质上是一种管理思维，根据财务管理活动的两个方面，财务思维又可分为价值管理思维和风险管理思维，如图 4-1 所示。

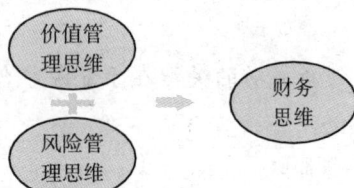

图 4-1　财务思维的两个方面

第一，财务思维是一种价值管理思维。企业的经营过程，实际上是企业所占用资金在各种形态下的不断转化，并且最终达到其增值目的的过程。譬如企业要开展生产经营活动，首先，要筹集到能满足其经营规模要求的一定数额的资金；其次，通过有效的资金配置和投放，转化为各类经营要素；最后，通过销售收回经营的成本资金，并获得经营利润，再进行合理的分配，确保企业再生产活动得以继续。因此，我们将企业资金的筹集、使用、配置、耗费、收回和分配等一系列行为活动，称为企业的财务活动。资金是价值的载体和表现形式，所以企业的财务活动也称为价值管理活动，如图 4-2 所示。

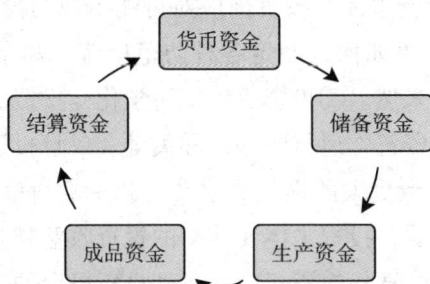

图 4-2 企业资金流转的基本形式

现在大部分的公司运用股东价值分析来指导企业各个层次的决策，从董事会的战略决策到生产管理部门的业务决策，时刻保持价值创造观念，关注企业的价值创造状况，发掘每一个能为企业增值的机会。在这个追求价值最大化的过程中，企业会面临种种选择，但其基本的价值评估要运用股东价值计算模型来对业务单位的价值创造活动做出决策，都需要财务的支持。企业价值管理的实现有赖于一个管理理念的形成——企业管理以财务管理为中心，财务管理以价值管理为核心。要在企业中全面推行价值管理思想，必须将财务管理提高到企业管理的核心位置，这就需要企业管理者不断提高自身的财务知识水平，形成以价值管理的思维模式。

第二，财务思维是一种风险管理思维。风险来源于不确定性。企业资金流转过程就是风险的转移和积累的过程，以货币形态为起点和终点的资金循环一般运动过程，如图 4-3 所示。

资金运动在四个流通环节流通节点停留，主要存在着四种风险类别：筹资风险、投资风险、经营风险、收益分配风险。其中投资风险积聚在投放节点上，是资金循环所有风险的主导，制约着其他类型财务风险的发生及其程度。

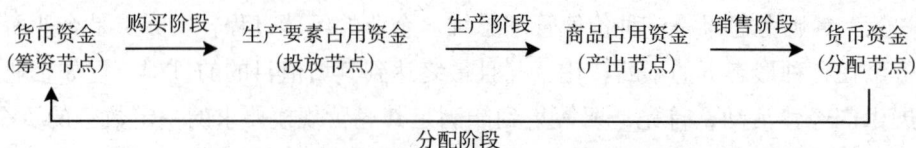

图 4-3　资金循环运动过程

投资活动作为一项复杂的、多层次的经济活动，每时每刻都受到各方面因素的影响，其结果使得投资主体既可能从中获利，也可能遭受严重的经济损失。所以，应在探索投资风险发生、发展和消失规律的基础上，采取措施以防范或减少投资风险所带来的损失。作为企业管理者应该具有以下思维：①投资作为一项长期的经济行为，要求投资主体在投资前应对可能出现的投资风险进行科学预测，分析产生的原因及其后果如何，制定各种防范措施，尽最大可能地避免投资风险，减少损失，防患于未然。②投资决策要科学化，投资决策是制定投资计划和实施投资活动、实现投资正常运行的基础和关键。一旦投资决策失误，不仅会丧失良机，而且还可能导致更大的损失和浪费。③正确衡量自己承担风险的能力，从收益与风险的关系来看，投资主体要获得的投资收益越多，所承担的风险也就越大。④根据资金实力，选择投资机会。各种投资机会的实现都需要以一定数量的资金为保证。⑤协调好各方面的关系，积极谋求各有关部门在政治、舆论和经济等方面所提供的投资保障，防范投资风险。

二、领导者的财务营运能力

财务营运能力是指通过企业生产经营资金周转速度的有关指标所反映出来的企业资金利用的效率。它表明企业管理人员经营、管理、配置企业内部资源，充分发挥企业资源效率的能力，运用资金的能力。领导者财务运营能力的大小主要关注资源利用和价值增加两个维度。

图 4-4　领导者财务运营能力的两个维度

首先，资源利用即对资源的利用效率，表现在企业各项资产在企业经营运行中的周转情况；其次，价值增加表现为资金周转对股东财富增值目标的实现所产生的基础性影响，即资源的利用效果。根据资源利用和价值增加两个维度的组合，可以将领导者的财务营运能力类型分为以下四种，如图4-5所示。

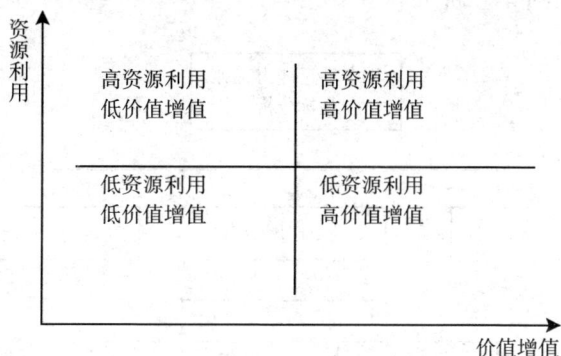

图 4-5　领导者的财务营运能力类型

第一，高资源利用、低价值增值。此种类型的领导属于挥霍型，一般其所运作的项目支出过大，耗用企业过多的资源，而且通常反映在高额业务和营销费用上。虽然这些项目在长远来看，可能会有较大的利润空间，但由于在资金运作方面的不合理或者是方向性的错误，极有可能导致整个商业模式的短期失利。

第二，高资源利用、高价值增值。此种类型的领导属于创造型，不但资源利用的程度高，而且能够取得较好的效果。创造型的领导者非常注重产品，通常致力于研发，对产品有敏锐的眼光，并且通过高效的资金运作，为企业的长期盈利打下坚实的基础。

第三，低资源利用、高价值增值。此种类型的领导属于丰富型，丰富型的领导非常注重成本控制，这也造成其对企业资源的利用程度不高，在一定程度上压缩了企业的盈利能力，但是丰富型领导对资金运作的效果掌握非常好，能够有效地带动整个商业模式的运行。

第三，低资源利用、低价值增值。此种类型的领导属于保守型，一般保守型的领导对经营风险过于关注，缺乏创新能力，其所秉持的商业模式通常过于传统陈旧，无法有效地发挥企业资源的优势，很难形成利润增长点，虽然表面上经营风险较小，企业运转平稳，但最终可能会由于缺乏竞争力而造成整个企业的失败。

衡量领导者财务运营能力时还可以借助于一些财务指标，有关运营能力方面的分析一般包括总资产周转情况分析、流动资产周转情况分析和固定资产周转情况分析三个方面，其相应的财务分析比率指标有：存货周转率、应收账款周转率、流动资产周转率和总资产周转率等。这些比率指标构成了一个评价营运能力的指标体系，揭示了企业经营资金的周转情况，表明了领导者对其企业拥有的资产的使用效率，如图4-6所示。

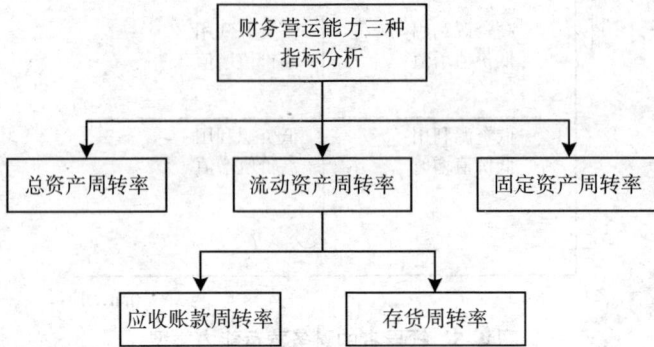

图4-6　财务营运能力指标体系

财务模式专栏 1　　万科集团与王石的财务营运智慧

　　万科企业股份有限公司（以下简称万科）成立于1984年5月，1988年进入房地产行业，1993年将大众住宅开发确定为公司核心业务。至2008年末，业务覆盖到以珠三角、长三角、环渤海三大城市经济圈为重点的31个城市。当年

图片来源：www.wanke.com。

共销售住宅42500套，在全国商品住宅市场的占有率从2.07%提升到2.34%，其中市场占有率在深圳、上海、天津、佛山、厦门、沈阳、武汉、镇江、鞍山9个城市排名首位，成为中国最大的商业住宅开发企业。

　　万科1991年成为深圳证券交易所第二家上市公司，持续增长的业绩以及规范透明的公司治理结构，使公司赢得了投资者的广泛认可。过去20年，万科营业收入复合增长率为31.4%，净利润复合增长率为36.2%；公司在发展过程中先后入选《福布斯》"全球200家最佳中小企业"、"亚洲最佳小企业200强"、"亚洲最优50大上市公司"排行榜；多次获得《投资者关系》等国际权威媒体评出的最佳公司治理、最佳投资者关系等奖项。万科今日的成功，得益于企业稳健的财务运营政策，这其中，王石本人的财务运营智慧起到关键作用。

一、万科的"减法"——在"剥离中经营"

从 1984 年成立到 1993 年，近十年的时间里，万科一直在做"加法"：四面出击，投资遍布十几个城市——北上沈阳，南下北海，东到上海，西进乌鲁木齐；涉足十几个行业——地产、贸易、零售、制造、文化、广告、印刷等。由于多方投资，资源分散，业务架构不合理，所以尽管有很好的管理制度，有很高的工作效率，利润回报还是给消耗掉了。而同在深圳的康佳，和万科一样都是在 20 世纪 80 年代中期发展起来的，一直坚持走专业化道路，销售已经达到上百亿元的规模，而万科一直在 20 亿元左右徘徊。

痛定思痛，王石开始主持对公司的业务经营进行"心狠手辣"的全面调整：以房地产为主业，以住宅为核心，调整业务，盘活存量。在业务架构上，确定以房地产为主业，由多元化向房地产集中；在房地产的经营品种上，确定以城市中、高档民居为主，从而改变过去的公寓、别墅、商场、写字楼什么都涉及的做法；在房地产的投资地域上，由全国的 13 个城市转为重点经营深圳、上海、北京、天津、沈阳五大城市；在股权的投资上，从 1994 年起，万科开始将在全国 30 多家企业持有的股份分期转让。王石笑着说："这几年来，我一直在剥离中经营。"因为企业主导产业思路一经确立，其主导产业就是一条清晰的脉络，其他产业都是旁逸斜出的枝干，需要毫不手软地清除掉，哪怕它是一家市场前景看好的企业。就这样，万科卖掉了赚钱的"怡宝"，又出让了"深圳国际企业服务公司"这家当年深圳广告业中的老大，一步一步地朝自己"专业化"的经营方向努力。为了企业长远的目标，进行产业调整、优化配置，根据市场变化走一条专业化的地产之路。

二、集中资源做品牌

"集中资源做品牌"是对万科战略调整的高度概括。而物业管理和小区规划，是构成万科地产品牌的两大支柱。

（1）物业管理是万科地产的一张王牌。万科当年提出：万科做房地产，要做到房地产很热时，房子买不到；房地产市场很冷时，房子依然好卖。还提出物业管理有效应滞后的特点，所以，管理上一定要超前。

（2）小区规划，是构成万科品牌的另一要素。由于万科最初是以高价投标的方式进入房地产领域的，决定了他们必须对项目进行精心的策划，以提高产品的附加值。追求个性，是万科小区规划的一大特点。这种规划不仅有利于一个小区亲和力和凝聚力的形成，而且是构成小区生活质量、增加产品附加值的重要方面。这种户型上的选择，何尝不是万科的又一个减法。

三、"高于25%的利润不做"——稳健发展的战略

深圳房地产业曾被"利润率低于40%不做"的暴利心态左右，而王石基于自己的经验教训，却提出"高于25%的利润不做"的论调，这在当时颇有哗众取宠之嫌，可王石说，在市场刚开始形成时，投机性政策取巧性很强，谁大胆谁赚钱，当市场使人都变得大胆时，产品就开始积压，利润就开始下降，投机的结果就是赔本。从计划经济向市场经济过渡的时期，政策的变化会带来暴利，但随着市场经济的发展，暴利终究要趋于平均利润，一味追求暴利反而会丧失很多机会。

正是因为始终遵循社会平均利润率的经营标准，经过20多年的持续努力，万科在品牌知名度、资金实力、规模、盈利等方面具备了较强的竞争优势。在资本市场上，万科以稳健的经营、良好的业绩和规范透明的管理赢得了来自众多投资者和资本合作方的青睐。

资料来源：作者根据多方资料整理而成。

三、互联网时代的资本管理

资本管理（Capital Management）是将现有财富，即资金、资产等不具生命的物质，转换成生产事业所需的价值，也就是利用现有的生产要素，透过人的管理来适应社会环境的需要，以创造源源不绝的长期价值。在互联网已进入企业管理的今天，新技术优势不仅为企业管理打下了良好的控制基础，同时也激发了企业商业模式的不断创新。而作为商业模式中的重要一环，企业资本管理也必将进入一个新的时代。可以说，互联网为企业商业模式创新提供了有效的手段与体制的保证，从而形成了互联网时代的资本管理模式，而这种新的资本管理模式又将推动商业模式的不断发展，如图4-7所示。

图4-7　互联网时代的资本管理

第一，互联网时代的资本管理是一种集中式管理。通过将信息技术与先进的管理思想、管理方法有机结合，提高企业资本的综合管理水平，对整体的企业资

源进行有效配置、管理、控制和优化，从而实现企业资源效益最大化。

第二，可以实施全面预算管理。根据企业集团可能采用的不同管理模式，满足预算的编制、分解、报批、汇总的个性化要求，同时提供灵活的预算控制、分析、评价的操作方式，以适应企业集团采用全面预算管理、责任预算控制、成本分配计算、本量利技术分析、绩效考核评估等管理会计的方法的需要。

第三，利用现代信息技术，对企业流动资金实施动态管理。通过对资金的集中管理，实现对资金的有效控制。对可能存在的金融类业务及企业集团内部类金融操作提供相应的实现手段。在企业和企业资金的申请、审批、业务处理以及与银行网上业务系统的流程控制和集成方面进行实时管理，保证企业资金周转安全和周转效率，提高企业的经济效益。

第四，现代网络技术使得企业资本管理跨越了时空界限。互联网时代打破了信息传递的限制，空间上使得企业资本管理从企业内部走向企业外部；时间上使得会计核算由事后到达实时，资本管理从静态走向动态；使物理距离变成鼠标距离，使管理能力能够延伸到全球任何一个节点。实现远程报账、远程报表、远程查账、远程审计、远程仓库数据查询、远程销售记录查询等业务。

第二节　企业财务盈利模式

盈利模式的构建应着眼于核心竞争力的培育。成功的盈利模式就是引导和保障企业能够持续地赚取超额利润并及时更新的机制，也有学者把商业模式与盈利模式等同起来，或者认为盈利模式是商业模式的核心内容，因此毫无疑问，商业模式所获价值大小是判断盈利模式优劣的最终标准。进而，盈利模式就成了连接客户价值和企业投资内在价值的桥梁。

一、盈利评估分析

一个成功的商业模式，是企业一种集成化的商业竞争战略、一种战略创新意图和可实现的结构体系以及制度安排的集合，通过整合组织本身、顾客、供应链伙伴、员工、股东或利益相关者来实现高效、持续的利润增长，从而形成独特竞争优势的决策与实践活动。可见，商业模式在很大程度上决定了企业的盈利能力。

根据商业模式运行的环节，对商业模式的盈利评估分析可以从市场定位、经营系统以及盈利方式三个方面进行，每个方面又包括内容、关联方和关联关系三个要素，如表4-1所示。

表4-1　商业模式的盈利评估矩阵

	内容	关联方	关联关系
市场定位	提供（产品、服务或解决方案）价值曲线	目标客户或细分市场	顾客界面与顾客相关交易治理机制
经营系统	关键资源、关键活动、互补资源、互补活动	企业内部各个单位、企业各利益相关方	关键标准与商业伙伴相关交易治理机制
盈利系统	成本结构、收入来源、收入潜力	企业内部各个单位、企业各利益相关方	财务指标关系

第一，市场定位。即提供什么样的价值，确定具体顾客需求以及满足顾客需求的产品。关联方表示与内容构成相关的组织和个体，对市场定位而言，是指价值所需的对象——指目标顾客或者细分市场。市场定位的关联关系则是指企业提供的价值与目标顾客相联系的方式。企业不但要重视与顾客界面相关的内容，还应考虑与目标客户相关的交易治理机制，以增加顾客转化成本，从而留住顾客。一个出色的商业模式在市场定位中应包含以下三个方面：一是通过深刻的洞察重新诠释顾客价值，从而重新定义产品和服务，领导性地建立竞争游戏规则；二是通过对行业结构的深刻了解，创造性地定位自己的产品和服务价值，从而实现巨大的价值杠杆效益；三是把握了技术、消费发展的先机，整合分散的顾客需求推出换代产品，一举建立市场领先地位。

第二，经营系统。经营系统的内容是指商业模式运作过程中所构成的关键资源、关键活动以及互补的资源和互补的活动。经营系统的关联方则是指关键活动和互补活动的执行者，关键资源和互补资源的拥有者。谁来执行价值活动能够反映商业模式的治理机制很重要，有利于企业降低成本和风险，合理利用资源。关联关系主要是指与其他企业进行商业活动所执行的标准或采取的机制，比如信用标准。企业商业模式的经营系统是整个企业价值创造的过程，管理层的主要精力放在如何改善产品功能和提高营销绩效上。所有这些努力虽能在一定程度上提高企业的运营效率，但还算不上是商业模式的创新。企业要想在运作过程中创造更大价值，还应该对整个经营系统有所创新。首先，充分利用自身特长构建的业务或价值链形成自然壁垒，有效遏制竞争对手的攻击；其次，通过出色的战略设计使自己的企业处于一张稳定的价值网之中，从而使本企业成为行业大势、行业巨头的寄生受益者，由此集聚发展的契机；最后，领导者应展现商业远见和敏锐的行动，把握技术突破、市场冲突与矛盾背后的机会，带领企业迅速脱颖而出。

第三，盈利系统。盈利系统的内容主要有成本结构、收入来源和收入潜力三个方面。盈利系统处于企业商业模式的产出环节，其运行结果可以借助于相关的财务指标进行分析，只有通过深入分析企业的盈利能力才能对企业的经营业绩作出客观评价，而且评价的结果又可以对商业模式的运作起到反馈调节的作用，如图4-8所示。

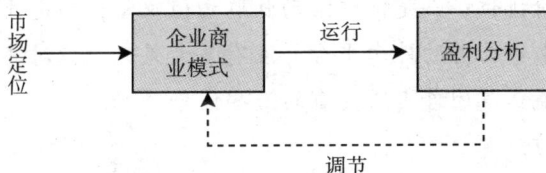

图4-8 盈利分析对商业模式的调节

进行企业商业模式评估分析时所涉及的财务指标主要有两类：一类是以净利润为基础的盈利能力指标，主要有净资产收益率、总资产报酬率和每股收益，以净利润为指数的指标是评价盈利能力最基础的指标，对其他指标以及整个指标体系起着关键性作用。另一类是以市价为基础的盈利能力指标，如市盈率和市净率等，这类指标更有利于真实、全面地了解企业的市场价值和盈利水平。当然，除了对企业的盈利能力进行评估和衡量以外，还要客观地评价企业商业模式的盈利水平，还须对报告期的现金流量状况进行全面考虑，如图4-9所示。

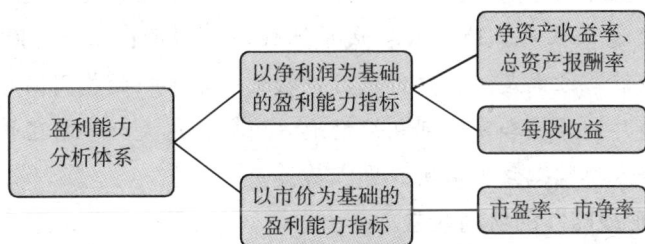

图4-9 盈利能力分析体系

财务模式专栏2　外卖O2O：美团外卖的盈利模式分析

快的和滴滴的烧钱大战硝烟刚过，在O2O的外卖行业又刮起了一股外卖风暴，以美团外卖、淘点点、饿了么等为

图片来源：www.meituan.com。

首的外卖平台开始了对外卖市场这块"蛋糕"的切分。美团外卖是美团网旗下的网上订餐平台，于 2013 年 11 月正式上线，半年时间就已经覆盖全国 100 多个城市，而且美团方面表示，美团外卖将快速扩张，未来三年预计投资 10 亿元，和各城市当地的外卖配送团队建立合作，实现以分钟为单位的即时配送。

美团外卖的商业模式基于互联网订餐平台，通过互联网来叫外卖的服务工具，连接消费者和商家，是 O2O 和外卖行业结合的产物。其盈利来源主要有四个方面：一是在线订餐月流水超过某个额度收取入驻商家一定的管理费用；二是平台商家竞价排位；三是促销活动收取增值收费；四是商家广告收入。这与淘点点、饿了么等为首的外卖平台并没有多大差异，但对其商业模式的盈利评估分析，可以看出美团外卖所具有的一些优势。

一、市场定位

外卖的前景是很广阔的——用户需求足够强，用户黏度够高，同时能给商家带来低固定成本的额外收入。网上外卖行业 2000 年初就有团队和公司在做，但由于当时用户和商户的互联网意识还不够强，市场潜力并没有被完全开发出来。近两年，O2O 的发展培育了用户和商户的意识，也降低了做外卖网站的执行难度，提升了市场规模。美团外卖也通过市场细分，最终锁定了校园市场，为其业务战略提供了方向。

美团外卖的经营优势主要有三个方面：一是美团网作为中国首家团购网站，现在其注册用户数呈百万级并保持着高速增长，再加上创始人王兴曾经创建过人人网、饭否网等热门网站，故其在业界享有很高的美誉度；二是美团运营团队经验丰富，立足本地经营，成功抓住用户心理；三是 100% 物流掌控，美团网的"物流"方式是，客户付款后将收到一个唯一的美团网序列号码和密码，然后带着序列号码和密码到相应的地方消费，这大大节省了快递的时间与费用，而且令人感觉心里更踏实，更容易接受。

二、"T 形战略"的协同效益

美团整体布局为"T 形战略"，横为团购，竖为垂直品类，美团外卖就是其中的"一竖"。目前，美团已经通过团购、美团外卖、猫眼电影、美团酒店等产品，在餐饮美食、休闲娱乐、酒店旅游等 O2O 垂直领域布局。团购是让消费者出门消费，外卖是让宅男宅女足不出户；团购是满足消费者省钱的需求，外卖是满足消费者便利的需求；团购是解决商家短期营销需求，外卖是解决商家长期销售需求。团购+外卖的组合让美团在 O2O 的产业链布局更完整。

资料来源：作者根据多方资料整理而成。

二、提升股东回报的财务杠杆

财务杠杆是指在企业资本结构中长期债务的运用对企业权益资金（股东）收益的影响。在现代企业中，负债经营，谋求企业价值的最大化已成为众多企业管理者的共识。企业经济效益良好时，适度举债能给企业带来更多的收益，提高企业权益资金的盈利水平。但是，举债总是有风险的，因为任何企业的生产经营都存在着不确定性，即企业在事前不能准确地预见其未来的销售和利润情况，如果企业预期利润下降或债务利息提高等因素变化，就可能使负债经营的初衷向相反的方向转化，给企业经营带来损失。因此，一个企业在负债经营时，如何合理地把握其负债的比例，正确地运用财务杠杆的作用是十分重要的。

（一）财务杠杆原理

在资本总额和资本结构既定的条件下，企业需要从息税前利润中支付的利息费用是固定的，当息税前利润增大时，每一元利润所负担的固定利息就会相对减少，从而给每一股普通股带来额外的利润。这种由财务杠杆作用带来的额外利润就是财务杠杆利益。由于固定利息并不随息税前利润的增加而增加，所以每股普通股利润的变动率同息税前利润的变动率并不相等，前者总是大于后者。每股普通股利润的变动率相当于息税前利润变动率的倍数，能够反映财务杠杆作用的大小程度，我们把这一倍数叫做财务杠杆系数。其计算公式为：

$$DFL = \frac{\Delta EPS/EPS}{\Delta EBIT/EBIT}$$

式中，DFL 为财务杠杆系数；EPS 为变动前普通股每股收益；ΔEPS 为普通股每股收益变动额；EBIT 为变动前的息税前利润；$\Delta EBIT$ 为息税前利润变动额。

为了计算简便，财务杠杆系数也可采用下列公式计算（推导过程略）：

$$DFL = \frac{EBIT}{EBIT - I - \dfrac{P}{1-T}}$$

式中，I 为利息；T 为企业所得税税率；P 为优先股股利。

当企业的资本中不包括优先股股金时，则财务杠杆系数按下式计算：

$$DFL = \frac{EBIT}{EBIT - I}$$

（二）财务杠杆与财务风险

企业总资本和经营风险不变的情况下，若企业不利用财务杠杆，则经营风险由全部投资者承担，而若企业利用财务杠杆，则企业投资者除了承担全部经营风险外，还需承担财务风险。所谓财务风险，是指由于利用财务杠杆而产生的应由权益资金（股东）承担的附加风险。在其他条件不变时，资本结构中债务所占的比例越高，财务杠杆的作用越大，财务风险也越高。当企业资金利润率（指息税前利润率，下同）大于同期的负债利率时，运用财务杠杆可以使权益资金利润率大于企业的资金利润率，且负债比例越高，权益资金利润率也越高，这时财务杠杆的运用对企业产生有利的影响，通常我们称为正财务杠杆。但当企业资金利润率小于同期的负债利率时，运用财务杠杆会使权益资金利润率小于企业的资金利润率，而且负债比例越高，权益资金利润率越低，这时称为负财务杠杆，即运用财务杠杆的企业会使权益资金利润率低于未运用财务杠杆的企业。

可见，当企业资金利润率小于负债利率时，财务杠杆的运用反而降低了权益资金本应获得的利润率，这是因为利息费用是一种契约性质的成本开支，它不随企业的经营状况而改变，不管企业经营如何，都必须支付。这时负债比率越高，财务杠杆的"放大"作用使权益资金利润率下降越快。因此，财务杠杆的运用，既可能给企业投资人带来额外收益（正财务杠杆出现时），也可能给投资人造成额外损失（负财务杠杆出现时），由于企业未来的经营成果具有不确定性，故企业只要运用财务杠杆，财务风险总是存在的。任何只顾获取财务杠杆利益，无视运用财务杠杆可能产生的风险，而不恰当地使用财务杠杆的做法都将给企业的利益带来重大损失。

三、企业财务盈利模式

盈利是企业生存和发展的保证，盈利模式即企业如何获得盈利。传统的盈利模式是以占领市场、提高市场份额为目标。然而，随着无利润区被人们所认识，需要探索新的盈利模式。

（一）盈利模式的定义

盈利模式是由经济学家熊彼特于 1939 年提出来的，熊彼特指出："价格和产出的竞争并不重要，重要的是来自新商业、新技术、新供应源和新的公司商业模式的竞争。"斯莱沃斯基于 1998 在《发现利润区》中提出：盈利模式主要关注客户选择、价值获取、战略控制和业务范围四个战略要素，这四个战略要素相互联系，共同支撑起一个企业的盈利模式，如图 4-10 所示。

（二）盈利模式的构成要素

盈利模式的核心是重点考虑以下问题：一是目标客户是谁，二是向目标客户

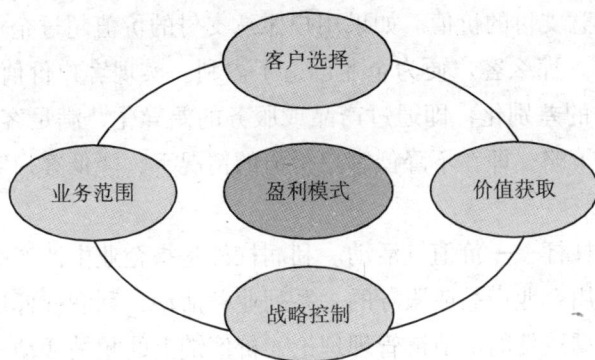

图 4-10 盈利模式的四个维度

提供什么价值，三是通过什么样的模式提供这些价值，四是如何保持这些优势，如图 4-11 所示。

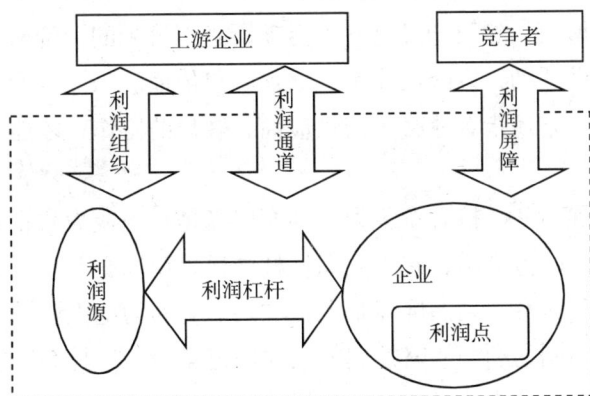

图 4-11 盈利模式的构成要素逻辑

第一，利润源——目标客户。利润源指的是企业的目标市场，即本企业商品或服务的消费群体，他们是企业利润的源泉。不管企业的实力有多么强，都不可能满足所有用户的所有需求，因此，企业需要根据消费者的需求差异，把消费者划分为若干个范围，然后决定向哪些客户提供价值服务。确定目标市场的目的是锁定那些能为企业带来盈利的特定客户。目标市场确定之后，企业还需要确定：为了满足目标客户的价值需求，企业应该提供哪些产品或服务。

第二，利润点——客户价值。利润点是企业向目标客户提供的可以获得利润的产品和服务，它是客户价值最大化与企业价值最大化的载体。客户价值是一个商业交换概念，意思是企业的价值是由客户决定的，而不是由企业决定的。也就是说，客户价值是站在用户角度上而言的，即客户价值是用户对企业提供的产品或服务认同并愿意支付的价值。如果用户愿意支付的价值超过企业提供产品或服务所花费的成本，那么客户便为企业创造了盈利。实现客户价值的手段有两个：一是产品或服务的差别化，即通过产品或服务的差异化，满足客户的价值需求；二是实施低成本策略，即在不降低客户价值的情况下，降低客户对产品或服务的使用成本。

第三，利润杠杆——价值链活动。利润杠杆是指企业生产产品或服务以及吸引客户购买和使用企业产品或服务的一系列业务活动，利润杠杆反映的是企业的一部分投入。根据波特的价值链管理理论，价值链上的相关活动可以分为五类基本活动和四类辅助活动。基本活动包括进货后勤、生产经营、发货后勤、市场营销和服务，这五种活动与产品或服务从投入到产出的整个过程的联系最为紧密，并且直接面对客户，可以实现价值的增值，属于增值性活动；辅助活动包括企业的基础设施建设、采购、人力资源管理和技术开发等，这四项辅助不直接面向客户，不创造价值增值，然而却又是基本活动所必不可少的。价值链管理的目的是尽可能地削减辅助活动，以降低成本，增加客户价值。需要强调的是，价值链不仅仅指上述活动，它还指企业必须与供应商、客户的协作，才能构成出一个关于价值链的系统。

第四，利润屏障——核心竞争力。利润屏障是指企业为防止竞争者掠夺本企业的利润而采取的防范措施，它与利润杠杆同样表现为企业投入，但利润杠杆是撬动"奶酪"为我所有，利润屏障是保护"奶酪"不为他人所动。根据斯莱沃斯基的研究结论，不同的利润战略控制方式对防范竞争者"掠夺"本企业利润的能力是有差异的。企业利润能力的有效性指数如表 4-2 所示。

表 4-2　企业利润能力的有效性指数

企业利润能力	有效性指数
成本劣势	1
具有平均成本水平	2
品牌、版权	6
良好的客户关系	7
行业领导地位	8
控制价值链	9
建立行业标准	10

第五，利润通道——获得利润的方式。利润通道是指企业获得利润的方式和途径，即对利润源、利润点、利润杠杆、利润屏障等获取要素整合的方式。利润

通道在企业价值链中起着节点的作用，它反映了信息、产品、服务、资金的配合及其流向。

第六，利润组织——商业活动。利润组织是企业商务活动的组织形式，企业通过特定的组织形式将有价值的商务结构和业务结构加以固化，在组织内部确认利润，这也是企业盈利模式稳定性的保证。

（三）财务战略对盈利模式的驱动

第一，盈利模式与财务战略的关系。一般认为，财务战略是指为谋求企业资金均衡有效的流动和实现企业整体战略，为增强企业财务竞争优势，在分析企业内外环境因素对资金流动影响的基础上，对企业资金流动进行全局性、长期性与创造性的谋划。盈利模式和企业战略关注的都是与企业长远发展相关的方向性问题。战略规划以"本企业应该是什么"为逻辑起点，它着重考虑的是在新的环境下，企业应当如何对长期目标、组织结构、经营战略和财务战略进行调整。很明显，盈利模式以企业战略为起点，是实现企业长期目标的经营战略和财务战略的保证。而企业财务业绩是由客户决定的，这也就决定了企业的获利能力是由其商品或服务在市场上的表现所决定的。所以，企业的盈利模式必然是与企业战略（包括财务战略）相联系的。从某种意义上讲，企业战略就是确定公司长期的绩效目标，是对企业长期盈利模式的选择；反过来讲，盈利模式是企业战略在经营方面的体现，其成功与否是由企业在财务业绩上的表现来衡量的。

第二，财务绩效对盈利模式的驱动。盈利模式是对企业战略目标在经营方面的细化，它将战略的描述细化到价值链的各个环节，并通过财务绩效指标引导出关键的成功因素。由于企业为了生产产品或服务以及吸引客户购买和使用企业产品或服务，会有一部分具有固定成本性质的资本投入和资产投入，如企业利息支出和固定资产折旧，对企业的利润产生了强烈的杠杆效应。如果企业加大固定资产投入，可以大幅度地提高营业利润率，同时也会大幅度地增加企业营业风险，同样道理，如果企业实现高负债融资战略，则可以大幅度地提高财务绩效，但同时也必然会加大公司财务风险。利润杠杆的存在，说明盈利模式在利用利润杠杆提高财务绩效的同时，不能不考虑"经营风险"和"财务风险"问题，这也是为什么很多企业实施"轻资产"盈利模式的财务原因。

财务模式专栏 3 　　　　　　**京东商城盈利模式**

图片来源：www.JD.com。

　　京东商城是中国 B2C 市场最大的 3C 网购专业平台，是中国电子商务领域最受消费者欢迎和最具有影响力的电子商务网站之一。京东商城目前拥有遍及全国各地 1 亿个注册用户，近 6000 家供应商，在线销售家电、数码通信、电脑、家居百货、服装服饰、母婴、图书、食品等 11 大类数万个品牌百万种优质商品，日订单处理量超过 30 万单，网站日均 PV 超过 5000 万。

一、京东商城的盈利模式

　　2010 年，京东商城跃升为中国首家规模超过百亿元的网络零售企业，连续六年增长率均超过 200%，现占据中国网络零售市场份额 35.6%，连续 10 个季度蝉联行业头名。

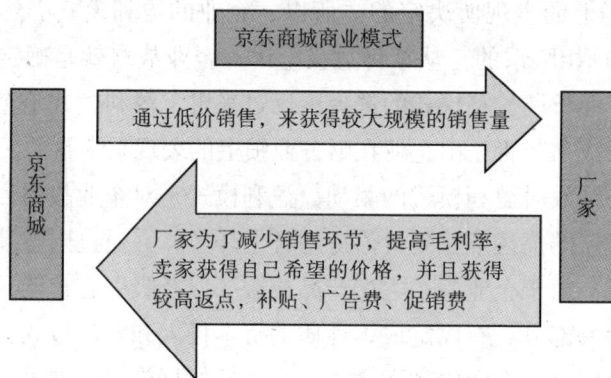

图 4-12　京东商城的盈利模式

　　第一，直接销售收入。赚取采购价和销售价之间的差价在线销售的产品品类超过 3 万种，产品价格比线下零售店便宜 10%~20%；库存周转率为 12 天，与供货商现货现结，费用率比国美、苏宁低 7%，毛利率维持在 5% 左右，向产业链上的供货商、终端客户提供更多价值。实现京东商城的"低应力大规模"的商业模式。

　　第二，虚拟店铺出租费、店铺租金、产品登录费、交易手续费。

　　第三，资金沉淀收入。利用收到顾客货款和支付供应商的时间差产生的资金沉淀进行再投资从而获得盈利。京东商城上的第三方支付平台有财付通、快钱。

第四，广告费。网络广告逐步被人们接受，对于一些大型的媒体网站而言，网络广告已经成为其重要的经营收入来源之一。

二、京东商城盈利模式的特点

第一，供应链效率。京东在东北、华北、华东、华中、华南、西南建立了六大覆盖全国各大城市的物流中心，并且有自己的物流队伍，后台物流仓储能力强。利用自己的物流体系，京东商城可以加快库存周转期和货物周转率，现在京东商城的商品从厂家买进到卖出仅需要 7 天，国美、苏宁为 40 多天。国美给厂商的返款周期为 3 个月，京东商城只需要 20 天，缩短给厂家的返款周期。

第二，目标客户分析。从需求上分析京东商城的主要客户是计算机、通信、消费类电子产品的主流消费人群；从年龄上分析京东商城主要顾客为 20~35 岁的人群；从职业上分析京东商城的主要顾客是公司白领、公务人员、在校大学生和其他网络爱好者。而在其中每年走出校门的 600 万名大学生群体又是京东的一个重点市场。尽管 35 岁以上的消费群体有更强的购买力，但是高素质的大学生们却是"潜力股"。京东网上商城做了十几年，目前拥有超过 1 亿名的注册用户。而在每年的大学毕业生群体中就拥有 600 万名的潜在顾客群，京东商城的目标不是跟国美、苏宁争抢客户，而是把大学毕业生培养成京东商城的用户。

资料来源：作者根据多方资料整理而成。

第三节　企业商业模式的资金运作

资金是企业的血脉，只有保证作为企业血脉的资金运转顺畅，才能实现企业的目标。企业资金运作模式是商业模式的重要组成部分，合理的资金运作就是通过寻求合理的资金结构，确定资金的分布和占用以及资金的流动和周转，并在此基础上分析确定适合企业商业模式有效运行的资金方案并通过加强资金运作管理的措施，促使资金快速流动以实现商业模式的最大盈利。

一、企业商业模式资金运作的内容

企业商业模式资金运作的内容包括三个方面，如图 4-13 所示。

资金的来源和结构	• 内部融资（留存税后利润、计提折旧所形成的资金） • 外部融资（直接融资和间接融资） • 资本结构（选择更具有可操作性的资本结构决策方法）
资金的占用和分布	• 形成长期资产的资本性支出 • 形成费用的流动资产支出
资金的流动和周转	• 完善营运资本政策 • 促使资金快速流动

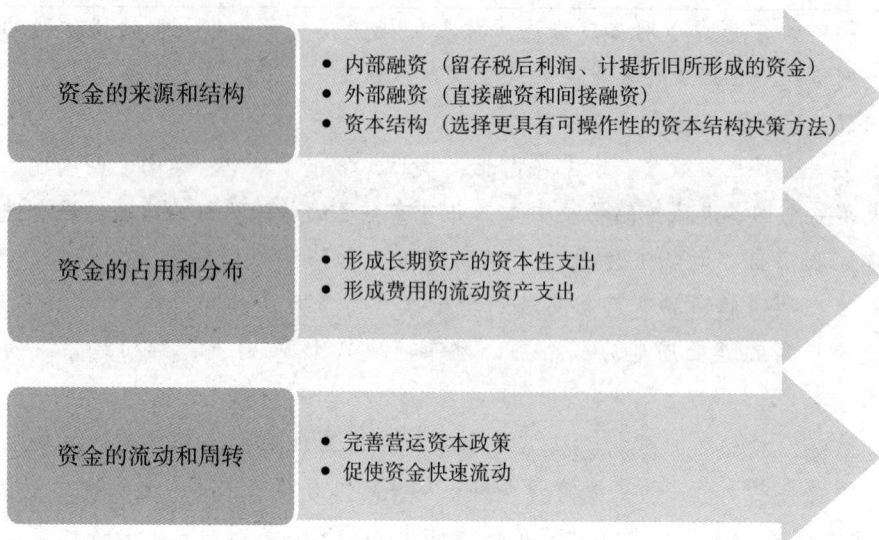

图 4-13　企业商业模式资金运作的内容

（一）企业资金的来源和结构

企业的资金来源于内部和外部两个渠道。所谓内部融资是依靠企业内部产生的现金流量来满足企业生产经营、投资活动的新增资金需求。内部融资的两种基本方式是留存的税后利润和计提折旧所形成的资金。从性质上讲，留存的税后利润的性质属于股权资本，是尚未分配给股东的税后利润。企业将税后利润留存的唯一条件就是使资金所带来的报酬率高于投资者要求的报酬率。对此，资金监控的重点主要是加强货款结算和应收账款的回收。外部融资分为直接融资和间接融资，所谓直接融资就是企业通过证券市场直接向投资者发放证券，比如股票、公司债等。间接融资是通过有关的金融媒介例如商业银行完成融资的一种方式。

资本结构不仅是企业筹资决策的核心问题，而且还可作为企业投资决策的依据以及评价企业商业模式的运作结果的指标。一个企业商业模式的资本结构是否适当决定着商业模式未来发展的成败。因此进行资本结构优化的决策时，必须选取最适宜、最能全面反映当前状况的方法做出决策，使得完成资本结构优化后能实现综合资本成本最低，同时企业价值最大。但在实践中，这样的标准不能完全被满足。通常情况下，债务资本比例越高，综合资本成本就会越低，而当债务资本比例达到一定程度时，企业将不可避免地面临严重的财务危机。

（二）企业资金的占用和分布

在企业商业模式的运作过程中，企业资金的占用大体可分为两大类：一类是形成长期资产的资本性支出，属于长期投资范围，如购建固定资产、对外长期投资等，这类支出之所以发生较多问题，主要是决策机制、决策程序和决策方法存在问题；另一类是形成费用的流动资产支出，属于企业日常经营范围，包括现金、应收账款和存货。企业资金如何分布和占用在企业发展中显得尤为重要。同样的资金，投资与流动资产还是投资于固定资产，效果大不相同。一般情况下，固定资金投入较多，表明生产规模大，所需要的流动资金往往也较多。从技术上讲，如果企业固定资产与流动资产没有能够按照一定的比例进行组合，要么是由于流动资金的短缺造成固定资产的闲置和浪费，要么是由于生产力不足造成流动资金的浪费。而且，需要保持合理的资金投向。企业如何使投入的资金风险最小、收益最高，关键是科学地选择资金投向和掌握最佳的投入时间。

（三）资金的流动和周转

只有资金快速流动起来，提高总资产周转率、应收账款周转率、存货周转率，才能提高企业商业模式的效益。作为企业的经营者，不仅要保证低成本地筹集到足额的资金，做出合法、合理、高效的投资决策，而且要保证资金快速地流动和周转。因为企业的利润就是在资金的不断流动中产生的。第一，完善营运资本政策。良好的营运资本政策管理是公司得以生存的必要条件，但营运资本管理目标的实现必须依靠科学、合理的营运资本政策的实施。在财务管理活动中，一般将短期融资与短期资金占用相对应，长期融资方式对应于长期资金占用，这样便于企业资产与负债期限的匹配。第二，促使资金快速流动。①要保持合理的流动比率、速动比率和现金比率。②注意合理的存货与流动资产总额之比。③要严格控制存货周期、应收账款周期及应付账款周期。④努力降低管理费用、财务费用和销售费用。

二、完善企业商业模式资金运作的措施

（一）统一投融资管理

在融资管理中实行集中管理制度，这种管理制度既能减少子公司或分公司超范围融资从而带来财务风险，又能以总部的名义融资，实力雄厚，能顺利地实现融资成本最小化。货币资金是企业流动性最强、控制风险最高的资产，鉴于货币资金特殊性，资金运作要实现价值增值的目的，就必须做出正确的投资决策，因为企业的价值是在投资的过程中产生的，融资过程没有价值创造。首先，要树立风险管理意识，建立风险预警系统，降低投资损失。其次，做好投资前期的调查分析工作，对被投资单位及其环境要相当熟悉，防止过度投资或投资不足。

（二）严格资金日常管理

首先，建立现金预算机制，根据企业具体业务的特征采用合适的预算方法，比如零基预算、滚动预算等，保证企业对现金的需求，降低支付风险，同时提高资金利用率。其次，完善营运资本政策，包括流动资产政策和流动负债政策。在日常管理中最好根据企业业务需求，选择合适的流动资产的政策，比如稳健策略、适中策略、激进策略。最后，尽量加快应收账款回收，在保证企业信誉不受损的情况下，延迟应付账款支付。

财务模式专栏 4　　　　　**中集集团的应收账款证券化**

2000 年 3 月，中集集团与荷兰银行在深圳签署了总金额为 8000 万美元的应收账款证券化项目协议。此次协议的有效期限为 3 年。在 3 年内，凡是中集集团发生的应收账款，都可以出售给由荷兰银行管理的资产购买公司，由该公司在国际商业票据市场上多次公开发行商业票据，总发行金额不超过 8000 万美元。在此期间，荷兰银行将发行票据所得资金支付给中集集团，中集集团的债务人则将应付款项交给约定的信托人，由该信托人履行收款人的职责。而商业票据的投资者可以获得高出伦敦银行间同业拆借利率 1% 的利息。

此次应收账款证券化项目的基本流程如图 4-14 所示。

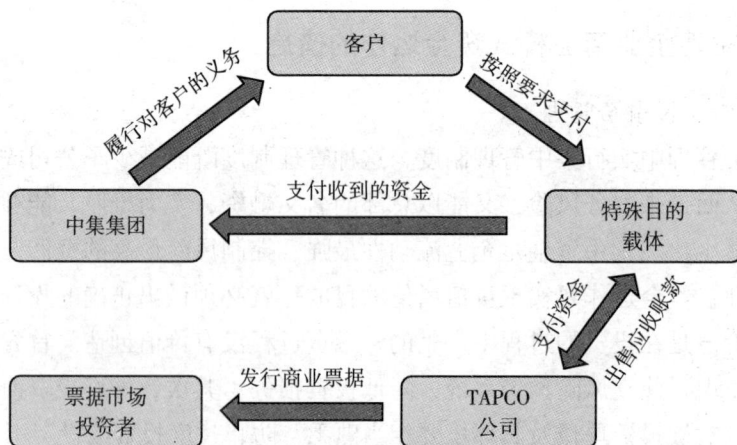

图 4-14　中集集团的应收账款证券化

第一，中集集团首先把上亿美元的应收账款进行设计安排，按照荷兰银行提出的标准，挑选优良的应收账款组合成一个资产池，然后交给信用评级公司评级。

第二，中集集团向所有客户说明应收账款证券化融资方式的付款要求，令其应付款项在某日付至海外特殊目的载体的账户。

第三，中集集团仍然履行所有针对客户的义务和责任。

第四，特殊目的载体再将全部应收账款出售给 TAPCO 公司。TAPCO 公司是国际票据市场上享有良好声誉的资产购买公司，其资产池汇集的几千亿美元资产更是经过严格评级的优良资产。由公司在商业票据（CP）市场上向投资者发行商业票据，获得资金后，再间接划到中集集团的专用账户。

第五，TAPCO 公司从市场上获得资金并付给特殊目的载体，特殊目的载体又将资金付至中集集团设立的经国家外汇管理局批准的专用账户。

通过这种类金融模式的资金运作，中集集团只需花两周的时间，就可获得本应 138 天才能收回的现金。而且通过对企业未来资产的提前套现，能有效地改善企业财务指标，增强企业的融资能力。当然，证券化过程的成本还是相当高的，除了一定的发行票据折扣、发行和结算费用、票据利息外，还有中介费用，作为服务方的荷兰银行可收取 200 多万美元的费用。因此，证券化只有具有一定的规模才能有效降低资金成本。

资料来源：作者根据多方资料整理而成。

第四节　企业财务管控模式

企业财务管控是为了保证企业目标的实现而进行的财务管理活动和手段，其实质上是对企业中利益相关的组织、人员行为和财务资源的控制，即通过控制财务活动中的组织、人员行为和财务资源，来协调各方的目标，实现企业财务价值最大化。整个财务控制系统既包括事前对财务风险的评估、事中的控制措施，也包括事后的监控措施。

一、商业模式的内部财务风险评估

商业模式的内部财务风险与企业资本结构有关，积聚于商业模式的财务运作环节，是指企业商业模式因外部环境各种难以预测或无法控制因素的存在给企业财务带来的风险，以及企业内部控制环境和自身各种经营活动的不确定性，使企业经营最终实现的财务成果与预计的收益存在偏差，导致企业遭受经济损失的可能性。

（一）商业模式内部财务风险所具有的主要特征

第一，客观存在性。财务风险是客观存在的，而且具有很强的不确定性，它不以个人的主观意志而转移，就像病毒一样潜藏于企业商业模式运作的各个方面，一旦遇到特定的环境将会毫不留情地显现出来，控制不当还会具有很强的攻击性。

第二，不确定性。商业模式的内部财务风险受多种因素的影响，各种因素在不同时期和条件下是可变的，具有极大的不稳定性，致使财务风险发生的概率存在不确定性。

第三，全面性。企业商业模式的内部财务风险存在于商业模式的整个运作过程中，流露在企业方方面面的各种财务关系中，尤其是在资金流的筹集、投资和回收的各个环节。

第四，收益和损失的相对性。风险和收益是成正比的，企业要权衡好风险和收益的关系，对风险所带来的损失和收益进行科学的预测和评估，根据企业实际所能承受风险的能力，合理分配企业的资本，将企业的损失降至最低，实现综合收益的最大化。

（二）商业模式的内部财务风险的影响因素

要对商业模式内部财务风险进行评估，首先要对存在于企业自身及外部环境中的影响财务风险的因素进行深入分析，增强对财务风险的识别能力。影响企业财务风险的主要因素如图 4-15 所示。

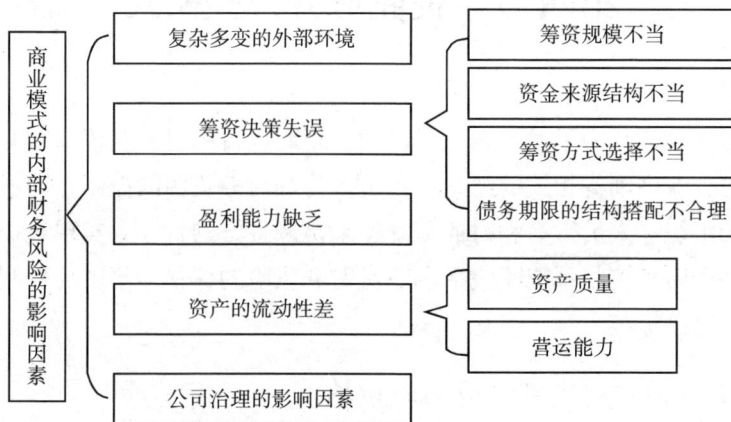

图 4-15　商业模式的内部财务风险的影响因素

第一，复杂多变的外部环境。商业模式的内部财务风险的影响因素的一个重要方面是复杂多变的外部环境，客观存在的外部环境是企业难以改变的外界约束因素，这些因素虽然存在于企业之外，但是极大地影响着企业商业模式的财务管理活动。复杂多变的外部环境涉及的范围非常广泛，包括国家的宏观经济政策、财政政策、货币政策、市场供需、市场汇率、政治改革、法律法规、社会人文观念等。变幻莫测的外部环境具有极大的不确定性，企业难以准确预见和把握，如果企业对外部环境中的不利因素未能及时预见并制定出合理的适应环境变化要求的控制措施，必然会使企业整个商业模式运行失利。

第二，筹资决策失误。自金融危机以来，许多国家的大企业纷纷破产，破产的根本缘由来自不合理的资本结构、筹资决策失误、债务期限安排不合理、到期债务缺乏偿还的资金。企业的资本结构是由筹资决策决定的，企业筹资风险的发生是由筹资决策失误引起的，筹资决策失误主要表现为以下几个方面：

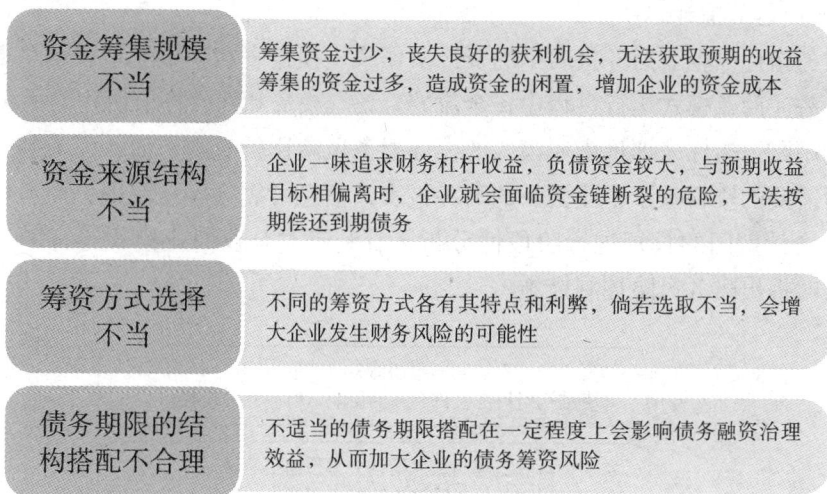

资金筹集规模不当	筹集资金过少，丧失良好的获利机会，无法获取预期的收益 筹集的资金过多，造成资金的闲置，增加企业的资金成本
资金来源结构不当	企业一味追求财务杠杆收益，负债资金较大，与预期收益目标相偏离时，企业就会面临资金链断裂的危险，无法按期偿还到期债务
筹资方式选择不当	不同的筹资方式各有其特点和利弊，倘若选取不当，会增大企业发生财务风险的可能性
债务期限的结构搭配不合理	不适当的债务期限搭配在一定程度上会影响债务融资治理效益，从而加大企业的债务筹资风险

图4-16　筹资决策失误的表现形式

第三，盈利能力缺乏。盈利能力是企业通过经营活动获取利润的能力，一般而言，盈利能力强大的企业，其偿还债务和对外筹资的能力就越强，发生财务风险的可能性越小。企业要想从根本上解决资金不足的问题，唯一高效的途径就是不断地提高其盈利能力。

第四，资产流动性差。资产质量主要是指资产转化为现金的能力，也就是指资产变现能力。一般来说资产变现能力越强，流动性就越好。流动性资产具有变现时间短、周转速度快的特点，其变现能力的强弱对资产质量的影响尤为重要。商业模式下企业的应收账款管理政策也会对财务产生一定影响，由于对往来客户资信评估不够全面且缺乏切实有效的货币催收措施，许多企业大批应收账款长期挂账而不能按期收回，使得资产的利用效率降低，企业在进行投资或偿还到期债务时，因缺少足够的流动资金，产生企业财务损失的不确定性，可能会引发财务风险。

第五，公司治理的影响因素。企业治理是指通过企业的制度安排，来合理配置相关利益的主体间权力、责任、利益的关系，以此来实现合理制衡并保证决策科学。高层管理者权力高度集中且董事会与管理层之间人员严重交叉，缺乏相互间的制约，会产生管理当局的道德风险，进而引发财务风险。

在商业模式的内部财务风险评估过程中，除了对财务风险的影响因素进行分析以外，还需对财务风险进行一定的衡量。衡量企业商业模式的财务风险的指标众多，根据其属性可以分为财务指标和非财务指标两类。

（三）财务指标体系

财务指标以企业财务报表中的资产负债表、损益表和现金流量表信息数据为基础，关注商业模式运行过程中资金流的筹集、投资和回收环节所积聚的风险。

利用财务指标来评价商业模式的内部财务风险比较直观易懂，因为其分析过程中所需要的资料基于企业公开的财务报表，信息可靠且容易取得，而且可以根据企业会计期间的长短进行阶段性分析，有利于对企业商业模式运行的反馈调节，及时提出财务风险控制措施。

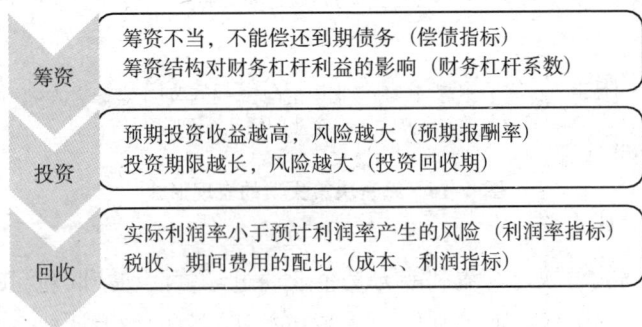

筹资
筹资不当，不能偿还到期债务（偿债指标）
筹资结构对财务杠杆利益的影响（财务杠杆系数）

投资
预期投资收益越高，风险越大（预期报酬率）
投资期限越长，风险越大（投资回收期）

回收
实际利润率小于预计利润率产生的风险（利润率指标）
税收、期间费用的配比（成本、利润指标）

图 4-17　商业模式的内部财务风险的财务指标体系

（四）非财务指标体系

非财务指标以影响企业价值的因素为基础，是体现管理层绩效和公司发展前景的指示器。其更多地关注于商业模式运行的总体层面，其中，比较实用的非财务指标有：

第一，人力资源状况。人力资源状况良好，人员稳定的企业抵御风险的能力更强。

第二，产品市场占有能力。市场占有率是指企业的销售占整个行业销售的比重，一般来说，市场占有率越低，风险越大。

第三，基础管理水平分析。管理者基础管理越高效，抵御风险的能力越强。

可见，在商业模式的内部财务风险综合评价指标体系中，财务性指标比较直观，容易衡量，但是过于偏重财务性指标使评价体系难以全面真实地反映企业财务状况，容易使企业的会计信息失真，无法满足企业对财务风险控制的全面需要。而定性分析则是在财务报表分析的基础上，结合专业分析人员的经验判断，对定量分析的不足加以弥补。人力资源因素分析、企业的创新发展能力、市场占有率等非财务指标对商业模式的财务风险分析起着举足轻重的作用，也是企业关注的重要目标。

二、商业模式的财务风险控制

企业所追寻的目标是生存、发展、获利。生存是前提，获利是终极目标，发展是实现终极目标的有效途径。在企业商业模式的运行过程中，风险无处不在，对企业的正常运行和增值产生较大威胁，风险管理成为商业模式运作管理的重要内容。

（一）财务风险控制

内部控制是商业模式风险管理的有效手段，它能够适时反映商业模式运作过程中面临的各种内、外部风险，并要求企业在风险识别和评估的基础上采取针对性措施进行风险控制。商业模式的财务风险是商业模式运作过程中面临的重要风险之一，如果企业的内部控制不能有效地防范和控制财务风险，那么就会对商业模式的运作造成重大影响，甚至会导致整个企业经营失败，可见，财务风险控制是企业内部控制的一个重要组成部分。一套合理的财务风险控制方案一般包括风险意识、业务层面风险防范和监控机制三个方面。

第一，风险意识。首先是在企业管理者的管理理念中是否具有风险意识。对商业模式的财务风险是否建立科学预警机制并对财务风险实施全面系统化控制。常常是企业的领导层意识到了风险的存在才会实施控制进行处理，风险稍有缓解就将其束之高阁。断断续续缺乏持续性的控制活动，往往发挥不到应有的作用。还有就是面对投资项目往往只看到了项目可能带来的利润，而忽视了可能产生的

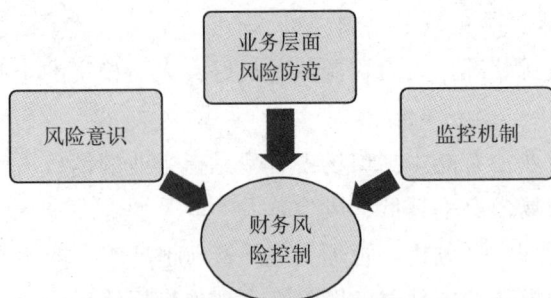

图 4-18　财务风险控制的三个方面

风险。其次就是企业员工的财务风险意识。企业的内部控制制度是企业正常运行的行为准则，然而再好的制度也需要人来遵守执行，员工品行、素质的水平也决定了企业内控实施的成败。具有良好财务风险意识的企业，在加强企业风险的控制中，最好的方法就是将危机扼杀在摇篮中，这就需要企业重视财务风险的评估和预测。企业如果忽视了这方面的控制，不能对企业所处环境的变化、国家政策、人文观念导向做出合理的预测并及时有效地采取控制措施，在财务风险的源头上就埋下了隐患，会导致企业在面对风险时显得脆弱无力。

第二，业务层面风险防范。企业商业模式的核心与企业的业务活动息息相关，业务的好坏是影响企业发展的先决条件。企业所设置的财务部和监督管理部门都是为了保证企业业务流和资金流像血液一样健康地在企业内部运作流淌。然而风险无处不在，业务环节存在的风险是万万不可忽视的，企业必须严把企业各单位的业务工作和流程，将风险管理的控制程序细化融合到各个环节，将可能导致企业财务风险的第一道防线筑造成坚固的堡垒。当企业商业模式业务层面的风险一般来源于业务部门制定业务方面的使命目标时，没有将部门的业务目标上升到企业长远持续健康发展的战略目标高度。对于业务目标的实现上缺乏具体的策划方案，也没有对业务目标能否实现、实现的概率、实现的周期、存在的风险以及需要付出的代价进行评估。对项目的考察、评估、检测缺乏科学性，以及企业管理层给予项目开发所需的资源、政策支持不够，致使在业务开展的进程步履维艰，难以延续，占用的资金难以及时收回，诱发财务风险。

第三，监控机制。首先在内控方面，由于企业缺乏一套完备系统化的对外界和内部风险辨别的体系，每个部门都是凭借自身的经验制定分散化评估风险的体系，与其他部门可能存在互异性，不能有效识别出存在于部门衔接处遭受的风险，也不能系统地将各个部门风险进行有效的统筹和整体的评估，制定的风险防控措施存在片面性，控制方案不能全面有效地发挥作用。对于内部控制信息系统，企业没有专门设置高素质团队的部门来维护信息系统，保证系统的稳定性和数据的安全性。一旦企业的控制系统遇到故障，整个企业就会处于瘫痪之中。其次在监管方面，监管部门对企业的控制机制没有经常地检测、更新、完善，使内控监管存在漏洞，不能保证企业内部控制得到有效的运行，达不到企业想要得到的监管效果，造成财务风险因素的积聚，对企业运行造成重大影响。

（二）财务风险控制措施

企业商业模式的财务风险客观存在，不可能完全消除。企业只有在充分认识财务风险形成原因的基础上，在相关危机未发生前，识别财务风险并制定出切实可行的、具有针对性的、可操作的措施，才能将其加以防范、控制、转化。

财务风险控制如图 4-19 所示。

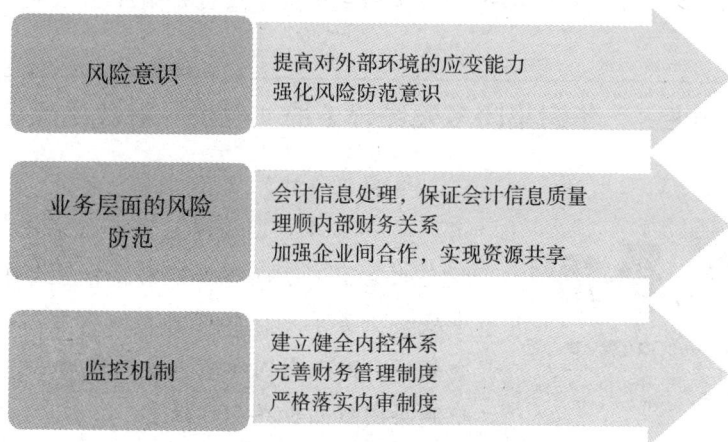

图 4-19　财务风险控制措施

在风险意识方面，首先要提高对外部环境的应变能力，管理层应认真分析研究相关政策，把握其变化趋势和规律，及时制定应变措施，适时调整财务管理方法，提高对外部环境变化的适应能力和应变能力，降低该变化所带来的财务风险。其次要强化风险防范意识，企业内部要树立全面风险管理观念，财务人员更要增强风险意识，要具备对财务风险敏感的、准确的职业判断能力，及时、准确地估计和发现潜在的财务风险，并能对具体环境下的风险做出判断和提出解决方案。

在业务层面上，首先要保证会计信息质量，对财务风险进行分析、度量和防范都离不开会计信息的支持，会计信息质量不过关，财务风险分析就不会得出科学的结论，防范也就无从说起。其次要理顺内部财务关系，管理层应明确各部门在企业财务管理中的地位、作用及职责，并赋予相应的权利，真正做到权责分明，各负其责。在利益分配上应兼顾各方利益，调动各部门的积极性，做到责、权、利相统一，使企业内部财务关系清晰明了。最后要加强企业间合作，实现资源共享。企业在抓住机遇、迎接挑战的同时，更要灵活处理和协调企业间的合作伙伴关系。

在监控机制方面，首先要建立健全内控体系，确保财务风险预警和监控制度健全有效。明确监管程序，分清监管职责，落实好分级负责制。其次要完善财务管理制度，在履行财务管理的各个职能中，应细化各项财务风险管理制度，以便及时识别、分析和测试财务风险，采取科学方法防范和化解风险。最后要严格落实内审制度。内审部门应选拔具有专业知识和胜任能力的人员。通过强化审计监督，及时发现并改善会计系统中存在的问题，提出改进措施，将审计结果报告给公司高层，为其做出正确的财务决策和识别风险创造良好条件。

财务模式专栏5　华润集团多元经营下的"五步"财务风险控制框架

图片来源：www.crc.com。

华润（集团）有限公司（以下简称华润集团）是一家在中国香港注册和运营的多元化控股企业集团，下设有6家中国香港上市公司，7个战略业务单元，19家一级利润中心，涉及13个领域，遍及全国各省、市、自治区，2013年，华润集团位列世界500强第143位。

华润集团确立了"集团多元化，利润中心专业化"的经营方针。集团在有限领域内建立起相关联的多元化业务，由此增强抗风险能力，确保整体业绩平稳增长；而旗下利润中心则以竞争战略为导向，开展专业化经营，努力打造具有强大竞争力和行业领导地位的专业化企业。有效控制整体财务风险，是华润集团健康稳定发展的重要保证。

"资本结构、经营性现金流、现金流管理、资金筹集、资源配置"的五步组合，涵盖了财务风险控制所涉及的内部到外部、集团到利润中心、关键指标到企业财务活动等多方面因素，同时又形成逻辑上的闭环，成为华润集团进行财务风险管理的整体框架。

一、控制杠杆比率，优化资本结构

华润集团根据几个多元化标杆企业的平均水平，结合目前所处的发展阶段，将资产负债比率和净银行负债权益比率进行了调整。负债比率确定后，华润集团将把负债比率作为关键性控制指标，严格控制整体负债水平。同时，提出分层次、可操作的资产负债率控制方案。一级利润中心参照同行业标杆企业制定杠杆比率，通过控制杠杆比率鼓励依靠自身能力稳步发展，避免不切实际的盲目扩张。在资金运作相对独立的上市公司层面，按不同上市公司分别制定杠杆比率，进行比率分析并控制自身风险。

二、重视经营性现金流

华润集团特别选取了两个经营性现金流指标作为关键指标。财务部根据标杆企业的指标状况和华润集团目前所处的发展阶段，制定了集团整体的经营性现金流指标比率。另外，华润集团还利用 6S 评价与考核手段，在 6S 管理报告上加强对经营性现金流的分析，将其作为主要评价指标之一，以促使利润中心重视提高经营性现金流，提升利润质量。最后，投资决策上，重视经营性现金流评估，侧重于选择经营性现金流较好的生意模式。

三、加强现金管理，实现资金协同

华润集团资金实行"集中管理"的政策，最大限度地拓展内部融资渠道，降低资金的闲置，形成统一的资金池，以提高资金使用效率，增强集团及下属利润中心的抗风险能力。

四、重视外部融资环境，开辟多元化融资渠道

关注资本市场，通过不同组合实现融资的多元化，以降低融资环境变化所带来的财务风险。华润集团通过与各大银行签订《战略合作协议》，建立长期银企合作关系。《协议》不仅提供给华润集团一个较大的信贷额度支持，而且还承诺了优惠的融资条件，更重要的是确立了银企之间长期稳定的合作关系，加强了相互的理解和信任，为集团的战略实施、稳步发展开创了有利的外部环境。

五、研究资源配置模型，优化资产组合

华润集团的投资项目以及利润中心的战略性资本支出最终由集团常董会审批决定，利润中心没有投资决策权。对投资的严格控制，保证了华润集团的稳健发展，避免了投资的盲目性，降低了财务风险。通过建立集团资源配置模型，不但可以为战略资源配置提供支持，为投资项目决策提供建议，还可以提高资源配置的效率；并可以有意识地调整不同行业资产的比重，充分发挥财务协同效益。

资料来源：作者根据多方资料整理而成。

三、商业模式下企业财务管控模式

企业财务控制模式是为了达到企业内部有效控制的目的，根据具体情况，实施的一系列激励与约束手段的有机结合。

（一）企业商业模式的财务管控模式

根据管控的目标及内容来看，企业商业模式的财务管控模式主要有资本管控型、战略管控型和经营管控型三种，如表 4-3 所示。

表 4-3　商业模式的财务风险管控模式

	资本管控型	战略管控型	经营管控型
管控内容	关注整体运作的财务状况及各投资项目的投资收益	先设定一个总体战略方向，并通过各个业务单元的协同作用创造价值	对商业模式的运营管理进行详细的评估，优化经营管理
管控目标	追求投资收益	追求协同效益	发挥规模效益

第一，资本管控型。资本管控型管控模式主要以财务指标对企业商业模式各部分进行管理和考核，关注投资回报。这种管控模式下企业主要通过投资业务组合的结构优化来追求价值最大化，管控的主要手段体现为财务控制、法人治理和企业并购行为，是一种分权管控模式。

第二，战略管控型。战略管控型管控模式主要以战略规划为主，总部可以视情况设置具体业务部门。这种管控模式下企业主要关注商业模式中各业务组合的协调发展、投资业务的战略优化和协调，以及战略协同效应的培育，通过对商业模式各个运营单位的战略施加影响而达到管控目的，主要管控手段为财务控制、战略规划与控制、人力资源控制，以及部分重点业务的管理，是介于集权与分权之间的一种管控模式。

第三，经营管控型。经营管控型管控模式主要通过业务管理部门对整个商业模式的日常经营运作进行管理，其关注重点包括业务单位经营行为的统一与优化、企业整体协调成长、对行业成功因素的集中控制与管理。这种管控模式下的主要管控手段包括财务控制、营销/销售控制、网络/技术控制、新业务开发、人力资源等，是一种集权的管控模式。

（二）企业财务管控模式的影响因素

在商业模式下，企业财务管控模式的选择，需要考虑很多方面的因素，一般会涉及以下四个方面，如图 4-20 所示。

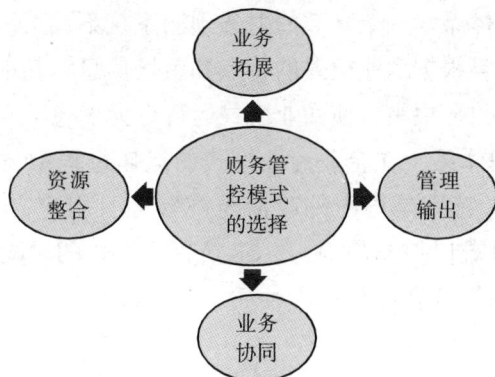

图 4-20 财务管控模式选择的考虑因素

第一，业务拓展。帮助企业成长并提高其市场定位，扩大市场份额，开拓新市场和开发新产品。

第二，管理输出。不断鼓励企业提高营运绩效，帮助企业改善营运状况，包括降低成本、提高品质和提高获利水平。

第三，业务协同。创建并有效利用集团总部的资源，包括品牌、专利资产、商标和与其他企业的关系等。

第四，资源整合。收购和出售企业、创建新企业；为企业重新配置人、财、物、技术等资源。

四、财务体系保障

西方财务管理理论经过多年的发展和完善，已形成了以财务管理目标为核心的现代财务管理理论体系和以筹资、投资、资金运营和分配为主的财务管理方法体系。而一个完整、全面、科学的财务体系本身就是企业巨大的效益，它不仅能通过财务活动最大限度地增收节支，提高企业经济效益，而且还可以促进整个企业管理系统的改善，为企业的长远发展提供保障。

根据财务保障体系中各部分功能的不同，可以将其分为财务预测体系、风险管理体系、资金管理体系、成本管理体系、内部监控体系五个部分。如图 4-21 所示。

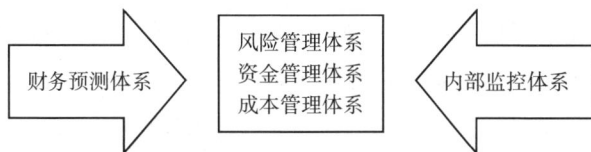

图 4-21 财务保障体系

第一，财务预测体系。一个高效的财务预测系统不仅可以强化企业商业模式的预算管理工作，而且根据商业模式的特点和市场信息，超前提出财务预算，有步骤、有计划地实施财务决策，使商业模式运行更为平稳。

第二，风险管理体系。在企业商业模式的运作过程中，企业的外部环境和市场供求变幻莫测，特别是国内外政治经济形势、用户需求和竞争对手等情况，对企业来说都是难以控制的因素，建立商业模式的风险管理体系可以增强企业风险意识，帮助管理者分析风险性质、制定风险对策，减少和分散风险的冲击。

第三，资金管理体系。资金管理体系的作用在于帮助企业在财务收支上实施严格的财务监控制度，强化内部约束机制，合理安排资金调度，挖掘内部资金潜力，确保重点项目资金需求，提高资金使用效益。

第四，成本管理体系。成本管理是企业财务管理中的一项重要内容，一个科学的成本管理体系不仅有助于提高企业财务部门对成本的控制水平，搞好成本决策和控制，提高资金营运效益，而且可以作为业绩评价的一项重要内容。

第五，内部监控体系。内部监控体系贯穿于企业商业模式运作的整个过程当中，对各个体系起着一定的反馈调节作用，是各体系能否有效运行的保证。

财务模式专栏 6　　　　　　　**联想的存货保障体系**

国际奥委会全球合作伙伴

图片来源：www.lenovo.com。

联想的财务制度中规定其存货的目的是：满足集团发展需要，实现集团内规模化、统一化管理需求；规范存货管理操作规程，达到有效的、统一的管理模式；提高进、销、存速度，减少不必要的资源浪费，避免违规操作，杜绝违法行为；确保集团公司资产安全完整、保值、增值。

一、供应商管理库存（VMI）模式

2012 年，联想成功完成了一项供应链改革，实现了对库存的可视化管理：在工厂供应链前端推行供应商管理库存（VMI）模式，将大约 90% 的库存管理外包给了第三方物流服务商，通过在北京、上海、惠阳三地工厂附近的 VMI 仓库，联想只需要根据生产要求定期向第三方物流服务商发送送货指令，由其完成对生产线的配送。至此，联想不再需要考虑庞大的库存，而把这个问题留给了第三方物流服务商。VMI 仓库不仅需要管理数以百计的供应商的库存，而且会经常面临复杂的库存状况。VMI 以掌控销售资料和库存量，作为市场需求预测和库存补货的解决方法，借由销售资料得到消费需求信息，供应商可以更有效地计划，更快速地反映市场变化来满足消费者的需求。因此，VMI 可以用来降低库存量，降低库存存置成本，增加资金周转，增加库存周转，降低退货成本等，进而维持库存量的最佳化。

二、供应商管理库存（VMI）模式的成效

通过常年对市场观察，联想清楚地知道每一种、每一型号产品自己的出货量。据此，联想对最好卖的产品留出 1~2 天的常备库存。如果订单正好指向常备库存产品，就无须让用户等一个生产周期，可以直接交货，大大缩短了交货日期。如果常备库存与客户所订货不吻合，再安排上线生产。在每天生产任务结束时，计算第二天产量，都要先将常备库存补齐，避免很多库存积压以及管理的随意性，存货周转天数从 35 天降为 19.2 天。

联想客户都是代理商，都有网上账户或赊销额度。联想销售时，代理客户从其相联企业的网络电脑上输入所购货物清单，电脑自动查询库存能否满足后，给出提示。如果可以，销售确认，财务会得到相关信息。因此销售就不用再去财务交货款，财务在进行资金审核后，会通过网络将确认信息传递给库房，库房收到信息后发货，发货条码扫描后，库存自动递减。

联想从过去只关心自己的库存、材料和成品自我控制，转向现在的供应链控制和协同工作，关心上下游，例如代理商库存与销售情况、供应商库存变化等。通过信息技术手段建立的供应链存货保障体系，不仅可以用来降低库存量，维持库存量的最佳化，降低库存存置成本，增加资金周转，增加库存周转，降低退货率等，还使联想能够敏感地掌握上下游变化，提前准确地预测到市场波动。

资料来源：作者根据多方资料整理而成。

第五节　财务机制与策略

商业模式的财务机制是一种经济机制，是指企业商业模式中的财务系统中各构成要素之间相互联系、相互作用的过程和耦合方式及其与理财环境的衔接形式

和协调程度。财务策略则是企业面对激烈变化、严峻挑战的经营环境，为了谋求长期生存和不断发展，根据企业资金运动规律，在分析企业内外环境因素的变化趋势及其对财务活动影响的基础上，对企业重大经营管理活动做出合理的财务资源规划方案。

企业商业模式的创新一般需经过设计筹备、操作运行和评价控制三个阶段，在不同的阶段需要形成不同的财务机制，而且由于关注的内容和各财务机制的作用不同，在具体运作上也需要采取与之相对应的财务策略，如表 4-4 所示。

表 4-4　商业模式的财务机制与策略

	财务机制	对应的财务策略
设计筹备阶段	预算控制机制（将企业财务目标落实为具体的行动方案）	1. 积极运用票据、债券、信托、融资租赁、售后回租等方式进行多渠道筹资 2. 利用长期资金进行短期投入，获取投机收益
操作运行阶段	资金循环机制（优化资本结构，保证资金的良性循环）	1. 投资项目的财务预算分析 2. 企业资金充裕时，可多项投资，并将资金集中投资于企业优势项目 3. 调整投资方向。对于非核心、盈力能力不强、发展前景不明朗的产品，企业应当考虑调整投资
	财务跟踪机制（及时发现企业商业模式财务运营过程中的问题）	1. 加强成本费用控制 2. 对被并购企业实施财务整合
评价控制阶段	危机预警机制（有预见地、系统地辨别可能出现的财务危机，防患于未然）	1. 确定财务危机警戒标准 2. 缩短商业模式运行分析的周期
	目标导向机制（激励和约束）	业绩评价

【章末案例】　　　　**玖富的小微信贷发展模式**

图片来源：www.9Fbank.com。

2014"超越想象"创新竞争力评选由 15 位国内顶级经济学家、资深学者、政府官员组成专家委员会。从产品创新力、产品实力、用户体验感、产品信誉度、产品影响力、创新模式等六个角度共同搭建与完善评审体系。历经 3 个月评选周期，由 1257682 人次投票及专家委员会终选，为社会和公众评选出具有信服力的七家"超越想象"创新竞争力获奖企业。其中，北京玖富时代投资顾问有限公司（以下简称玖富）作为互联网金融机构表现活跃。在 2014 年最佳商业模式创新奖的评选中，玖富凭借创新的小微信贷发展模式、移动互联网金融技术以及理财匹配上获得评委的高度赞许。

一、公司介绍

玖富成立于 2006 年 8 月，是一家专注帮助小微和个人客户更便捷获得小微信用贷款和优质个人金融服务的平台；是国内领先微金融云服务平台。秉承"让金融更简单"的理念，为解决超过 6000 万个小微企业主、个体工商户、5 亿个人客户小微融资难困境，改善国内个人用户的金融体验，玖富人建立"拆解并重构"的微创新指导原则，常年深入小微贷款市场一线，围绕流程化、标准化、参数化，玖富人打造了全新的小微信用贷款服务网络平台，引入中小商业银行、专业机构、个人等资源，帮助小微企业主、个体工商户、个人客户更方便、更快捷地获得无抵押、无担保的纯信用贷款及个人优质金融服务。在引入世界领先信用评分技术以及常年的实践积累中，玖富人首创了基于移动互联网的个人"信用码"，向全行业开放，开创了全新的个人信用标签模式，已在全国 20 多个城市设立微金融服务中心，通过 O2O 线上线下结合模式为小微客户、个体工商户、个人客户提供数据分析、信用评估与管理、融资交易推荐等专业平台服务；并陆续推出小微金融服务移动互联网应用，基于云端服务全方位构建小微金融服务云平台，普惠金融，服务小微。

二、玖富移动金融的运作管理

玖富在 2013 年已经确立移动金融，开放云平台是公司首要战略，目前已经在移动互联网金融技术领域取得一定突破。玖富移动金融不只是一个 App、一个微信公众号，而是根据移动互联网的数据、轨迹、定位、圈子等特性，推出个人信用码标签，15 分钟内闪电授信。未来，玖富将加大在大数据云计算技术领域的研发力度。致力于打造一个人人有信用，信用创财富的社会圈。"人人有信用，有码即可贷"。信用码是玖富基于个人 3I（Internet、Industry、Individual）数据分析与管理模型，对个人以及小微商户信用进行估值的综合评分体系。信用码是互联网时代下人人可运用的个人信用标签。个人可以通过信用码，建立和培养自己的个人信用体系，对自己的个人信用综合情况和从各个渠道凭信用可获得融资的额度、速度、价格等信息进行全方位的掌握，是银行、个人等资金提供方了解掌握个人以及小微信用进行决策的有效技术。同时面对国内中小银行业务转型需求，玖富立足互联网金融，首创"9F 微金融云服务平台"，借助个人金融客户数据分析管理与标准化的服务运营流程（SOP），已为全国超过 19 家银行总行、282 家城市分行、6000 多家支行、27000 多名银行客户经理提供包括个人理财、小微信贷、网点转型、社区银行、小区金融、商圈金融等个人金融业务顾问服务和云平台技术互联服务，助推国内商业银行向零售银行、小微银行转型，全面高效提升银行个人及小微金融服务水平，改善小微与个人金融服务体验。玖富凭借专业优势，领先的市场份额，已成为国内银行首选的第三方金融服务专业伙伴。

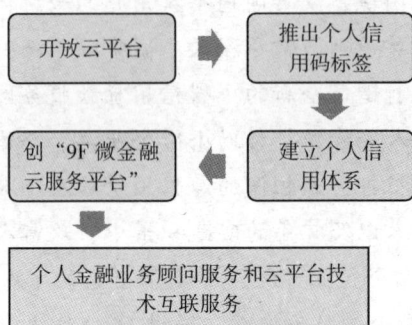

图4-22　玖富移动金融的运作流程

三、玖富的商业模式创新：搭建小微金融生态链

从余额宝掀起行业神话，到以其为代表的"宝宝"类理财产品收益普遍下滑，原因在于谁也没有跳出同质化旋涡，对接的都是货币基金。因此，在业内人士看来，这样的跟风运动必然会陷入如今这种收益滑坡的境地。更可怕的是，多数互联网金融企业没有经过金融危机的考验。2006年8月，玖富成立。两年后，全球金融危机爆发，在金融危机的洗礼下，玖富从中获得了后来者无法拥有的经历，并以独特的商业模式构建着小微金融生态链。

"大型企业的银行覆盖率以及正规金融覆盖率能够达到100%；中型企业的银行覆盖率与正规金融覆盖率达到90%；而小型企业的正规金融覆盖率为40%，银行覆盖率为20%；微型企业的银行覆盖率为2%，正规金融覆盖率为12%"，全国政协委员、中国小额信贷机构联席会会长刘克崮曾给出这样一组统计数据。与这组统计数据反映出的小微企业银行和金融覆盖率的情况对应的，是玖富CEO孙雷提出的另一个事实，"在银行50万元存款以下的客户处于无人管无人问，无人搭理的状态"。金融科班出身的孙雷，在民生银行总行等金融机构拥有多年从业背景，这让他比一般人更清晰地认识并理解小微企业和"小微"理财客户在传统金融环境下"两头难"的现实。由此，这也成就了玖富后来的方向——小微金融。玖富小微金融的定位，至少有两层意思，其一，专注小微金融，以小微金融平台解决小微企业和个人的"两头"金融需求；其二，做小不做大，作为经历过全球金融危机的玖富，"风雨"过后对风险控制有了更深刻的体会。由此，作为中国最早成立的互联网金融机构之一，玖富开始了在构建小微金融生态链上的数据积累和深耕细作。

与传统的小微信贷发展模式不同，基于做小不做大和让金融更简单的理念，玖富没有线下信贷分支机构，而是聚焦在线平台，线下则以合作伙伴的形式打造了遍布全国的玖富微金融4S体验中心，用孙雷的话说，相当于汽车业的奔驰宝马4S店。即便在P2P充斥互联网金融一度成为行业主角之一的今天，玖富这家以商业模式区别于传统小微金融的创新机构，也与传统线下的P2P机构形成了鲜明对比。通过搭建小微金融生态链，集中精力聚焦互联网平台运营与信用评估，其他环节链条均引入合作伙伴共同开展微金融服务，平台不经手资金，平台自身不担保，不持有贷款，定位纯平台。凭借深厚的金融功底和技术积累，玖富实施了以开放云平台作为构建小微金融生态链具体实现方式的发展战略。如今，100多家公司近万个小微专业顾问在玖富平台上开展小微信贷客户的营销与售后服务，数十家银行总行也引入玖富平台，提供资金开展微贷服务。而且玖富还引入保险公司，为玖富平台的资金出借人保驾护航，这也是国内首家非银行非国有的互联网金融平台引入正规保险机构。

四、结论与启示

2014年是移动互联网金融的元年，移动化、社交化、社会化和产业化的趋势将更加明显。对于投资人来说，一是理财门槛逐渐被拆除，零门槛的进入方式大大激发了人们的理财热情，理财大军日益壮大。二是理财的渠道越来越多，方式越来越便捷，回报率越来越高，但精明的投资人也更加注重安全保障。玖富摆脱市面上同质化的"宝宝"类理财产品，率先推出平衡收益和风险的"行业宝"微理财计划，为理性的投资人带来了新选择。

资料来源：作者根据多方面材料组织而成。

【本章小结】

为了在日益激烈的竞争中赢得发展机会，现代企业开启了创新商业模式的征程，一种卓越的商业模式可以使企业在竞争中保持持续竞争优势，而一个良好的财务模式却是商业模式运营和管理成功的关键。本章首先介绍了企业财务管理的基本理念和一些基本概念，包括财务思维、财务营运能力、资本管理，并从领导者的角度概括了在现实的商业模式运营和管理中所要注意的一些问题；其次，阐述企业财务分析的基本内容，主要包括盈利能力分析、资金运营分析、财务风险评估等；最后，介绍了一些财务风险控制的方法和几种常见的财务管控模式。总的来说，一个完整、全面、科学的财务体系本身就是企业巨大的效益，它不仅能通过财务活动最大限度地增收节支，提高企业经济效益，而且还可以促进整个企业管理系统的改善，为企业的长远发展提供保障。

【问题思考】

1. 什么是财务思维？

2. 简要介绍财务运营能力分析体系。

3. 简要分析商业模式与盈利模式的联系与区别。

4. 财务杠杆的内涵是什么？它与财务风险的联系是怎样的？

5. 简要分析财务风险控制重要性。

6. 简述企业财务管控模式。

7. 简要论述企业财务机制与财务保障体系。

第五章　融资模式

【本章要点】

☆ 投资基金的类型和区别

☆ 科技型、商业连锁业、网络型企业和服务业的融资模式

☆ 融资模式和投资价值之间的关系

☆ 再融资模式中并购重组的应用

☆ 商业模式的创新点和盈利点

☆ 融资模式的机制和策略

【开章案例】　**伯乐合投：股权众筹互联网平台上线运营**

图片来源：http://www.boleyuma.com/。

一、公司介绍

宁波伯乐合投网络信息服务有限公司是伯乐遇马天使投资公司旗下服务于早期创业项目的投融资平台，提供以项目融资为核心的创业服务，旨在为广大创业者打开快捷融资通道，并提供创业增值服务，为投资者推荐优质项目，减少投资风险。伯乐合投是宁波首个以"众筹模式"运作的天使投资与创业项目私募股权投融资对接平台，以助力投融资方精准对接。

二、翁哲锋及其"人才+资本"的投资理念

翁哲锋是杰艾人力资源集团中国区总裁、资深天使投资人、伯乐遇马天使投资机构创始人。这位出身于创业者的天使投资人不仅创业成果显著，在创业投资和创业孵化方面也取得了丰硕成果，其创办的伯乐遇马天使投资机构倡导

"人才+资本"的投资理念，将人力资源的专业服务完美地融合到天使投资中，探索出一条天使投资差异化道路，在宁波当地营造出良好的创业投资生态环境。近期伯乐合投正式启动，这也意味着宁波首个专业化众筹平台即将起航。

源于早期多年的创业经历，翁哲锋从 2008 年开始进入天使投资行业，到 2010 年正式成立宁波伯乐遇马天使投资有限公司，那时人力资源领域产业链上的各个环节翁哲锋都有所涉及，已经能够实现全方位的人力资源服务，因此试图做出更高端的服务产品，于是就考虑到将人力资源的专业服务融合到天使投资中，也就有了人才和资本的结合。当时也适逢国内天使投资的兴起，包括真格基金、李开复的创新工场、联想之星等都是从那时开始建立发展起来的，翁哲锋认为这是一个机会。天使投资机构化在国内刚起步，未来有巨大的发展空间，国内开始呈现出全民 PE 潮，早期投资机构也可能会往机构化发展，翁哲锋看好其发展前景，再加上自身的行业优势，觉得应该做这件事。成立初期，翁哲锋更多的是提供人力资源相关服务，通过三年多的发展，现在已经全面升级能够提供更多更全面的服务。目前伯乐遇马也有自己的管理团队，叫做创业企业制造工厂。这支专业队伍结合了杰艾中国的管理团队和伯乐遇马团队，一共 30 多人，采用集团化的管理模式，专门服务于已投项目。如果团队投了一个项目，那么这个项目的架构设计、绩效设计、人才引进，包括市场拓展等方面他们都能给予专业服务。其中市场方面就可以有两种业务帮助，一是诸如名片、网站、对外宣传资料等综合采购服务，IT 方面比如网站开发、SEO 优化等，这些都能为他们降低创业成本；二是融资服务。在基金投资方面，2014 年，伯乐遇马天使基金，投资金额将近 6900 万元，所有的投资项目加起来已经有 30 多个了，接下来伯乐合投马上会与以色列最大的 PE 基金英菲尼迪 (Infinity) 合作成立第二只基金。以色列在技术方面有着较大优势，所以翁哲锋不仅做投资，未来还会着手考虑如何将以色列的技术在国内落地，做进一步的孵化服务，将从最早的定位于"人才+资本"发展为"技术+人才+资本"，以后还会再加上"市场"。而伯乐遇马的孵化服务跟传统孵化器最大的区别在于，伯乐遇马不以提供场地为主，更多的是提供软性服务。

伯乐遇马提供的是以人为核心衍生出一整套服务。创业企业制造工厂相当于人力资源集团里一个单独的高端产品，翁哲锋会在全国的分公司里都加入这个产品。虽然目前主要在宁波，但以后会在上海、深圳乃至全球开设办事处，依托杰艾的全球网络将创业企业制造工厂开到全国各地，这样就有利于所投项目在全国市场扩张，也为所投企业以较低成本拓展全国市场奠定基础。

三、伯乐合投股权众筹互联网平台

股权众筹是指，公司出让一定比例的股份，面向普通投资者，投资者通过出资入股公司，获得未来收益。这种基于互联网渠道而进行融资的模式被称作股权众筹。另一种解释就是"股权众筹是私募股权互联网化"。跟一般的股权投资有很大区别，两者的侧重点完全不同。股权众筹做的是一个平台，说简单一点，就是能够在一个开放的、基于互联网的平台上，让更多的投资人参与到投资创业企业的过程中来。他们希望能够让更多的创业者在没有更好、更透明的渠道接触到投资时，能够有效地对接，并且降低中间的沟通成本和时间成本。

股权众筹的定位就是投融资的信息服务平台，服务的对象主要是两方面，一方面是融资方，中国的中小企业群，进入天使轮的企业，或者进入 VCA 轮的企业；另一方面是中国的投资方，大量潜在的小微天使。传统的股权投资隐性成本非常高。对项目方来讲，主要是缺乏经验，不能充分展现项目亮点，同时对接投资人数量非常有限，找到匹配的投资人需要运气。由于缺乏金融和投资知识，对交易结构、交易估值很难进行科学的把握，容易遭受不可避免的损失。

四、结论与启示

伯乐合投作为一家聚焦于科技网络和创新型创业企业的投融资孵化服务机构，致力于发现、扶持和培养优秀的初创团队，并通过持续有效的创业培训、人才引进、再次融资等深入合作方式，催生出更多优秀的创业者及优质创业企业。伯乐合投在这两年创业投资的实践和取得的丰硕成果，受到了创业团队和社会媒体的广泛关注，其成功之路对我们也有很多启示。

第一，用互联网思维改变商业模式。伯乐合投的互联网思维值得企业认真学习，伯乐合投并不是简单地将股权投资应用于互联网，而是用互联网思维，将股权以众筹的方式提出。

第二，在市场细分领域找好切入点。股权众筹在中国面临前所未有的机遇，既是对传统股权融资市场的补充，也是构建多层次资本市场的重要一环。

第三，善于结合人才和资本。目前伯乐合投也有自己的商学院，通过持续有效的创业培训发掘出了一批优秀创业者及优质创业企业。伯乐合投根据自身资源优势成立了企业家合投俱乐部和伯乐商学院。合投俱乐部就是将人力资源集团服务过的一些企业家聚集起来，帮助他们找到好项目进行投资，因为这些企业家都是各自行业里的领军人物，他们能够依靠行业经验在各自熟悉的领域里进行专业投资。

资料来源：作者根据多方资料整理而成。

企业融资模式有多种不同的分类方法，按照性质可以将企业融资模式分为债权融资、股权融资、内部融资和贸易融资、项目融资和政策融资；按照来源可以将企业融资模式分为内源融资和外源融资；按照有无中介可以将企业融资模式分为直接融资和间接融资；按照企业性质可以将企业融资模式分为科技型企业融资、商业连锁业融资、互联网企业融资、服务业四类融资。融资模式对企业具有十分重要的意义，这关系到企业资金是否充足，渠道是否丰富的问题。近年来，随着改革的深入和经济的快速发展以及资本市场的逐步开放与完善，企业融资环境逐渐宽松，融资方式也更加多元化。

第一节　企业融资模式

企业融资是指以企业为主体融通资金，使企业及其内部各环节之间资金供求由不平衡到平衡的运动过程。当资金短缺时，以最小的代价筹措到适当期限、适当额度的资金；当资金盈余时，以最低的风险、适当的期限投放出去，以取得最大的收益，从而实现资金供求的平衡。

一、科技型企业融资模式

科技创新企业属于高投入、高风险和高产出行业，在发展过程中面临巨大的资金投入需求，仅依靠企业内部资金积累是难以为继的。因此，需要便利和完善的外部融资体系来支持，外部市场性融资是最直接有效的方法。外部市场性融资包括直接融资和间接融资。由于科技型企业的技术产品市场不成熟和不确定，股权方式较为适合资金需求方和供给方，在共享收益的同时也分担了风险。融资优先序理论研究表明，其合理的融资依次顺序为内部融资、债务融资、股权融资。

三种融资方式是随着企业规模的扩大而发生变化的，处于初创期的科技型企业，由于规模较小，难以取得银行及其他金融机构的资金，这阶段主要的融资手段就是依靠自有资金，即内部融资；伴随着企业规模的扩大，可抵押的资产增加，同时企业有了初步的信用记录，信息透明度有所提高，一般情况下，银行贷款是这个时期企业资金的主要来源，即债务融资阶段；企业进一步成熟后，业务记录和财务管理趋于健全，进而可以在资本市场上获得所需的资金，即股权融资阶段。对于科技型企业，知识产权质押融资是一种更为有效的融资模式，适用于科技型企业的初创期、成长期和成熟期各个时期。知识产权质押融资就是通过知识产权质押获得资金的一种融资方式，这种新的融资方式可以变"知本"为"资本"。知识产权质押融资不仅可以分解为很多环节（法律环节、资产评估环节、金融风险控制环节等），而且涉及很多机构（企业、商业银行、担保机构、政府等）。本节对知识产权质押融资模式的概念做如下表述：知识产权质押融资模式是指导人们在知识产权质押融资中各个环节具体如何操作、如何调整各个机构之间的关系以及如何控制各个机构风险的标准化流程，如图5-1所示。

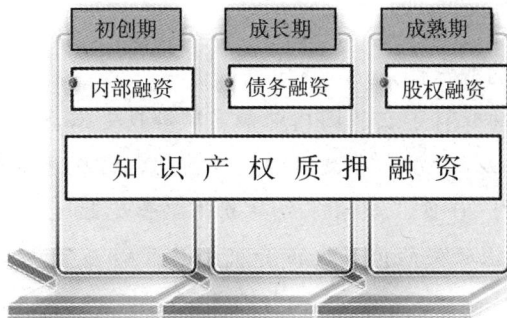

图5-1　科技型企业融资模式

　　现阶段的知识产权直接融资采取的主要模式有以下四种：一是"银行+知识产权+律师事务所+评估公司+股份担保公司"模式，即直接质押融资模式；二是"银行+知识产权+政府担保"模式，即间接质押融资模式；三是"直接质押融资模式和间接质押融资相结合"的混合模式；四是"政府引导、企业参与、市场化运作"的知识产权质押融资模式。

　　科技型企业的融资模式，可以帮助位于不同的生命周期的企业选择合适的融资模式。这不仅可以提高企业融资的成功率，进而避免融资决策失败而带来的损失，而且能帮助其在完成科技创新的同时实现更多的经济附加值，增强竞争力，实现其快速健康的持续发展。

融资模式专栏 1 小米公司：六轮融资四年"身价"翻了 160 倍

一、公司介绍

图片来源：www.mi.com。

小米公司正式成立于 2010 年 4 月，是一家专注于高端智能手机、互联网电视自主研发的创新型科技企业。主要由前谷歌、微软、摩托、金山等知名公司的顶尖人才组建。

小米手机、MIUI、米聊、小米网、小米盒子、小米电视和小米路由器是小米公司旗下七大核心业务。"为发烧而生"是小米的产品理念。小米公司首创了用互联网模式开发手机操作系统的模式，将小米手机打造成全球首个互联网手机品牌。并通过互联网开发、营销和销售小米的产品。

小米公司在机顶盒、互联网电视和路由器等领域也颠覆了传统市场。同时，小米公司也在积极打造小米生态链体系，力争全行业、全产业链都能达到共赢。

二、小米公司的融资模式

小米公司的成功吸引了众多国内外知名风险投资家，正是因为他们看到了小米公司的创新企业经营模式和良好的发展前景，这也是小米获得多次融资的原因。2014 年 12 月 20 日，小米完成第五轮融资，此轮融资由新加坡投资公司 GIC 领投，上一轮领头的俄罗斯投资机构 DST 等多家机构跟投。小米 2015 年或将推出双卡双待手机，并明确基于用户基数的薄利和"会员费"模式。

小米已经超过了刚刚以 400 亿美元估值融资的 Uber，成为目前全球估值最高的互联网创业公司。值得注意的是领投方为 GIC，不是传闻中的 DST。作为新加坡政府主导的主权基金，GIC 不是一家典型的风险投资机构。他们的投资对象业务模式都比较成熟。四年时间，小米估值从 2.5 亿美元提升至超过 400 亿美元，翻了 160 倍。

作为一家成立才四年的公司，小米的发展可谓异常凶猛。快速发展的背后，最少不了的，就是资本的背书。

2011 年 8 月，在成立一年后，小米迎来了 4100 万美元的第一轮融资。投资方为晨兴创投、IDG、启明创投和小米团队，其中小米团队 56 人投资了 1100 万美元。此时，小米的估值为 2.4 亿美元。

伴随着小米手机火热的互联网营销，雷军带着他高调亮相的豪华高管团队，很快获得了第二轮融资。2011 年 10 月，小米科技获得 9000 万美元融资，投资方包括启明创投、顺为基金、IDG投资、晨兴资本、高通投资和淡马锡，估值为10亿美元。2011年12月18日，小米手机1第一次正式网络售卖，官方数据显示，5分钟内30万台售完。

　　每一次小米手机推出的背后，几乎都有高调的融资做支撑。2012年8月，小米第二代手机正式发布，而为此站台的，是两个月前，小米的第三轮2.16亿美元融资，估值40亿美元。

　　2013年8月，小米推出红米手机，正式杀入千元智能手机市场。为此次产品线扩张买单的，据悉投资方是俄罗斯DST，融资金额未透露，这次估值达到100亿美元。以第四轮100亿美元估值来算，小米团队投资回报为41.7倍；晨兴创投、IDG、启明创投第一轮投资回报41.7倍，第二轮为10倍；顺为基金、高通投资和淡马锡投资回报则为10倍。如果以400亿美元估值来算，则投资方更赚得盆满钵满，小米团队投资回报为166.7倍；晨兴创投、IDG、启明创投第一轮投资回报166.7倍，第二轮为40倍；顺为基金、高通投资和淡马锡投资回报则为40倍；俄罗斯DST也有4倍回报。

三、小米生态

　　支撑小米公司估值飙升的，不仅仅是手机硬件出货。未来的小米可以理解成：小米手机（含小米平板）、小米电视（含小米盒子）和小米路由器三大硬件核心产品线是"第一个小米"；MIUI及其所构建的移动互联网内容和服务生态相当于"第二个小米"；而小米计划花50亿美元投资的智能硬件100家公司将成为"第三个小米"。建立在小米手机、MIUI生态圈、手机之外小米生态的全新格局，是支撑小米400亿美元估值的原因之一。

　　2014年以来，雷军在投资领域频繁"出击"。从小米与顺为基金领投积木盒子进军互联网金融、雷军控股的北京瓦力文化传播有限公司投资华策影视、小米2500万美元入股iHealth进军移动医疗，再到金星投资与顺米投资凯立德，以及11月以3亿美元入股爱奇艺，10亿美元投资云计算、入股世纪互联，再到不久前以12.66亿美元入股白电巨头美的。这背后是小米积极推动小米智能硬件生态链计划。

　　通过手机这个必备品，将家庭中的硬件设备连接在一起，小米逐渐打造了一个围绕着小米的手机（平板）、电视（盒子）和智能路由器三类核心硬件的周边硬件生态链，所有的这些智能产品，都是与小米手机相连，数据实现共享。

资料来源：作者根据多方资料整理而成。

二、商业连锁融资模式

零售业被誉为市场经济的"催化剂"，它可以活跃市场气氛，是促进国民经济持续快速增长的强大动力。商业连锁企业作为当今零售业的中坚力量，它的融资模式直接关系到整个社会的发展速度。

商业连锁企业规模大、信用好、资金流动性强，所以往往得到政府、银行和投资者的大力支持。研究商业连锁企业的融资模式，一方面有利于保证投资人和债权人的利益，帮助他们合理规避风险；另一方面由于其经营活动直接关系国计民生，因此，政府和银行可以通过调节资金供给，引导企业的投资活动，从而有利于国家的经济发展和安定团结。一般来说，连锁企业分为特许连锁、直营连锁和自由连锁三类，如表 5-1 所示。

表 5-1　连锁企业的分类

	特点
特许经营	总部的特许权的授予，所以称为特许经营，也叫作合同连锁。特许的加盟店是独立法人，但也可能是同一资本所有者
直营连锁	总部直接掌管所有的零售点，而零售点也必须完全接受总部的指挥
自由连锁	成员店大多数是小型的独立商店。自由连锁经营的总部是由加盟店或加盟店和主导批发的批发商结成组织体形成的

第一，特许连锁（Franchise Chain，FC）。根据特许合同，总部须提供一项独有的商业特权，比如商标、产品、标识等给加盟店使用，并给予加盟店以员工训练、商品功效、组织结构、经营管理的指导和协助；加盟店享有总部赋予的权利，但同时也要交付相应的费用并遵守总部的规定。

第二，直营连锁（Regular Chain，RC），即正规连锁，是指总公司直接经营连锁店，即由公司本部直接经营、投资、管理各个零售店的经营形态。

第三，自由连锁（Voluntary Chain，VC），也叫作自愿连锁，即自愿加入连锁体系的商店，是指一批所有权独立的商店自愿归属于一个采购联营组织和一个服务管理中心领导的经营方式。管理中心负责提供销售计划、账目处理、商店布局和设计以及其他服务项目。

在商业连锁企业融资模式主要有"类金融"、网络融资和商标权质押等融资模式，如图 5-2 所示。

第一，"类金融"模式。"类金融"模式是指凭借所拥有的全国性销售渠道网络，形成寡头垄断，在与消费者之间进行现金交易的同时，依靠延期支付上游

图 5-2　商业连锁融资模式

供应商货款、获取通道费等不同类型的返利以弥补销售业务的亏损，使其账面上有大量的浮存现金，形成"规模扩张—销售规模提升，带来账面浮存现金—占用供应商资金用于规模扩张—进一步提升零售渠道价值，带来更多账面浮存现金"的资金体内循环体系，其中代表企业是中国家电连锁巨头国美和苏宁。它们如同银行吸收存款一样，通过"账期"占用供应商的资金，将获得的周期性无成本短期融资投入企业的日常经营当中，或通过变相手段转作他用，这种依靠无偿借用外部资金来获得自身发展的模式使国美、苏宁在外部融资面临较大困难时，借此缓解规模扩张和资金"瓶颈"之间的矛盾，因而它们既能够实现规模的快速扩张，又能够保持强劲盈利能力。这一商业模式的核心支撑点是国美、苏宁拥有垄断性的渠道资源，可以说供应商的资金支撑着国美、苏宁的连锁王国，如图 5-3 所示。

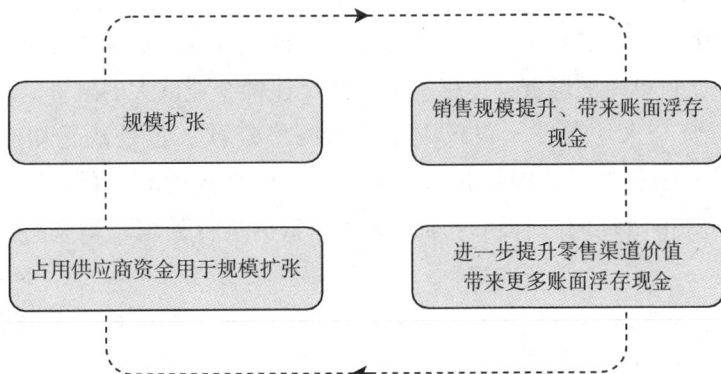

图 5-3　类金融模式循环图

但类金融模式只能带来短期流动资金，这种资金结构带来的风险也大。门店快速扩张，如不占用供应商资金则存在巨大资金缺口。根据行业经验，零售商规模扩张一般只需支付开办费，而货款实际都是由供应商垫付。为还原国美、苏宁新增门店需要资金，假设不占用供应商资金，根据提供的年度财务报表计算出国美、苏宁在实现规模扩张速度下需要的资金，扣除其账面资金，两家公司新增门店均存在较大的资金缺口。而这两家公司实际上都没有从银行进行短期借贷，这表明两家公司新增门店资金主要是依靠未付息流动负债，及占用供应商资金，一旦资金链发生断裂，后果将不堪设想。

第二，网络融资模式。为了在零售业的"微利时代"站稳脚跟，中小型连锁企业开始借助第三方支付工具提高资金周转率、降低融资成本。贷款人在网上填写企业信息资料，向第三方平台提出贷款申请，经金融机构审核批准后发放贷款，是一种数字化的新型融资方式。如通过易宝支付平台，合作银行可为企业提供以交易量作为贷款额度依据的无抵押贷款。

由于缺少可抵押资产，中小型连锁企业很难获得银行等金融机构借款，目前，国内连锁零售企业的资金来源在相当大的程度上依赖负债，且多为短期负债，主要包括应付各类供应商货款、消费卡预收款等营运负债。传统的贷款方式不仅贷款条件高、金融服务成本高，而且放款速度慢，难以满足零售连锁企业资金量需求少、频率高的要求。而网络融资不需要对企业抵押物进行评估，节约了抵押物评估费和担保费，让企业点击鼠标即可实现贷款的申请、审批、放款等流程，打破了时间和空间上的限制。同时第三方平台储存了企业的网上持续交易记录和网络信用，及时有效地搭建资金供需双方的桥梁，使连锁企业可以跨区域找到满足自己融资条件的资金供应者。

我国网络融资处于起步阶段，发展还不成熟，存在一系列的问题：一是网络贷款系统尚未健全。二是融资渠道过于狭窄。仅凭少数商业银行和少数几个第三方平台这种比较单一的融资渠道根本无法满足连锁企业巨大的融资需求。且目前的网络融资资金来源单一，仅仅限于银行网络贷款。三是缺乏相应的政策法规。投资者、融资者以及银行和第三方平台等中介机构的权利和义务该如何划分，网络融资中出现的各种纠纷该以什么为依据进行处理，相关的法律法规仍有待完善。

第三，商标权质押融资模式。商标权质押融资模式是一种具有创新意义的融资方式，是指具有品牌优势的企业用经国家工商行政管理总局商标局依法核准的商标专用权作质押物，从银行取得借款并按约定的利率和期限偿还借款本息的获得贷款的一种融资方式。2011年武汉仟吉食品有限公司成功获得招商银行2000万元贷款，以商标权抵押获取如此高额贷款在武汉属于首例。仟吉西饼创立的短短几年间，迅速扩张到了近60家门店，从成立之初就注重商标权的保护，现已注册15大类的100多个与仟吉相关的商标，企业每年投入商标名牌上的宣传资金逾500万元。以仟吉为代表的连锁企业，核心就在于人力资本、创新技术等方面，由于先天的决定因素使得这种企业的规模不会很大，一般都会对知识的产权进行质押从而获得资金。其中商标权质押率比专利、著作权要高，发明专利的质押贷款额度一般为其评估价值的 25%~30%，而商标权可达 40%甚至更高。商标权质押贷款不仅解决了连锁企业融资难问题，为企业扩张注入了活力，也提升了企业核心竞争力。

目前存在银行对商标价值的评估欠缺经验，质押价值评估难度大的情况，主要是由于商标权价值具有不稳定性和不确定性，使得银行在对要进行质押贷款的企业审核时采取了更加谨慎的态度。并且只有少数的银行提供这方面的贷款，造成企业对商标权质押的融资方式认识不够，在实施这方面贷款时将会处在劣势的环境下。

融资模式专栏 2　　连锁模式助力，唯美度借壳上市

一、公司介绍

唯美度科技（北京）有限公司由（以下简称唯美度）由国际著名私募股权基金投资，先后与法国国家卫生研究院、法国巴黎第五大学、中国医学科学院、中山大

图片来源：http://wmd.kpbeauty.com.cn/。

学建立了致力于生物科技同现代医学美容相结合的世界级生物产品研发联盟，被中国科技部认定为国家级高新技术企业、被中国商务部认可为国际信用资质。自进入中国市场以来成功推出唯美度、奥瑞拉、芭特尔芙莱、梦颜堂四大品牌，服务高、中、低端消费群。唯美度凭借独特的商业方式和对中国消费者以及行业市场的准确把握，行销网透过控股公司成员遍及中国所有省份，几百个城市。

唯美度关注女性健康与美容事业，潜心致力于生物科技同现代医学美容完美结合的产品研发之中，全力打造成功美丽事业。目前集团共拥有独创研发的微晶生物技术、美白保湿、纳米金抗衰老组合物及植物防晒剂等 15 项产品发明专利、12 项申报中的发明专利。与此同时，这些发明专利均已成功运用于产品中，功效卓越，效果非凡。总部设在首都北京，连同深圳、沈阳、成都、山西五大城市区域管理中心，地区总部各司其职，负责地区终端门店咨询及售后服务管理。

二、唯美度的连锁模式

唯美度集团于2002年末起步,最初只有50万元资金,从北京亚运村一间每月5000元租金的简单商住公寓开始,创始人晨光女士带领她的团队艰苦创业,凭借坚韧的毅力和智慧在短短的几年中创建了"唯美度模式",并在业内创造了惊心动魄的美容商业连锁奇迹。

"唯美度模式"是一个独特的双赢商业模式,不仅为公司股东提供了丰厚回报,而且为中国巨大的中小投资者提供了大量创业机会。加盟商仅需交付首批产品款,就可以得到创业所需的一切资源和全程的免费支持,从而使加盟商以最小的投入获得最大的回报。目前,唯美度采用高度统一的连锁模式,锁定中高端女性消费群体,为客户提供美容、SPA水疗、身体护理等服务。

三、唯美度拟通过战略投资上市

唯美度集团经营模式以加盟为主,打破行业直营化的模式,并成功地将连锁规模做成国内最大,给美容界带来了新的看点和奇迹。

独特的经营管理方式、大举扩张的企业规模、稳定增长的经济效益不断吸引海内外知名风险投资机构的青睐和签约。从2008年引进数千万元战略投资以来,唯美度集团又在2012年同国际著名投资机构英国扬子资本成功签署数亿元战略投资协议。在未来几年内,销售收入将达到数亿元人民币的规模。在这一过程中,集团将争取吸引更多的战略投资者进入,投入巨资用于一定数量的直营样板店、唯美度高标准生产中心、国内顶尖科学研发中心及唯美度美容教育学院的建立,并不断完善集团经营的内容,健全集团的产业结构,打造顶级美容连锁企业,争取上市,与众多加盟商一起享受上市带来的效益和喜悦。

资料来源:作者根据多方资料整理而成。

三、互联网企业融资模式

互联网企业是由网络为基础的经营,包括IT行业、电子商务、软件开发等,融资是其兴衰成败的关键。天使投资(AI)、风险投资(VC)和私募股权投资(PE)是互联网企业重要的融资渠道,如图5-4所示。

不同生命周期阶段的互联网企业选择不同融资模式,初创期一般选择天使投资模式,成长期一般选择风险投资模式,成熟期一般选择私募股权投资模式。

从融资方式、融资市场和资金退出方式的选择上分析,我国的互联网企业融资模式具有三个典型特征,如图5-5所示。

图 5–4　基于生命周期的互联网企业融资模式

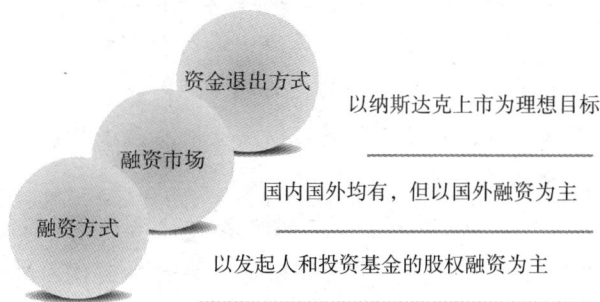

图 5–5　互联网企业融资模式特点

　　第一，中国互联网企业基本处在初创期和成长期，在融资方式的选择上一般以发起人和投资基金的股权融资为主。在初创期的融资方式基本选择自身积累加天使投资；成长期的融资方式倾向于获得风险投资，以投资基金的股权融资途径为主。

　　第二，中国互联网企业融资市场的选择上，国内国外均有，但以国外融资为主。在融资市场的选择上，中国互联网企业虽然也有一部分资金来自国内的风险投资，但绝大部分依赖于国外的风险投资机构。

　　第三，资金退出方式的选择上，以纳斯达克上市为理想目标。中国互联网企业在成熟期，通常把纳斯达克上市作为目标融资方式。此时，公司已经拥有切实的利润增长点和成熟的商业模式，上市成为风险投资理想的退出方式。目前对我国国内的许多高科技企业来说可选择的股市有我国沪深主板、中小板、创业板、我国香港创业板和美国纽交所及纳斯达克。然而比较国内股票市场的高门槛，我国香港的创业板和美国的纳斯达克显然更具有吸引力。

融资模式专栏 3　　米袋计划：互联网企业的天使融资模式

一、公司介绍

米袋计划　用互联网变革金融！

图片来源：http://www.midaijihua.com/。

上海聚诚致信网络科技有限公司成立于 2013 年 11 月，专注于互联网金融领域的商业模式与行业趋势研究和分析，给社会大众人群提供可信赖的互联网理财相关服务，帮助投资者更好地参与网上理财活动，规避和降低投资风险，进行合理的资产配置，最终实现社会大众财富增值的愿望。理财是一种良好的生活习惯，而互联网带来的理财变革，必将进一步改善我们的生活，将理财安全和收益进行最佳优化。

二、米袋计划天使融资模式

2014 年 12 月 18 日，互联网金融二级债权转让平台"米袋计划"宣布已顺利完成 2000 万元天使轮融资。米袋计划是上海聚诚致信网络科技有限公司旗下产品，这款基于 P2P 网贷债权的分散投资服务类产品，自 2014 年 9 月上线以来，已有超过 5000 名投资人，完成投资逾 1500 万元。米袋计划上线后，通过二级债权打包转让实现分散投资、随存随取、每日计息的创新模式，引起了投资人和业内人士的广泛关注，被称为 P2P 行业的 ETF。持续稳定在 15%左右的年化收益率和公开透明的债权信息更获得用户的广泛好评。

三、米袋计划债权结构战略布局

米袋计划以二级债权转让为基础，架构"分散投资"的科学模型，在米袋 360 数据库和团队风控经验的基础上搭建智能风控体系，从 1000 多家 P2P 平台中筛选出的收益适宜的优质债权标的，生成每日的债权组合。在保障收益的前提下，以科学的债权配比提升了投资的安全性。每日债权组合的透明化，让投资人能够随时了解到资金的配比与流向，并能随时反馈对于债权结构的意见。同时，区别于传统的一级债权，米袋计划特有的申购与赎回机制，实现了即时投资、随时提现，这使得账户资产的流动性更佳，降低了投资人资金长期冻结带来的不方便。自上线运营以来，米袋计划始终保持稳健、谨慎的节奏逐步拓展自身的规模。一方面坚持风控严格管理，在"分散"、"优选"原则下进行平台和债权标的筛选；另一方面严格控制用户投资上限，从 2000 元调整至 5000 元再到目前的 10000 元，保证排队资金的消化及时，以及所投债权的稳定、安全。

其间，米袋计划还创新性地提出了"特约债权供应商"概念，邀请一批在业内有着良好信誉和广泛影响力的 P2P 平台进行合作，收取一定比例的风险保证金用于债权的风险对冲，引入这些平台的优质债权标的。目前，米袋计划已先后引进诺诺镑客、温州贷、投哪网、爱钱帮、和信贷、新新贷、国诚金融等一批知名平台作为"特约债权供应商"，初步显现了米袋计划债权结构的矩阵式战略布局。

资料来源：作者根据多方资料整理而成。

四、服务业融资模式

服务业即指生产和销售服务产品的生产部门和企业的集合。服务产品与其他产业产品相比，具有非实物性、不可储存性和生产与消费同时性等特征。在我国国民经济核算实际工作中，将服务业视同为第三产业，即将服务业定义为除农业、工业、建筑业之外的其他所有产业部门。

服务业具有区域集聚的特征，而服务业集聚所需开发建设周期长、资金需求量大，灵活多样的融资渠道和有效的融资方式，对于区域开发的顺利进行具有重要意义，甚至关系到区域开发的成败。服务业融资模式有三类：财政直投融资模式、开发公司自行融资模式和引入社会投资者的融资模式。如图 5-6 所示。

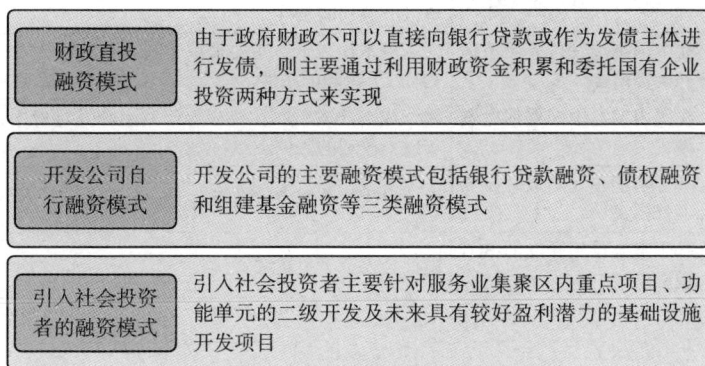

财政直投融资模式	由于政府财政不可以直接向银行贷款或作为发债主体进行发债，则主要通过利用财政资金积累和委托国有企业投资两种方式来实现
开发公司自行融资模式	开发公司的主要融资模式包括银行贷款融资、债权融资和组建基金融资等三类融资模式
引入社会投资者的融资模式	引入社会投资者主要针对服务业集聚区内重点项目、功能单元的二级开发及未来具有较好盈利潜力的基础设施开发项目

图 5-6　服务业的三类融资模式

第一，财政直投融资模式。在区域开发过程中，政府财政直投模式主要投资于以下三个领域：一是区域土地收储，包括征地拆迁、园区基础设施搬迁、填海造地等；二是基础设施建设，包括七通一平、高快速路建设、轨道交通建设等；三是重大项目建设，包括重大产业平台建设、标志性建筑建设等。由于政府财政不可以直接向银行贷款或作为发债主体进行发债，则主要通过利用财政资金积累和委托国有企业投资两种方式来实现。

第二，开发公司自行融资模式。政府或区域管理机构组建开发公司主要是让其承担区域土地开发、基础设施开发及二级市场物业开发等职能。作为市场化的投资主体，开发公司在融资过程中更应借助其开发主体的优势，发挥渠道灵活多样的融资主体作用。开发公司的主要融资模式包括银行贷款融资、债权融资和组建基金融资等三类融资模式。

第三，引入社会投资者的融资模式。引入社会投资者主要针对服务业集聚区内重点项目、功能单元的二级开发及未来具有较好盈利潜力的基础设施开发项目。综合对财政直投融资模式、开发公司自行融资模式及引入社会投资者的融资模式实施路径及融资成本等的阐述，对比分析各主要融资模式的特点，如表 5-2 所示。

表 5-2　服务业主要融资模式特点对比分析

融资主体	融资模式	融资特点
政府或区域管理机构	财政直投或委托国有企业代投模式	财政直接投资或者委托国有企业投资，资金来源有保障
区域开发公司	银行贷款融资模式	融资成本比较高，主要来源于贷款利息；由开发公司进行资金统借统还；资金偿还来源于土地出让收入
	在国内发行债券融资模式	融资成本比较低，主要来源于利息和发行费用；需要满足 3 年以上盈利的条件
	在中国香港发行人民币债券融资模式	融资成本比较低，主要来源于利息和发行费用；不需要满足 3 年以上盈利的条件
	在国内发行中期票据融资模式	融资成本比较低，主要来源于利息和发行费用；需要满足 3 年以上盈利的条件
社会投资者	基于功能单元二级开发的融资模式	由项目代建公司负责融资
	基于基础设施开发的 BOT 融资模式	由社会投资者负责融资

第二节　商业模式与投资价值

纵观历史，但凡成功企业往往都曾创造过独特的商业模式，而这种商业模式都具有巨大投资价值。从商业模式的角度如何看出一个企业的潜在价值，我们需要关注商业模式是否能够持续地维系住客户，提供对客户有价值的内容，让用户愿意付费。能够做到这些的企业，不论是天生还是转型，都会给我们带来巨大的投资回报。

一、商业模式与投资价值

商业模式对一个公司的重要性无论怎么强调都不过分，商业模式的核心在于价值内涵（Value Proposition），也就是你能给客户提供什么价值，客户为什么选择你而不是别人。如果一个企业的价值内涵不清楚，是无法建立合理的商业模式的。投资价值是价值内涵的关键所在，投资价值是指评估对象对于具有明确投资目标的投资者或某一类投资者所具有的价值，亦称特定投资者价值。可以说，投资价值是商业模式的最重要评判因素，如图5-7所示。

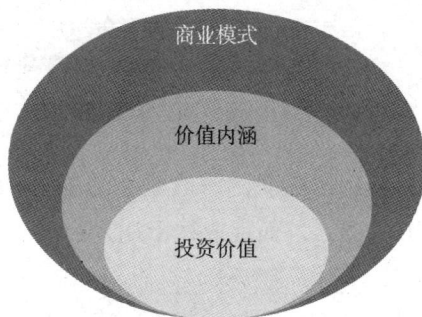

图 5-7　投资价值在商业模式中的核心作用

如今，商业模式已进入多元化时代，不仅包括传统的 B2B、B2C 模式，还包括新兴的诸如 O2O、P2P、C2B 等模式。下面以 O2O 和 P2P 为重点进行商业模式和投资价值的介绍。

（一）O2O 即 Online To Offline（在线离线/线上到线下）

是指将线下的商务机会与互联网结合，让互联网成为线下交易的前台，这个概念最早来源于美国。O2O 的概念非常广泛，只要产业链中既可涉及线上，又可涉及线下，就可统称为 O2O。2013 年 O2O 进入高速发展阶段，开始了本地化及移动设备的整合，于是 O2O 商业模式横空出世，成为 O2O 模式的本地化分支。O2O 商业模式不仅可以让企业零距离地与消费者接触，掌握产品的用户群，也为企业节省了不少的费用，企业不用再跑遍城市的每个角落去建专卖店，少数几家体验店便可以满足消费者的需求。苏宁云商和本来生活网则是较好的 O2O 商业模式的代表企业，它们的成功也让传统企业看到了新的渠道方向。

O2O 的优势在于把网上和网下的优势完美结合。通过网购导购机，把互联网与地面店完美对接，实现互联网落地。让消费者在享受线上优惠价格的同时，又可享受线下贴身的服务。同时，O2O 模式还可实现不同商家的联盟。O2O 商业模式的投资价值如图 5-8 所示。

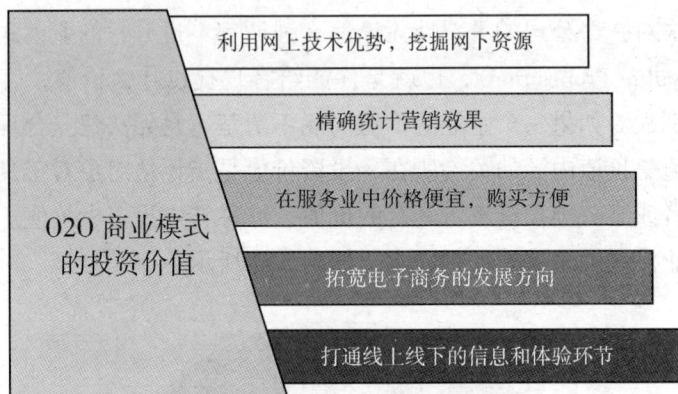

图 5-8　O2O 商业模式的投资价值

第一，O2O 模式充分利用了互联网跨地域、无边界、海量信息、海量用户的优势，同时充分挖掘线下资源，进而促成线上用户与线下商品与服务的交易，团购就是 O2O 的典型代表。

第二，O2O 模式可以对商家的营销效果进行直观的统计和追踪评估，规避了传统营销模式的推广效果不可预测性，O2O 将线上订单和线下消费结合，所有的消费行为均可以准确统计，进而吸引更多的商家进来，为消费者提供更多优质的产品和服务。

第三，O2O 在服务业中具有优势，价格便宜，购买方便，且折扣信息等能及时获知。

第四，将拓宽电子商务的发展方向，由规模化走向多元化。

第五，O2O 模式打通了线上线下的信息和体验环节，让线下消费者避免了因信息不对称而遭受的"价格蒙蔽"，同时实现线上消费者"售前体验"。

（二）P2P（小额借贷）

这是一种将非常小额度的资金聚集起来借贷给有资金需求人群的一种商业模型。它的社会价值主要体现在满足个人资金需求、发展个人信用体系和提高社会闲散资金利用率三个方面。P2P 是金融服务的一个细分领域，而金融服务又是现代服务业重点之一。大量信息技术和新管理模式的应用使得现代服务业充满了创新的空间，基于新技术、新管理模式应用的新服务业态、模式不断涌现，层出不穷。P2P能将业务和新技术紧密结合，提升企业的效率和竞争力。P2P企业发展壮大有一定的现实需要、有自己的行业独特性以及国家对该领域的认可支持等三方面优势。

第一，我国的金融市场存在一些结构性问题，包括小微企业主、个体工商户的融资需求无法有效满足；中国目前稳健型、固定收益类的投资工具非常少，尤其是中小投资者，更是缺少有效的投资渠道等多项问题。传统金融机构由于金融运营和交易成本高、资产和负债期限匹配难度大、流动性管理等原因存在理财产品门槛高、中小微企业无法获得融资等多种问题，无法满足市场需要，这便给互联网金融发展带来了契机。根据《2013中国大众富裕阶层财富白皮书》的数据，中国大众富裕阶层中出生于1960~1989年的为绝大多数，共占了81.1%，这些人对财富管理的需求是非常巨大的，而且他们对互联网、移动互联网等新兴技术接受度高，这些都为互联网金融的迅速普及创造了可能。P2P以其便捷性和低门槛，既给予中小微型企业发展契机，又保障了投资者的利益。

第二，发展P2P目前有三大优势。第一个优势是交易成本低。据数据统计，个人点对点信贷只有传统银行业实体网点成本的1/10，从市场竞争的规律来看，未来的发展肯定要往交易成本更低的方向走，而P2P就代表了这种趋势。第二个优势是客户服务口径扩大，P2P打破了传统金融业时间和空间上的限制，为消费者大幅度节约时间成本，大大提高客户覆盖率。第三个优势是P2P强大的数据收集、数据分析和行为跟踪能力能够逾越一般财务报表，有效地调查、监督客户的还款意愿和还款能力，有效地甄别异常状况，这在技术上解决了市场信息不对称的难题，能有效控制金融风险。

第三，从宏观面来看，P2P为中国经济转型升级提供了巨大的推动力，满足了小微企业、消费者的融资需求同时促进了内需，也为一些新兴产业的发展壮大提供了资本支撑。2013年12月3日，10家P2P网贷平台共计75家机构共同参与并审议通过了《互联网金融专业委员会章程》，这标志着各界已经开始重视这一领域的发展，尽管目前关于互联网金融发展的政策法规还较少，但资本市场已经嗅到了这一重要商机，也验证了一个具有巨大市场空间的新生事物总是风投率先介入发展壮大起来，而后被各界认可、被国家重视的现象。

融资模式专栏 4　　零售业进入 O2O 时代，拉夏贝尔创造投资价值

一、公司介绍

La Chapelle

图片来源：http://group.lachapelle.cn/。

拉夏贝尔（La Chapelle）品牌始创于 1998 年，是来自上海的经典之作。拉夏贝尔一直追求强调个性化的设计，是将设计渗透人文文化的时尚品牌。拉夏贝尔设计和销售适合都市女性的流行时装和饰品，将法国浪漫、时尚、优雅的服饰文化引入中国人的生活中。

上海拉夏贝尔在国内有自营店柜近 5000 家，并还在增长中。La Chapelle 少淑品牌，主要针对 25~35 岁都市办公室女性设计，线条简洁，优雅精致。La Chapelle Sport 休闲品牌，主要针对 20~30 岁都市女性，健康、时尚、活力，是新一代女性追求浪漫、甜美和时尚运动的目标。拉夏贝尔具备法兰西的浪漫，展现女性自然、健康的生活方式。

二、拉夏贝尔的 O2O 模式

2014 年，拉夏贝尔有一系列不俗的成绩：2014 年 10 月 9 日港交所挂牌上市，遍布全国的直营店超过 5600 家，"双十一"线上线下门店单日成交总额突破 1.1 亿元……拉夏贝尔近期的"热"，与传统服装业的"冷"形成强烈反差，在业内掀起不小的波澜。

拉夏贝尔全渠道创造的"神速"，让顾客感受到了一个不一样的"双十一"，也让人们对全渠道的价值有了不同理解。传统商业线下线上通常是两个系统甚至两张面孔，这会严重割裂顾客购物体验、影响顾客满意度。拉夏贝尔的全渠道战略的本质有两层含义，对外是实现顾客满意，对内是实现运营升级。电商业务本身跟传统业务会有巨大的区别，如果它能够跟传统商业模式相结合的话，会焕发出更强的生命力，能起到 1 加 1 大于 2 的效果。拉夏贝尔电商的独特之处在于电商部"不备货、不卖货、不发货"，依靠与线下门店的充分互动整合，实现了顾客满意、运营升级并取得明显超出预期的不俗回报。

消费者选择网购的原因在于，选择范围广，易于搜索，价格实惠，便于比较，购物非常方便。然而它无法替代实体店的服务体验，顾客不能触摸、试穿试用，还要受到"慢递"的困扰。正因为此，拉夏贝尔的全渠道将打造无缝式"全渠道"体验，为顾客提供全新的购物体验，作为全渠道的终极目标。

拉夏贝尔全国几千家直营连锁门店，线上线下同步上新、同步活动、同款

同价、总仓、门店仓库存共享，全国门店相当于网店的仓库，为拉夏贝尔扬长避短、一步到位实现全渠道业务奠定了先天优势。仅仅打通线上线下库存，就为顾客带来了更好的物流体验，并且在2014年实现了明显超出预期的销售净利率，这仅仅是拉夏贝尔战略实施的第一步，在未来，拉夏贝尔着眼于推进全渠道业务，创造更畅通、更自由的购物体验模式。

三、拉夏贝尔的未来发展之路

目前拉夏贝尔实现了线上、线下商品、库存、流量的打通，为线上购物的顾客提供了更优质的服务。而在其全渠道的蓝图中，线上、线下两拨消费者将不再泾渭分明，而更像"两栖动物"，这就要求品牌去打通所有的购物场景，不断优化购物体验，用互联网思维去挖掘顾客的需求和痛点，提供三维立体服务，将线上、线下营销的优势进行融合、创新。

按照拉夏贝尔的计划，当顾客挑选单件衣服后，常常会面临搭配的问题，这也是很多女性购物者普遍苦恼的问题，而店铺的"搭配顾问"可以提供相应的搭配建议，并将搭配方案直接通过平板展示给消费者。除了可以为消费者提供搭配参考外，还可以完成线上支付。消费者如果看中了搭配顾问提供的搭配，线下试穿满意，又懒于排队结账，可以直接通过门店的移动终端完成扫描支付。在未来的计划中，解决店铺内服装缺色断码的难题，也将是拉夏贝尔需要去逐步完善的方面，例如消费者在一家店铺看好的衣服如果缺货，店铺导购可以通过移动终端从另一家调货寄送或上门送到消费者家中，这样既提升了消费者购物体验，又减少了销量流失。

未来零售业的竞争，是购物体验的竞争。谁能更好地满足顾客需求，谁就能保持长久竞争优势。今后拉夏贝尔将全渠道业务重点聚焦在以顾客购物场景为中心的商品、库存、流量、会员、支付等五大方面的业务打通上，使顾客来拉夏贝尔购物时就像邻里做客一样亲切，像朋友交往一样愉悦，充满更多乐趣和便利。

资料来源：作者根据多方资料整理而成。

二、PE 眼中的商业模式

私募股权投资（PE）在对企业进行投资时，所研究的就是企业的商业模式，可以说商业模式是决定企业能否得到 PE 青睐的重要内容。在 PE 眼中，好的商业模式就是成功的一半。PE 在商业模式中，主要关注企业两方面的内容，一是价值创造，二是治理结构。价值创造是商业模式的目的，治理结构是商业模式的手段，两者相辅相成，缺一不可。

第一，价值创造。PE 投资过程可划分为若干环节。任何投资过程都开始于选择有利可图的投资对象，可以称之为发现价值。经过一段或长或短的时间（投资持有期）之后，结束于投资增值或减值（投资成本加盈利或减亏损），可以称之为实现价值。投资过程可以述为：投资=价值发现+投资持有+价值实现。在价值发现环节寻找可以在 PE 支持下实现高绩效目标的投资对象。PE 通常选择具有高增长潜力的企业。发现那些通过资本注入、管理变革、激励约束、增值服务和长期投资等手段，可以创造比在没有 PE 投资的情形下更高绩效的企业。无论是典型的风险投资基金选择具有广阔市场前景的早期企业，发展期基金选择处于快速发展阶段的行业龙头企业，还是收购基金选择具有运营绩效改进的较大空间的成熟期企业，都体现了在价值发现环节发现高绩效目标的要求。PE 投资同样是价值投资。一些 PE 研究指出，PE 行走在非有效市场，寻找价值低估的企业。

价值创造是 PE 投资过程的中心环节。投资可以按投资对象划分为不同的种类。而不同种类投资在投资持有环节的作为形式和程度有很大的差别。撇开直接投资经营企业不论，单就财务投资而言，许多种类投资（如银行存款、公开市场上债券和股票等证券投资，另类投资中的黄金、珠宝、艺术品投资等），投资人在投资持有期一般没有作用于被投资对象价值的进一步行为。当投资对象是企业股票或债券时，一般并不介入被投资企业的经营和管理，或者说不参与目标企业的价值创造。这类投资在持有期内，虽然要随时密切跟踪投资对象的相关信息以等待最合适的退出时机实现价值（实物资产的投资还要保持投资对象物理上的完好无损）。其投资过程可以进一步表述为：某些投资=价值发现+关注与保护+价值实现。PE 则不同，无论何种类型和风格的 PE，都在一定程度上介入目标企业的经营与管理，主导（当拥有控制性股权）或参与（当仅拥有非控制性股权）目标企业的价值创造过程。其投资过程可以进一步表述为：PE 投资=价值发现+主导或参与价值创造+价值实现。

第二，治理结构。PE 持有的公司与其他公司的区别就在于 PE 公司治理结构的特点和 PE 创造价值的基本手段不同。PE 以一种新的公司治理结构代替原有的公司治理结构，通过各种手段主导或参与目标企业的价值创造过程，帮助目标企业实现预期的高绩效目标。PE 以一种财务投资机构适当集中持股（或控股）的私人公司治理结构取代家族控股、实业公司控股、分散持股、政府控股或公众公司的公司治理结构，使目标企业能够追求股权本身的（中）长期价值。

公司治理结构也是 PE 关注的公司商业模式之一。一是建立包括 PE 投资方、管理层成员在内的行业经验丰富、与管理层沟通畅通的董事会，通常比原有董事会更加精干和高效；二是建立更有力度的激励约束机制，通常包括较大份额的管理层和员工持股，投资人同意与禁止事项、基于业绩的薪酬体系和股份调整协议（对赌协议）等；三是进行战略（经营方向）、资产（购买或剥离）和业务（进入、退出和流程）调整。

简而言之，在 PE 眼中，简洁有效的商业模式是最受欢迎的。要想获得 PE 的投资，必须设计好商业模式，其中盈利模式和管理模式是重中之重。

融资模式专栏 5　　力鼎投资：投资于可复制的商业模式

一、公司介绍

力鼎资本是一家专业的投资基金管理机构和综合的投资管理集团。力鼎资本总部管理平台包括上海力鼎投资管理

图片来源：http://www.leadingcapital.com.cn/。

公司、北京力鼎兴业创业投资管理中心（有限合伙）和深圳市力鼎基金管理有限公司，并于广州、郑州等地设有区域管理平台。力鼎资本为满足投资不同产业及不同发展阶段的企业的需要，与政府及金融投资机构合作，成立了包括风险投资基金（VC）、股权投资基金（PE）以及收购兼并基金（M&A）等多种类型的私募股权投资基金，管理资产规模超过 60 亿元人民币。力鼎资本专注于投资品牌消费、节能环保、电子信息、医疗健康、现代农业、高端制造等行业的成长型优秀企业，累计控股、参股细分行业龙头企业超过 60 家，其中十多家企业成功在上海、深圳及中国香港证券交易所上市，这些企业已经或正在成为中国上市公司的佼佼者。

二、力鼎投资的商业模式

一级市场的投资人在投资一家企业时，远远比二级市场的投资人更为看重这家企业的商业模式和盈利模式。2014 年 7 月 25 日，力鼎资本旗下的并购基金完成募资正式成立。这只基金全名"成都力鼎银科股权投资基金中心（有限合伙）"（以下简称成都力鼎），规模为 10 亿元，也是力鼎资本目前管理的单只规模最大的基金。目前，力鼎资本至今管理的资产规模已经超过 60 亿元。

成都力鼎的 LP 中不乏知名机构，公开信息显示，国美控股集团有限公司出资 1 亿元，成都银科创业投资有限公司出资 1 亿元，在期货投资界赫赫有名

的上海混沌投资（集团）有限公司出资 5000 万元，最大的 LP 厦门一家公司出资 2.5 亿元。这只并购基金仅有 11 个有限合伙人，绝大部分出资由机构投资者贡献。它的投向为 TMT 及消费服务、医疗健康、节能环保等。

向"后"走做并购基金，是很多人民币基金已经做或者正在尝试的出路，其中最为主流的模式，是 PE 机构与某家特定的上市公司绑定，后者既是基石投资者，又协助投资和管理项目，还承诺收购并购基金中符合条件的项目，等于一举四得，助力于 PE 机构产业链"募、投、管、退"每一个环节。因此，这一模式在过去两年遍地开花，尤其是在医疗行业最为时兴。

三、力鼎投资密切关注 TMT

2014 年以来，TMT 投资热，人人都在谈泡沫，而其中颇为热门的一个分支就是"产业互联网"，这一概念对应于此前的"消费互联网"，即 B2B 业务的互联网化，"产业互联网"的投资人描绘：未来从大宗商品到很多工业零件，都会在网上销售。如果说，这些投资人投资的是新成立的"产业互联网"概念企业，期望它们颠覆传统行业的格局，并提供价值成为高估值的企业；那么，成都力鼎则选择与这些传统细分行业的龙头企业在一起，通过整合和并购的方式对其自身升级，以应对这一行业变革。

资料来源：作者根据多方资料整理而成。

三、VC 与 PE 偏好的各种商业模式

VC 和 PE 的本源就是寻找最伟大的企业，寻找最有投资价值的企业，这才是 VC 和 PE 最根本的竞争力。只有了解 VC 和 PE 所偏好的商业模式，才能有的放矢，获得高效融资。在筛选时 VC 和 PE 偏好的商业模式具有四个特点，如图 5-9 所示。

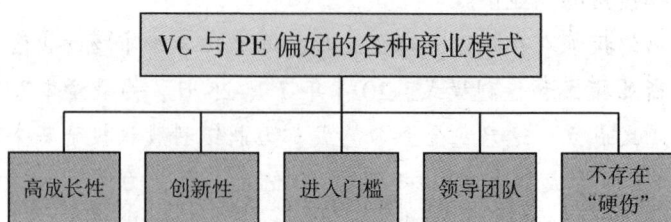

图 5-9 VC 与 PE 偏好的各种商业模式

第一，VC 和 PE 选择企业，要看企业是否具有高成长性。在资本市场上，投

资高成长性企业才有高回报。目前，美国风险投资主要投资 IT、生命技术和清洁技术三个领域和市场方向。在我国，风险投资也是从投资 IT、互联网开始的。具有成长空间或者高速成长的行业，才会孕育出高成长甚至是爆炸式成长的企业，不同的市场规模决定了其中企业的发展空间。因此，VC/PE 的普遍投资标准之一就是：业绩高速成长。在投资圈里有一句话叫"自上而下选企业"，或者叫"先选行业，然后再从行业中选企业"。这两句话其实说的是一个意思：VC/PE 机构首先会看这个公司所做的产品或服务的市场规模有多大，这个市场处于发展初期，还是已经饱和，等等。只有这个产品或服务的市场足够大，处于其中的公司才有足够的成长空间。

第二，投资机构会分析企业的商业模式是否具有创新性。商业模式简单来说就是办企业赚钱的方法。商业模式主要是指经营一个企业如何经营，如何准备产品或服务，如何向客户收费，如何向产品提供方进行结算，盈利来源是以产品差价形式，还是以收入分成的方式，等等。不同的商业模式需要不同的基础设施、专业人员和经营方法，不同的时代需要不同的商业模式，而创新的模式可以比传统的商业模式提供更多的价值，具备更大的竞争优势。即使是从事同一种业务，也会有不同的商业模式。比如，同样是卖家用电器，传统的百货商场卖家电和国美电器卖家电，就是不同的商业模式。国内传统的百货商场沿袭的是流通领域传统的经营方式：制造企业→制造企业的办事处/分公司→一级批发公司→二级批发公司→传统终端，这种运行方式庞杂而低效。而国美电器的崛起，本质原因在于它创新了价值链，传统的流通方式被压缩为"制造企业→国美电器的销售终端"，与此同时，物流成本、仓储成本、运营费用和"灰色费用"得到压缩，这使得国美电器把价值让渡给消费者的同时，实现自身高速成长。

第三，要看企业的竞争优势以及行业的进入门槛。企业具有了创新的商业模式，要看是否可以转化为可观的利润，如果结果不能在利润层面体现，也就是赚不到钱，那说明企业在某方面还存在很大的问题。另外，行业的进入门槛也至关重要。如果一个行业的竞争门槛很低，即使创造了很好的商业模式，但是很快就会被新进入者模仿，最终无法在行业中崭露头角。

第四，要看企业有没有一流的领导团队。创业管理团队的创业精神、激情、责任心、事业心和能力，是一个项目能否成功的关键。从某种程度上来说，投资就是"投人"，先有人后有事，没有这个人就没有这个事，事在人为，人尤其是创业管理团队是项目中最革命性、最活跃、最关键的因素。就像在投资圈里流行的一句话：宁投"一流的团队、二流的商业计划书"，不投"二流的团队、一流的商业计划书",因为把"二流的商业计划书"改变为"一流的商业计划书"比较容易,而把"二流的团队"改造为"一流的团队"非常难。

第五,企业一定不要存在"硬伤"。"硬伤"是指阻碍企业或者投资者达到最终目标的地方。

第三节　并购重组与商业模式

商业模式视角下并购重组被分为"利用商业模式型"收购和"重塑商业模式型"收购。成功的"利用商业模式型"收购有助于企业当前效益的提高,而要想获得超预期的收入和利润增长则要实施"重塑商业模式型"收购。

一、并购重组的类型

收购的成败取决于整合中的许多具体操作,要想预知整合如何进行,我们必须搞清楚自己想要买的是什么,考量收购对象的最佳切入点是商业模式。在并购重组相关的商业模式中,主要包含了四个相互依赖的要素,这些要素都在创造和传递着价值。第一个要素是客户价值主张,即你在帮助客户完成一项重要工作时,提供的解决方案比别人的更有效、更便捷或更省钱。第二个要素是盈利模式,它由收益模型和成本结构组成,表明公司如何生成维持运营所需要的利润和现金。第三个要素是资源,比如员工、客户、技术、产品、设施和现金等,公司用它们来满足客户价值主张。第四个要素是流程,比如制造、研发、预算和销售等。

如果条件合适,作为上述四要素之一的资源,可以从被收购公司中提取出来,纳入收购方的商业模式。这是因为不论公司是否存续,其资源都不会消失。这种收购,我们称为"利用商业模式型"(Leverage Business Model,LBM)收购。

然而,被收购公司的其他三个要素,是无法纳入收购方的商业模式的,反过来也一样。盈利模式和流程都无法脱离组织而独立存在,组织解体后,它们也会随之消亡。不过,我们可以收购另一家公司的商业模式,使其独立运作,成为一个转型增长的平台。我们将这种做法称为"重塑商业模式型"(Reinvent Business Model,RBM)收购。接下来我们将看到:收购其他公司的商业模式,远比收购其资源带来的增长潜力要大。

二、并购重组对企业的投资价值

公司决策者总认为，收购其他公司的资源能获得超常收益，所以在收购时总是不惜血本；与此同时，他们却对某些有转型增长潜力的交易认识不清，觉得价格过高，结果错失良机。另外，他们费力将某一高成长性的商业模式融入自身的商业模式，结果却得不偿失。并购重组能帮公司实现两个重要目标，如图5-10所示。

图5-10　并购重组的作用

（一）提升当前业绩

公司总经理的首要任务就是通过富有成效的业务运营，实现投资者期望的短期业绩目标。然而，目标如果实现了，他们很少获得投资者的奖励；而一旦目标没达到预期，他们却会被投资者无情抛弃，公司股价随之大跌。因此，为了让盈利模式产生更多价值，公司决策者都倾向LBM型收购。成功的LBM型收购，可以让作为买方的母公司提高产品价格或降低成本，这听起来很简单，但被收购方的资源能否帮助母公司实现上述某个目标，还取决于一些特定的条件。

第一，收购资源以取得溢价优势。要取得溢价优势，最保险的办法是改进仍有发展潜力的产品或服务，也就是说，改善产品或服务功能，让客户愿意为此多付钱。为了做到这点，公司惯用的手法是购买与自身产品兼容的改进部件。如果买不到这样的部件，那么就去买所需的技术和人才，通常是购买知识产权和引进相关科学家和工程师，这种方式比内部开发能够更快地改善产品和服务。

第二，收购资源以降低成本。决策者在宣布某项收购时，几乎总是信誓旦旦地宣称，本次收购将降低公司成本，但事实上，为资源而收购，只有在少数情形下——通常是收购方的固定成本很高，靠扩张规模来增加利润——才能实现这个目标。

第三，收购资源的整合。不论是叫"扩张版图"，还是叫"夕阳产业整合"，抑或叫"自然资源交换"，这类收购的成功之道只有一种：收购方吸纳被收购方的某些资源，将其融入自己现有的商业模式中，同时废弃被收购方的商业模式，并通过关闭、裁员或出售的方式处理被收购方的冗余资源。也就是说，收购方借助被收购公司的资源，取得规模经济效应，从而降低成本，提升业绩水平。

第四，收购资源的兼容性。要弄清收购资源能否帮公司降低成本，必须确定被收购方的资源是否可以融入公司本身的资源和流程，然后再确定规模扩张是否真能产生期望的效果。如果公司所处的行业，固定成本在总成本中占有很高的比重，通过收购来扩张规模可以使公司节省大量成本。但是有些行业，只需较低的市场占有率水平，就能获得成本竞争力，如果公司发展超过这个水平，成本结构可以复制，成本却不会削减。由此可见，公司成本结构如果以可变成本为主，资源收购对改善盈利模式一般微乎其微。

第五，收购资源的规模经济。在固定成本占很高比重的运营部门，如制造、分销和销售等，规模效应最为显著。而收购如果是为了追求行政管理上的规模经济效应——降低采购、人力资源或法律服务成本——则对公司利润的贡献常常令人失望。一般来说，LBM 型收购对收购方股价的影响在一年内将会显现，因为市场充分了解两家公司在收购前的发展潜力，有充足的时间评估收购结果以及可能产生的协同价值。投资者对 LBM 型收购的态度远不如 CEO 们乐观，而且历史情况也大体证明他们是对的，LBM 型收购的最好结果也就是公司股价创出新高。有些管理者希望 LBM 型收购能为公司带来超预期的爆发性增长，但正如我们将会看到的，结果可能会令他们失望。

（二）重塑商业模式

总经理的第二项基本任务是创建新的经营模式，为公司的长期增长奠定基础，因为随着竞争加剧和技术进步，公司的盈利潜力将受到侵蚀，现有商业模式也将逐渐失去价值。这时，RBM 型收购有助于管理者创建新模式。

投资者预期是决策者着手重塑商业模式的强劲推手。一家公司的股价，代表了与公司业绩预期相关的无数信息，投资者在综合这些信息后得出一个业绩数字，并贴现为现值。如果管理者让公司的现金流增速与市场预期相符，公司股价的涨幅顶多只能与其资金成本持平，因为当前股价已经反映了投资者的预期。要想不断为股东创造更大价值，管理者必须采取一些投资者尚未考虑到的举措，而且必须一再地这么做。

公司要想取得超预期的收入和利润增长，最可靠的办法是获得颠覆性的产品和商业模式。具备颠覆能力的公司，其最初的产品在功能上要比老牌对手更简单，价格也更能为消费者所承受。这些公司在低端市场站稳了脚跟，然后开始开发性能更强、利润更高的产品，逐级向更高端的市场迈进。投资分析师或许能看清一家公司在目前市场层级中的潜力，却很难预见有颠覆力的公司如何改进产品或服务，迈向高端市场。这也是他们总是低估颠覆性公司增长潜力的原因所在。

第四节 商业模式的创新点与盈利点

商业模式的根本就在与解决企业盈利的问题，而盈利的关键就在于创新，创新分为产品创新、组织创新和模式创新。本节将结合当下热门的融资模式对企业的创新点和盈利点进行分析，使之能更好地利用最新思维和方法进行投融资创新，并最终转化为利润。

一、商业模式的创新点

随着"数字经济"、"知识经济"的发展，一批基于互联网的商业模式创新产业、企业不断涌现，虚拟经营、电子商务、网络金融、服务外包等正在突飞猛进地发展，显示出商业模式创新的强大生命力与竞争力。商业模式的创新点体现在十个方面，如图5-11所示。

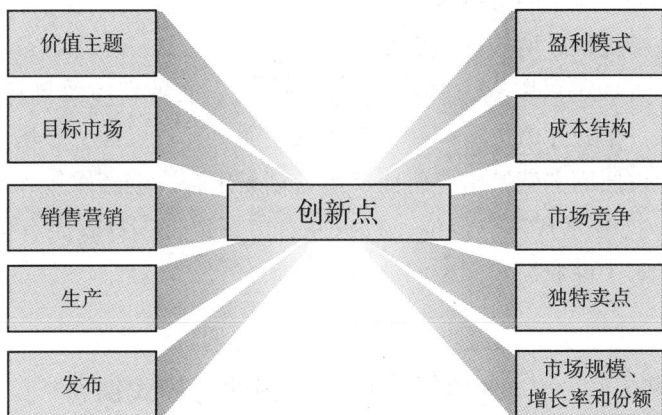

图 5-11 商业模式的创新点

第一，价值主题。价值主题是商业模式创新点中最直接也是最有效的。价值主题必须明确定义目标用户、用户的问题、独特的解决方案，以及从用户角度来看方案的优势。

第二，目标市场。目标市场是商业模式所要面对的直接问题。目标市场是一

197

个用户群体，企业将通过营销和销售产品来吸引这一用户群体。这一用户群体应当具有特定的群体特征，并且愿意购买产品。

第三，销售营销。销售营销主要是解决渠道的问题。口碑营销和病毒式营销近年来很火爆，但对新业务来说不合适。

第四，生产。一般的选择包括自主制造和外包等。这里关键的问题在于推向市场的时间和成本。

第五，发布。一些产品和服务可以通过在线渠道销售和发布，而其他一些则需要多层级的分销商、合作伙伴和增值经销商。需要确定，产品面向本地市场还是国际市场。

第六，盈利模式。这里的关键点是向自己和投资者解释，价格和营收流如何覆盖所有成本，包括经常性费用和支持费用，同时仍能获得不错的回报。

第七，成本结构。新的创业者通常会专注产品的直接成本，而低估营销和销售成本、经常性成本和支持成本。在这方面，需要利用类似公司的已发布报告来对比。

第八，市场竞争。没有竞争对手或许意味着没有市场，而超过 10 家竞争对手则意味着市场已饱和。需要从更大的范围来思考，而用户总是有自己的选择。

第九，独特卖点。独特卖点是产品或服务差异化的问题。投资者需要一个可持续的竞争优势。短期的打折和促销并不是独特的卖点。

第十，市场规模、增长率和份额。

以上十个方面都可以成为商业模式的创新点，企业在涉及自身商业模式时，可以从中选取一个或几个进行创新。在需求层面、客户层面、市场层面、产业层面、产业链地位层面和营销组合层面，进行创新组合、创新嫁接和创新定位，打破原有组合、打破原有客户定位、打破原有市场定位、打破原有提供价值的方式，于是，就有了商业模式创新的路径。

融资模式专栏 6　　来伊份：移动引领业务模式创新

图片来源：http://www.lyfen.com/? c=home。

一、公司介绍

来伊份作为中国休闲食品连锁零售业的领导品牌，目前在上海、江苏、浙江等九个省、直辖市拥有近 2400 家专卖店，每年为近 6000 万人次提供优质食品。从 1999

年第一家门店开业起，来伊份陆续推出过炒货、肉制品等九大系列700多种食品。2013年销售额超过30亿元，全国员工人数近1万名。"三好一公道"是来伊份的经营理念，即品质好、味道好、服务好和价格公道。

来伊份致力于带给顾客"一站式"的便捷服务，其开架的购物方式，方便顾客轻松搭配、自由选购。网购来伊份很便捷，除了与各大购物网站合作外，还开通了官方网站商城和手机App平台，并在业界率先推出"线上购物线下自提"和"线下门店代购线上商品"等O2O服务。来伊份食品种类丰富，顾客可以在炒货、肉制品、蜜饯、水产品、糖果/果冻、膨化、果蔬、豆制品、糕点等九大系列食品中，恣意挑选自己喜欢的休闲食品。而实施多年的"七天无须理由退货"售后服务，更让顾客消费的放心无忧。

二、来伊份的移动应用

来伊份移动应用主要分为营销、会员管理和企业管理几个方面。

在移动营销方面，来伊份进行了很多创新，比如现在消费者可以从线下订购线上的商品，就是门店没有的商品；未来，来伊份还将在门店的收银条上打印出周边商圈的团购信息和促销信息。从事市场营销的人其实更应该关注移动互联网，因为现在需要的是一个以消费者为核心的营销理念。现在是所有人的思维结构都需要进行大调整的时候，否则就会被淘汰。

在会员管理方面，比如现在会员卡的制作，消费者可以通过微信将自己的照片发给门店的前台，前台打印出实际的会员卡。

在企业管理方面，也应该打通线上线下。移动思维是一个系统的思维，不应该仅仅局限于营销领域。现在，来伊份的管理者到达一家门店后，通过移动平台就能够看到这家店的完整信息，包括业绩、利润状况，也包括水电费等细节信息，还可以看到区域经理对店铺的巡视情况。来伊份用移动办公来打通整个管理，还利用移动的会议系统将企业管理起来。组织架构的扁平化是颠覆性的变化，这会带来真正的高效管理。

三、移动应用的未来

移动应用具有全渠道的趋势，以后的消费者将会在App、微信、微博、线上、门店等多个渠道，完成一个营销的脉络。未来，来伊份会加入一个信任评价体系。在未来的移动应用中，信任体系是极其重要的。传统行业受到打击的一个重要原因就是在线下缺乏一个信任体系、评价结构。

移动应用对营销而言，就是指要有全渠道的结构。未来的趋势一定是全触点的结构，现在如果不思考如何以消费者为核心，创建360度，乃至720度的关联，那么企业将无法让消费者获得满意的用户体验，企业的品牌认知度、品牌美誉度和品牌忠诚度等都会受到严重的影响。

资料来源：作者根据多方资料整理而成。

二、商业模式的盈利点

商业模式的最终落脚点为盈利模式，盈利模式是企业获利的方式，是对不同获利方式的一般性概括和总结。新经济的到来迅速改变了游戏规则，以客户关系和价值为基本内容的新的盈利模式将会在已经出现的网络经济中大行其道，企业关注的重点将是如何以更低的成本获取和利用更有效的资源，从而以更快的速度对市场需求做出响应，实现在投入产出比上质的提高。

如今，传统企业都已"触网"，争先恐后加入O2O大军，所以我们主要从互联网方面介绍企业的盈利点。从整体上看来，互联网产品盈利的获得渠道可以分为两种——从上游商家获得和从下游用户获得。

第一，广告。这是所有互联网产品最常见的盈利方式。利用互联网浏览量大的特点，广告无处不在。对于餐饮、旅游、汽车等垂直社区，广告在推广商家的同时，也可以起到个性化推荐、装点站点的作用。在这点上，从早期的坚决不上到如今每个条目、活动的页面都会出现广告的豆瓣，应该是一个很好的范例。结合文艺、小众的定位，豆瓣认真挑选合适的广告品牌，并配以风格一致的广告图片，可谓完美融入。

第二，实时搜索。实时搜索在一般互联网产品的盈利中仍然属于推介的范畴。特别是在垂直产品中，将用户的搜索直接引导向某些实现付费的商家，效果将非常明显。但和百度的竞价排名有显著区别的是，互联网产品必须直接对搜索的结果负责，也就是必须有一套排名的规则。否则，就如同病毒式营销，快速增长过后将不可避免地迎来信任危机。

第三，线上到线下的佣金。在线用户通过网站完成团购并付款，到线下享受服务后，网站收取佣金；或者点评类的网站，发放会员卡后，用户持卡来到店内消费享受优惠，收取佣金。同理的还有优惠券、维洛城卡等。再如途牛网，直接充当的就是旅行社的代理角色，而不是一般意义上的社区交流为主，商业模式藏在背后的互联网公司。

第四，线上到线上的佣金。比如豆瓣，用户看到一本书后，就可以点击右侧的链接，或者将它们添加到购书单，到网上书城里进行购买，豆瓣收取佣金。以及其他所有意义上的点击跳转，根据链接收取佣金。

第五，虚拟货币或者虚拟物品等增值服务。这种盈利方式可以说是腾讯对整个互联网的贡献，依靠这样的方式，腾讯构建了属于自己的、巨大的金融体系。但一般产品想这么做，至少要有几个条件。①足够大的用户数量，只有依靠足够大的使用人数，体系才可以被稳定建立。②有长久价值，并可以被交易的物品。虚拟世界商品的属性必须和现实世界大体一致，否则很难具有购买的吸引力。③不断演进完善的金融体系。用户具有大量的虚拟货币和虚拟物品后，要生产合理数量的新物品。因为对于运营商来讲，生产这样的物品完全是没有成本的，需要考虑到已经购买它们的用户的价值。另外，如何生产出新的商品，去不断消费掉用户手中的货币，让整个金融体系得以延续，也是一门学问。

第六，数据、信息等营销服务。这种类型的商业模式主要面对下游的商家用户。在不影响用户隐私的前提下，利用产品本身具有的庞大数据库和用户信息，向下游的商家或者第三方提供数据信息，以便其展开营销。

第七，开放的 API。通过开放自己的 API，允许第三方在自己的平台上提供应用，并借此收取佣金或分成。这种方式类似于 Apple 的 App Store，不同的是，App Store 中 30% 的盈利归 Apple 所有，而目前大部分开放平台中的应用是不收取佣金的，仅收取广告或内容分成。

第五节　商业模式匹配的人才队伍与经营方式

在融资模式中，人才队伍是实施的主体，经营方式是实施的路径。人才队伍的质量和结构已经成为当代企业最活跃、最具竞争力的生产要素，而经营方式对资金的流入和流出也影响重大。

一、商业模式匹配的人才队伍

商业模式要想落地必须凭借人才队伍去实施。伴随着企业的发展，企业面临的短板有资金、技术和人才三大内部制约因素，而这三个因素中，资金和技术其实都是随着人才去转的，有什么层级的人才队伍，就自然可以找到相应层级的资金与技术与之相匹配，人才是唯一机动的要素，正如中国超市之王大润发董事长黄明端所说的："企业经营四要素'市场'、'资金'、'技术'、'人才'，大陆不缺'市场'、不缺'资金'，缺的是'人才'，有了'人才'，就有了'技术'，最重要的还是'人才'。"由此可见，人才队伍的培养对企业商业模式是至关重要的。

对于具体商业模式来说，其人才队伍的打造简单归纳有三种模式：内部梯队式培养的模式、利用空降兵培养的模式、借助外部资源跟踪培训团队的模式。这三种模式各有利弊，很难说哪种模式绝对的好，哪种模式绝对地不好，企业可以根据其商业模式的使用程度，同时结合市场发展的态势和企业队伍的现状，来确定选用哪种最适合企业战略发展需要的方式，如图5-12所示。

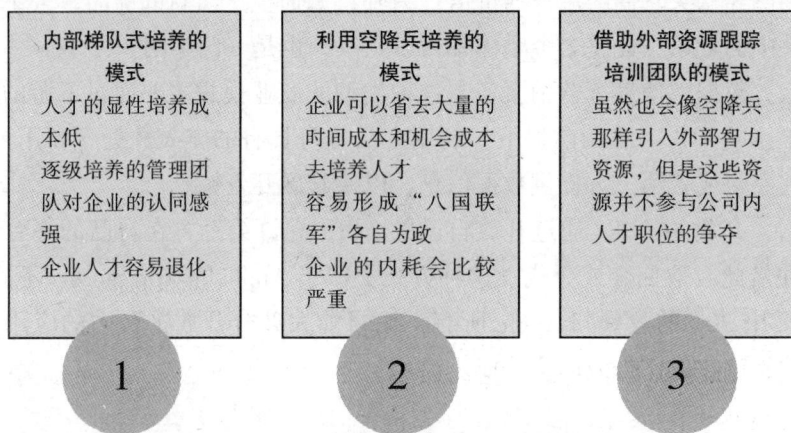

内部梯队式培养的模式	利用空降兵培养的模式	借助外部资源跟踪培训团队的模式
人才的显性培养成本低 逐级培养的管理团队对企业的认同感强 企业人才容易退化	企业可以省去大量的时间成本和机会成本去培养人才 容易形成"八国联军"各自为政 企业的内耗会比较严重	虽然也会像空降兵那样引入外部智力资源，但是这些资源并不参与公司内人才职位的争夺
①	②	③

图5-12　人才培养的三种模式

下面我们就来分析这三种方式的利弊，以及适用于企业的哪些阶段以及哪些特征状态。

第一，内部梯队式培养的模式。内部梯队式培养的模式是指企业关键管理岗位的成员都是来自于企业内部的逐级提拔使用培养的，而且是主要依赖内部培训培养的。

这种模式的优点是：人才的显性培养成本低，因为不存在需要花费高额的薪酬去聘用人才，一般也不需要花费大代价去培训人才，因而花费在人才培养上的费用要低很多；逐级培养的管理团队对企业的认同感强，彼此配合的默契度也比较高，较容易形成一个统一的高度和谐的管理团队。这种模式的缺点是：企业人才容易退化，这就像动物和植物如果只使用近亲繁殖的话，其种群尽管很纯粹，但是生命力却是逐渐地退化的；任何一个企业都存在着公司政治，纯粹的内部培养容易滋养人的惰性，养成企业内浓厚的论资排辈的氛围，而且大家均习以为常，久而不闻其臭了，这对于发现新人才，特别是创新型人才的脱颖而出是极为不利的。此外，虽然企业培养人才的显性成本是很低的，但很有可能机会成本却奇高无比，什么是机会成本？假设某门店店长换成一个业内的高手后，它的销售得以显著的改善，这个业绩所带来的毛利差额减去薪酬差额的剩余部分就是企业目前雇用的那位平庸店长的机会成本，纯粹内部培养的企业里这种机会成本很可能会很高，这是因为缺乏有效竞争的原因。

第二，利用空降兵培养的模式。利用空降兵培养的模式主要是指：利用外部招聘或猎头公司挖人的方式从竞争对手或其他行业引入那些适合企业当前发展战略需要的成熟型人才的一种模式。

这种模式的优点是人才拿来就可以用，企业可以省去大量的时间成本和机会成本去培养人才，这种方式对于企业的迅速发展壮大是非常管用的，因为要在很短的时间内从企业内部挖掘出那么多的高素质人才，可以说是不可能的，唯有从外部"挖人"才可能解决这一难题。

这种模式的缺点是：容易形成"八国联军"各自为政，企业的内耗会比较严重，因为每一个空降兵过来以后，不仅会带来解决问题的技能，更会带来不同的经营理念，甚至是原有企业的一些陋习，来自五湖四海的不同企业的人才聚在一起，稍不留神就会引发剧烈的冲突，我们常常可以看到或听到这种状况，可以说这是一种常见病，特别是当企业原有的管理团队偏弱，而引进的空降兵又实力很强，且形成不同派系时，这种冲突会更加剧烈。

这种模式适合于企业在高速发展阶段的战略管理的需求，而且由于是处于高速发展的阶段，外部市场的机会很多，企业内所提供给每一个管理人员的各种发展机会也多，内部人与空降兵之间相互争权夺利的现象还比较弱，企业高速发展的红利足以平衡一切的矛盾冲突，但是一旦企业高速发展的红利消失，企业就会立刻陷入混战当中。

一般来说，个别地引进一两个空降兵，或者是从不同文化背景的企业里引进若干个空降兵，往往鲜见有成功者，主要是原有企业的氛围太浓厚了，要突破很难；或者是空降兵之间的经营管理思路和理念差异比较大，难以通过有效的沟通形成统一的意志，此时的内部冲突会比较多。

在引进空降部队的企业的案例中，零售企业湖南步步高集团是最为成功的，他们集群式地引进一个多达近 20 人的紧密型的外籍管理团队。其内在的关键点有两条，一是原有的步步高管理团队已经很强了，他们已经通过自己的力量成为中国民营超市公司上市第一股；二是他们引进的外部团队很强大，而且这支外部团队的成员之间的磨合已经达到了比较高的配合协作水平，已经相当默契且拥有非常成功的运作模式，这使他们进入步步高以后能够抵御住强大的内部抗体力量而存活下来，并继而将自己先进的管理文化理念和技术融入步步高的管理文化和业务流程中最关键的地方。

第三，借助外部资源跟踪培训团队的模式。借助外部资源跟踪培训团队的模式，就是在立足自己内部培养挖掘人才的基础上，通过引入外部的智力资源（主要是咨询培训资源）参与到企业人才团队的培养打造的一种模式。

这是一种把上述两种模式的优点进行嫁接，同时又有效避免两种模式的弊端的中庸的模式。它虽然也会像空降兵那样引入外部智力资源，但是这些资源并不参与公司内人才职位的争夺，因而内部矛盾冲突会比较少。

很多企业由于自身的品牌知名度不高、公司的整体经营实力不够强，常常很难在市场上招到有着一流潜力的人才，而当他们只能招到二三流的人才后，若是没有有效的机制去激活这些员工的潜力，那么企业的竞争力就会永远比对手低一个档次。而如果此时企业花高代价去招那些有着一流潜力的人才，企业的成本会明显上升，更重要的是这些拿着高薪的有潜力的人与现有的拿着低薪却对企业贡献大的人会有着比较大的心理冲突，企业往往是讨好了这头又得罪了那头。

此时，如果企业能够建立一种竞赛的机制，让那些二三流的潜力人才与现有的人才一起公开竞赛，然后通过外部的咨询培训专家给予跟踪式的催熟，那么企业将会惊讶地发现，自己花费不多招来的二三流潜力人才，其爆发出来的潜力丝毫不亚于那些一流潜力的人才，因为我们每个人的潜能所挖掘的程度都是很低很低的，当公司内有潜力的员工与目前有贡献的员工同台竞技时，在培训师的高压及跟踪下，在业绩的佐证下，在个人作业成绩以及工作技能的明白展示下，谁有能力，谁有业绩，谁应该拿高薪，谁只能拿低薪，一切都一目了然，此时，企业就花费了相对低的人力成本获得了一批高素质的人才，而且企业人才团队的成长也就进入了一个非常有序的良性循环的状态了。

最后，企业究竟选用哪种模式最合适，这并不是一成不变的，是依商业模式、市场形势、公司发展战略、企业自身所具备的资源条件等来权衡的。所以，对于每种商业模式而言，不存在最好的人才队伍培养模式，只存在企业当下最合适的人才队伍培养模式。

二、商业模式匹配的经营方式

经营方式是商业模式的重要因素之一，企业在经营时一定要选择与自身商业模式相匹配的经营方式。在经营模式上，以下八种是被广泛采用并被证明是更优的经营方式。

（一）灵活经营

这种经营方式是指对于外部环境的变化及其不确切性具备随机应变的领导能力。它的特点是，由于不死抱过去的成功经验，能迅速转向，企业比较"开放"、"感性"，能够迅速看清环境的变化。评价领导人在灵活性方面的潜在能力的指标是："干部的年轻化程度"、"干部的平均年龄"和"干部的任期"。

（二）核心业务经营

这种经营方式通过不断致力于维持并加强骨干业务的竞争优势来确保企业拥有稳固的市场地位。"优胜"企业的特征在于：它们不仅拥有绝对稳固的世界范围的市场，对业务环境和竞争环境的变化十分敏感，而且对商业模式细微的，有时是激烈的革新能够做到当机立断。

（三）速度经营

这种经营方式是指"下判断和作决定的速度很快"或"业务程序在'时间'上具有很强的竞争力"，这些都成为在竞争中占优势的因素。其特征在于，"优胜"企业为实现这种速度经营，不断努力改革业务程序，将"速度经营"作为经营的方法、诀窍、体系，以及判断领导人优劣的标准。"速度经营"把主要着眼点放在提高业务程序的速度，而不是完善信息系统等基础设施。

（四）不景气时维持竞争力经营

这种经营方式是指在不景气时能够充分发挥企业力量，从景气恢复的初期阶段开始，就以绝对竞争优势与同行业的其他公司拉开差距。"优胜"企业不单单是从经济周期角度看待经济"不景气"，而是在找到"结构变化因素"的基础上，果断地改变经营模式。"优胜"企业即使在不景气期，也不会一味"畏缩不前"，而会继续积极"投资"，为下一个经济增长期的到来做准备。

（五）精干经营

这是一种能够使优秀人才辈出的经营方式，它拥有与此相适应的企业结构、体制和文化。它具有以下几个特点："企业即人"的经营哲学已渗透到公司的各部门；无一例外地贯彻"能力主义、实力主义的人事制度"；具有从组织结构上发现和培养"领导人才"的特征等。

（六）重视企业价值经营

这种经营方式立足于共同管理的原则，追求最大的"股东价值"。此次选出的优胜企业多数一直采用美国的 SEC 标准作为会计标准，并实行信息公开制度。董事会改革也多公布先例，采用追求"企业价值"型的经营指标。

（七）核心优势经营

这种经营方式将企业的主要竞争优势作为企业的支柱。"优胜"企业的特征在于，它们以扩大和加强自己的主要竞争优势为最优先的课题，并动员全公司的力量致力于加强这一优势。

（八）技术为本经营

这种经营方式指将技术能力及研究开发能力作为企业竞争优势的核心。像"技术立国"一样，"优胜"企业将"技术立公司"确立为公司的理念，并将研究开发、投资、培养研究人员和技术人员的政策确立为企业的一贯方针，而不是一时的权宜之计。此外，它还长期设有一位最高技术负责人。

第六节　机制与策略

当市场和竞争不断发生变化的今天，如何面对新局面选择与确立新的竞争优势，现代商业模式是我们应该关注的。在融资模式中，机制是连接商业模式和企业盈利的桥梁，策略是机制的实施方法。

一、商业模式的机制

商业模式的机制是指企业通过商业模式的管理来实现企业运作的方法，主要包括机制的设计、实施和维护。而认识商业模式，特别是把握商业模式赖以存在的基本的结构关系和运行机制，对指导企业商业方式的运作显然是有意义的。

（一）商业模式的结构

商业模式的基本要素应该有三个：主体企业、上游的供应商、下游的顾客。主体企业是模式中的主干要素，供应商、顾客是与之发生紧密联系的形成商业模式必不可少的要素。有了这三者可以保证一个相对稳定的结构存在，至于其他与之相关的某些要素可以归入三个基本要素之中。比如投资者，或者说由投资者构成的董事会，本就是主体企业内部的要素。

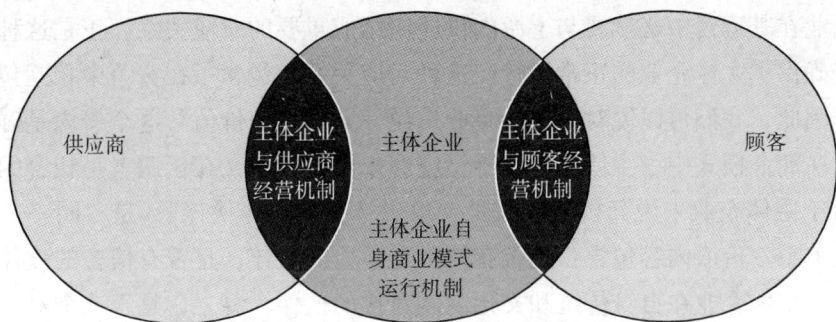

图 5-13　商业模式的结构和机制

第一，主体企业。在商业模式结构中，主体企业是核心要素，它关系着与供应商、顾客在模式中的关系，关系着模式的稳定、变化与发展。

主体企业在商业模式结构中表现为两种能力：一是不断调整内部资源，重新组合新的业务单元的能力，以应付变化着的环境。例如，2000 年当中国国内生产厂商投资生产移动电话，市场趋于过剩之时，诺基亚中国公司避其锋芒，不参与过度的竞争，将生产单元果断丢弃，调整资源集中于新型移动电话的研究、设计。这种盈利模式的变更，为它参与下一轮竞争争取了时间和可能的机会。这就是模式选择、模式变更的能力，它的驱动之源在于商业模式中的主体企业。创造新的盈利模式的关键在于主体企业内：精明的投资者（董事会）；优秀的 CEO；优秀的员工。是他们凭借知识与经验，在相互结合、相互影响的架构中，寻找与把握着盈利机会。俗话说就是能够把握住新的盈利增长点。显然，主体企业内的根本要素在于人，在于人的能动性能够将主体企业与供应商、顾客的关系建立在一个运行良好的框架和模式内。优秀企业概莫如此。中国台湾宏碁电脑创始人施振荣，通过革新分配制度，将财富相对均衡地分配给优秀员工，极大地催化了员工的积极性，从而也催生了一个个新的业务单元，创造了一个个核心能力，找到了一个个新的盈利增长点，持续地保持着独特的优势。在新权力结构面前，组织中岗位的层级隔膜消失了，人与人的关系亲和了，指挥链理性化，更加客观公正，从而催生了优秀员工的智慧，在模式选择、创新方面展现了他们的能力。

总之，主体企业在商业模式结构中处于核心位置，它的要素（投资者、CEO、员工）能够清楚地知道什么使得与竞争者不同，能动而自觉地为盈利不断探索商业模式。

第二，供应商。在商业模式的结构中，另一个要素则是主体企业的供应商。

主体企业在其运营中必然要与上游的供应商结成重要的对应关系，正是这种对应关系，确保了主体企业的正常运行。这种对应关系，包含了在竞争中相互包容的意义。因此，我们可以说对于主体企业来说，"供应商价值"这个概念是客观存在的。在商业模式中，主体企业对于供应商来说，其意义在于两者是相容的，供应商对于主体企业来说其价值应该是"可供选择的合作伙伴"，是"同一个战壕里"的关系。价值内容包含：是否有持久竞争力的伙伴；是否有信誉的伙伴；是否有能与主体企业在自身传统和文化内涵对接的伙伴。总之，是否一个对于主体企业运营有价值的合作伙伴。同时对于供应商来说，也存在着主体企业是否值得结成伙伴，其价值内容是否互为一致。两者的价值取向在竞争的环境中趋于一致时，商业模式中两者的结构关系就会保持稳定。在现代企业的运作中这种关系的选择和确定（合作、合伙、联盟等），是确定商业模式的一个非常重要的方面。主体企业与供应商在运营中保持价值取向的均衡，不断调整与完善伙伴关系，是确立商业模式的一个重要目的。

主体企业在选择供应商时，存在着预期目标价值和感知目标价值的差距，因此在选择供应商伙伴时要注意：第一，主体企业要依靠供应商核心优势确立与供应商的关系。如上海汽车工业公司，在选择钢板供应商中，注意到了"宝钢"的低价位高服务的优势，选择其产品供应低端轿车用钢板。而同时又注意到了日本、德国公司高质量的优势，选择其产品供应高端轿车用钢板。第二，主体企业要以供应商的竞争力、信誉等确立不同的合作方式。第三，主体企业要依供应商应变能力的高低确立伙伴关系。如我国广东的微波炉制造商"格兰仕集团"，当它还不能依靠自己的品牌接受国外订单生产时，毅然灵活地、现实地选择"OEM"作为 GE 公司、松下公司的供应商。

供应商是商业模式中一个重要要素，它与主体企业所结成的关系方式决定了相互之间的交易成本，也决定了供求关系能否稳定，是主体企业商业模式选择中的一个重要方面。这个关系体现了商业模式中的供应商价值，同时决定了主体企业为顾客所提供的产品和服务是否有顾客价值、是否增加了顾客价值。

第三，顾客。在商业模式的结构中，还有一个要素是主体企业产品与服务的用户——顾客。主体企业以及与供应商结成的伙伴关系必然要与用户发生对应关系，这个关系的意义显得格外重要，它关系着主体企业在竞争中的态势，关系着主体企业能否持续盈利。当然也关系着主体企业所选择的商业模式是否有价值。在现代商业模式的结构中，主体企业对于顾客的意义体现为顾客价值，即顾客对主体企业所提供的产品和服务所预期的目标价值和现实中感知价值之间的关系。

一句话，就是主体企业所提供的产品和服务，是否满足了顾客的某种需求。

顾客价值内容包含：第一，是否能针对顾客需求设计产品和服务。通过对顾客心理需求和偏好的缜密分析研究，针对个性化顾客需求设计和提供定制化的产品和服务；通过对不同层次的顾客群、同一层次顾客群中的目标细分后的需求差别的分析研究，提供心理预期目标锁定的产品和服务，依据产品和服务需求发展方向，加大研发投入，提供顾客没有意识到的产品和服务，使其渴望的需求得以实现；在核心产品和服务方面，增加新的成分，为顾客提供独到的价值等。第二，在所提供顾客价值不变的情况下，是否能降低顾客在心理上的价值损失也是顾客价值的重要内容。顾客在购得产品和服务过程中在空间和时间方面所付出的非货币成本能否降到最低；顾客在购得产品和服务过程中对主体企业的信任及依赖是否得到了最大的提升；主体企业在其产品和服务的提升过程中，是否得到了顾客的协作与决策等。

为了稳定模式中的主体企业与顾客的关系，实现顾客价值，主体企业在运行中须注意：第一，不同顾客之间的"感知价值"是不同的。因为人与人存在差别，首先是价值观不同，其次如人们受教育程度、阅历背景不同等。第二，同一顾客在人生不同阶段的"感知价值"不同，而且在购买某种商品和服务之后，别人的评价也会导致顾客对"感知价值"进行调整。第三，不同顾客群体心理预期的目标价值不同。如财富资源存在差别的不同阶层中，所谓的高层次会首先选择与地位相称的"尊严性"消费，其次选择时尚、质量、功能。随着层次的降低，人们会将价格、实用作为目标。总之，顾客是一个复杂的要素，主体企业必须向其提供多样性的产品，才能保证顾客价值的实现。顾客价值的实现是主体企业在现实竞争中孜孜追求的目标，顾客价值与主体企业价值有着内在的必然联系，在市场经济背景内，主体企业的价值是通过顾客价值在市场中再现的。显然，在商业模式结构中，主体企业与顾客结成的关系的性质与形式，是模式中最重要的结构。

（二）运行机制

第一，主体企业与供应商、顾客交易过程中形成的经营层面的机制。企业竞争说到底是对顾客和资源供应的争夺，一个想要持续获取盈利的企业，必须在经营层面上不断推进和完善与顾客和供应商的关系，而如何推进和完善，则是主体企业经营中所追求的。联系的方式可以变，但必须是以要素的性质为依赖和基础。例如，我国著名的服装厂商雅戈尔公司总裁李如成先生，他深知为了实现顾客价值的增值，必须做大做强。他将上游服装面料与主干企业的联系模式、下游与顾客联系的模式，以自己投资的方式将其纳入雅戈尔集团之内。这种模式与现代企业供应链管理相悖。但他认为这是被迫的，是因为高价的进口面料与不规范的零售商。选择与当代主流模式不符的模式，是由特定背景导致的。不论选择何种模式，关键在于降低资金使用成本、外部交易成本与储存运输成本。只有降低成本，才有竞争力，才会保证顾客价值的实现。此例告诉我们，经营层面模式的选择是与客观的时局相联系的。

在模式选择过程中值得另提一笔的是电子商务引发的新模式的层出不穷，应该说这是模式变革过程中带有革命意义的新动向。例如"无店铺模式"，它是网络零售商在网上将商品直接供给顾客，节约了顾客购物时间成本，也节约了主干企业中间环节的经营成本。例如"信息服务模式"，它是网络商人利用网站、网页直接为需要信息服务的顾客提供的服务，快速、便捷、收费低廉，赢得了顾客等。以上这些模式，引领了模式变化新潮流，具有很强的生命力。经营层面上的运行机制，本质都是以不断适应顾客和供应商的价值追求为目标，以结构中客观的环境背景和要素的性质为基础建立和完善的。经营层面经营机制有效与否，靠的是能否不断推陈出新的机制性结构。

第二，主体企业改善和商业模式变革的运行机制。企业间的竞争，即争夺顾客和资源供应的竞争是在动态中进行的。企业的环境条件、外部系统的发展是经常的变量，经营层的商业模式是随环境的变更而变化的，是主体企业结构系统与外部系统互动反应的现象。而推动模式变化发展的是主体企业模式结构中的机制功能。这个机制功能，是商业模式结构中的驱动部分，是核心层部分。在现代企业内，正是由上述"主体企业要素"内的优秀投资者、优秀 CEO、优秀员工，在智慧、经验高度结合的基础上体现的，是三者结合与联系的结构功能导致的。它保证了盈利方式的吐故纳新，保证了商业模式的推陈出新。例如，中国台湾宏碁电脑的施振荣先生，是他的智慧与经验变革了分配制度，当他作为创业者却并非最大的股东时，其人格的魅力已经渗透在组织内；感召的权力使优秀员工真诚地团结在他的周围，使组织有了取之不竭的精神源泉，在这个背景下，施振荣作为 CEO 与其员工的共同应付变化的决策将会更有信心，模式的推陈出新将会符合时局，更为有效。而盈利以及持久的盈利又会吸引更多的投资者与他们结合，保证了宏碁事业的青春常在。显然，商业模式的核心结构应在于此。

二、商业模式的策略

商业模式发展与演化的基本趋势是一致的，即：降低交易成本、提高交易效率。在长期实践中，不同的商业模式逐渐形成了不同的策略来应对交易成本的产生：

（一）B2B 模式

B2B 商务多是大宗商品交易，发生在企业与企业、批发商与零售商之间。这种交易即使风险较小，也可能给交易双方造成较大的经济损失。因此交易者除了在信息传播和商品搜寻上借助互联网技术的优势，其他环节仍采用传统商务的面对面交易模式。

（二）B2C 模式

第一，厂商网络直销，如戴尔等计算机生产商。这类企业有两个基本特点：一是其产品具有很强的品牌效应。品牌是商品品质的信号，有助于降低信息不对称；二是其产品可以通过互联网进行个性化定制。可定制性相当于增加了消费者的选择多样性。

第二，由经营单一产品起步的商家，如当当网等。这类企业所经营的图书音像制品不受信息屏障的制约，反而易于数字化的特征使其更便于通过互联网来展示。消费者可以根据以往的生活经验，遵循有限理性原则，以最简约的信息对产品品质做出满意的评估。

第三，借助传统商务模式来延展电子商务，如 2688。2688 网店以 B2C 模式电子商务为基础，同时又以连锁经营的方式授权从事传统商务的商家为其代销。由于有利润分成机制作为激励，众多代销商在其特定的市场半径内积极开展推销。这无疑有助于 2688 网店节约推广成本。对于未对电子商务形成初始信任的消费者而言，与有实体店面的代销商交易将降低其对内生交易成本产生的预期。然而增加的交易环节在电子商务商家与代销商之间形成了新的信息不对称。这种内生交易成本的产生将使这种合作不再是稳定的纳什合作均衡解。

（三）C2C 模式

C2C 电子商务参与人数众多，单位人次交易额相对较小，因而通信和运输成本变得较为重要。C2C 商家也没有足够的谈判力使快递公司降低资费。为了与传统商务竞争，他们的策略是降低价格（如服装等）、突出特色（如土特产）、鼓励一次性大额交易。C2C 网店平台往往开发独立的即时通信工具，以降低讨价还价的通信成本。此外，C2C 网店平台的集聚效应还有助于节约在不同平台之间转换所需的学习成本。

C2C 模式网店平台还设置了商家信用等级评定机制。这种机制的作用有如下两点：一是信用等级是商家与买家博弈的结果。作为一种显性的信号，交易双方的每次博弈体验都会被记录并传递，这样，商家与个人的单阶段博弈就可转化为商家对整个买家群体的无限次重复博弈。二是商家交易次数越多、信用等级越高、声誉越好，未来的交易机会就会越多，因为作为风险厌恶者的买家倾向于在交易试错中搭便车。这意味着声誉投资能够获得可观的未来收益贴现。根据无名氏定理，只要具备以上两个条件，机会主义行为将是得不偿失的。因此，简约实用的商家信用评定机制有助于降低内生交易成本、提高交易效率。

【章末案例】　　88 财富网：创新 B2C+O2O 商业模式

一、公司介绍

深圳市中科创财富通网络金融有限公司，隶属于中科创金融控股集团，成立于 2012 年 10 月，总部位于深圳前海金融合作区，注册资金 2 亿元，致力成为国内领先的一站式互联网综合金融服务商。目前与上海市中科创财富管理有限公司为一致行动人，持有上海新黄浦置业股份有限公司（600638）总股本的 20%，成为新黄浦大股东。

图片来源：http://www.88.com.cn/。

88 财富全面考虑客户的财富管理及生活服务需求，打造从产品类型、产品期限、赎回机制、可转让债权等方面更多元化、个性化、定制化的互联网金融 2.0 时代的全球资产配置门户网站，首创 P2B+O2O 的互联网金融模式，以"固定+浮动"、"纯浮动"收益类产品方式进入资本投资领域，该产品的问世，让中小投资者也能有机会享受潜在资本投资收益。

全面考虑客户的财富管理及生活服务需求，从产品类型、产品期限、赎回机制、可转让债权等方面的互联网金融 2.0 时代的全球资产配置门户网站。B2C+O2O 的互联网金融模式，以"固定+浮动"+"纯浮动"收益类产品方式进入资本投资领域，该产品本息安全有保障，在风险可控、最低收益的同时，让中小投资者享受潜在股权投资收益。

二、88 财富网的运作情况

第一，模式定位。作为中科创金融集团倾力打造的网络投融资平台，88 财富网结合全球资产配置与互联网技术革新，在健全的风险管控体系基础上，为中小企业及个人客户提供进行金融资产交易的、具有大数据上下游资源的网络投融资平台，实现财富增值。通过专业的服务及不断的创新，不断提升交易效率，优化平台模式，丰富金融产品，为企业及个人提供信息发布、在线交易、全球资产配置等一揽子综合金融服务，以及有针对性地设计、投放创新型金融产品。

第二，产品开发。本着互联网 2.0 时代对"个性化定制化"的深度理解，88 财富网经过多方调研，针对目前更积极主动的投资市场和环境，特别为中小投资者量身定制了"固定+浮动"系列，首批推出"并购股权投资（PE）"这一款产品。"固定+浮动"系列产品，以固定收益让投资者放心投资，再以浮动收益给投资者意料之外的惊喜，投资者可以 1 万元的超低门槛进入资本投资领域，这样的理财产品更能打动和吸引投资者。该产品的问世，让中小投资者也能有机会享受潜在股权投资收益。该款产品项目资金用于嵌套投资认购并购基金份额，以获得优质项目上市或转让增值产生的超额收益。在固定收益的保障下，优质企业的效益浮动让这一理财产品拥有不可替代的核心优势。产品每半年付息，到期还本，清算分配浮动超额收益。其中的浮动收益来自于股权投资的收益分配，投资者可根据投资清算情况享受固定收益之外的高额浮动收益。这一产品的风险系数低于其他产品，还能让投资者对收益有更多的期许。

第三，安全保障。在 88 财富网看来，安全是目前所有互联网金融产品的底线；流动及收益则是有效区别互联网金融产品优劣的标准；"流动性、安全性、收益性"成为互联网金融 2.0 时代理财产品创新的关键点。要抢占互联网金融市场的先机，核心在于理财产品可以保障在三大关键点上的创新。于是，7 天起投、1000 元起购等多样化的产品相继问世，风险控制、尽职调查等安全保障措施也陆续出台，88 财富网还与中国平安保险达成合作，为每位投资者购买价值 200 万元的支付安全保险，保障投资者充值资金安全。为了让投资者更加了解产品形态和体验平台安全，88 财富网还通过线下 O2O 的模式让投资者真实了解投资方向和投资产品，提供实地开放交流考察的机会，让投资者通过 88 财富互动营、88 财富大讲堂等一系列精彩线下活动，和 88 财富网理财经营团队以及高管共聚一堂进行财富对话，进一步了解产品形态。此外，还通过实体参观中国财富艺术馆体验财富艺术的魅力。这些活动不仅能让投资者对投资更期待、更放心，深入的交流也能使得投资者对财富有着更多的认识，在投资选择上也有更多的方向。

第四，客户需求。88 财富网以客户需求为出发点主打"私人定制"服务，综合门槛建设、收益比率和风险系数等多方因素，全面评估考量，为客户量身定制四大系列近 20 款理财产品，同时努力完善产品及服务，将"投资者自己选产品"变为"平台为投资者选产品"，投资者只需要明确自己的投资期限和预期收益，就可以自助选购理财产品。

三、88财富网的B2C和O2O的创新商业模式

互联网金融2.0时代将是高收益定制化理财产品的时代，新兴系列理财产品开发迫在眉睫。88财富网积极抓住这样的大好时机，不断开发新产品，成为互联网金融模式开发的佼佼者，而B2C和O2O的创新商业模式，将B2C与O2O两个类型无缝衔接起来，不但有传统的企业对客户的单向服务，也有线上线下双向互动的互联网金融元素，赢得了业界的广泛好评、市场的热烈支持和广大投资者的认可。

所谓互联网金融P2B模式，是指企业与借款人在互联网平台进行信息交换进而达成交易。在这种P2B的模式下，88财富网将线上投资信息透明公开和线下风险控制有机结合，降低了投资者对投资产品信任度、交易安全比较、年化收益等信息的比较成本，平台也能以较低成本找到有效客户，实现金融资源配置最优化。

而O2O，即Online to Offline（线上到线下）。目前，88财富网在深圳、北京、上海、广州、成都、江苏共六大区域线下布局，通过线上线下整合服务，为会员提供一揽子综合金融解决方案，同时为投资者量身定制财富大讲堂、88财富互动营等线下体验活动，让投资者深入企业，了解产品形态，体验艺术魅力，并与企业高管对话。

确保低风险、实现高回报的中科创88财富网的P2B+O2O模式，无疑切中了互联网金融发展的新命脉。这让88财富网面对未来激烈的竞争的道路上具备了更充足的信心和实力，同时也将掀起互联网行业变革的浪潮。

这样的模式并非因创新而创新，而与88财富网的背景密不可分。据资料显示，88财富网的注册公司名称为深圳市中科创财富通网络金融有限公司，目前持有上海新黄浦5.99%股份，与上海市中科创财富管理有限公司（持有股份14.01%）共为上市公司第一大股东，占总股本的20.00%。强大的传统金融基因是88财富网的一大特色，而将之与互联网思维相结合，就形成了独特的"B2C+O2O"的互联网金融2.0模式。

模式有了，就剩具体层面的布局。在网络平台方面，88财富网结合上下游资源大数据，以及健全的风险管控体系，为企业及个人提供在线交易、全球资产配置等综合性金融服务，在O2O实现层面，以深圳、北京、上海、广州、

成都、江苏六大区域为基础，用户可以获得线上线下O2O整合服务的金融解决方案。

在具体产品设计上，88财富网也用完全的互联网基因去实现。借助自身平台开放、透明、信息、交互的特色，再加上合理的技术工具，让更多的用户需求融入具体的金融形态，比如传统金融所不愿去服务（成本与收入的衡量）的那80%部分客户，比如银行不愿意涉及的部分小微客户，通过互联网的技术嫁接，便可体现出互联网金融"B2C+O2O"模式的特有优势。

所以88财富网除了常规的四大系列产品，还特别推出了定制概念。其定制概念主要针对高端财富拥有者，资产服务也面向全球运作，采用高级的家族办公室方式，依托中国财富俱乐部，法国空客A318、红木家具、字画、红酒、腕表及钻石是该定制服务的六大主要投资产品，打造出完全另类的"富人游戏"。

四、结论与启示

在利率市场化大背景下，88财富网借助互联网金融蓬勃发展的东风，创新互联网金融2.0模式，运用大数据、结合国内外最新互联网金融发展趋势和成熟理念精耕细作，实现首年营业额突破20亿元，据网贷之家平台数据显示，近30天，88财富网成交量超过3亿元，晋升为中国互联网金融第一梯队。88财富网之所以能取得如此成绩，与其商业模式创新与脚踏实地的践行密不可分，其成功之道对其他企业也有一定启示。首先，充分利用公司无形资源。88财富网的无形资源集中体现在良好的品牌信誉、完善的风险控制体系、高效进取的专业团队、广泛优秀的合作伙伴多方面。其次，积极进行商业模式创新。88财富网独特的P2B+O2O模式修复了P2P模式的众多不足之处，为投资者与融资企业提供更优质的服务，保证资金流通安全。同时紧紧抓住互联网金融的市场发展机遇，通过搭建全新的生态系统，实现了互联网金融领域的差异化竞争，并充分利用优势资源，使自身具备强大的风控能力及多重安全保障。最后，进行产品创新。产品创新是88财富网不断发展的动力所在，88财富网推出的"固定+浮动"系列理财产品与传统的定投、复利产品不同，这类产品不仅可以帮助投资者稳享最低收益，同时也让中小投资者有机会享受潜在股权投资收益，并享受资本投资乐趣。

【本章小结】

本章主要介绍了各种融资模式的概念、特征和适用情况，着重介绍了当前比较流行的天使投资、风险投资和私募股权投资等投资基金。在对融资模式的分类中，本章创造性地采取按照企业性质分类的方法，逐一对科技型企业、连锁型企业、互联网企业和服务业进行了融资模式的分析。在第二节的商业模式与投资价值中，我们重点探讨了 O2O 商业模式的盈利模式、运作模式和融资模式，并指出其潜在的投资价值，随后我们站在 PE 和 VC 的角度对商业模式进行了探讨，并认为投资基金偏爱于互联网型的成熟企业，并在文中辅以大量案例进行实际讲解。在后面四节中，我们围绕融资模式对并购重组、创新点与盈利点、人才队伍与经营方式、机制与策略进行了分析。最终得出结论，融资模式对企业在资金融通、业务构成、产品构成和企业管理等方面都有一定影响，所以企业在进行商业模式设计时，一定要选择合适的融资模式。

【问题思考】

1. 科技型、商业连锁业、网络型企业和服务业融资模式的区别和适用条件是什么？

2. 融资模式和投资价值之间有什么关系？

3. 企业融资方式有哪些？

4. 在并购重组中企业如何合理融资？

5. 融资模式的机制和策略是什么？

第六章　企业营销模式

【本章要点】

☆ 了解互联网条件下的营销模式

☆ 怎样建立基于产业价值链的营销模式

☆ 各行业的营销模式分析

☆ 企业营销模式升级的步骤

【开章案例】　　**奥康全新商业模式："个性化与一站式体验"**

一、公司简介

AOKĂNG奥康

图片来源：www.aokang.com。

奥康集团有限公司创建于 1988 年，是一家以皮鞋为主业，并涉足商贸房产、生物制药、金融投资领域的全国民营百强企业。2012 年 4 月 16 日，公司发行 8100 万 A 股股票在深圳证券交易所挂牌上市（股票代码：603001）。浙江奥康鞋业股份有限公司（以下简称奥康）是中国领先的零售服务运营商，经过 25 年的发展，现已成为中国最大的民营制鞋企业之一，是北京 2008 年奥运会皮具产品供应商，奥康品牌价值达 147.85 亿元。公司建立了两大研发中心、三大制造基地、5000 多个营销网点，拥有奥康、康龙、美丽佳人、红火鸟四个自有品牌，并于 2010 年成功收购了意大利品牌万利威德（Valleverde）的大中华区品牌所有权，形成了纵向一体化的经营模式。公司坚持"诚信经营、质量至上"的治企方针。主导产品"奥康"牌皮鞋获得"中国真皮领先鞋王"、首批"全国重点保护品牌"等荣誉，公司还被授予"CCTV 中国年度最佳雇主"、"中国海关 AA 类管理企业"、"全国质量奖"、"浙江省政府质量奖"、"温州市市长质量奖"、"浙江高新技术企业"、"浙江省绿色企业"、"浙江省首届绿色低碳经济标兵企业"等荣誉称号。

二、公司的经营运作情况

2013 年，经济不景气造成的消费者信心不足对消费品市场需求带来一定压力，鞋业整体销售收入与利润出现较大波动。面对新兴购物渠道的冲击，奥康尝试在南方成熟区域打造国际馆模式，通过"扩、并、改、开"等方式对原有网络进行调整，重新组合产品品类，注重服务与购物环境，致力于为消费者提供更加便捷、时尚的消费体验。同时加大了奥康对电商渠道的投入，打造了差异化的多品牌运营体系，在产品类别多样性、物流配送与售后服务等多方面提升了客户购物体验，保持业绩逐年稳定增长，形成了自身的核心竞争力。目前运营中的国际馆大部分已经表现出较好的业绩增长和竞争优势。报告期内，公司实现营业收入 279620.90 万元，实现归属于上市公司股东的净利润 27423.47 万元。

三、奥康国际馆的个性化与一站式体验模式

作为国内第一家开出鞋业连锁专卖店的品牌，奥康从来都是渠道探索的先行者。2013 年 1 月，在温州五马街，奥康一改传统的开店形式，推出全新的营销渠道模式——奥康国际馆，集自有和代理的九大品牌，升级消费者的购物体验。奥康国际馆不是简单地将小店整合成大店，进行店铺的升级，它的诞生是鞋业营销模式的一次变革。作为一种全新的店铺运营模式，奥康国际馆内除了自有品牌奥康、康龙等之外，还引进了知名的国际品牌如 Martinelli、Sgariglia、Vallcvrde、Meirie's 等。

与以往以品牌作为区分的传统专卖店和集成店不同的是，奥康国际馆产品的陈列根据消费者的生活方式分为优雅商务区、假日休闲区、时尚精品区，消费者只要根据自己的生活方式和消费水平就可以挑选到自己喜欢的国际品牌，为各层次消费者提供了更大的购买选择空间。同时，国际馆还采用"大数据"理念。国际馆建设的推进，可以进一步强化对营销终端的控制。通过国际馆与 O2O 模式的结合推进，充分利用线下实体店体验的优势，实现线上线下融合互补。公司利用掌握的大量实时消费数据，及时把握市场前沿的变化趋势，通过大数据分析与处理提升研发设计、商品采购、物流配送与信息管理能力，最终整合供应链打造反应快、设计快、运输快、上柜快、回笼快的高效运营体系。

国际馆使其在细分领域逐步树立优势市场地位，实现差异化、多品牌阵营协同驱动发展。此外，通过国际馆的建设，将进一步提升奥康在消费者心中的品牌影响力，对周边区域形成辐射效益，提高区域市场占有率，强化公司行业

市场地位。另外，为了满足消费者的个性化需求，奥康国际馆还提供一站式高端定制服务，开创多元时尚体验时代。顾客只要在脚型测量仪上走一圈，30秒内电脑就能根据顾客的脚型模拟成产品，并能根据自己的喜好选择皮料、配饰及鞋款等，一周之内就能收到自己定制的鞋子。此外，为提升销售服务水准，奥康还特别邀请航空礼仪培训公司为国际馆店员进行专业化培训，让消费者体验尊贵服务。

2014年5月20日，作为奥康为突破零售业困局而推出的全新商业模式，第100家奥康国际馆正式开店迎客。从无到有，从1到100，奥康国际馆所"发射"的信号表明：传统专卖店经营模式一统天下的局面即将成为过去式，个性化服务与一站式体验模式华丽登场。国际馆是奥康国际为突破零售业困局而推出的全新商业模式，创新地将不同层次消费群体的品牌整合到一个区域内，为消费者提供更便捷、时尚、国际化的消费体验。

四、结论与启示

目前中国鞋业市场的竞争主要趋向于渠道竞争，专卖店、商场、鞋业超市成为鞋业终端分销的主要销售渠道，传统的营销模式已经无法满足现有的消费需求。针对现有专卖模式的高库存、高风险等问题，奥康国际还提出了以"快"为特色的"时尚流水线"，即24小时研发，3小时生产，24小时物流，30天下架，确保为消费者提供最时尚、最潮流的产品。

奥康国际馆的个性化与一站式体验模式，是对奥康原有网络的调整，注重服务与购物环境，致力于为消费者提供更加便捷、时尚的消费体验，升级了消费者的购物体验。同时，重新组合了产品品类，打造了差异化的多品牌运营体系，在产品类别多样性、物流配送与售后服务等多方面提升了客户购物体验，使得奥康的业绩保持逐年稳定增长，形成了自身的核心竞争力。

现代生活水平的提升与消费习惯的改变，使消费者更趋理性与个性化，体验性消费趋势明显。信息技术的普及运用，颠覆了传统购物方式与零售商业模式，使O2O等新模式为实体零售注入新的活力。企业要顺应时代的潮流，在充分认识自身的前提下不断创新商业模式，只有这样才不会被时代浪潮所淹没。

营销的本质是通过交换来实现价值。而商业模式是企业的盈利逻辑，利润源于价值创造。很显然，营销是价值实现的具体措施、方法，是商业模式的具体落地。所以营销模式是商业模式的重要手段和实现形式，是企业营销的竞争规则，是利润创造的价值逻辑。以互联网为基础的第三次工业革命改变了产业结构、市场结构、环境结构和社会结构。互联网改变了资本及要素联结的方式，因而改变了营销活动的条件，创造了新的价值观、价值关系网络，创造了新的营销策略空间。除此之外，它还导致产业和市场关系的深刻变化，使产业和市场结构发生了革命性的变化，从根本上改变了竞争的情景和营销的内涵，迫使营销思想和模式发生改变。

第一节　互联网条件下营销模式升级

互联网正在从虚拟空间走进现实世界，并将改变甚至颠覆的触角伸到了几乎所有行业：它让曾经的"大佬巨头"还没有低下骄傲的头便轰然倒下，也让高高在上的权威翘楚"分分钟"就变成老朽；它不仅在改变人们的生活，甚至像洗脑一样在改变着人们的思想。互联网给现实生活带来很大的便利，创造了很多的自由。而纵观这两年的互联网行业，它除了带给消费者更多的自主性，带来消费者习惯的变化，也直接地促使了企业营销模式的转变。在越来越以消费者为价值核心的新营销理念下，企业面临的模式升级问题已刻不容缓。

一、O2O 模式

线上线下市场曾经泾渭分明。线上电商企业干着自己的网络销售，线下实体企业干着自己线下的营运，双方各占山头，地盘分明，即便很多实体企业也有电商的线上运营，但大多是作为业务或是渠道的补充，营销思维上依然采用原有的线下营销模式。PC 互联网时代，团购横空出世，成为 O2O 的起点，线上与线下交集趋势明显，但依然界限明显。而到了移动互联时代，这个界限被大规模打破，网络与实体间的差异被模糊，线上线下达到完全的融合。

移动互联网最大的特点，在于拉低了科技产品用户体验的门槛，这不再是极客或是少数粉丝的专属，而是大部分人的日常生活场景。而基于生活场景的营销模式，同时也就意味着泛化和规模化。

有远见的企业较早就看到了这种变化，并着手 O2O 的变革。比如，星巴克的闹钟 App，让顾客被闹钟叫醒，然后去星巴克喝打折咖啡，一个基于线上发生的行为，在线下终结，这是一个典型的 O2O 闭环。再比如宝洁一系列儿童相关的应用，从消费者怀孕期起就进行有意识的营销，通过线上模式在强化自身品牌精神的同时建立起和消费者的亲密联系，培育粉丝文化。这是典型的互联网营销思维。

O2O 模式始于互联网迭新的时代，也就意味着 O2O 的运作需要的是互联网的思维，如何有效地实现线上线下的结合，优势互补，形成合力；同时运作的思路要基于消费者的价值核心之上，形式和思维的结合才是一个完整的 O2O 模式。

转型 O2O 是一个过程，一般分为四个阶段：第一阶段是使用成熟的电商开放平台，形成自营自采的品牌售卖，和线下相对独立，需要采取手段平衡渠道利益；第二阶段是把联营品牌纳入整个 ERP 管理系统，从商品和财务的角度来统一管理；第三阶段是筹建独立的 B2C 平台，并形成全渠道布局；第四阶段是打通线上线下会员，统一库存、支付体系，纳入移动终端产品。

企业营销模式专栏1　　雪中飞打造 O2O 新模式　智取创意营销

雪中飞是波司登国际控股有限公司旗下的一大品牌，创立于 1999 年。品牌定位于动感、活力，其跳跃缤纷的色彩、激情四射的个性和时尚前卫的设计备受年轻一族的欢迎。多年来，雪中飞矢志不渝地实施名牌战略，坚持不懈地走品牌发展之路，雪中飞被评为中国驰名商标，并获得国家出口免验产品认证，经权威机构评估，品牌价值超过 56.65 亿元。在国际市场上，雪中飞被美国绿色产品委员会认证为绿色产品，被法国科技质量监督委员会推荐为高质量科技产品。

图片来源：www.snowflying.com。

一、市场细分：雪中飞微信公众号集结

作为面向年轻族群的时尚羽绒服品牌，雪中飞于 2014 "双节"（圣诞节和元旦）之际打造出了属于自己的营销新模式。针对时下年轻族群比较感兴趣的穿越话题，在 "双节" 来临之际，打造出参加 "乐潮时空派对" 的创意概念。通过一组流行的手绘海报形式，在聚焦年轻族群的社会化媒体上进行传播，成功利用 "乐潮时空派对" 的话题将目标群体聚集到了雪中飞的微信公众号上。雪中飞微信公众号同时推出 "乐潮时空派对" 游戏，消费者通过简单的游戏互动赢取线下活动的电子邀请函，并参与抽奖。这一新颖互动形式也在短期内就刷爆微信朋友圈，成为年轻族群中没玩就"out"了的时尚标记之一。

二、O2O 互动营销："乐潮时空派对"、"乐潮 7 Days"

雪中飞选择了消费人群集中的杭州解百购物广场作为"乐潮时空派对"线下活动的举办地点，打造出了一个丰富多彩的派对现场。通过乐潮 Cosplay、活力抛彩球、穿越乐转盘和时空电话亭等简单好玩的穿越主题有奖互动，有效地引爆了现场人群的参与热情。此外，现场雪中飞时尚新品走秀、热舞 Show、乐队 Live 助阵、奇幻魔术等节目表演也是这次派对的一大亮点，吸引了无数人群前来围观。出人意料之外的现场求婚环节更是掀起了一轮品牌与消费者的互动热潮。派对现场适时推出雪中飞羽绒服特惠，品牌和销售两不误。便捷的购物方式、有吸引力的款式和价格，掀起了一阵阵抢购热潮，也创造了"双节"期间的销售奇迹。

除了社会化媒体的互动，雪中飞还同期推出了"乐潮 7 Days"的创意概念官网，倡导属于年轻族群的时尚生活方式；雪中飞天猫旗舰店也与微信公众号联合放送出专属优惠，借助"双节"提高线上销售量。通过社会化媒体、官网、电商等线上平台对"乐潮时空派对"这一创意的联合，全面增强了品牌的网络声量，提高了品牌在年轻族群中的辨识度。

同时通过与线下活动联动的 O2O 机制，成功建立了目标族群新的消费习惯，塑造出品牌活力、新潮、自由自在的全新形象。

资料来源：作者根据多方资料整理而成。

二、体验营销

体验营销是指企业通过采用让目标顾客观摩、聆听、尝试、试用等方式，使其亲身体验企业提供的产品或服务，让顾客实际感知产品或服务的品质或性能，从而促使顾客认知、喜好并购买的一种营销方式。这种方式以满足消费者的体验需求为目标，以服务产品为平台，以有形产品为载体，生产、经营高质量产品，拉近企业和消费者之间的距离。

企业在实施体验营销时要注意以下两个原则：第一，适用适度。体验式营销要求产品和服务具备一定的体验特性，顾客为获得购买和消费过程中的"体验感觉"，往往不惜花费较多的代价。第二，合理合法。体验式营销能否被消费者接受，与地域差异关系密切。各个国家和地区由于风俗习惯和文化的不同，价值观念和价值评判标准也不同，评价的结果存在差异。因此，体验营销活动的安排，必然适应当地市场的风土人情，既富有新意，又符合常理。

企业营销模式专栏2

西单大悦城玩转"马达加斯加" 打造体验式营销

图片来源：www.image.so.com。

北京西单大悦城（Joy City）是一座由中粮集团精心打造的"国际化青年城"，这座西单商圈唯一的大型购物中心迅速成为时尚达人、流行先锋、潮流新贵休闲购物的首选之地，也是2008年北京商业地产的最大亮点。开业之时就引来京城各路媒体争相报道。

一、突破传统：开创体验式营销新玩法

3D动画大电影《马达加斯加的企鹅》自2014年11月14日上映至收官之时在内地累计实现超过2.5亿元的票房，创下了马达加斯加系列电影的最高纪录。影片中"犯二萌蠢"的"企鹅四兄弟"也因此成为众多年轻人喜爱的新宠，更是让不少人主动翻出马达加斯加系列前三部电影仔细回味。

作为时尚潮流代表的西单大悦城，总是在第一时间捕捉到时下最流行的热点，突破传统体验式营销的常规手段，打造国内首场"马达加斯加"圣诞狂欢嘉年华，通过现场还原电影中的经典场景、邀请电影原版企鹅人偶现场大跳"企鹅舞"等一系列表现形式，让更多人在观影之余能够亲身感受"马达加斯加"带来的欢乐，深化并创新体验式营销新玩法，为商业地产整合营销推广打造了新案例。

二、粉丝经济：制造岁末城中最潮热门话题

"马达加斯加"系列电影从第一部上映至今，已经累积了数以亿计的"马达加斯加"迷们。西单大悦城将"马达加斯加"作为2014年圣诞主题的核心元素，除了看重"马达加斯加"系列电影本身的影响力外，更重要的是看到了电影背后巨大的粉丝效应。此次西单大悦城特别打造的"马达加斯加圣诞狂欢嘉年华"，不仅再次点燃了所有马达加斯加粉丝们的热情，甚至还吸引到不少原本非"马达加斯加"的观影人群。

除此之外，西单大悦城更是联手地铁4号线开通了"马达加斯加"专列，通过制造岁末城中最潮热门话题，引发多家知名媒体的主动报道，也为此次圣

诞主题活动实现了良好的造势。

三、深层合作：实现"1+1>2"的推广效果

以往我们可以看到的电影与商场合作，通常是以首映式或主创见面会的形式在商场落地，此次西单大悦城打造的"马达加斯加圣诞狂欢嘉年华"，则是将当下热映电影与商场整合营销推广实现了深入的嫁接。据了解，这也是"马达加斯加"系列主题形象首次以这样"与众不同"的形式与广大的内地的观众见面。

作为商业地产营销推广中最为重视的圣诞档期，西单大悦城选择受众熟知的动画形象作为圣诞主题的核心元素，与其年轻、时尚、潮流、品位的定位有很重要的关系，作为西单商圈的潮流风向标，西单大悦城不断挖掘和探寻80后、90后年轻群体的喜好，推出一系列符合年轻时尚潮人、达人口味的主题活动，此次合作正是基于此的又一次全新尝试。

借势大电影热映，让西单大悦城在2014年的圣诞营销中再次拔得头筹，获得了人气和口碑的双丰收。而圣诞期间恰逢西单大悦城7周年店庆，"马达加斯加"的"萌宠大咖们"的助阵也让所有人在购物之余享受到更多的娱乐体验，相信这样一场本年度最豪华的"圣诞大餐"也会为西单大悦城带来客流的新高。

资料来源：作者根据多方资料整理而成。

三、"屌丝思维"

企业所做的服务和产品不要总是想着去满足所谓的高级用户，应该要面向更广大的用户群体，因为群众的力量是伟大的。其实在很早以前就有一句听上去通俗易懂的话：要广大人民群众喜闻乐见。因为在这个社会上，"屌丝"的数量是庞大的，"屌丝"喜欢的东西显然具有"最大"这个特点，所以才会有这么一个说法：核心价值就是"屌丝经济"。

"屌丝思维"这一概念，用更加经济学的术语来说，特指当前出现的一种以互联网为平台和交换媒介，以草根需求、小微供给、低成本流通和网络交易为用户需求的具有"草根"性质的产品思考模式，其本质是一种非常态下的"大众思维"。"屌丝"作为一种网络用语，除了其戏谑和自嘲的含义之外，更饱含着一种自我实现的社会心态，这种心态不仅仅是自嘲，还有一种莫名的激励。正如所有"屌丝"都会经常梦想着"逆袭"一样，在互联网日益普及的中国，"屌丝思维"所凝聚的无数"小微"力量或许有一天真能够成为中国经济增长的主流力量，这

就是屌丝经济。互联网是"屌丝"的互联网，服务好"屌丝"才有互联网的基础。所以企业要把握好"屌丝思维"，以此作为营销的指导。

四、"粉丝思维"

"粉丝思维"这一新概念近两年很火爆，只要有"粉丝"，就会有口碑。苹果的粉丝叫"果粉"，小米的粉丝叫"米粉"，无论是大品牌还是小品牌，都开始重视"粉丝"。几乎所有的企业都知道，拥有自己的"粉丝"是一件多么不容易的事情，就连一向持重的华为，也开始营销自己的"花粉"。

"粉丝"的优点很多，对于企业来说最大的优点就是盲目性，对产品的盲目热爱，对问题的宽容乃至视而不见，他们可以一代一代地不停购买产品，还会不断地主动推荐给他人。所以我们会发现，很多不那么好的纪念产品，卖得反而不错，换言之，传统意义上的"粉丝"并不在意产品质量，而是更注重自己参与的感觉。所以我们的品牌需要"粉丝"，他们是最优质的目标消费者，他们不仅对我们的品牌、对我们的企业拥有高度的忠诚和热情，还会向他们的社交圈传播我们的口碑，帮助我们的业务获得非线性的增长甚至是爆炸性增长。

而经营"粉丝"，就是时时刻刻都与用户联络感情，有重点地给用户灌输产品形态，同时还要解决每一个"@"里面带来的抱怨，这一点无论是虚拟的网络还是实体经济，道理并没有太太差别，有"粉丝"就有可能性。

移动互联网时代的法则是"得粉丝者，得天下"。"粉丝"就是生产力，"粉丝经济学"将大行其道。

第二节　基于产业价值链的营销模式

按照迈克尔·波特的逻辑，每个企业都处在产业链中的某一环节，一个企业要赢得和维持竞争优势不仅取决于其内部价值链，而且还取决于在一个更大的价值系统（即产业价值链）中，一个企业的价值链同其供应商、销售商以及顾客价值链之间的连接。企业间的这种价值链关系，对应于波特的价值链定义，在产业链中、在企业竞争中所进行的一系列经济活动仅从价值的角度来分析研究，称之为产业价值链（Industrial Value Chain）。

一、产业价值链内涵

产业价值链是建立在企业产品价值链基础之上的，产品价值链的概念最早是由哈佛大学商学院教授迈克尔·波特在 1985 年提出的。波特教授认为：每一个企业都是在设计、生产、销售、发送和辅助其产品的过程中进行种种活动的集合体，所有这些活动可以用一个价值链来表明。价值链分析并不是以成本作为分析基础的，其真正分析的是价值。随着社会分工的发展，价值不仅体现在企业内部各业务单元之间，而是涵盖在更大的"价值系统"当中。波特教授所说的更大的"价值系统"也就是产业价值链的概念。产业价值链是企业产品价值链在产业层面上的延伸，是多个企业产品价值链的整合，是产业中一个不断转移、创造价值的通道。

产业价值链与产业链、价值链之间的关系在于利用价值链的分析方法来考察产业链。产业为满足用户需求而实现价值所形成的链条，也就是在产业链中、在企业竞争中所进行的一系列活动仅从价值的角度来分析研究，称之为产业价值链。它以产业链为基础，从整体角度分析产业链中各环节的价值创造活动及其影响价值创造的核心因素。

当价值链理论的分析对象由一个特定的企业转向整个产业时，就形成了产业价值链。价值链与产业价值链是从不同的角度说明价值创造的过程，前者侧重价值创造环节，后者涉及组织的职能及关系。产业价值链代表了产业层面上企业价值融合的更加庞大的价值系统，每个企业的价值链包含在更大的价值活动群中，实现整个产业链的价值创造和实现。产业链的价值活动囊括了产业链中企业所有的价值活动，但这些活动并不是简单的大杂烩，而是在产业链的价值组织形式下发现和创造价值。在产业价值链没有形成前，各企业的价值链是相互独立的，彼此间的价值联结是松散的。经过产业整合之后，企业被捆绑到一个产业价值链系统里，产业链应用企业间价值链的创新联结来创造出新的价值。

产业价值链理论的形成有着坚实的理论基础，其发展集点、线、面、网研究于一身，贯穿价值创造、分配、传递全过程。其理论体系既与产业链、价值链、供应链等理论相关，又包含价值系统、价值网、价值星座及全球价值链理论。理论的多元化促进了产业价值链体系的创新与完善。

二、产业价值链的特征

构成产业价值链的各个组成部分是一个有机的整体，相互联动、相互制约、相互依存，每个环节都是由大量的同类企业构成，上游产业（环节）和下游产业（环节）之间存在着大量的信息、物质、资金方面的交换关系，是一个价值递增过程。同时产业价值链之间相互交织，往往呈现出多层次的网络结构。在新的竞争环境下，产业中的竞争不仅仅表现为单个企业之间的竞争，还表现为一条产业链同另一条产业链的竞争，一个企业集群同另一个集群之间的竞争，甚至是国家与国家企业之间的相互竞争。产业价值链的特征主要有五点，如图 6-1 所示。

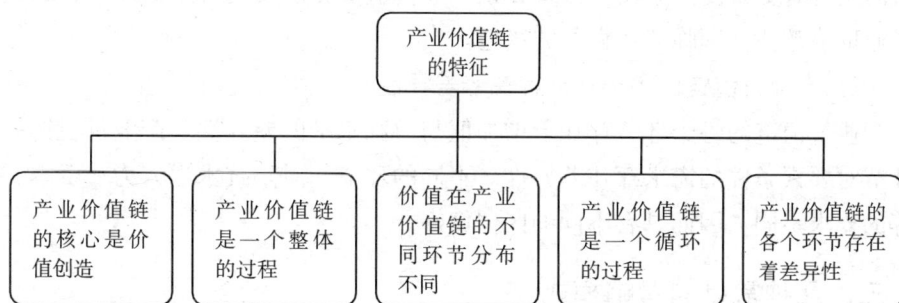

图 6-1　产业价值链的特征

（一）产业价值链的核心是价值创造

产业价值链将企业价值链和产业链进行了有机结合，将价值链的内涵提升到产业层次，其内容无外乎两个方面：一方面是产业链的价值属性，也就是产业链的价值创造机制和价值组织的结构形式；另一方面是价值链的产业属性，强调价值链延伸到产业层面后的组织形式。不管是侧重哪个方面，产业价值链的核心都是研究价值创造，为了实现价值，产业价值链必须要满足消费者需求，离开这一点，产业价值链也就失去了市场基础。在产业价值链的不同环节上，价值的分布是不均衡的。

（二）产业价值链是一个整体的过程

构成产业价值链的各个组成部分是一个有机的整体，相互联动、相互制约、相互依存，每个环节都是由大量的同类企业构成，上游产业和下游产业之间存在着大量的信息、物质、资金方面的交换关系，是一个价值递增过程。同时产业价值链之间相互交织，往往呈现出多层次的网络结构。

（三）价值在产业价值链的不同环节分布不同

随着产业内部分工的纵向发展，产业价值链越来越长，链条上的企业越来越多，价值增值活动中的分工越来越细，同一链条不同环节的企业创造价值的能力呈现出明显的差别。在价值链的研发创造及营销环节，产品价值创造能力最强，在中间的生产制造环节价值创造能力最弱。产品或者服务的价值由产业价值链各个环节所创造价值的总和构成，所以，企业一方面努力进行成本的节约，另一方面尽可能地在既定成本的基础上实现价值的创造和增加。

（四）产业价值链是一个循环的过程

价值增值实现的过程是一个不断循环的过程。这一特点，对于参与价值链的、持续经营的企业具有重要的意义，因为企业长期化价值的最大实现比起短期价值的实现有更重要的意义。如果一条产业价值链无法实现有效的循环，那么这条产业价值链便会濒临"死亡"的境地。

（五）产业价值链的各个环节存在着差异性

产业价值链的各个环节存在着增加值与盈利水平的差异性。产业价值链的各个环节对要素条件的需求存在差异性。不同的环节，对于技术、人力、资本、规模等的要求不同，因而具有不同的区位偏好。

三、几种常见的营销模式

产业价值链营销使企业的销售重点由过去的关注营销组合转变为创建营销模式平台，对企业来说，它是一种战胜强大对手的"可持续发展的"、"最便捷"的营销战略。在营销模式选择方面，企业应提供最接近消费者的销售模式和促销方式，围绕产业链条整合上下游分销渠道，推广一体化模式。主要营销模式有五种，如图 6-2 所示。

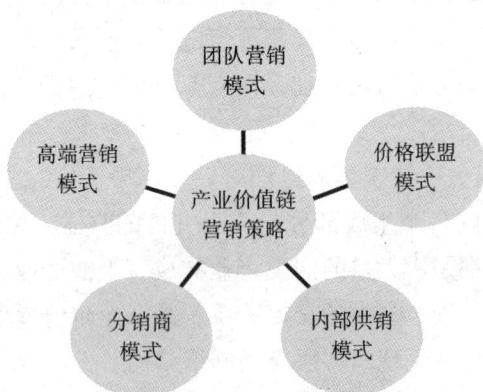

图 6-2　基于产业价值链的营销模式

（一）团队营销模式

在新产品、新市场开发上采取技术宣传推介交流在前，商务营销在后的形式，由技术专家和销售人员组团推销，即技术加商务的营销模式。

（二）高端营销模式

建立与大客户间的高层交流平台，创造条件促进高层互访，提高双方的合作层次。从消费者本身对新事物的接受程度考虑，品牌产品的市场定位只能争取站稳一级市场，然后逐步向二、三级市场渗透；先占领高端消费群体，然后逐步影响中低端消费群体渗透；争取营销一批高端品牌产品就留下一个营销点，通过高端品牌用户的自然口碑传播逐步影响渗透到更大的范围。

（三）分销商模式

在一些路途较远、用户小但比较集中的地方，选择有实力的用户或公司进行集中采购，然后再分销给最终用户，或鼓励用户进行联合采购，解决小客户的及时需要，缩短采购周期，降低运输成本，起到异地仓库的作用。

（四）内部供销模式

即利用内部供销市场相互关联的优势，扩大内部销售量或通过内部转接到外部，开展三方贸易或多方贸易。

（五）价格联盟模式

规范和统一价格体系，以往采取"一厂一策"的价格体系在激烈竞争中为我们打开市场起到了积极有效作用，但随着销售规模的扩大及市场的透明，已不利于统一管理并容易引起客户的不满。进一步规范和统一价格体系，根据客户长期采购量的大小及合作程度，把价格分为 A、B、C 三类或 A、B 两类，既方便管理，又拉开价格档次，体现对大客户的待遇，平息小用户的抱怨。

第三节　行业营销模式分析

现在营销界开始越来越关注行业的特质，很多营销层的高层也喜欢把行业特性放在嘴边，想真正把企业融入行业进行营销。这种基于行业特质的营销，称为行业营销。行业营销已经成为大势所趋，任何企业要想在市场中立于竞争优势地位，必须开始或者继续行业营销的模式。

一、服务业的营销模式

服务业市场营销是指个人和集体通过创造并同别人交换服务产品和价值以获

得其所需所欲之物的一种社会过程。知识经济时代是现代服务业快速发展并上升为国民经济主导产业的时代，现代服务业的发展呼唤现代服务业市场营销。服务业的营销模式主要有五种，如图 6-3 所示。

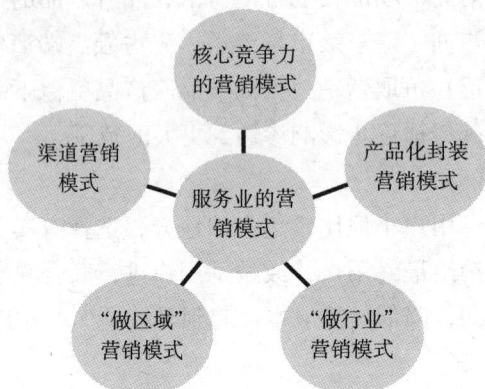

图 6-3　服务业的营销模式

（一）核心竞争力的营销模式

那些类似于知识产权或者律师事务所的服务行业普遍存在着一个特点，就是业务的"同质化"。很多人认为对于"同质化"行业应该在营销模式方面下功夫，但首先要做的却是"核心竞争力"的提取。越是业务同质化竞争，越是要提取出服务的核心竞争力。这些竞争力中有些是客观存在的，有些则是需要我们主观能动提取的。

（二）产品化封装营销模式

服务行业的市场营销模式肯定是不同于以产品为导向的厂家的，它们业务的最大特点就是以项目为单位的服务，缺少类似于产品的封装性。这样一来，在大范围内拓展业务的过程中，还不具备类似产品的销售特点。像这种服务类的软项目，它的封装性和模块性显然还不适合做分销渠道，但可以封装。这种封装有两个层面的含义，首先客观上，我们的确可以提取出一些具有独立性的内容来从形式上进行产品化的封装；其次主观上，策划出一些具有独立意义的概念，我们同样可以形式上称之为产品。例如，某著名留学行业企业，他们就结合了当时留学美国的潮流，在与美国多家学校合作的基础上，打包了整体的服务与价格等商业因素，最终封装成了一款留学美国常春藤产品，在全国各地发展代理商并大力拓展业务，最终取得了不错的业绩。一些著名的电视台诸如阳光卫视之类的企业也把某些频道或节目封装成了产品或项目。尤其是那些增值服务类的内容，在不影响企业运营的前提下，更适合打包封装成产品模块以广泛推广或赠送。

（三）"做行业"营销模式

"做行业"营销模式是一种高效的营销模式。原因很简单，同行业客户具有某种程度上的特征同质化，在对于行业内其他客户销售的过程中可以复制另外客户的大部分内容和方式。企业可以专门地针对行业策划战略层面的营销模式以及具体的操作方式。

（四）"做区域"营销模式

中国地大物博，不同的区域拥有不同的民风和商业特征，所以必须针对每一个大区设有针对性的市场营销策略。而且在制定区域性营销策略以及后续执行时，一定要有一批资深的当地人参与。分销渠道对于不同区域的营销是个切实有效的模式，当服务业务本身还没有适合代理机制时，也一定要在当地设立办事处等分支机构，直接在当地安营扎寨！否则，根本做不透。这一点与上面提到的"做行业"是可以纵横并行的。

（五）渠道营销模式

因为服务行业业务的发散性及独立性，所以在做渠道建设之前，我们必须要完成关于上述"核心竞争力的提取"以及"产品化封装"等工作。否则，渠道建设没有意义。

中国是个人情社会，各地域、各行业的关系错综复杂，合作伙伴介入是切入地域或行业的润滑剂。当然，渠道建设是有其历史使命的，它更适合创业的初、中期来执行运作，当我们的大势已经形成时，可以根据实际情况来进行取舍。

企业营销模式专栏 3

奇虎 360 与泰康人寿首创全民免费航空意外险模式

图片来源：www.image.so.com。

一、公司简介

奇虎 360 科技有限公司（美国纽约证券交易所 NYSE：QIHU，以下简称 360）创立于 2005 年 9 月，是中国领先的互联网和手机安全产品及服务供应商。其致力于提供高品质的免费安全服务，旗下有 360 安全卫士、360 杀毒、360 安全浏览器、360 保险箱、360 手机卫士、360 综合搜索等系列产品。面对互联网时代木马、病毒、流氓软件、钓鱼欺诈网页等多元化的安全威胁，360坚持以互联网的思路解决网络安全问题。据第三方统计，按照用户数量计算，360是中国前三大互联网公司之一。

泰康人寿保险股份有限公司（以下简称泰康人寿）是经中国人民银行批准成立的全国性、股份制人寿保险公司，公司总部设在北京。由中国对外贸易运输（集团）总公司、中国嘉德国际拍卖有限公司等16家国有大中型企业发起组建。在以董事长兼首席执行官陈东升为核心的专业化、国际化的管理团队领导下，泰康人寿发展迅速。目前已在全国设立了北京、上海、湖北、山东、广东等32家分公司，200多家中心支公司，2500个营销服务网点，成功完成全国性经营网络的搭建。

二、飞常保的诞生

2014年4月15日，以免费安全著称的互联网企业360与国内知名寿险公司泰康人寿达成战略合作，宣布正式启动"安全启航"项目，推出"飞常保"产品，首创全民免费航空意外险模式，年保额达100万元，为13亿国人提供航空安全保障。

相较于此前保险企业与互联网公司的跨界合作，此次360与泰康的"安全启航"项目可谓是一项"全民福利"，这款名为"飞常保"的免费航空意外险，不论在保障金额还是覆盖人群、影响范围上都有历史性的突破，堪称互联网金融在寿险领域的一次伟大创新，为航空意外险走向全民化、普及化打下了良好基础。

360作为主营安全相关的互联网公司，也一直为广大用户提供免费的"安全"服务。而作为一家极具互联网精神的大型保险金融服务集团，泰康人寿一直走在互联网保险创新的前列，致力于让保险服务更便捷、更实惠。二者对于"风险"的防范和关注，在精神理念上不谋而合。

据悉，飞常保产品为泰康人寿联合360推出，客户可以通过360平台免费获赠。符合条件的中国公民只需要在首次领取时填写姓名、身份证号和手机号，即可免费获得一份有效期1年、保额100万元的航空意外保障。在此期间，客户若因飞机意外事故而导致身故或伤残，均可获得相应的赔偿，最高赔付100万元，其保障时间包含乘客登机、飞机滑行、飞行、着陆等过程。之后每次乘坐飞机时，只要登记航班号和出行日期，还能享受更便捷的后续服务。

随着社会经济的发展，乘坐飞机出行的人数越来越多。2012年，中国内地航空运输市场已达到3.2亿人次。民航局表示，随着低成本航空的迅猛发展，到 2030 年，将有 15 亿人次的中国普通百姓能够乘坐飞机出行。飞机已经成为日常出行不可或缺的交通工具之一，但大部分乘客因为经济成本、侥幸心理等种种原因，没有购买航空意外险的习惯，这也成为空难之外的另一种"灾难"。

此次 360 与泰康人寿的跨界合作，颠覆了传统的航空意外险销售模式，将互联网"免费、开放、自由"的精神引入保险领域，不仅为数以亿计的家庭提供了必不可少的经济保障，更希望唤醒整个社会对于生命安全和家庭责任的关注。

资料来源：作者根据多方资料整理而成。

二、消费品的营销模式

消费品是用来满足人们物质和文化生活需要的那部分社会产品，也可以称作"消费资料"或者"生活资料"。消费品市场的典型营销模式有 4 种，如图 6-4 所示。

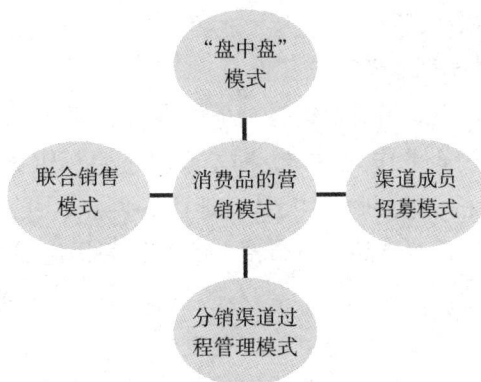

图 6-4　消费品市场的典型营销模式

（一）"盘中盘"模式

"盘中盘"模式的核心思路为市场的格局划分，整个消费品市场为"大盘"，关键营销终端作为互有联系的"小盘"，以营销终端带动整个消费品市场。其主要把握的核心节点包括：一是消费品核心经销商对于终端的掌控能力，只有商业人脉、网络以及资金实力同时具备的经销商才是成功的保障；二是对于终端客户的开拓战略，对于关键节点掌控的目的在于尽可能多地吸引潜在客户，力求形成具有代表性意见的消费群体领袖人物；三是营销终端对于市场的拐点，这一拐点往往在营销终端业绩良好的时刻达到，终端消费者已经对快速消费品形成共识，总经销商对于大盘铺货和小盘共振的提升作用显现，市场得以启动；四是市场营销途径的维护与拓展，市场涉及的营销终端越多，消费群体构成越复杂，快速消费品行业间的竞争就会越激烈。

（二）渠道成员招募模式

渠道成员招募模式以消费品企业的区域间总营销作为主要策略，总营销负责对生产厂家的直接谈判、协议以及款项拨付，厂家承诺二、三线营销途径的支持政策，也包含四个核心关键点，一是产品及计划，渠道成员招募模式要求产品具有卖点，因此销售支持策略是核心，产品获得利润必须有配套支持政策及吸引力；二是推介途径，渠道成员招募将推介途径划分为个人、机构、会议、媒体以及活动等类型；三是渠道成员招募的市场传播形式，要求传播具有刺激投资商募资欲望的作用，项目合作具有可行性，其中的拜访、宣传等快速消费品推介方案基于企业资源整合，可以在短期内就形成较好的营销集聚效应；四是渠道成员招募管理，快速消费品营销理念、机构、人员能力均到位，进程控制合理，后期消费者资料完善，工作顺利进行。

（三）分销渠道过程管理模式

分销渠道过程管理模式指对营销终端下的零售、批发以及分销环节进行过程管理，以经销商和生产企业作为主体，对消费品的目标市场区域进行功能划分，对核心销售节点进行科学化的统筹人员、地区、网点、线路、销售期间、时间等，力求专业化服务，掌控产品竞争节奏，提升销售渠道铺货率，实现分销的网络化管理。这种消费品营销模式下，一要注意营销途径的扁平化，传统多级营销途径机构向"经销商—终端"的单一模式转变；二要注意生产厂家把控，厂家设立区域办事处，实施标准化营销作业流程；三是对于经销商职能作用的精简，市场开拓功能向市场服务功能转变，厂家直销与经销商单一对应，以终端订单为依据来完成每天的送货任务；四要注意分销渠道间的铺货协调，以区域间厂家办事处作为协调中心来调剂余缺。

（四）联合销售模式

联合销售模式是消费品经销商和分销商之间的联合，以服务管理为准绳，辅之以利益诱导，构建"总部—省级分公司——级批发商—二级批发商—零售网点"结构的销售模式。联合销售模式的约束能力设置主要为资金约束，具体操作为经销商、分销商、零售商之间的市场保证金机制，市场保障金缴纳的多少以区域大小进行确定。市场秩序维护是快速消费品联合销售模式的保障，以产品发货登记制度为主的作用机制可以有效预防倒货和倾销现象，稳定而科学的价格体系设置则对指引销售渠道和追逐稳定的资金利润回报起到有效的管理作用。

企业营销模式专栏 4

中国好声音与加多宝共生法则：营销战略引领消费者

一、公司简介

加多宝集团是一家大型专业饮料生产及销售企业，于 1995 年创立，同年推出首批红色罐装"王老吉"。1998 年，集团以外资形式在中国广东省东莞市长安镇设立首个生产基地。销售网络遍及

图片来源：www.image.so.com。

中国大陆 30 多个省、市、自治区，并销往东南亚、欧美等地。

加多宝以发扬传统，追求卓越，优质管理，顾客第一为产品质量方针。搭建了由产品原材料采购、生产制造、市场流通销售至售后服务全过程的质量管理体系。所有工厂均照 GMP 标准建造，厂房布局合理、明亮、洁净，并从欧美引进先进的全自动饮料生产线。此外，集团还投资大量资金购买当今饮料行业先进的检验、检测设备，建立了专业的品检实验室。通过专业技术人才，对产品的原料、半成品、成品进行分析检测，整个产品生产过程均严格按照GMP 良好操作规范进行。在产品出厂之前，还需以超声波真空检测系统对整箱产品进行 100%检测，合格后才能进入市场，100%保证产品质量，深受广大消费者的喜爱。

二、加多宝的营销战略

战略一：培育好声音。

在与中国好声音的合作中，加多宝最为人所称道的营销思维之一，就是以"培育"和"投资"的心态，与节目制作方通力合作，甘当绿叶，着眼于为好声音增加音量。

战术一：病毒海报渐进式制造话题。

2014 年 4 月，在第三季加多宝中国好声音宣布正式启动的同时，加多宝宣布推出好声音促销装，好声音标志性的剪刀手 V 形标志首次出现在了加多宝红罐上。加多宝官方微博还发布了一条"大 V 攻占地球，你准备好了吗"的宣

言，向网友发出参与和分享好声音的邀约，开启新一轮品牌传播运动。好声音开播前四天，加多宝"周五我没空"系列海报上线。在节目开播前三天，九张"抱歉体"系列海报上线，在调侃其他电视节目的同时，为好声音做宣传：这个节目，不表演带孩子，不表演做菜，也不表演相亲。

战术二：跨界资源整合。

为了更全面地推广好声音，加多宝还突破性地跨界合作，与腾讯达成全面战略合作伙伴关系。根据协议，加多宝将整合腾讯旗下新闻客户端、视频客户端、QQ音乐客户端、游戏、微信、手Q等多渠道多终端，在多个栏目展开合作，尤其是双方开辟的QQ音乐中。同时，好声音还与今年以来颇受瞩目的社区服务站顺丰嘿客达成战略合作伙伴，借助800家顺丰嘿客的线下资源和顺丰速递快速高效的物流体系，把加多宝好声音V罐凉茶连同10万份好声音节目观看指南，打包成"好声音组合大礼包"，以好声音第三季首播为契机，通过各种形式送到消费者手中，邀请他们"喝着加多宝V罐看好声音"。

战略二：打造"加多宝声音"。

V形标志引入加多宝的外包装，不仅是在加多宝上打上了好声音的烙印，同时也升华了加多宝的内涵。对于好声音的粉丝来说，V形标志就代表着好声音；而在大众的心智中，V字同时也代表了成功和胜利——Victory，加多宝好声音V罐从某种意义上，也代表着加多宝的成功——加多宝罐装凉茶占据罐装凉茶市场80%以上的份额，稳居凉茶行业第一的位置。在过去，喝加多宝凉茶是为了去火，而现在，加多宝的品牌内涵从功能性上升至情感层面：人生有许许多多的V时刻：升学、就业、结婚、老友相聚……这些值得庆祝的V时刻，都应该喝上一罐代表着成功、喜悦、乐观向上的加多宝好声音V罐凉茶。

三、塑造延伸话题：人生V时刻

为了强化品牌的V内涵，加多宝在官方微博上推出"加多宝中国好声音促销装与您共享胜利喜悦时刻"的微海报，这组海报分别选取了人生中三大V时刻——洞房花烛、金榜题名和他乡遇故知，并将加多宝原有的喜庆调性巧妙地融入这三个成功场景中，产生了强烈的品牌心智关联。

接着，一个更加平易近人的"日记体"接档：在经过25小时加班之后，终于还是休了五一假；毕业后奋斗的第1825天，终于拿到了写着我名字的房本；在漫漫等待768天后，终于摇到了车号……这些消费者极为熟悉的生活场景，迅速在消费者中产生共鸣和互动。

过去，消费者在吃火锅、熬夜的时候，会想到喝一罐加多宝，现在，如何让消费者在经历人生 V 时刻时，也想到喝上一罐加多宝？

在微博上，2014 年 7 月 22 日，初为人母的女明星杨幂大晒人生感悟，感叹自己结婚、生子这些"人生 V 时刻"带给自己的惊喜，并号召她的粉丝"蜂蜜"一起加入到加多宝凉茶发起的"当 V 时刻遇上 V 罐"的活动，分享自己的 V 时刻。

此外，还有多位新浪微博的加 V 用户，例如，知名篮球评论员杨毅，篮球评论员于嘉和世界杯期间因逆向预测走红的央视美女主持人刘语熙，都在该主题下分享了自己人生的 V 时刻。

四、转化销售：V 罐在手，想有就有

金榜题名、老友相聚这些"人生 V 时刻"，的确都值得喝上一罐加多宝好声音 V 罐凉茶，但对那些生活中没有 V 时刻的人来说，又该如何让他们加入进来呢？加多宝化身万能 V 罐，为消费者带来 V 时刻，实现"V 罐在手，想有就有"。

2014 年 7 月 23 日晚，加多宝官方微博发布了一则消息，表示已经将国民岳父韩寒的电影处女作《后会无期》包场了！加多宝好声音 V 罐化身电影门票，消费者只要手持加多宝好声音 V 罐，就能免费入场观影。韩国当下最火的青春偶像组合 EXO 于 2014 年 9 月在北京举行演唱会，万能的加多宝 V 罐又化身成演唱会门票，通过南都娱乐周刊向粉丝们发出邀约：只要晒出你和加多宝好声音 V 罐的合影，并网友分享你的人生 V 时刻，就有可能获得 EXO 演唱会门票。

临近中秋，万能的加多宝 V 罐再次大显身手，发起 V 罐团圆饭免费订活动，2014 年 9 月 1 日至 4 日，包括北上广在内的全国指定 10 个城市的消费者，只要参与加多宝凉茶官方微博和微信互动，就有机会享受手持加多宝好声音 V 罐到指定餐厅直接享用团圆饭的福利。

加多宝与好声音的"联姻"，是加多宝集团多年来坚持的"大品牌、大平台、大事件"品牌营销战略的一个成功案例，它与好声音的合作，打破了品牌传统娱乐营销的手法，不只是简单的冠名商，而是深度合伙人；打通硬广、微信、微博、短信等线上线下渠道，连续三年在同一个娱乐节目上深耕细作，加多宝已经成为品牌玩转娱乐营销的标杆。

资料来源：作者根据多方资料整理而成。

三、网络营销模式

网络营销模式是指企业借助于互联网进行各项营销活动从而实现企业营销目标的营销模式。互联网发展的不同阶段，网络营销的手段、方法和工具也有所不同，网络营销模式也从单纯的网站建设模式向多元化模式转变。常用的网络营销的模式主要有 4 种，如图 6-5 所示。

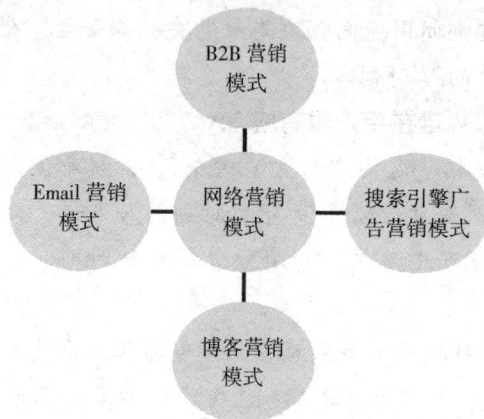

图 6-5 常用的网络营销模式

（一）B2B 营销模式

B2B 本质上是一个贸易信息发布与管理的电子商务平台，我们常说的电子商务是其具体表现形式。电子商务通过电子数据交换（EDI），实现从产品的介绍、选择、合同的签订、订单的下达，到货物出运及报关等几乎所有的贸易过程都通过电子方式在网络上进行，被誉为无纸贸易。电子商务一般是借助网店或网站形式得以实现的。

（二）搜索引擎广告（关键词竞价广告）营销模式

搜索引擎广告（关键词竞价广告）营销就是企业利用网络搜索引擎服务商提供的广告平台，实行国家及区域定向投放，并按点击率付费，而且价格相对低廉，能广泛触及海外潜在客户，同时可自主管理、随时监控广告效果。

（三）E-mail 营销模式

E-mail 营销是通过向潜在客户发送促销信息邮件或在邮件中投放广告的方式来进行营销的，是一种主动的营销方式。开展 E-mail 营销的基础是拥有批量的、经用户许可的潜在客户邮件地址资源和邮件群发行技术平台。邮件资源的获得一般通过购买第三方专业 E-mail 营销服务商提供的定向许可性的外部邮件列表资源和用户主动在企业的网站订阅邮件等方式获得的内部 E-mail 地址邮件列表资源。另外，出口企业可以采取推广自身网站上的产品订阅功能、询单客户和求购客户的邮件地址、专业展会获得的 E-mail 地址等积累邮件列表资源。

（四）博客营销模式

博客营销是基于 Web 网站或网络工具开展的网络营销，包括企业内部搭建博客平台进行营销宣传和利用第三方博客托管平台（BSP）做推广两大方式，目前以后者应用较为普及。本质上也是创建了一个营销资源，要发挥最大的价值，同样离不开内容建设、频繁更新、链接推广等基础工作。和博客营销类似的还有基于 Web 的如：RSS、网摘、维基百科、社会性搜索、播客、SNS 圈子等一些值得关注的新型网络营销方式。

企业营销模式专栏 5　　万松底板：再创行业营销新模式

万松地板是苏州世通木业旗下的产品，苏州世通木业是中国起步最早的中国木地板企业之一。公司总部位于苏州，企业专注于实木地板、实木多层地板、强化地板、纯手工雕刻实木及实木多层地板、艺术拼花地板

图片来源：www.image.so.com。

的研发、生产、营销。产品行销全国，拥有强势终端超过 200 个。苏州生产基地占地面积达 20000 平方米，厂房建筑面积达 5000 平方米，从德国和中国台湾等地引进先进的木地板生产线。公司在缅甸、印度尼西亚、南美、非洲直接建立原木采购、半成品加工基地。精选优质木材，以精湛的工艺确保地板的纯天然品质。迄今为止，苏州世通木业形成"原木全球采购、产品专业研发、标准化生产、品牌行销、全程跟踪服务"五大运营体系。公司旗下"万松地板"和"万松·艾伦特"两大品牌定位高端消费群体。

一、线上营销的选择

众所周知，市场的选择就是企业的发展方向，而万松地板的选择就是以市场为导向，在 2015 年来临之际，万松地板开启了营销模式的历史性一刻，首次在阿里巴巴建立了自己的线上销售平台，这是万松地板正式进军网络销售的跨越，也意味着新的一年，万松开启营销新纪元。

从20世纪90年代的素板时代，到21世纪初的以漆面革命，再到后来的环保、地热等全新概念。而在此过程中，万松地板的发展痕迹则以市场的需求为基线。在遵循市场趋势的准则下，万松地板注重产品的研发创新，从倍受人们熟知的超抗刮的"金盾面"地板、"5M创新工艺"地板、实木仿古地板、拼花系列地板及后来的以材质为突破的斯文漆木、翼红铁等创新型产品，都显示出万松地板对于地板创新技术的追求，始终都放在品牌发展的最核心地位。

企业有了好的产品，没有适应市场发展的营销手段也是徒劳，由此，万松地板一早就研究了一套适合自己的盈利模式，为此也进行了大量的探索实验。随着网络电商的发展，万松地板也发觉了网络市场有着巨大的潜力，特别是对于地域性较强的地板行业，怎样把知名度打出去，让自己的品牌被更广阔的市场知晓，而网络无疑是最佳的平台。此次万松地板进驻阿里巴巴，表面上看起来是"卖产品"，实则更多的则是"打品牌"，当然"打品牌"最终的目的依然是"卖产品"，但是万松地板并不急于求成。阿里巴巴平台拥有与实体店相似的展出内容，但是消费者对品牌信息的搜索查询更为方便，再以线上线下相结合的方式，最终促成消费。

二、线下体验线上营销

如今，消费者对地板产品的网购模式越来越热衷，地板电商前途一片光明。但是地板是大额支出的耐消品和半成品，产品体验、售后服务等问题依然严峻，需要企业探索更好的服务模式。针对于此，万松地板推行了线上线下联动辅助的模式，利用网络平台线上传播、展示产品，提高品牌知名度，利用线下实体店真实体验，将线上客户引流至线下，进一步吸引线上群体，完成线下交易细节。达到全渠道家居资源的整合，消费者可以线上搜索产品比价，线下体验产品样品，这样才能真正将万松地板的品牌知名度打出去。

通过系统化的定期培训机制，持续对员工和终端销售服务伙伴进行专业的技能与服务标准的规范化培训是万松地板一直以来持续进行的工作。此次阿里巴巴网店的建设，对万松地板的售后服务提出了更为严格的标准，但是万松地板有信心、有实力，把阿里巴巴网店做大做强，以高性价比的产品和服务于每一位消费者。

资料来源：作者根据多方资料整理而成。

第四节　网络营销升级三部曲

网络营销有传播广、信息量大等特点，而且企业在网络营销投入的成本比传统营销模式要低很多。在网络时代中，互联网成了各种信息传播的载体，近几年网络营销方式发展渐渐成熟，消费者对网络营销也从刚开始的怀疑与不接受逐渐变成了信赖与喜爱。因此，企业应该升级企业网络营销战略，启动移动互联网营销渠道，提前布局占据更多的市场。

一、网络营销升级第一部曲："调"

中小企业要想进行网络营销就必须要先拥有自己的对外门户——网站。这是基本要求，很多人认为建网站太容易了，随便找个公司或者个人（兼职技术人员）就能完成，确实如此，但这样的网站只是摆设，不能通过它取得利益。一个能给企业带来利益的网站要求是很多的。首先，要选对域名和空间，域名是受众进入企业网站最直接的方式之一，因此选择的域名要简短、便于记忆，根据中国人的记忆规律，中文域名是最佳选择。至于空间，要选择那些有实力的大公司，这样才能保证其安全性和稳定性。其次，要注重美工的"功力"，网站要吸引人的眼球，就要做到美观、大方，体现企业的专业性，要同时满足浏览者的审美要求和实际需求。最后，要对网站做上线前的优化，优化做得好不好直接影响网站的流量，因此，网站在设计之初就需花大力气对其程序和页面进行最佳优化，可见其重要性。综上所述，我们可以看出起好"调"是网络营销的第一步。

二、网络营销升级第二部曲："推"

前奏过后，接下来便是"高潮"，这是一首曲子的精彩部分，是评价一首曲子成不成功的重要标准。对于企业的营销网站来说能否将浏览者抓住使之成为自己的现实客户是网络营销的"高潮部分"。以往企业要想做到将"流量"转化为"销量"是非常难的，企业不知道浏览者是从哪里来的，什么时候来的，都看了什么，看了多久。这样一来企业不能制定有针对性的广告投放计划，也不能有效地了解客户的需求，投资不明，回报不清，更谈不上精准营销，常常会出现向回民区的浏览者推销猪肉制品，向海南的客户推销羽绒服的荒唐事情。随着科技的发展，现在市场上已经开发出了能解决这些问题的产品，如：铭万的"店小二"，它能够准确地告诉企业客户的浏览情况，建立客户档案，及时与网站访客进行"沟通"，使网站更有"人味儿"。

三、网络营销升级第三部曲："新"

一首好的曲子往往能在结尾给人一种回味的感觉，人们会为这首曲子的终结留有一丝遗憾，并产生一种期待重逢的愿望。中小企业的网络营销也要做到这种效果，要让客户成单后仍然对你念念不忘，最终成为你的忠实客户。这就需要中小企业做好长期的售后跟踪服务，建立完善的客户档案，对客户反馈的问题给予足够重视，并尽自己最大的能力加以解决，做到客户的事情无小事。另外，企业还要注重产品的升级服务，根据市场的变化和客户需求的增加及时对产品进行改进升级，时时走在同类企业的前列。客户是有感情的，能够感觉到企业做出的每一分努力，客户是懂回报的，能够给予企业最大的支持和理解。曲有终，情无尽。任何事情都有其自身的规律，网络营销也是如此，但任何事情又不能墨守成规，网络营销亦在此列。"谱曲"不是定"调子"，只是给一些对网络营销理解还不深入的企业一些借鉴，在具体的操作中企业要根据自身的实际情况做出调整，要灵活，要勇于创新。

企业营销模式专栏 6　　唐钢：加快营销模式变革

图片来源：www.tangsteel.com.cn。

河北钢铁集团唐山钢铁股份有限公司（以下简称唐钢）是国有控股上市公司（股票代码：000709），特大型钢铁企业，河北钢铁集团的骨干企业。现有股本总额 36.26 亿股，资产总额 836.77 亿元。唐钢地处全国三大铁矿带之一的冀东地区，并处沿渤海湾京津冀经济隆起带，铁矿石、煤、电等资源丰富；铁路、公路和海上运输便利。唐钢始建于 1943 年，是我国碱性侧吹转炉炼钢的发祥地，现为深圳证券交易所上市公司中的蓝筹股。"九五"、"十五"以来，唐钢实施铁、钢、轧三大系统技术改造"三步走"发展战略和完善老区、联合周边、加快开发曹妃甸的"三极支撑"发展战略，实现了一系列重大进步，于 2005 年跨入千万吨级大钢行列。唐钢已通过质量、环境、职业健康安全管理体系"三合一"整合认证。唐钢深入贯彻落实科学发展观，以建设"国内领先、国际一流"钢铁企业为目标，围绕建设生态唐钢、绿色唐钢制定了创建科学发展示范企业规划，正努力向"队伍一流、产品一流、效益一流、环境一流"的现代化钢铁企业目标大步迈进。

一、唐钢营销模式的变革：高端客户营销体系的构建

"当外部环境越来越差，压力越来越大的时候，不是路到了尽头，而是到了转弯的时候，也就是到了真正要实现大变革的时期。"河北钢铁集团于勇董事长指明了方向。在这种理念的指引下，唐钢加快"以用户为中心"的营销模式改革创新力度，把营销团队真正变身市场团队，着力开发高端战略用户群体，全面提高产品竞争力，把市场主动权牢牢把握在自己手中。

唐钢深刻认识到，要最大限度提升产品综合竞争力，就必须拥有更多稳定和极具发展前景的战略用户群体，并建立满足高端用户需求的营销服务体系。为加快战略型大客户的开发，唐钢细分市场、品种、区域，科学进行用户分级，全面推行"大客户经理"营销制度。2014年11月12日，唐钢召开"大客户经理"营销制度启动大会，由市场部牵头，围绕各产线优势品种组建结构级镀锌、马口铁、角钢、电工钢、高碳钢等13个大客户服务团队，整合优势力量加快建立战略客户群，全力推动唐钢用户群升级。任命各部门主要领导为大客户经理，充分放权给各大客户经理，进行服务团队组建、战略大客户和产品开发计划的制定和执行，以及对已开发大客户的全流程服务。

如果说营销服务模式的变革，为唐钢赢得市场带来了机遇，那么针对销售人员的激励机制则为这种转变注入了源源动力。2014年以来，唐钢陆续出台可操作性强的激励机制，将营销人员的收入与实际营销业绩挂钩，最大限度地激发和调动营销人员的积极性，大力提高直销用户尤其是战略直供户数量和创效产品销量。商贸公司试点推行销售人员"按吨计奖、优胜劣汰"的激励方式，不锈钢公司凸显销售"龙头"地位制定的考核机制，正一步步将营销体系改革推向深入。截至2014年10月底，热轧、冷轧、长材产品直供户已增至147个。

二、唐钢营销模式的变革：客户价值体系的构建

唐钢将用户需求作为工作提升的空间和前进的动力，建立用户拉动型的生产销售体系，以用户群体的高端化，倒逼产品制造和品种结构的高端化。

2014年10月初，唐钢西安钢材销售服务中心正式挂牌营业，至目前，已和西安海铭工贸等五家终端用户达成合作意向，唐钢营销网络全国布局迈出坚

实一步。

在钢铁产能不断扩大、同质化竞争日趋激烈的大背景下，唐钢敏锐地意识到，得渠道者才能获得真正的市场。唐钢围绕产线积极布局全国营销服务网络，拓宽销售渠道，抢占终端用户市场，提高直供直销比例。在唐山、保定、上海、广州、山东、杭州、西安七处销售中心的基础上，以地区为中心向周边扩大市场范围，先后成立无锡、乐从、胶州、宁波四家办事处及石家庄现货点。此外，沈阳、贵阳等地建点工作及各销售网点之间的联动管理体系建设正在积极谋划中。

唐钢打破原有的专业界限，让生产、技术、质量、销售人员共同走进市场一线，进行全员营销和深度的用户服务，形成以产线品种支撑客户开发，以稳定的战略客户促品种成熟的局面，提升了唐钢产品市场占有率。2014 年前 10 个月，唐钢重点品种产销量达到 190 万吨，较 2013 年同期新增直供户 18 个，产品直销比创历史最好水平。

资料来源：作者根据多方资料整理而成。

第五节　营销模式机制和策略

在当代营销模式中，营销机制和策略对企业的生存和发展起着非常重要的作用。面对激烈的市场竞争，好的营销机制和策略有利于企业更好地优化资源配置和增强企业竞争力，极大地提高企业营销素质，改善经营管理，增强应变与竞争能力，实现营销创造效益的目的。

一、营销模式的机制

营销模式机制是指企业营销活动系统各要素之间相互作用、相互联系、相互制约的关系方式，是企业内部的营销机能。它主要包括三个方面，如图 6-6 所示。

（一）营销观念

营销观念就是企业在开展营销过程中及适应新的营销环境而形成的思想和认识，它是企业营销创新的灵魂。而观念应具备四个方面的内容，即正确的市场意识、质量意识、竞争意识、强化合作意识。

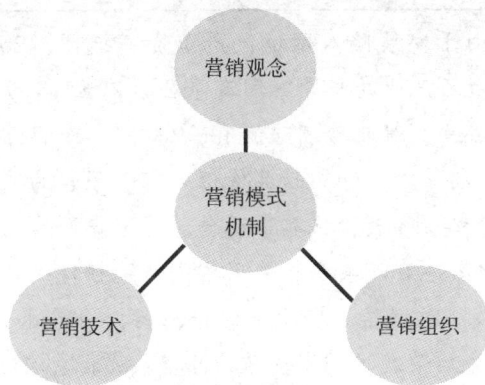

图 6-6 营销模式的机制

（二）营销组织

现代企业的营销组织呈现出联合化、扁平化和概念化的发展趋势，在激烈的市场竞争中，独立的企业"孤军作战"不可能取胜。从现实看，我国中小企业规模小、实力不强，在和大企业的竞争中处于不利的地位，而其营销组织亦大多仍停留在销售部门而不是营销的层面上。为了改善不利的竞争地位，面对国内外营销形势的变化，中小企业必须通过相互持股、兼并、联合、结盟等形式建立战略联盟，调整营销机构，开展网络营销，强化营销沟通，实现营销组织的不断创新。

（三）营销技术

营销技术是指企业在开展营销活动过程中采用的技术和方法，包含目标市场的确定、产品定位定价、配销和促销及广告策略等。由于目前国内中小企业大多尚未真正掌握专业营销技术，因此，必须在企业中建立专业的营销企划部门，挑选资深绩优的人员负责，同时聘请专业营销顾问协助，制订并实施企业的营销企划。

企业营销模式专栏 7　珍酒紧贴市场需求创新营销策略

贵州珍酒酿酒有限公司（以下简称珍酒），前身是始建于 1975 年的"贵州茅台酒易地试验厂"，是 20 世纪 70 年代，为实现毛泽东主席以及周恩来总理等老一辈国家领导人"要把茅台酒搞到一万吨"的宏

图片来源；www.gzzjc.cn。

伟夙愿而组建的。由于发展陷入困境，严重资不抵债，2008 年被破产清算。2009 年，看好贵州白酒产业的华泽集团有限公司以 8418 万元竞得"贵州珍酒厂"100%股权，并成立"贵州珍酒酿酒有限公司"。珍酒目前市场流通的主要是普通珍酒、珍品珍酒、珍一号、精品珍酒。有着茅台的酿酒技术，但市场的因素决定了珍酒的价格，珍酒价格非常适合普通消费群体。珍酒本品用优质高梁、小麦为原料配以当地甘冽泉水，采用中国传统独特工艺，科学精酿、长期窖藏、精心勾兑而成，该酒酱香突出，优雅圆润，纯厚味长，空杯留香持久，实为"酒中珍品"。先后荣获"国家优质产品奖"、"北京国际博览会金奖"、"轻工博览会金奖"、"中华文化名酒"、"香港博览会金奖"。

作为一个濒临破产被收购重组的贵州优质白酒品牌，珍酒沉寂多年后厚积薄发，在当前严峻的酒业市场环境中异军突起，其发展模式、营销策略引起了业界广泛关注。

经过五年的耕耘，华泽集团累计投资 11 亿元，用于基础设施建设、技术改造、研发新品、产能提升和品牌建设，同时充分借助华致酒行连锁管理股份有限公司全国连锁经营的优势平台，快速推进珍酒在全国市场的销售，企业生产经营连年保持高速增长势头。

2013 年以来，面临全国白酒市场销售普遍下滑的寒流，华泽集团积极适应市场变化，调整珍酒产品结构，推出中高、中、低等各个档次的新产品，打出"亲民"牌，以"名酒+民酒"的品牌形象进行全国推广，并在省内推行惠民工程建设，让价格实惠的佳酿真正回归老百姓的餐桌。

随着现代信息技术快速发展和销售观念不断转变，华泽集团开始进军"移动终端+互联网技术+物流供应链+线下连锁"的电子商务领域，建立直销直送的销售体系，减少中间环节，降低成本和售价，2014 年推出的"珍酒 2009 封坛酒"一上市就广受消费者欢迎，短短一周销量即突破一万坛。

据了解，珍酒 2014 年的销售额预计较上年同比将翻一番。目前，企业达到年产优质大曲酱香型白酒 4500 吨的产能，酒库储存陶坛老酒 1 万吨。中国酒业市场正处于艰难的、富有挑战性的转型当中，最有潜力获得成功的企业，一定是具有极强创新能力的企业。在贵州大力支持发展白酒产业的大环境以及珍酒的不断创新中，珍酒有信心、有能力做大做强。

资料来源：作者根据多方资料整理而成。

二、营销模式的策略

不能找到客户就不能生存是企业经营的最基本原则。拥有了优质的产品和良好的市场机遇，还需要一个切实可行的营销战略和实施计划来配合。

企业的营销策略是企业对其内部与实现营销目标有关的各种可控因素的组合和运用。它应包括产品策略、价格策略、分销策略、促销策略，这样才能保证最后的成功，如图 6-7 所示。

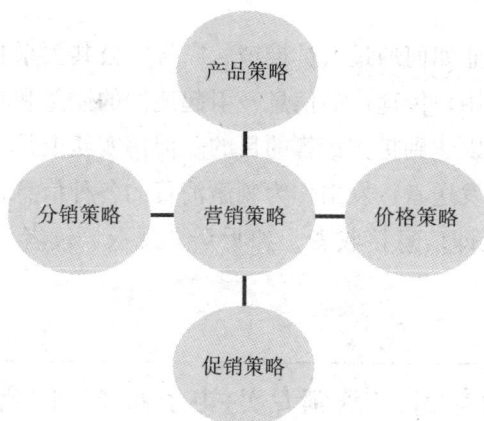

图 6-7 企业的营销策略

（一）产品策略

产品策略是指企业制定经营战略时，首先要明确企业能提供什么样的产品和服务去满足消费者的要求，也就是要解决产品策略问题。它是营销策略的重要组成部分，也是营销计划中最关键的因素，因为它是制定营销价格策略、分销渠道策略和促销策略的基础。一个公司的产品或服务在很大程度上表明了公司的业务范围。从一定意义上讲，企业成功与发展的关键在于产品满足消费者需求的程度以及产品策略正确与否。

（二）价格策略

价格策略是指企业通过对顾客需求的估量和成本分析，选择一种能吸引顾客、实现市场营销组合的策略。价格策略的确定一定要以科学规律的研究为依据，以实践经验判断为手段，在维护生产者和消费者双方经济利益的前提下，以消费者可以接受的水平为基准，根据市场变化情况，灵活反应，客观买卖双方共同决策。市场环境变化多端，企业自身的经营状况也在不断变化。在营销中，企业常用的定价策略仍然是新产品定价策略、折扣定价策略和心理定价策略等。但是，在此需要特别指出的是，根据各个企业不同情况，企业的定价策略也可适当调整。

（三）分销策略

分销策略是市场营销策略之一。它同产品策略、促销策略一样，是企业能否成功地将产品打入市场、扩大销售、实现企业经营目标的重要手段。分销渠道策略主要涉及分销渠道及其结构；分销渠道策略的选择与管理；批发商与零售商及实体分配等内容。

（四）促销策略

促销策略是指企业如何通过人员推销、广告、公共关系和营业推广等各种促销方式，向消费者或用户传递产品信息，引起他们的注意和兴趣，激发他们的购买欲望和购买行为，以达到扩大销售的目的。促销实质上是一种沟通活动，即营销者（信息提供者或发送者）发出作为刺激消费的各种信息，把信息传递到一个或更多的目标对象（即信息接收者，如听众、观众、读者、消费者或用户等），以影响其态度和行为。

【章末案例】　红豆集团："连锁专卖+电子商务"的全新商业模式

一、公司简介

图片来源：www.hongdou.com。

红豆集团是国务院 120 家深化改革试点企业之一，是江苏省重点企业集团。红豆集团以创民族品牌为己任，从企业草创的 1957 年，到走出困境的 1983 年，再到目前产业相对多元化，并大力推进品牌建设，实现转型升级：由生产经营型向创造运营型转变、由资产经营型向产融结合型转变、由国内企业向跨国企业转变、产业升级及竞争力升级。企业产品也从最初的针织内衣，发展到服装、橡胶轮胎、生物制药、地产四大领域。2001 年 1 月，"红豆股份"在上交所交易，企业开始迈入资本经营。集团有 10 家子公司，产品出口 20 多个国家和地区。

二、公司经营运作情况：多级电商平台，红豆商城

2008 年，红豆集团就抢抓机遇、提前布局，以淘宝、京东商城、1 号店等第三方平台为切入点，进军电子商务，成为品牌服装企业中"触网"的领先者。

2011 年底，公司将电子商务提高到集团战略高度，成立了无锡红豆网络科技有限公司，并打造了国内领先的服装垂直类综合销售平台——红豆商城，逐步形成了天猫、京东、唯品会、苏宁四大第三方平台和官方独立销售平台相融合的网络销售体系，集团电商年销售额从 2008 年的 1500 万元跃升到了 2013 年的 3.3 亿元。积极创新电商运营模式，向 B2B 领域进军，创建了"中国纺织材料交易中心"，这是国内纺织材料专业市场上第一个以现货交易为主的第三方电子交易平台。中心通过线上交易信息咨询与交易撮合体系、线下建立仓储物流体系，为纺织企业提供电子交易、信用支付、仓储保管、物流配送等全方位、一站式服务。目前，交易中心平台拥有注册企业 3200 多家，2014 年 1~7 月交易额达到 1105 亿元。随着影响力的扩大，平台发布的"中国纺织材料价格指数（CTMPI）（红豆指数）"已成为反映纺织材料价格水平、趋势的重要风向标。

三、推线上线下互动："连锁专卖" + "电子商务"

红豆集团把"连锁专卖" + "电子商务"模式作为企业商业模式转型升级的重点。红豆电子商务近几年迅速膨胀。"触网"六年来，红豆集团不仅通过淘宝等平台相继在多个服装品牌中试运行电子商务，同时还建立了官方购物平台红豆商城，致力打造国内领先的服装垂直类综合商城，线上销售额每年保持翻番式增长。一方面得益于旗下的中国纺织材料交易中心的强大，另一方面，完善和强化红豆"电商"系统，实现点、线、面三位一体的线上线下互动模式，也实现红豆集团五大品牌全网络覆盖。

商业模式是企业市场价值的实现模式。随着全球化、信息化、市场化不断深入，传统商业模式受到了前所未有的挑战，创新商业模式势在必行。2013 年的"双十一"，红豆创造了又一个奇迹，来自阿里集团的数据显示，截至 11 日 24 时，天猫"双十一"购物狂欢节支付宝成交额达 350.19 亿元，刷新上年"双十一"创下的 191 亿元的纪录。而在无锡，红豆集团"双十一"的网销也创造了新的销售纪录，达到了 1.0368 亿元，是上年的 3.06 倍，占了淘宝"双十一"销售总额的 1/350。

打破传统销售模式，红豆集团在品牌服装企业中率先"触网"。面对电子商务的迅猛发展，红豆集团从一个点开始试验服装传统销售模式与电子商务完美对接，经过一年多的摸索实践，打破了线上线下相同品牌、不同产品销售，资源无法共享的局面，建立起统一品牌和产品款式，消费者在线上网店下单，到线下 3200 多家实体店中的任何一家亲身体验，线上线下同价的全新商业模式——网络营销加实体店体验。

四、"全系列营销"与"全网商业模式"对接

从"单品专卖"到"全系列营销"，红豆集团再次进行资源整合。为更好地向消费提供全方位的便捷服务，2013 年 11 月 11 日，红豆集团第一家全系列 O2O 体验馆在江南大学科教园隆重开业。产品囊括了红豆男装、红豆居家家纺、ZUO 男装、IDF 女装、红豆文胸等红豆集团全系列品牌，体验馆特设消费者体验区为客户提供电脑进行线上购物，所购物品可以立即到门店取货，真正实现了线上线下联动销售，这也是红豆集团试推 O2O 平台的一个重要试点。随后，将男装专卖、女装专卖、居家专卖各类单一品类实体店，全部整合成从内衣到外套、从衬衫到西服、从裤子到毛衫全系列营销店，顾客的选择面一下由单一的服装产品扩展到全系列服装，走进任何一家红豆专卖店，一年四季的服装可一次全部买齐，单店的综合资源利用率随之大幅提升，季节性闲置店面得到有效利用。

"全系列营销"与"全网商业营销"对接，是红豆集团营销模式大变革。面对电子商务的日益大众化，以及由此带来的消费方式大变革，不只是淘宝、天猫等网络交易平台，包括微博、微信、移动终端在内，这些新的网络平台将给企业带来无限商机，红豆集团再次发力将网络营销推向所有网络平台，真正实现了"全网商业营销"。将服装"全系列营销"与"全网商业营销"相对接，有力助推了红豆服装线上线下联动融合，释放出强大市场能量，实现了效益最大化。

在不断创新商业模式的同时，红豆人更加注重优质服务、情感体验、精致品质三个环节，想尽办法不断为消费者创造价值，让消费者购买红豆服装时感到物超所值。如今，消费者只要点进任何一个网络平台的红豆专卖店或任何一地的连锁，都能配齐一年四季的服装。

五、结论与启示

（一）布局早才能得益早

红豆集团正是准确把握网络规律，依靠在电商布局上的率先，才赢得了在行业中的领先。随着电子商务开始向生产、流通、消费各个环节和国民经济的各个领域渗透，许多中国产品行业开始涉足电商领域，全行业电商时代逐步来临。面对这一潮流，广大企业必须顺应市场发展趋势，坚持"电商市场，速度

制胜"的理念，准确把握本行业发展电子商务的动向、规律和特点，在同行业其他企业尚未完全觉醒之前，及早谋划、及早布局，掌握网络营销和推广的主动权。

（二）有特色才能更出色

淘宝店铺数量突破 1000 万家，拥有近 5 亿个注册用户数，每天有超过 6000 万个固定访客，同时在线的商品数超过 8 亿件，海量信息带来最激烈的行业竞争。

（三）团队优才能业绩优

电子商务是一个对高素质人才十分依赖的行业。只是具备"电子"与"商务"两方面综合知识和能力的团队，才能及时解决网络技术难题。

（四）转型快才能收效快

电子商务本身就是商业模式创新的产物，红豆集团面对 PC 端开始进入拐点，微信、微博等微平台崛起的新形势，积极推进"全网商业营销"，在充分利用网站平台的同时，最大限度地利用微博、微信等移动终端进行网络营销。

【本章小结】

营销模式是企业获取收入与利润的最优化，同时也是最普遍的一种营销要素的组合。营销模式并非只有一种，但是作为特定时代下的营销模式，必须具备最优化与最普遍两个核心特征。也就是说，反映时代特性的营销模式，具有"最大公约数"的特点，这种营销模式一旦形成明确的模式、结构与逻辑，就会成为绝大部分企业营销成功的基本路径。

营销模式是营销中可以参照的标准样式与方法，是根据营销活动的特点及对顾客购买活动各阶段的心理演变应采取的策略所归纳出来的一套程序化的标准营销形式。它实际上是营销策略的有机性组合和结构性安排，既有科学性又有艺术性，可以参照、借鉴，但不一定适宜于任何环境下的效仿和照搬照套。每一种模式应具有自己独特的营销理念、策略、方法、手段以及流程，并有机融合形成一种范式，在体现出其逻辑性的同时又有一定的创造性。

【问题思考】

1. 企业在互联网时代应该如何升级营销模式？
2. 基于产业价值链，企业应如何转变营销模式？

3. 各行业的营销模式有何差异?

4. 企业要如何施行营销模式升级三部曲?

5. 怎样完善营销模式的机制和策略?

第七章 组织模式

【本章要点】

☆ 理解组织模式和流程再造的定义

☆ 了解互联网时代的组织模式的特点

☆ 知晓组织模式设计的方法

☆ 掌握流程再造的方法

☆ 了解产品服务与大数据

【开章案例】　　　　　　**小拇指汽修连锁的积分管理模式**

一、公司介绍

作为我国汽车维修行业的创始品牌，小拇指汽修特许连锁门店从 2004 年开始创立，目前已经得到极快的发展，截止到 2014 年 4 月，其规模已经

图片来源：www.xiaomuzhi.com.

达到了 700 余家，在我国 110 多个城市都有网点，它的消费者满意度也是很高的，达到 98%。从创立以来，荣获过"中国服务业优秀加盟特许品牌"、"品牌中国金谱奖"等荣誉奖项。而在经营的加盟商方面，90% 以上都创业成功，这在我国特许经营行业是比较罕见的。

从小拇指汽修连锁的 LOGO 即可看出小拇指汽修连锁的特质，从 2008 年 6 月开始，"小拇指 Suremoov"取代公司的旧 LOGO，其中"Suremoov"在英语词典中并不存在，是属于小拇指的原创英文。"Sure"是指"可靠、确信"的含义，也代表诚信在服务和信念。"Moov"是通过对"move"的谐音，代表汽车行业。"Suremoov"的大意为小拇指在汽车行业中是可靠讲诚信的企业。

到 2014 年，具有小拇指汽修连锁特色的品牌特许体系日益形成，小拇指汽修连锁业形成了具有自己独特魅力的品牌文化，进而这种文化影响了企业的

内部与外部环境，赢得了不同利益相关者的好评和认同。随之小拇指汽修连锁的人力资源开发技能的成熟，以及特许经营管理系统的完善，小拇指汽修连锁盈利的速度和规模日益扩大，加上小拇指汽修连锁本身专业技术能力保持行业领先，其市场竞争能力不断加强。

我国连锁公司创立之初，其组织结构多分为总部与加盟商，总部对于加盟商主要通过指导的形式进行管理，加盟商通过加盟的形式获取总部的品牌、技术、人力等资源。然而在小拇指汽修连锁的发展过程中，发现这种传统的组织形式并不能符合其本身的发展。

二、小拇指汽修连锁的经营困境

在小拇指汽修连锁发展的过程中，规模迅速扩大，其发展的规模如图 7-1 所示：

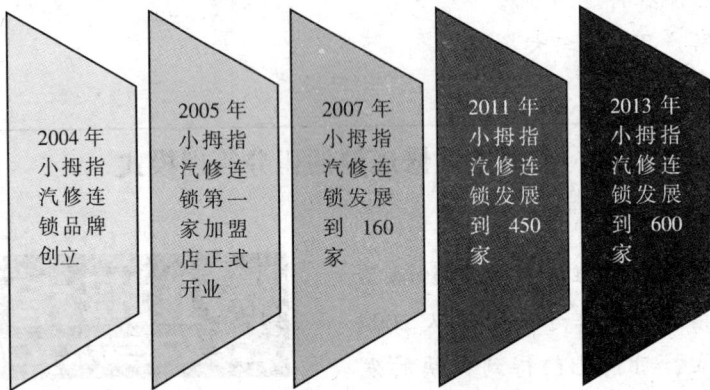

图 7-1　小拇指汽修连锁发展示意图

从图 7-1 中我们可以看出，从小拇指汽修连锁创立品牌以来，小拇指汽修连锁发展从 2005 年的第一家加盟店到 2013 年的 600 家，小拇指汽修连锁得到了迅猛的发展。然而在连锁加盟行业扩展规模的过程中，最容易出现的问题是管理混乱。一些企业认为，连锁经营就是将品牌给加盟商使用，在其他方面的管理并不需要投入过多的精力。这导致了很多连锁企业在管理上往往注重加盟费的收入，于其他方面的管理较为混乱，甚至没有管理。对这种情况同样普遍出现在汽修连锁经营企业中。

在特许经营行业中，总部与加盟商之间的合作关系具有特殊性，因为总部与加盟商之间既不是一般上下级，又不是不同企业间的合作者，这在调节双方关系方面比较复杂。从小拇指汽修连锁管理中心看来，如何有效地管理和控制

表 7-1　小拇指汽修连锁出现的问题

利益关系人	问题
总部	无法有效管理
总部工作人员	问题烦杂，任务重，激励不强
加盟商	无法得到有效的资源，提出问题反应速度慢

总部对加盟商的各项服务，也是一个头疼的问题。

小拇指汽修连锁也不例外，没有好的组织模式，连锁经营是很难长久地经营下去的。在其运营的过程中，突出的问题有：

第一，总部无法有效地管理。随着加盟商数量的扩大，原有的管理制度难以适应企业新的变化，对于不同的利益关系人——公司总部、总部工作人员、加盟商之间的关系，在传统的连锁组织模式方面，没办法很好地将一些指令传达下去，无法有效地管理。总部往往希望对于总部工作人员和加盟商进行有效的管理，然而在实际的工作过程，往往出现管理层的经验与现实的不适配。

第二，总部工作人员激励不强。总部的工作人员方面，最初是固定工资制，这导致总部工作人员激励失效，总部工作人员尽量以降低工作量作为自己的目标，导致其对于加盟商频繁的联系往往存在厌烦的心理，同时由于总部工作人员与加盟商之间没有固定的联系，即使某些工作人员工作失误，总部也无法进行有效的监管。

第三，加盟商难以获得有效的资源。同时对于加盟商来说，需要各种资源，如对于加盟商自身的培训，寻求各种资源的要求，往往存在着即使告知总部，总部也反馈过慢，或者传递过来的信息不符合加盟商的实际需要。

以上这些，成为小拇指汽修连锁发展面临的"瓶颈"。

三、小拇指汽修连锁的积分管理方式

在目前连锁经营的管理模式方面，包含着特许权管理、积分管理以及日常运营管理体系这一套完整的运营管理体系。而小拇指汽修连锁认为，对于自身经营方面问题最具有价值的是积分管理。

小拇指汽修连锁的积分管理方式如下：

第一，从总部方面，小拇指汽修连锁的积分管理模式的目的是使小拇指汽修连锁的各利益关系人化被动服务为主动。结合实际情况，小拇指汽修连锁采行自己独特的积分管理系统。为了有效地解决小拇指汽修连锁总部、总部工作员工、加盟商之间的负责关系，互相推诿的现象，明晰小拇指汽修连锁总部、总部工作员工、加盟商不同的权利和义务，小拇指汽修连锁明确了特许权加盟

费、员工奖金、服务贡献值等衡量的标准，进而形成良性的运作机制，为小拇指汽修连锁的连锁网络规模化发展提供了良好的基础。

第二，对总部的工作人员方面，小拇指汽修连锁规定了其可以通过良好的服务赚取积分。总部工作人员需要为加盟商提供优质服务，进而赚取相应加盟商的积分，总部工作人员可以利用这些积分向总部兑换奖金。这些，都保证了工作人员的工作热情，增加了其激励力度。

第三，加盟商方面，小拇指汽修连锁规定了缴纳加盟费、品牌管理费方面的规则，只要加盟商与总部保持长久的业务联系，对给总部各项服务提出合理化建议，甚至得到政府顾客的肯定等，都能得到一定积分。而当加盟商受到客户投诉、不诚信等负面行为时，会扣减相应的积分。这些积分可以兑换加盟商解决其在业务当中碰到的技术难题，甚至申请总部安排培训。在一定的时间段，这些积分还可以兑换总部安排的各项活动。这些，都保证了加盟商对于总部的归属感，也保证其获得各种总部的资源。

在小拇指汽修连锁的积分管理系统的有效管理之下，小拇指汽修连锁总部、加盟商与总部工作人员三方之间建立起一个良好的关系，并都得到了良好的激励。

在总部工作人员方面，积分管理模式为他们建立了一套考核指标体系。这个考核指标体系对于总部工作人员有着很强的激励作用。工作人员为了获得更大的激励，就必须提供良好的服务，进而通过取得相应积分来获得自己所需要的激励。

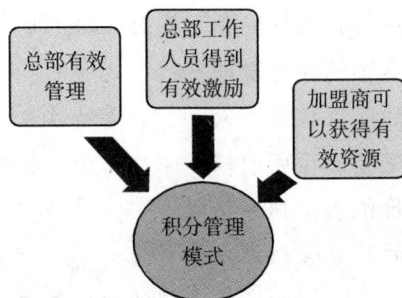

图 7-2 小拇指汽修连锁管理模式

在加盟商方面，积分管理模式减少了加盟商的一些不合理请求。根据小拇指汽修连锁的相关调查来看，积分管理模式尤其对于加盟商的过度需求有了明显的限制作用。而这些过度需求，在实施积分管理之前，占据了小拇指汽修连锁的很多资源，增加了总部和总部工作人员的工作量。

从小拇指汽修连锁总部的角度，积分管理模式形成了一整套的评价指标体系，对加盟商和总部工作人员的管理都具有了可操作性，进而保证了公司各项管理制度的实施。

积分管理模式的作用是显著的，最明显的是企业的技术创新能力得到极大的提高，小拇指汽修连锁创立了汽车 QSRS 车身快漆系统，结合了行业内先进的科技和精髓，这个系统改变了传统油漆修理业的种种缺点，技术先进、耗时短、价格低、质量稳定，并成为新的行业标准。其智能调色漆系统是目前国际上领先的计算机智能查色、调色系统。小拇指汽修连锁的挡风玻璃修复技术也为国内玻璃修复业的领先者，荣获了"中国国际专利与名牌博览会金奖"。在管理方面，小拇指公司坚持管理创新，首创了积分管理系统，为我国连锁事业做出了很大的借鉴作用，为连锁业大规模的扩张提供了很强的借鉴作用。

四、结论与启示

从案例中我们可以得到以下结论：小拇指汽修连锁积分管理模式提高了总部的响应速度和服务态度，有效地提高了其业务的增长率。对于加盟商和工作人员的激励功能突出。小拇指汽修连锁通过选择符合本企业的最佳组织方式，有效地提升了其发展速度。据中国连锁经营协会近日发布的中国连锁百强报告显示，自小拇指汽修连锁积分管理模式建立以来，其加盟商已超过了 600 余家。

小拇指汽修连锁在积分管理模式上的创新，也能为其他连锁行业提供一些借鉴，对于其他连锁行业方面出现的种种具有共性的问题的解决，提供了很强的参考。需要注意的是，不同行业的环境和其自身条件是不同的，因此，如何实现其对自身行业的创新，创办符合其自身要求的组织模式，提升企业的竞争优势，是企业面临的重要问题。

资料来源：作者根据多方资料整理而成。

没有成功的企业，只有时代的企业。每个企业都是时代的产物。如果我们不能跟上时代，就会被时代淘汰。今天对我们来讲，我们都处在互联网时代，我们只能跟上互联网时代。过去在传统经济时代，所有成功的做法，今天可能都不适用了，我们只能是按照互联网时代来做，因此我们必须改变自己，这就是为什么一定要做互联网时代的模式。互联网时代，就是把传统时代的一些基础理论给颠覆了。比如说 1776 年，亚当·斯密提出来分工理论，亚当·斯密在《国富论》当中的第一章就是论分工，当时他举了一个例子，小作坊做针，一个人一天做不了一根针，但是作为一条流水线，作为工业化，可能一个人平均一天要做几千根针，这就奠定了现代企业管理的基础理论。

第一节　互联网时代的组织模式

组织模式也称组织结构，是指组织为了便于管理，通过将组织的不同部分进行组合，进而实现组织的宗旨目标。组织模式在不同的环境中发生不同的变化，而随着互联网使用的日益普及，企业的组织模式发生了很大的变化，最突出的是出现了扁平化、专业化和与用户的零距离三个明显的趋势。

一、扁平化

互联网环境中，各种企业最常见的是出现了扁平化的趋势。扁平化是指企业在现有的网络环境中，通过减少企业管理的层级，增加企业管理者的管理幅度，以减少信息传递过程中的失真，加快信息传递的速度和增加信息的真实性。扁平化可以有效地解决现代网络环境下面临的难题。

随着市场经济的发展，当企业规模扩大时，企业不能简单地通过增加管理层次来提高企业的管理范围，因为管理层次的扩大容易造成信息传递的延时和失真。有效的办法是增加管理幅度，通过幅度的增加，就会使原有的金字塔状的组织结构成为扁平状的组织结构。

扁平化成为现有组织变革的主要方向，主要原因一是扁平化有利于分权管理，这样基层在管理结构之间相对独立，更有利于管理；二是扁平化更有利于快速适应市场的变化；三是随着现代信息技术的发展，扁平化的管理更容易提高效益，如图 7-3 所示。

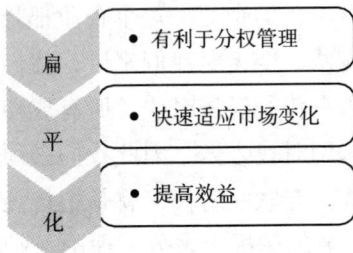

扁
平
化

- 有利于分权管理
- 快速适应市场变化
- 提高效益

图 7-3　扁平化对于组织的影响

在传统管理中，管理幅度增加带来信息和人际关系处理的复杂，然而这些随着网络的发展逐渐地得到解决。

二、专业化

专业化管理主要是指企业在建立和发展阶段，应当具有专业化发展的战略，即在各个专业领域中选取特定的领域作为主营业务，利用专业化人才使企业形成固有的优势。专业化管理有利于企业差异化，提高其快速反应能力，以及高效率。如图 7-4 所示。

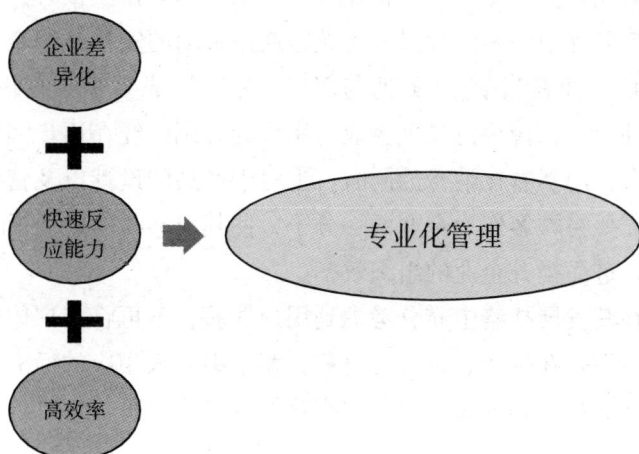

图 7-4　专业化对于组织的影响

专业化管理可以促使企业差异化，创建企业适合于市场的优势。企业的差异化有利于提高企业的核心业务的水平，提高对自身业务的控制能力，同时有助于企业控制自身的风险。但是公司必须注意专业化的目标，必须注意专业化的过程应该纳入企业整体目标之下，只有企业明确自己在行业的地位，集中精力投资于真正具有差异化意义的产品和业务，才能与其他企业建立互补型的合作关系，以利于企业的共同发展。

专业化有利于加强企业的快速反应能力，这是专业化管理的另一个优势。快速反应有利于提高企业及时对于顾客的服务需求做出反应的能力。这样就可以减少传统上按估计的顾客需求来进行库存，减少库存，进而降低成本。

专业化管理的效率高于采用传统管理的效率。传统管理往往对于开发企业业务优势没有统一的目标。专业化管理则把企业的主要资源集中在具有优势的业务上。专业化管理可以提供更高的生产力，在成本控制、资本效率上降低相应风险。

三、与用户的零距离

互联网时代下，企业更应该注重消费者的需要，只有通过不停地发现和实现用户的需要，才能实现与用户的零距离，进而实现企业的各项目标。这就需要企业在组织模式设置时以客户为中心。这就需要企业进行良好的客户关系管理（Customer Relationship Management，CRM）。客户关系管理是指企业在建立运行组织的过程中，将顾客需要作为企业决策的核心考虑方面，通过细致地挖掘顾客的特点，进而提升顾客满意度来实现企业的目标和宗旨。

在互联网时代，用户体验成为企业客户关系管理运作的核心，不同于传统意义的体验，传统管理中顾客体验只要是顾客通过被动的安排试用企业产品，进而对企业提出建议。而在当前，"如何与用户零距离"成为企业面临的最大挑战。而在互联网的环境中，传统意义上企业与用户的区别已经在逐步消失，企业与消费者产生了融合，消费者在消费的同时，也对于产品的设计以及营销存在着重要的作用，企业需要将顾客作为企业的一分子，使其在参与的过程中，增强企业与顾客间的互动，进而提升企业的组织效率。

企业应该在其发展战略中充分考虑到用户体验，不再将客户体验作为营销部门自身的问题，而是在生产、物流、财务、营销中引入相应的标准，保持对于用户的持续关注，提高顾客的参与度，进而获得更高的利润，如图7-5所示。

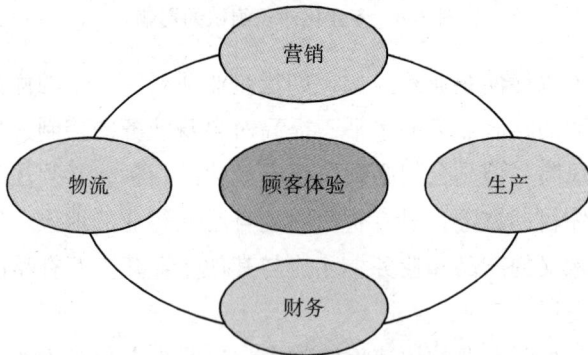

图 7-5　互联网时代的组织模式

组织模式专栏1　　　　　联合技术国际公司组织变革之路

联合技术国际公司为彼得·库瑞在1962年建立，他32岁时，控制Countant电子公司后将其更名为联合技术国际公司。在2014年1月被评为2013年度"世界500强企业在华贡献百强"。这一殊荣肯定了公司充分地履行了其应该承担的社会责任，同时也表明企业对可持续发展和企业公益等方面取得的巨

图片来源：http://www.utc.com/Pages/Home.aspx。

大进步。在联合技术国际公司发展的过程中，其组织模式也发生了显著的变化，具体分以下三个阶段。

第一阶段，联合技术国际公司职能化组织模式阶段。

联合技术国际公司初步成立时规模很小，在成立之后的7年里，彼得通过寻找市场空白，每年开发一两项新业务，并赢得了摩托罗拉在英国的销售权，联合技术国际公司进入流通领域。这段时间内，公司业务主要集中在英国和欧洲等区域，业务范围也主要集中在原有业务中的电力设备零配件，一直使用原来的职能化组织结构。

第二阶段，联合技术国际公司集团化阶段。

1969年，联合技术国际公司战略进行了重大的变革。因为以前联合技术国际公司不断扩展新业务，导致现金流紧张，企业为了提高其盈利能力，同时适应企业规模扩大后的管理需要，彼得决定改变原有的组织模式，把企业扩大的方式改为收购已经成型的公司。

在这种战略改变的背景下，公司的组织结构和业务也发生了巨大的变化。联合技术国际公司将企业的任务定义为工业电子市场提供零部件和附属组装品。联合技术国际公司减少制造需要先进技术和大量资金投入的产品，而开始将业务转为经营其他企业生产的同类产品。联合技术国际公司自身生产的是中低档技术产品。联合技术国际公司的主要客户为中等发达国家。以获得巨大的利润，到1987年底，公司共有25家分公司，每个公司的雇员人数在100人到500人之间。

第三阶段，联合技术国际公司跨国经营阶段。

1988年联合技术国际公司以18000万英镑收购了一家美国的供电设备制

1962 年		2014 年
职能化组织模式	集团化组织模式	跨国公司组织模式

图 7-6 联合技术国际公司组织变革图

造商，维科仪器公司，其主要业务分布在日本和欧洲。其在国际供电设备市场上具有很高的声誉，本次收购使联合技术国际公司成为世界上最大的供电设备生产厂商。这导致联合技术国际公司整体组织结构发生了很大的变化。收购后，联合技术国际公司基本上分为两个产品部门：总部分别设在美国和英国，分别生产供电设备和协调不同区域的生产经营活动。在这种情况下，公司的组织结构实现了高度自治，同时这种结构也对于各地域公司具有一定的控制能力。

可见，企业在发展的过程中，随着其规模、企业实力的变化，必然要适当地调整其组织模式，以获得更好的发展。

资料来源：作者根据多方资料整理而成。

第二节 基于商业模式的组织模式设计

组织模式设计是一个需要综合考虑企业自身资源以及外界环境，进而将企业自身不同的部门进行整合，以达到企业自身的最优化的过程。

一、为什么进行组织模式设计

随着网络经济的发展，各企业面对着企业宏观环境和微观环境的迅速变化，为了适应企业各种环境因素的变化，企业必须要进行组织模式的改变。

组织模式的设计对于企业具有重要的意义，具体有：第一，通过组织模式的设计，企业可以发现和改善原有企业中固有的难以发现的隐患，如在其发展中出现的不合理的部门和步骤，通过组织模式的设计，就可以将种种不适应环境变化的不合理之处去除。第二，组织模式的设计对于企业效率的提升具有指向性意义，组织模式的设计中，会进一步凝练企业的宗旨和目标，有助于企业明确其发展的方向。

在组织模式设计的过程中，应掌握一些具体的原则，芮明杰（2013）认为，组织模式的设计应考虑以下因素：一是规模因素。组织的规模越大，专业化程度越高，规模小，则专业化程度较低。二是战略的因素。组织的战略决定着组织不同时期的活动方向。三是环境因素。组织的环境因素如果比较稳定，则机械式组织结构可以较好地适应，如果组织环境有着较大的变化，则组织应该考虑柔性的组织结构。四是技术因素。随着技术的飞速发展，组织应该适应技术的最新趋势，随之确定组织的管理幅度和管理层次。五是权力控制因素。要考虑组织的领导者的权力需求以及组织的权力结构。

二、组织模式设计的方法

组织模式的设计过程中，首先需要考虑组织设计的原则。芮明杰（2013）认为，组织模式设计过程中，应该考虑到以下原则：一是目标一致原则，企业不同部门以及不同的活动，必须以企业的目标位中心；二是分工与协作原则，组织要注意合理地掌握分工与协作的程度，避免过度分工增加的管理成本；三是有效管理跨度原则，管理跨度；四是权责对等原则；五是集权与分权相结合原则；六是精干高效原则；七是稳定性和适应性相结合原则。

罗宾斯在《管理学》一书中对组织结构设计有如下步骤：

第一，确定组织目标。组织设计的基本出发点就是组织目标。没有明确的目标，组织就失去了方向，导致其方向的迷失。因此，管理组织设计最首要的就是确定组织的目标，组织就是要在综合组织内外部环境因素的基础上，合理制定组织的各种目标。

第二，确定业务内容。管理者应根据组织目标，明确实现组织目标所必须进行的业务类别，明确各类业务所需进行的工作，并对各项业务的组合进行规划，以达到最优的业务组合。

第三，确定组织结构。管理者应根据组织规模的大小、生产技术的高低、地域的分布、组织的具体情况等来确定组织业务量，以确定组织形式，规定其具体单位，形成相应的组织结构。

第四，配备工作人员。管理者应根据各组织具体单位的业务内容对工作人员进行合理配置，明确其具体工作内容。

第五，规定职责权限。管理者应根据组织目标的要求，明确规定各工作人员的责任以及工作标准。同时，基于工作责任和标准授予相应的职权。

第六，联成一体。即通过规定不同部门之间的关系，确定其沟通和上下级关系，把组织内各单位联结起来，形成一个稳定的管理组织系统。

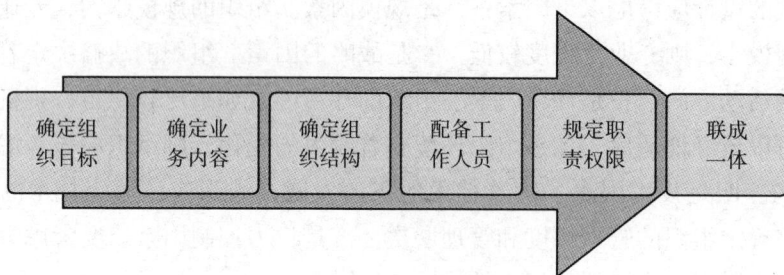

图 7-7　组织模式设计的程序

三、组织模式设计的工具

目前组织模式设计的工具有：观察法、访谈法、问卷调查法和工作日志法，如图 7-8 所示。

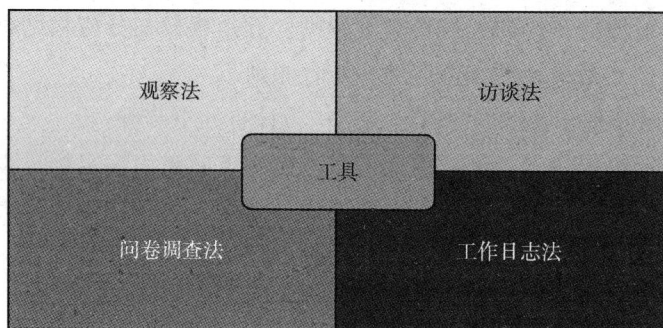

图 7-8　组织模式设计的工具

第一，观察法是工作人员通过观察将有关的工作内容、程序和环境等工作信息记录下来，进而进行归纳整理以获得工作实际信息的过程。观察法可以客观和正确地获得信息。然而它对观察者的要求较高，因此只能适应对于动作性工作的观察，而对于智力劳动和紧急工作，如高级管理人员和救火人员的工作，使用观察法则往往无法得到有效的效果。

第二，访谈法是访谈人员对访谈对象根据访谈提纲进行交流并进行记录，整理工作信息的方法。访谈法可以比较直观地得到工作的信息，同时可以获得比较难以观察的如工作经验、任职资格等信息，但访谈法对于访谈人员的要求较高，其访谈成本也较高。

第三，问卷调查法是根据组织设计的目的、内容设计一套调查问卷，由被调查者填写，进而将问卷回答结果加以汇总，形成对工作的具体描述信息。问卷调查法是最常用的一种方法。其优点是被调查者有充足的时间进行思考，回答比较客观。问题的设计对于最后结果的表现有着很大的影响。尤其是如果问卷中的问题过多时往往难以得到被调查者的合作。

第四，工作日志法是指按照时间顺序详细记录下来的工作内容和工作过程，然后经过归纳、提炼，获取所需工作信息的一种工作分析方法。这种方法容易分析出各工作人员在整体事件中所起的作用，然而时间跨度很长，需要较长的时间，同时也容易忽视日常性的事物。

组织模式专栏 2

国电濮阳热电有限公司：加强人力资源管理 完善激励约束机制

国电濮阳热电有限公司成立于 2003 年 11 月 26 日，是中国国电企业公司控股的火力发电企业，公司股东方及股权比例分别为：中国国电企业

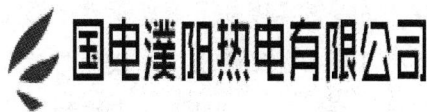

图片来源：www.puyang.com.cn。

公司 60%、濮阳三强电力企业有限公司 30%、河南汤台铁路有限公司 10%。公司总投资约 18 亿元，现有员工 217 人。自成立以来，公司先后荣获"中国国电企业公司 2005 年度实现安全生产目标先进单位"授予国电二级奖章、河南省"示范性工会"、河南省"职业病防治先进单位"、河南省"五好"基层党组织、河南省电力监管统计先进单位等多项荣誉称号。

一、人力资源管理理念

公司一直秉承"以电兴业、强企报国"的企业精神，践行"做实、做新、做大、做强"的工作方针，坚持以人为本的管理理念，以科学发展观为统领，以安全为基础，以效益为中心，以发展为要务，以市场为导向，开拓进取，锐意创新，为建设富裕文明和谐濮阳，推动中国国电在河南又好又快科学发展做出新的更大的贡献。

管理企业的关键是管人。员工的积极性调动起来了，责任心增强了，素质

提高了，管理提升便落到了实处。国电濮阳热电有限公司不断加强人力资源管理，建立健全激励约束机制，落实企业公司收入分配向生产一线倾斜原则，充分调动了员工的工作积极性，增强了员工的工作责任心，为全面完成各项目标任务提供了人力资源保障。

二、人力资源管理措施

制定《年度目标责任制考核办法》和《中层干部管理办法》。根据各部门所承担指标和责任的轻重，确定考评的侧重点和比重，量化对各部门年度责任目标完成情况进行考核；对中层干部按照部门分工进行相应的考评，考评结果直接与评先、奖励、干部晋升挂钩，进一步激发干部员工干事创业的激情。

建立首席员工制度。为选树标杆并充分发挥示范引领作用，进一步激发广大员工忠诚企业、开拓创新的责任意识和立足岗位、爱岗敬业的主人翁意识，制定首席员工制度，开展首席员工评选。该公司设"首席员工"1名，每届任期两年，任期内享受每月岗位工资增加一倍的待遇。

制定《生产一线岗位员工生产工龄工资管理办法》。深入实施企业公司惠民工程，进一步调动员工积极性，稳定生产一线员工队伍，不断优化生产指标，为生产一线员工增发生产工龄工资，发放生产岗位津贴。该制度落实了企业公司收入分配向生产一线倾斜的原则，进一步调动了员工积极性，在公司长期缺员的情况下，稳定了生产一线员工队伍，促进了公司生产指标不断优化。

实施检修班组技术人员岗位工资动态管理。该公司成立了考评小组，对检修班组技术人员理论知识、实践操作、业绩考评等三个方面，进行分项考核，综合评价。考评得分前几名增加工资薪点，考评结果还作为员工使用、奖惩、教育、培养的重要依据。

建立完善管理结果的评估奖惩及责任追究制度。强化过程管理，明确责任，细化目标，完善公司大修、技改、安措、反措管理制度，严格计划管理、过程管理、结果管理；完善、细化项目的可行性研究、效益分析、施工过程管控、后期评估、责任追究等内容。

管理制度的有效实施，推动了该公司人才队伍建设，完善了技术人才上升通道，充分调动了员工的工作积极性，进一步强化了广大员工忠诚企业、开拓创新的责任意识和立足岗位、爱岗敬业的主人翁意识，为全面完成各项目标任务提供了人力资源保障。

资料来源：作者根据多方资料整理而成。

第三节 关键业务流程再造

业务流程再造（BPR），是美国管理专家迈克尔·哈默于 1990 年提出的。他认为，只有对企业的业务流程进行根本性的再思考和彻底性的再设计，才能使企业在成本、质量、服务和速度等方面业绩得到更有效的改善。然而需要注意的是，企业无法对于企业业务流程进行完全的流程再造，一方面是因为这样的成本巨大，企业无法达到。另一方面是因为企业只需要对于关键业务进行再设计，进而就能得到有效的改善，而这，就是关键业务流程再造。

关键业务流程再造应该遵循以下原则：

第一，组织结构应该以组织的产出为中心。企业流程再造的过程中应围绕企业的具体目标或产出来进行流程的再设计，而不是依赖于某个单个任务，否则会导致企业流程再造失效。

第二，注意信息技术的实用。随着计算机技术的实用和员工相关素质的提升，企业需要将信息处理工作纳入实际工作中去。将信息处理工作与企业的实际业务结合起来，以提高效率。

第三，面向客户和供应商整合企业业务流程。当前时代的竞争不仅仅是企业内部的管理，而是一个企业的价值链——供应商、生产车间、销售渠道、顾客组成的具有紧密结构，这要求企业在实施流程再造时要注意不同部门和不同环节间的联系，同时注意相关信息在所有需要的人之间的共享。

组织模式专栏 3   互联网时代下的洋河酒厂组织变革：商业模式力量

图片来源：http://www.cnwinenews.com/。

无论是实行互联网改造的洋河，还是试水 C2B 私人定制的电商、酒企，互联网思维正在以前所未有的程度影响着今天的商业和从业人员。小米创始人雷军曾说，台风来了，猪都会飞。对于传统的中国酒业而言，互联

网思维正是当下的"台风"，顺势而为，似乎已成定局，要么原地踏步等待死亡，要么应用互联网思维卖酒成就未来，如图7-9所示。

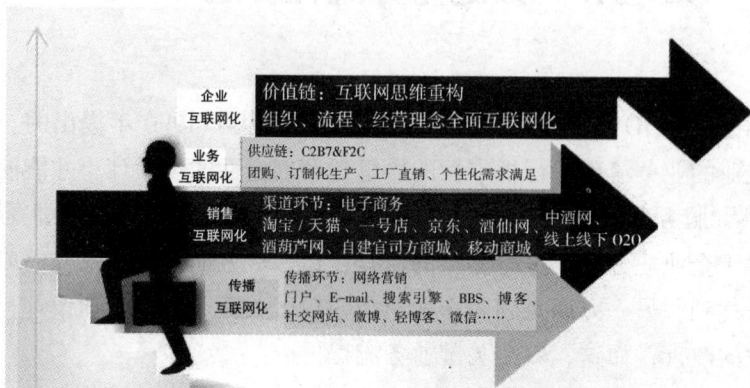

图7-9 互联网时代下企业组织的变革

一、洋河酒厂组织变革

在业内，洋河酒厂率先吹响互联网转型的号角。对组织自身的调整，其超越简单的布局各大电商渠道，成立具备营销和会员管理系统的互联网中心即是对组织的再造。洋河酒厂试图通过两到三年将自身打造成为互联网化的公司。从"电商"升级到"互联网化"，体现的是洋河酒厂的平台战略目标。

2013年公司全面启动电子商务工作，包括B2C、O2O等建设，通过O2O、微信、B2C等积累了一个比较大的数据，数据营销可能是未来重点。2013年10月至2014年2月，洋河酒厂与天猫、京东等电商平台进行合作，推出"洋河1号"App，推出电商渠道专项产品"遂之蓝"、"高之蓝"、"遥之蓝"。一系列动作引发了洋河酒厂在行业调整期的互联网动作。

2014年3月，洋河酒厂"移动互联全柔性生产模式"项目入选工信部"2014互联网与工业融合创新试点项目"名单。一时间，洋河酒厂"高大上"的创新项目引发行业热议。当月，洋河酒厂宣布其电子商务平台销售符合预期，洋河酒厂专门成立了互联网中心，具备营销和会员管理系统，并从世界500强聘请CIO王纹，成为行业内首家设立首席信息官的公司。

2014年5月，洋河酒厂正式对外阐述了其对互联网的理解。"不仅把互联网当渠道，其更是一种思维，包括口碑思维、大数据思维、跨界平台和信息化思维。""一场互联网革命已势不可挡地发生在我们身边，以前所未有的速度颠覆着传统的生活方式，也改变着越来越多的传统行业。"在他看来，面对这样的冲击，白酒行业不能麻木，更不能无动于衷，白酒行业要积极拥抱互联网思维。

二、活化品牌渠道，回归消费者

对市场营销思路的调整。对于市场营销，可以从三个方面进行调整。一是借助互联网打破传统的信息不对称，让消费者得以全方位了解企业。通过微信、微博，企业与消费者可以进行互动、沟通，企业能够进行"口碑营销"。二是类似小米的极致营销，企业通过推出高性价比的"爆款"产品，能够迅速聚拢一大批消费者，在此基础上更可以培养自己的粉丝群。三是在互联网时代，消费者更习惯于"免费"，因此，通过免费赠送、体验等培养消费者成为最重要、最必要的手段之一。

今天的中国，互联网行业正在加速渗透传统行业，包括图书、电子产品、媒体、电信、金融等诸多行业都发生了天翻地覆的变化，酒业自不例外。以电商酒仙网为例，从过去的行业"新兵"到近来的流通行业巨头，酒仙网在短短几年内就以令人惊愕的成长速度震惊酒业。相比于快消品行业、互联网行业，白酒行业较为传统，应用互联网较晚。如果不抓住互联网时代的大潮，白酒行业很难获得稳定健康发展。而白酒行业近年来积累的种种弊病，也需要借助当前的行业调整期和互联网优势进行"调理"。内外兼修才能标本兼治。借助互联网思维，实现自身的组织再造，才能保证市场营销的战略调整落到实处。

资料来源：作者根据多方资料整理而成。

第四节　产品与服务流程

在一般企业的管理中，产品和服务的开发，以及其生产控制、销售等贯穿于企业管理的全过程。其中，新产品和服务的开发是企业管理的龙头，其后续的要素都收到开发的直接影响，如何使企业保持一个顺畅的、可持续的运行机制，需要将开发、生产控制和销售不同阶段良好的衔接。

企业在不同的阶段要考虑不同的重点。在概念开发阶段，要做好产品规划，需要将有关产品的市场机会和威胁、技术可行性、市场需求等不同信息综合分析，确定新产品的生产框架。这包括新产品的概念设计、目标市场、期望性能的水平、投资需求与财务影响。在生产控制阶段，需要考虑流量和存量，要考虑不同工序的衔接，尽量减少成本，提高质量。在销售阶段，需要考虑品牌的制定、顾客沟通、顾客异议的处理以及售后服务等事项。

尤其需要注意的是企业在产品和服务流程中，必须注意产品与服务对于消费者需求的满足。企业要考虑的是长远的收益，而不是仅仅考虑到短期的成本和收益。企业产品和服务流程是个不断循环的过程，而非某次运营和策划。

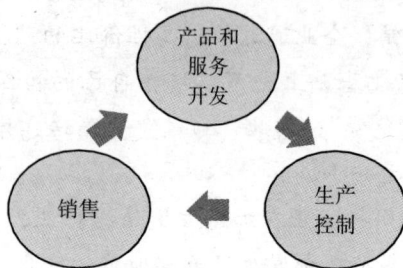

图 7-10　产品与服务流程

第五节　IT 管理系统对组织模式的影响

IT 管理系统是通过利用计算机作为工具，由管理者与管理对象组成的并由管理者负责控制的一个整体。通过利用计算机技术，组织模式发生了很大的变化，目前使用计算机技术不仅仅是某些信息技术的使用或者商务模式的选择问题，而是顺应市场发展，提高企业竞争力的有效手段和必备工具。

目前关于 IT 管理系统对于组织模式影响的研究很多，从交易费用理论来看，IT 管理系统对组织的影响主要有，降低了交易成本，使得员工不再局限于原有的地域限制，也使得组织成为国际组织，但也使得信息安全日益成为企业应该关注的重点。

IT 管理系统对于企业效率的提升方面，由于 IT 管理系统反应速度快，可以有效地将企业的各个部分整合起来，防止了传统管理的资源浪费，提高了企业资源的利用效率。

随着信息技术在现代组织中的广泛和深入应用，信息系统在组织中的地位日趋重要。然而由于信息系统本身的特点和开发、应用、管理等模式的不足，组织在信息系统应用过程中存在着种种风险，信息系统应用失败的现象时有所见。信息系统应用的低成功率表明对其进行严格的管理控制势在必行。

【章末案例】　　中豪集团谋求变革创新，重构全产业链商业模式

图片来源：http://www.ynzhonghao.lswsc.com。

一、公司介绍

中豪商业集团有限公司（以下简称中豪集团）是由浙江义乌商人于2008年筹建的，是国内一家以城市板块运营和全产业链构建为特色模式的大型集团。其业务范围涉及我国江苏、云南等地。在创立以来，中豪集团采用了符合其自身特色的全产业链商业运营模式，获得了市场的认同，在为市场做出贡献的同时，自身也得到了长足的发展。2013年8月，中豪集团于获得2013中国民营企业500强第75名，服务业100强第16名，2014年中豪商业集团获得中国企业500强第325名。

二、中豪集团的变革与创新

房地产开发企业在实际的管理中，往往存在很多误区，最常见的误区有：第一，缺乏长远的规划。很多房地产开发企业仅仅关注楼盘的开发，对于企业长期的发展缺乏明细的目标，这就导致了很多房地产开发企业只关注短期的利润，对于如何开发地块的中长期收益缺乏认知。第二，运营的时效性差。房地产开发只关注于初期规划的目标，忽视了开发的过程是个动态的过程，往往容易导致企业的理念落后，难以得到长久的发展。如何解决这种误区，中豪集团为我们提供了重要的借鉴。

中豪集团作为一家民营企业，从落户昆明开始，一直致力于自身商业模式的改善和创新。为了防止规划的短期性和运营的误区，中豪集团在开展项目的同时，特别注重企业创新，构建了城市板块运营和全产业链构建为特色的商业模式。这样，作为城市运营商，中豪集团通过完善项目周边的市场服务，来吸引更多的经营者和顾客，增加市场活力；同时，企业认识到商贸流通业的重要意义，提升昆明大商贸、发展云南大流通，努力提高昆明的经济地位，促进商贸流通业的发展。通过拉动作为市场基础的流通业，进而使企业也得到较高的收益。

中豪集团在开展项目的过程中，将城市板块运营，就是将其在昆明的中豪·螺蛳湾国际商贸城项目的目标定位为大型的商贸流通中心、贸易展示中心。通过增加医院、学校、商业等配套设施的建设，以提高经营者和消费者的生活水平，努力实现企业与社会的共同发展。

三、打造"五位一体"的全产业链运营模式

2008 年，中豪集团进驻昆明，把先进的运营理念和昆明的区位优势、厚重的人文历史有机结合起来，打造了"五位一体"的全产业链运营模式——"生产加工、商业贸易、仓储物流、旅游休闲、电子商务"。

以生产加工和商业贸易为例：生产加工方面，中豪集团打造了 700 万平方米的产业加工园，以产业加工园作为整个项目的支撑。产业加工园的产品对于商业贸易、仓储物流和电子商务的发展有着重要的基础作用。同时，中豪集团通过增加雇用下岗再就业人员来提升企业的社会责任形象。商业贸易方面，商贸城约可以容纳 3 万个商户，这有效地提升了规模效应，同时，对于其他生产加工、商业贸易、仓储物流、旅游休闲、电子商务形成了良好的联动，如图 7-11 所示。

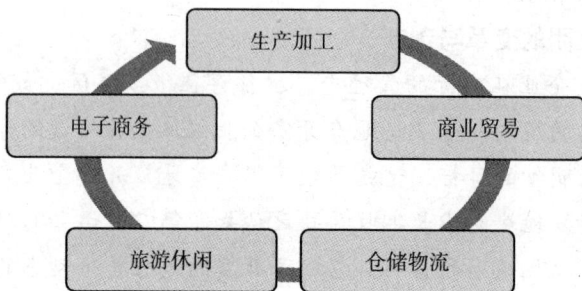

图 7-11 "五位一体"的全产业链运营模式

全产业链运营模式和超强的城市运营能力,在竞争日益激烈的商业地产行业,中豪·螺蛳湾国际商贸城成为昆明商业的"领头羊"。中豪集团在项目建设的同时,以项目作为资源,通过产业链运营创造价值,激活了城市经济,成为昆明城市经济的增长点。

中豪·螺蛳湾商贸城的"五位一体"的全产业链运营模式,并不同于其他同类商业地产的仅仅将项目作为商品集散地,而是通过升级商业模式,利用昆明自身的人力、自然资源,建立生产加工园区、仓储物流园区,实现"前店后厂、以工促贸、工贸联动"的全产业链滚动发展,进而形成商品"产、供、销"一体化的可持续发展格局。带动云南本土二、三产业的迅速深化发展,形成产业链式发展向跨区域中心化发展的方向,从而为实现由中转型市场向产地型市场的转型打下基础。同时,中豪集团积极引进长三角、珠三角等东部沿海地区的轻工、电子、纺织等行业的生产厂家来加工园区建厂,意在打造一个集研发、生产、贸易、物流、会展一条龙的产业链体系,让昆明逐渐成为由中介型市场转变为产地型市场。这样,昆明将以中豪·螺蛳湾国际商贸城为商业龙头,与国内大型的商业中心形成战略合作关系,优势互补、互利共赢,实现物流平台与信息平台的无缝对接。

在信息高速发展的时代,中豪·螺蛳湾国际商贸城改变旧的商业运营模式,搭建电子商务平台,开通物流直通专线和信息交流平台,在生产、流通、销售三大环节上,打造国内先进的现代中豪·螺蛳湾网络交易市场,这意味着在昆明提速发展的商贸大通道上,中豪集团正打造着一个唯一的、不可替代的泛亚应用型电子商务平台。

与此同时,自进入昆明以来,中豪集团始终以城市运营商的角色参与城市运营,推动城市经济发展,升级城市环境、交通、教育、医疗并推动人们居住水平提升及生活理念变迁等,进而影响整个城市的进程。

从中豪集团自2008年进入昆明以来的发展脉络中,我们可以清晰解读这个新商圈的崛起历程。历经六年多的发展,从一期到二期,再到三期市场开业,从服装百货到副食品城的打造,中豪集团以商贸撬动区域经济发展、以产业推动区域经济结构调整,着实而努力地践行着一个地产运营商的责任。

与此同时,中豪集团坚持转型与升级的关键是商业模式的创新和突破。正是看到中国传统商贸模式的局限所在,中豪集团深刻意识到了光有市场,没有产业支撑,市场难以为继;只有产业,没有市场,则很难谈发展。只有把市场和产业结合起来，才能最终实现永续繁荣，秉承"以工促贸，工贸联动"的中豪模式，从传统的集贸大市场，向全产业链商贸集群转变，中豪集团创新步伐永不停息，如表7-2所示。

表7-2　中豪集团昆明项目事件表

时　间	事　件
2008年	中豪·螺蛳湾国际商贸城项目盛大开工
2009年	中豪·螺蛳湾国际商贸城一期市场正式开业
2010年	中豪·螺蛳湾国际商贸城二期市场正式开业
2011年	中豪·螺蛳湾国际商贸城"国际AAAA级购物旅游景区"授牌仪式
2012年	中豪四大住宅和三大商业项目的"七盘新作"同时发布
2013年	中豪·螺蛳湾国际商贸城中药材、灯饰市场盛大开业
2014年	4月，云南中豪电子商务有限公司成立，6月，三期市场中豪·螺蛳湾国际副食品城全面对外招商，7月，中豪空港产业城招商工作全面启动

一个项目见证着一个城市的发展与繁荣，一个城市见证了一轮坚韧的商业革新，中豪集团之于昆明，便是如此。中豪集团创造了令人惊叹的"中豪速度"，也重新诠释了商业模式创新者的魅力。

四、结论与启示

可以看出，中豪集团"六位一体"的全产业链运营模式获得了巨大的经济效应和社会效益。这对于企业组织模式的设计有着重要的意义。从中我们可以得到以下启示：第一，企业建立组织模式必须要考虑到企业所在地域的区域特点。企业建立各个部门不是僵化的，而是要根据所在地域经济、技术、自然、社会特点设置符合企业自身优势的组织架构，只有这样，企业才能更容易融入当地的发展中，从地域的发展中获得自己的市场利益。第二，企业建立组织模式需要考虑到自身的转型与升级。没有任何组织模式是一成不变的，企业只有保持学习，建立学习型组织，主动地适应外在环境的变化，不断地进行创新和突破，才能在市场的发展中立于不败之地。

在互联网时代，学会用"商业模式"的思维来看待生意，会有不一样的发现，企业经营者就可以跳出"行业"，甚至摆脱公司、企业这些形式的束缚。中豪集团通过变革创新，重构全产业链商业模式，给自我发展插上一对飞翔的翅膀，也给同行企业经营以重要的启迪。

资料来源：作者根据多方资料整理而成。

【本章小结】

互联网环境中，企业面临着快速变化的市场和顾客需求，企业出现了扁平化、专业化、与客户零的距离的特点。这些特点，需要企业对其组织模式进行设计，常见的组织设计步骤是：确定组织目标、确定业务内容、确定组织结构、配备工作人员、规定职责权限、联成一体。常见的组织模式设计的工具有观察法、访谈法、问卷调查法和工作日志法。关键业务再造、产品和服务流程再造以及IT管理系统对于组织的设计有着重要的借鉴意义。

【问题思考】

1. 试举一个事例，说明商业模式创新给企业带来的益处。

2. 如何理解组织模式？

3. 互联网时代组织模式的特点有哪些？

4. 流程再造的主要步骤。

第八章 执行模式

【本章要点】

☆战略规划的作用及制定

☆企业执行文化的培养

☆管控的三种基本模式

☆人力资源管理制度的制定原则

【开章案例】　　**伊利的执行能力**

图片来源：www.yili.com.cn。

一、公司介绍

1996 年 3 月，伊利股票在上海证券交易所挂牌交易（股票代码：SH600887），成为全国乳品行业首家 A 股上市公司，同年 7 月和 1998 年被上海证券交易所评为 30 指数样本股，1999 年 7 月、2000 年 6 月和 2001 年 6 月连续三次被中国证券报和上海亚商咨询公司评为中证·亚商中国最具发展潜力上市公司 50 强之一。

伊利是全国乳品行业龙头企业之一，是国家 520 家重点工业企业和国家八部委首批确定的全国 151 家农业产业化龙头企业之一，是北京 2008 年奥运会唯一一家乳制品赞助商，也是中国有史以来第一个赞助奥运会的中国食品品牌。2009 年 5 月 25 日，伊利成功牵手 2010 年世博会，成为唯一一家符合世博标准、为上海世博会提供乳制品的企业。

伊利下设液态奶、冷饮、奶粉、酸奶和原奶五大事业部，所属企业 130 多个，生产的具有清真特色的"伊利"牌雪糕、冰淇淋、奶粉、奶茶粉、无菌奶、酸奶、奶酪等 1000 多个品种通过了国家绿色食品发展中心的绿色食品认证。伊利雪糕、冰淇淋连续 11 年产销量居全国第一，伊利超高温灭菌奶连续八年产销量居全国第一，伊利奶粉、奶茶粉产销量2005年跃居全国第一位。

二、公司经营运作情况

在市场竞争几近白热化的中国乳业，从前端的牧场开始延伸至终端消费者，从眼前的纷繁变化开始前瞻至中远期规划，是否具有超出别人的快速反应能力与事件预判能力，每时每刻都在考验着大家。凭借着快捷高效的执行力，伊利已经成为中国最成功的快速消费品企业。

首先，严把原料"入口关"。为确保奶源的安全，伊利首先在奶牛饲养模式方面进行了一系列创新，实行"公司+农户"的方法，建立"分散饲养、集中挤奶、优质优价、全面服务"的全新经营模式，大力推进了奶牛饲养的科学化、规范化和集约化，有效保证了优质奶源的充足供应，为自身的快速发展奠定了坚实的基础。伊利始终坚持"原料奶只有在检验合格后才能进入生产程序"的原则，一方面在原奶基地执行"奶站HACCP标准"，对挤奶、储存、运输的全过程进行监督；另一方面大量采用世界最先进的微生物快速检测设备，并积极进行检测方法的开发，以有效防止各种原因给公司奶源带来的质量问题。

其次，强化生产过程质量跟踪检验关。伊利提出"质量零缺陷"口号，在事业部建立产品质量检验中心，全面加强生产过程的管理和控制。在伊利集团亚洲规模最大、技术水平最高的新工业园，引进了世界一流的从原奶收奶、成品出库到进入市场的MES产品完善追踪链，包装过程中实行信息中央管理，自动采集样品检测，能够有效实现产品追溯的安全防范系统，也就是说从消费者手中的一包牛奶，可以快速回溯到生产、销售的每一个环节，追踪责任。据最新发布的《北京奥运食品安全行动纲要》，北京奥运会将参照国际标准和发达国家标准制定奥运食品安全标准，2008年的奥运会食品都将加贴电子标签，实现全程跟踪。伊利特有的MES产品完善追踪链，完全符合奥运食品的最高监管标准，这也从一个侧面反映出其质检的国际领先水平。然后，严把产品出库关。所有产成品在出库前再对卫生指标和理化指标进行严格检测，经检测合格后方可出库投放市场。

最后，为加强售后质量跟踪，伊利还建立了对经销商和分销商的产品投诉系统及对其运行定期进行检查和评估，以确保产品在售出后如发现任何质量问题都能及时有效地得到消费者的意见回馈。

三、公司的执行能力及表现

优秀的经营绩效来自于公司多年来志在千里的经营布局和在全产业链各个

环节的精耕细作。2013 年是伊利的转型升级之年，在完成"五年三步走"掌控上游"三大黄金奶源带"之后，2013 年公司加快海外步伐。2013 年 4 月，伊利开始"织网"新西兰，建立了婴儿奶粉生产基地；随后又与美国最大的牛奶公司 DFA 展开战略合作；同年 11 月，公司与意大利最大的乳品生产商斯嘉达进行战略合作，一方面借助斯嘉达的膜过滤技术生产高端产品，另一方面以更低的成本获取国际原奶资源，利于公司高端 UHT 进口奶的生产。2013 年伊利从"全国织网"升级至美洲、大洋洲和欧洲的"全球织网"。

2014 年 2 月，伊利联手欧洲生命科学领域的顶尖学府——瓦赫宁根大学在荷兰成立了伊利欧洲研发中心，该中心将首先在奶牛养殖、乳品研发和食品安全三大重点领域发力。由此，伊利"全球织网"从资源端延伸到研发端，并将通过海外研发源源不断地为公司产品注入新鲜血液。如今伊利"全球织网"已经涵盖了从生产基地、企业到研究机构，从奶源、食品安全到技术研发的立体化、多元化的战略格局，"护城河"愈加坚固，龙头地位无人撼动。在公司"全球织网"的同时，公司持续进行"双提"活动，即"提高费用使用效率，提升公司盈利能力"，2013 年公司的三项费用率均比上年有不同程度的下降，销售费用率更是三年以来持续降低。良好的费用控制能力再次体现出公司管理层高效的管理能力和战略执行力。

四、结论和启示

凭借着快捷高效的执行力，伊利集团已经成为中国最成功的快速消费品企业，但伊利却以一如既往的稳健和安全维护着行业的尊严，不热衷市场"炒作"的伊利靠高品质的产品为消费者提供了一个放心的选择。伊利十几年以来，始终把食品安全放在首位，走质量效益型的发展路子，依靠科技创新，不断加大名牌战略的实施力度，在已建立的全方位质量管理、质量控制体系下，完善质量预警体系。受益于创新能力提升带来的产品结构升级以及多年来公司管理层高效的管理能力和战略执行力带来的费用率下降，伊利的业绩大幅超越市场预期，业绩堪称惊艳。

资料来源：作者根据多方资料整理而成。

现代企业的竞争与发展已经不再单纯地局限于国内，随着改革开放的不断推进，中国已经与世界融为一体了，不仅中国的发展离不开世界，世界的发展也离不开中国。企业的发展不仅要面临着国内的竞争，还要参与全世界范围的竞争，并且竞争的态势也将愈演愈烈。企业要想在日益激烈的竞争环境中立于不败之地，不断开拓市场，提高市场占有率，就必须制定清晰的战略规划，为企业的长远发展领航。同时，企业还需在整个企业范围塑造一种注重现实、目标明确、简洁高效、监督有力的执行文化。除此之外，企业还必须建立相应的管控模式，确保企业战略规划的推进和企业战略目标的实现。

第一节　战略规划与管控

企业战略是指企业根据环境的变化、本身的资源和优势选择适合自己的经营领域和产品，形成自己的核心竞争力，并通过差异化使自己在竞争中获得胜利。随着世界经济全球化、一体化的进程加快和国际竞争的不断加剧，使企业对企业战略的要求越来越高。

执行模式专栏1　　勤上光电的技术引进到战略创新升级之路

东莞勤上光电股份有限公司（以下简称勤上光电）地处改革开放前沿的珠三角地区东莞市境内，创建于 1993 年，是国家级高新技术企业。公司于 2011 年 11 月在深圳成功上市（股票简称：勤上光电；

图片来源：www.kingsun-china.com。

股票代码：002638），成为业内首家以大功率 LED 为主营业务的上市公司。勤上光电以光电产业为基础产业链，产品涉及 LED 照明、LED 装饰灯、太阳能 LED 照明、储物架、电线电缆、模具制造等多个领域，是集研发、生产、贸易为一体的大型企业。截至 2013 年 6 月 1 日，勤上光电共拥有国家授权有效专利总数 429 项，其中发明专利 51 项，实用新型专利 202 项，外观设计专利 176 项，引领 LED 半导体照明应用技术发展趋向。

一、标准化生产与半导体照明先行者战略

创始初期，勤上光电从欧美引进了一套标准化的现代灯具制造设备。标准化设备的引进使得勤上光电迈出了与国际市场接轨的第一步。1994 年，公司调整产品结构，将重点投向户外照明及装饰照明。1998 年，随着国际能源发展趋势的改变，公司从技术和资金入手，开始进行中低功率 LED 的研发，并逐步将 LED 光源应用于装饰产品领域，立足欧美市场。2004 年，公司建立了自主研发中心，针对大功率 LED 技术和产品进行研发，增强企业自身的技术能力。2005 年，公司的一系列创新举措开始呈现明显成效，科技创新产品销售占总销售额的87%，与此同时，获得了一系列发明专利，为公司的发展取得良好的社会和经济效益。通过对欧美市场的长期深耕经营，勤上光电在 LED 照明的终端应用领域的各个环节，统一实现标准化的流程管理。

二、产业化生产与产品技术创新策略

通过前期 LED 照明生产与研发的技术积累，勤上光电又开始谋划布局 LED 产业链，涵盖产品生产加工、产品创新设计、产品市场运营等一系列环节。首先是产品生产加工环节，勤上创新发展模式，大力整合高校研发资源，2006 年开始，勤上光电陆续与清华大学、中国科技大学进行深入的合作，共建各类研究院及研究所，为 LED 产品的开发及应用奠定坚实基础，并在大功率 LED 替代路灯、射灯以及民用照明领域取得较大突破。其次是产品创新设计环节，在产品工业设计方面与国内知名美术院校及亚太顶级设计院校合作，独家开展战略合作，为产品提供兼具创意与实用的设计。最后是在产品市场运作上，勤上光电探索出一套拥有自身特色的"勤上模式"，将企业产品、方案、技术、系统、创新相互融合，打造五位一体的市场开发模式。与此同时，不仅是产品和技术上的创新，还是在照明工程的设计实施方面，同样有所发展，集团拥有一批具有高水准、高技术、高创意的照明工程公司，由来自海内外各大著名高校的精英人才组建的团队，致力于为客户提供先进的设计以及一体化照明解决方案，同时也是华南地区较早从事该领域服务的专业化公司之一。

三、规模化生产与商业模式创新战略

勤上光电拥有业界领先的、最为完整的产品群，在商业、家居、道路、景观、显示屏 LED 照明领域均有卓越的产品等。公司从上游结合许多原材料供应商的公司，从下游结合产品经销商和代理商，凭借自身规模化量产的实力，提升产品质量的同时，降低产品的出厂价格，进一步提升企业的市场占有率。为扩大企业规模化生产，进一步形成产业联盟，勤上光电创新商业模式，实施"工厂孵化计划"，有偿输出企业核心技术及标准化的产品服务供应链，与此同时，由企业派遣专业团队提供技术服务，为准备进入半导体行业的企业提供发展契机，在国内打造新型 LED 工厂，以期形成产业集群和规模化发展。同时，引入 EMC 合同能源管理商业模式，合同能源管理的实质是用能以单位减少的能源消费来支付节能项目全部成本。简言之，采取 EMC 模式，买方不用支付任何额外费用，即可"零成本"更换新的节能型设备。勤上光电在与客户达成合作意向并签订节能服务合同后，根据每一位客户的实际生产经营情况和行业特点进行能源审计、项目设计、项目融资、设备采购、工程施工、设备安装调试，再到后期的人员培训，保证节能量，在合同期内负责设备的维护等一整套的节能服务。

持续不断创新和抓住机会是企业发展的关键。从企业战略角度来看，企业持续创新发展的动力来源于目标市场的准确定位和对核心竞争力的不懈追求。随着产品和服务的更新换代，为企业的经济增长提供源源不断的利益点，才能够生产出更多拥有自主知识产权的产品。创新不是一蹴而就的事情，通过引进技术，企业同样面临着技术引进后的消化吸收、工艺改进创新、商业模式创新等，这一系列的创新也是企业技术创新系统的重要一环，为企业创新战略的实施奠定了重要基础。

资料来源：作者根据多方资料整理而成。

一、战略规划

企业战略规划是在一定的时间、空间内对企业发展的全局的、长远的、根本的、方向性的计划方，是企业从长远利益和整体利益的角度出发，通过对企业内外部环境的动态分析，对涉及企业全局的战略问题进行决策、规划的过程。制定战略规划第一个阶段就是确定目标，即企业在未来的发展过程中，要应对各种变化所要达到的目标。第二阶段就是要制定这个规划，当目标确定了以后，考虑使用什么手段、什么措施、什么方法来达到这个目标。企业战略是关系到企业的发展和存亡的重大问题，其涉及的问题主要包括企业的方向和目标、企业的约束环境及政策、企业当前的计划和计划指标等因素。

（一）战略规划的内涵

战略规划的内容由三个要素组成，即方向和目标、约束和政策以及计划和指标，如图 8-1 所示。

第一，方向和目标。企业的方向和目标是由企业高层领导综合企业资源状况和外部环境而确定的。社会性和经营性不同的企业领导在制定企业方向和目标时侧重点可能会有所不同，但最终方向和目标的形成肯定是企业资源在考虑外部环

```
        ┌─────────────────┐
        │    战略规划      │
        └─────────────────┘
    ┌───────────┼───────────────┐
    ▼           ▼               ▼
┌─────────┐ ┌─────────┐ ┌─────────────┐
│方向和目标│ │约束和政策│ │ 计划和指标  │
└─────────┘ └─────────┘ └─────────────┘
```

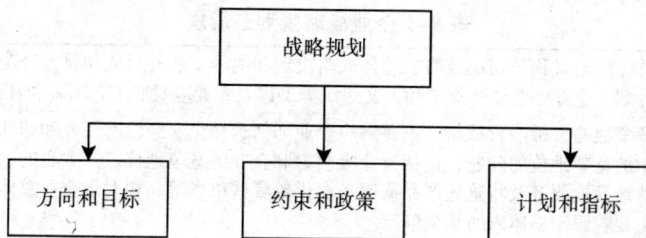

图 8-1　战略规划的内容

境后的综合体，并不是企业领导想当然的纯粹的个人愿望。

第二，约束和政策。企业作为社会实体，其活动受到社会各方面因素的约束，但企业在制定战略规划时必须找到企业和社会环境的平衡点。明确在当前的环境和机会下企业可以做什么，发挥企业的长处，找到一条最佳的途径实现企业的目标，同时还应充分考虑还未出现的一些机会和可能无法预计的一些环境的变化。

第三，计划和指标。企业战略包括企业近期和长期的活动，计划与指标主要是指企业近期所要做的工作，即现在应该做什么。由于是短期，有时可以做出最优的计划，以达到最好的指标。经理或者厂长以为他做到了最好的时间平衡，但这还是主观的，实际情况难以完全相符。

（二）制定战略规划的目的

企业进行战略规划主要有以下目的：

（1）剖析企业外部环境；

（2）了解企业内部优势和劣势；

（3）帮助企业迎接未来的挑战；

（4）提供企业未来明确的目标及方向；

（5）使企业每个成员明白企业的目标；

（6）拥有完善战略经营体系的企业比没有该体系的企业有更高的成功概率。

（三）企业战略规划层次

企业战略规划在企业组织中可以分为三个层次，即企业总体战略、竞争战略和职能战略，如表 8-1 所示。

表 8-1 企业战略规划三层次

总体战略	企业总体战略又称公司层战略，总体战略决定和揭示企业的目的和目标，确定企业的重大方针与计划、企业经营业务类型和人文组织类型以及企业应对职工、顾客和社会做出的贡献
竞争战略	企业竞争战略又称经营战略，主要解决企业如何选择企业经营的行业和如何选择企业在一个行业中的竞争地位的问题，包括行业吸引力和企业的竞争地位。其关心的主要问题是应该开发哪些产品或服务及将这些产品或服务提供给哪些市场等。相对于企业总体战略而言，竞争战略主要着眼于整体内的某个单位
职能战略	企业职能战略是为了实现企业总体战略而对企业内部的各项关键的职能活动做出统筹安排，使得企业的不同职能更好地为各级战略服务，从而提高组织的效率。企业职能战略包括研究与开发战略、生产制造战略、市场营销战略、人力资源战略和财务战略等

执行模式专栏 2 中交一公局北建分公司执行文化初探

中交一公局第一工程有限公司成立于 1963 年，先后参加国家多条国防公路、国道和地方公路主干线建设，为我国公路建设做出卓越贡献。其中参建的天津疏港公路为我国第一条一级公路，参建的 0401 工程被业内誉为"山区公路建设的教科书"。

图片来源：www.fheb-one.com。

2012 年 4 月中交一公局为推进"以转型升级为前提的交通基础设施一体化战略"融入性收购了鑫基公司，以局桥隧公司房建部、并入的鑫基公司业务为基础，设立了中交一公局北京建筑分公司（以下简称北建分公司）。北建分公司运行即出台了《中交第一公路工程局有限公司北建分公司管理制度汇编》等规章制度。除硬约束外，融入磨合中逐渐形成了北建分公司的企业文化与执行文化，以此内升吸引力，增强员工对信任、依赖与归属感；外树企业形象，提高美誉度和竞争力。

一、负责执行文化

首先表现为对国家负责、对一公局负责、对上级负责，"对上文化"在单一投资主体与人事制度安排下，是组织成员普遍的思维定式。"负责"是成员对组织的一种态度。企业执行文化的现实与理想之间会有"鸿沟"，每位员工的感悟也各异。面对有 50 年历程的一公局执行文化，新成员应当"认同、融入与遵循"。"负责"的另一层面是担当。担当是一种精神、一种能力，也是员工对岗位的承诺。担当是衡量一个人职业素养的重要标尺，企业需要一大批勇挑重担的担当者。"担当"就北建分公司而言，在独立式项目经理部经营模式中显得更为突出；负责在合作经营模式中显得更为重要。"天下没有免费的午餐"，敢担当的人有机会，会担当的人有位置，北建分公司正在营造"敢于担当、乐于担当、善于担当和精于担当"的执行文化氛围。

二、法治执行文化

北建分公司传承了中交一公局的法治执行文化，以中交一公局规章制度为基准，参考中建、中铁、北京城建等大型国有房建企业的相关制度，推出了一公局内带房建特色的规章制度。借用"集团与局的管理制度是宪法，公司制度是法律"的比喻，企业的规章制度必须坚决执行。法治企业通常为相对完善的法人治理结构，较为规范的经营与运行机制，较高的职工满意度和社会美誉度。

三、主动执行文化

主动即"找事干"。"自强奋进、永争第一"的中交一公局企业文化中，"奋进"靠主动性，"争一"靠主动性，主动执行文化是一公局文化的天然要求。规划落实或工作中许多人习惯于"领导让什么就干什么"，干领导交办的事本身没有错，但不是主动地执行文化。房建公司当然要依法投标与依规施工，但法律没有禁止的事也可以干。市场机制下尤其是近几年传统建筑业的竞争更为残酷，房建企业恶劣的生存环境集中体现在"六低一无"（注：低水平、低能力、低附值、低收入、低利润、低积累和无发展）上，面临生存与发展的巨大压力，揽活靠"竞标"，进度须"控制"，维护有"时限"，中标签约后项目的"进度、质量、成本、安全和环境"五大目标均须主动执行才可能实现到位。

四、快办执行文化

快办就是马上办。市场如战场、投标如赛马，工程项目施工进度有较严格的"时限"规定。马上办是"中国人民解放军公路第一师"的光荣传统。面对剧烈变化的建筑市场，施工企业更需要雷厉风行的执行文化，"谁反应快，谁就抢得先机，谁就把握主动权，谁就掌握全面"，马上办执行文化有几个考量：一是启动快，分内工作尤其是上级交办的事即时办；二是办事的过程不拖泥带水，今天的事今天办成；三是讲究办事的投入产出或资源配比，少花钱多办事，办对事、办成事、办好事。

资料来源：作者根据多方资料整理而成。

二、执行文化

就像每个人都有自己的个性一样，企业文化就是企业的独特个性，它是企业组织的一部分，是企业提高执行力的内在动力。如果一个企业没有自己独特的价值观、行为规范、办事作风，那么，这个企业就很难发展壮大。

（一）执行文化的内涵

执行文化即基于执行力的企业文化，是一种把企业战略目标变成现实结果的文化，是企业文化的核心。执行文化，就是把"执行"作为最高准则和终极目标的文化。所有有利于执行的因素都予以充分而科学的利用，所有不利于执行的因素都立即排除。以一种强大的监督措施和奖惩制度，促使每一位员工全心全意地投入到自己的工作中，并从骨子里改变自己的行为。最终使团队形成一种注重现实、目标明确、简洁高效、监督有力、团结、紧张、严肃、活泼的执行文化。

（二）企业如何建设属于自身的执行文化

任何成功的企业文化都有一个共同特征，那就是它一定是围绕企业执行力创建的。所以，管理者只要把握住这一原则，就可以建立起属于自己的独特的企业文化。对此，我们建议以下几点，如图8-2所示。

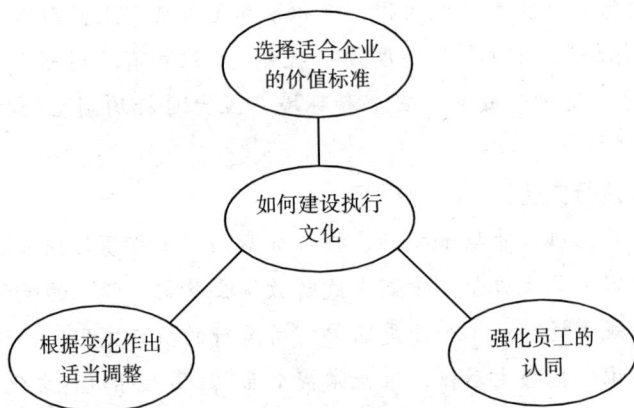

图 8-2　如何建设执行文化

第一，选择适合企业的价值标准。企业价值观是整个企业文化的核心所在，因此选择正确的价值观是塑造企业文化的首要战略问题。这就需要企业立足于自身的具体特点，根据目的、环境、习惯和组成方式选择适合自身发展的文化模式；同时还要把握这个价值体系与其他文化要素之间的协调性，即是企业核心价值观要体现企业的宗旨、管理战略和发展方向，是否反映员工的心态、被员工认可按纳等。

第二，强化员工的认同。企业文化不能是一个标语，它应该真正渗透到员工的内心深处。企业核心价值观和文化模式一旦确立，就应把基本认可的方案通过一定的强化灌输方式使其深入人心。比如充分利用宣传手段，营造文化环境；又或树立典型人物感召企业成员，规范他们的行为；更直接有效的是组织员工进行培训，通过培训强化企业精神和企业文化的价值准则。

第三，根据变化作出适当调整。要让经过提炼定格的文化模式有必要的制度保障，建立奖优罚劣的规章制度。另外，领导的率先垂范也起到决定性的作用。当内外条件发生变化时，企业文化也应相应不断地进行调整、更新、丰富、发展。成功的企业不仅需要认识目前的环境状态，而且还要了解其发展方向，并能够有意识地加以调整，选择合适的企业文化，以适应挑战。

执行模式专栏 3   江铃新能源汽车战略规划

图片来源：www.jmc.com.cn。

江铃汽车股份有限公司（以下简称江铃汽车）由 1968 年成立的江西汽车制造厂发展而来，经过 40 多年的发展，它已成为中国最大的汽车生产厂家之一，并进入世界著名商用汽车大公司行列。2005 年产销量 67.3 万辆，连续三年入选中国百强上市公司。1993 年 11 月，在深圳证券交易所上市（股票代码：000550），成为江西省第一家上市公司，并于 1995 年在中国第一个以 ADRS 发行方式引入美国福特汽车公司结成战略合作伙伴。

一、江铃汽车的战略规划

江铃汽车早在 2012 年就取得了国家认可的新能源汽车生产资质，随着江铃新能源汽车公司的成立，江铃汽车开始新一轮的新能源战略规划，开发多款新能源车型，其中包括 E 系列轿车、物流专用车、环卫车在内的三大系列，共计七款车型。

于 2013 年成立的江铃新能源汽车公司，是江铃汽车针对新能源领域投资 2 亿元，集新能源汽车整车及三点系统的研发、生产、销售及服务为一体的新能源汽车公司。目前，新能源汽车公司已掌握了国内领先的整车系统集成匹配、整车控制系统、电驱动系统三大关键核心技术，构建了三大主干业务。成立于昌北的新能源基地，集冲、焊、涂、总四大工艺为一体，年产量可达 10 万台。

目前，江铃新能源汽车公司已经开发出 E 系列轿车 E100/E200/E300，福特全顺物流车、物流卡车、物流面包车及环卫车等多种电动乘用车产品。值得一提的是，早在 2009 年，江铃汽车生产的新能源环卫车就已在南昌市城管局投入使用。以其充电时间短，车辆续航里程长，单次充电可连续行驶 80~120 千米，使用过程中不需要维护，电池寿命长等诸多优点。

二、江铃汽车的技术创新战略

除了发展电动轿车，江铃汽车还在新能源物流车进行大量研发工作，推出两款专为物流领域设计的新能源车型。两款车型最大续航里程不同，"纯电动厢式面包运输车"最大续航里程为 120 千米，最大载重质量 520 千克，可满足一般物流需求。"厢式运输车"的续航能力更强，达 220~250 千米，最大载重质量 540 千克，更适用于跨省市中短途运输任务。

2015 年国内各大厂商纷纷推出自己的新能源车型，处于后来者的江铃汽车，在技术上、车辆性能上并不具备优势。随着国家新能源汽车补贴政策力度的加大，不难看出国家坚持发展新能源汽车的决心，身为后来者的江铃汽车独辟蹊径，瞄准现阶段还未有其他厂商涉足的新能源专用车市场，避开竞争激烈的主战场，未来江玲新能源汽车的销量值得期待。

资料来源：作者根据多方资料整理而成。

三、战略管控

(一) 战略管控的内涵

管控是指通过流程、制度等手段，是一个组织对另一个组织的管理，是一个人对一个组织的管理，也是一个人对另一个人的管理。管控对企业至关重要，管控的成功与否直接关系到企业的发展战略能否得到顺利推进，以及企业的目标能否能够顺利实现。它关系到企业的生死存亡，所以企业必须认真地对待它。

战略管控是指企业总部通过建立和优化企业经营战略体系以实现企业的整体战略目标，所采取的用于监督、指导下属企业的战略规划和战略管理各项营运执行情况的一系列政策、程序和方法。

(二) 战略管控的主要内容

从战略管控涉及的对象来说，单体企业战略管控主要针对一个法人企业，企业战略管控则针对一群的法人企业。不管针对的对象有什么区别，从战略管理过程的步骤来说，一般而言，企业战略管控的主要内容包括战略环境分析，战略方案的制订、分析、评价和选择，战略方案的实施、控制和调整等，如图8-3所示。

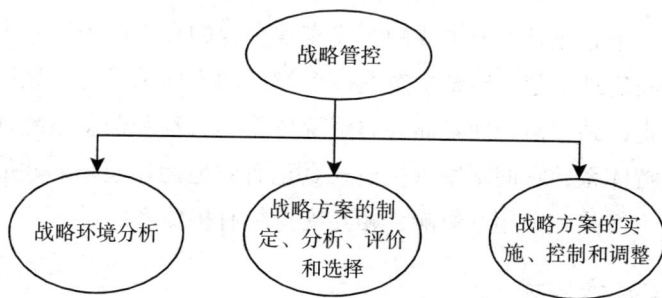

图8-3 战略管控的主要内容

第一，战略环境分析。其主要内容是宏观环境分析和微观环境分析。宏观环境一般包括政治法律环境、社会文化环境、经济环境、技术环境、自然环境等；微观环境主要包括行业环境、竞争对手、标杆企业、企业自身条件、顾客环境、供应商环境以及公众环境等。

第二，战略方案的制定、分析、评价和选择。这主要是指在深入分析各种环境和深入理解相关战略理论的条件下，采用科学的方法制订战略方案并选定合适方案的过程。一般而言，一套战略方案至少要包括以下基本内容：企业使命、愿景、战略指导思想、战略目标、战略重点、战略保障要素、战略阶段、战略实施方法和路径等。采用科学的方略对接、战略方案进行评价，是战略管理工作过程中非常重要的内容。通常地，可以采用外部环境条件与内部资源能力相结合的方法来分析评价和选择战略方案。

第三，战略方案的实施、控制和调整。这是关乎战略是否能够真正成功的关键。分工作主要包括人员安排、薪酬调整、组织结构调整、企业文化变革、财务安排、制度、风险管理以及相关的监督检查等。具体对企业来说，战略管控是指企业总部或母公司对企业整体战略活动所进行的一系列管理控制工作。它不但包括对企业各成员单位的战略活动的管理控制，还包括对企业整体发展战略和企业横向战略内各项业务协同、资源共享等的管理控制，以及母子公司在战略管控工作中的跨层次的分工、合作等。

第二节　管控基本模式与原则

管控模式对于企业是十分重要的，要实现企业的有效管控，首先应该把本集团的业务发展战略理清楚，给整个企业一个发展的方向和目标。让所有的员工都知道路向何处走，劲往何处使。而人力资源体系、流程和信息系统则是管控模式得以实施的支持体系，它们帮助管控模式真正有效地运作起来，并最终实现集团的战略目标。它们是一个相互影响、相互支持的有机体系。

一、管控基本模式

管控模式是指企业对下属企业基于集分权程度不同而形成的管控策略。企业的发展与管理，最主要是解决方向的问题。管控就意味着企业有了一个管理的方向。企业朝着这个方向努力，就能提高竞争能力、完善和提升管理水平、集聚资源。有效的管控机制能够整合企业资源，使得企业得到专业化的发展并在所在行业中形成领导地位，最终提升企业整体竞争力。企业管控，可以让整个企业各层次的管理地位非常清楚，让整个企业的管理界面非常清晰，最终实现责任权利统一。

（一）三种基本的管控模式

企业的管控模式类型，按总部的集、分权程度不同一般划分为三种典型的管控模式，即财务管控型、战略管控型和运营管控型三种。财务管控型和运营管控型是分权和集权的两个极端，战略管控型则处于中间状态，如表8-2所示。

表8-2　三种主要管控模式的分析比较

管控模式	战略规划	财务预算计划	投资计划	人力资源管理
财务管控型	审查战略规划	组织审批战略规划	提供每项业务所需总资金	制定战略规划
战略管控性型	监控财务业绩	确定财务目标，考核财务和经营业绩	审查和审批主要项目，分配资金	确定详尽的财务和经营目标，考核整个业务的业绩
运营管控型	参与控股公司总裁的招聘	负责对各子公司的总经理及职能部门经理进行业绩考核和晋升	推动每个主要项目的准备工作，为项目安排落实融资	对于公司及职能部门中层以上干部进行业绩考核和晋升

第一，财务管控型模式。财务管控型模式是指集团总部以追求投资收益最大化为目标，对子公司采取以财务指标考核为主的管理方式。采用此种管控模式的企业集团，其总部作为投资决策中心，以追求资本价值最大化目标，管理方式以财务指标考核、控制为主。其主要的特点是母公司将注意力集中于财务管理和领导的功能。母公司只负责集团的财务和资产运营、集团的财务规划、投资决策和实施监控，以及对外部企业的收购、兼并工作。下属单位每年会被给定各自的财务目标，母公司最为关注的往往只是下属单位的盈利情况和自身投资的回报、资金的收益，而对于公司的生产经营不予过问，它们只要达成财务目标就可以。所以在实行这种管控模式的集团中，各下属单位业务的相关性可以很小。集团总部负责财务管控型主要适用于各子公司业务相关度低、对集团影响较小等情况。

第二，战略管控型模式。战略管控型模式是指集团总部以追求集团公司总体战略控制和协同效应的培育为目标而对子公司采取的管理方式。对采用此种管控模式的企业集团而言，其总部作为战略决策和投资决策中心，以追求集团公司总体战略控制和协同效应的培育为目标，管理方式通过战略规划和业务计划体系进行管理。母公司除了在资产上对下属单位进行控制外，还负责集团的财务、资产运营和集团整体的战略规划，例如下属单位的战略发展规划、企业资产运用、全面预算划拨、企业绩效管理和统一技术开发等。各下属单位同时也要制定自己的业务战略规划，并提出达成规划目标所需投入的资源预算。母公司负责审批下属企业的计划并给予有附加价值的建议，批准其预算，再交由下属企业执行。母公司对下属单位的管理主要通过年度报告或者季度报告的形式来表现。战略管控型主要适用于各子公司业务相关性较高、子公司的业务运作比较成熟、子公司对集团影响较大等。

第三，运营管控型模式。运营管控型模式是指集团总部以对企业资源的集中控制和管理，追求企业经营活动的统一和优化为目标而对子公司采取的管理方式。采用此种管控模式的企业集团，其总部作为经营决策中心和生产指标管理中心，以对企业资源的集中控制和管理，追求企业经营活动的统一和优化为目标，直接管理集团的生产经营活动，总部从战略规划制定到实施几乎什么都管。为了保证战略的实施和目标的达成，集团的各种职能管理非常深入。主要特征是表现出经常性地对下属单位同类管理领域的组织协调和集中化处理。这种管控模式管控的程度最高，管理的内容最多。运营管控型主要适用于子公司业务相关性高或重要性高。总部为投资中心和利润中心，而子公司为成本中心。

执行模式专栏4　　长虹财务云领跑集团管控云应用

四川长虹电器股份有限公司（以下简称长虹）创始于 1958 年，于 1994 年 3 月在上海证券交易所上市（股票代码：600839）。在公司前身国营长虹机器厂是我国"一五"期间的 156 项重点工程之一，是当时国内唯一的机载火控雷达生产基地。从军工立业、彩电兴业，到信息电子的多元拓展，产业拓展至黑电、白电、IT/通信、服务、零部件、军工等多种门类，已成为集军工、消费电子、核心器件研发与制造为一体的综合型跨国企业集团，并正向具有全球竞争力的信息家电内容与服务提供商挺进。

CHANGHONG长虹

—— 信赖源自 **1958** ——

图片来源：www.changhong.com.cn。

一、长虹的管控理念

近年来，长虹以市场为导向，强化技术创新，夯实内部管理，积极培育集成电路设计、软件设计、工业设计、工程技术、变频技术和可靠性技术等核心技术能力，构建消费类电子技术创新平台，并大力实施智能化战略，推进产业结构调整，不断提升企业综合竞争能力。

目前，长虹正秉持"员工满意、顾客满意、股东满意"的核心价值理念，恪守"责任、坚韧、创新"的企业精神，凭借品牌、技术、产业、人才、市场、服务等强大实力，全力推进制造业升级、服务业转型和全球化发展，逐步将长虹建设成为全球值得尊重的企业。

从 2004 年开始，长虹引进了财务共享服务中心模式，这个在 20 世纪 80 年代初创于福特汽车公司的模式，现在已经被超过 50%的财富 500 强和超过 80%的财富 100 强企业所采用。通过 10 余年的逐步完善，长虹的财务共享服务中心不仅为公司持续的财务交易能力提供支撑，而且已经开始试探外部市场，并与很多公司达成协议。

虽然财务共享中心模式运转非常良好，并没有出现任何问题，但是，随着云计算、大数据、移动互联网等 IT 技术越来越渗透到人们的生活和企业的运作当中，财务共享服务中心这一发展已久，但信息化手段并不成熟的管理模式也逐步开始受到了新兴技术带来的体验冲击。大数据时代的全面来临，使长虹开创了一种全新的模式，那就是财务云。

二、互联网+管控

长虹财务云是将集团企业财务共享管理模式与云计算、移动互联网、大数据等计算机技术有效融合，通过建立集中、统一的企业财务云中心，在统一的信息化平台的技术支撑前提条件下，把整个公司的财务，进一步进行专业化的细分。实现财务服务、财务管理、资金管理三中心合一，支持多终端接入模式，实现"核算、报账、资金、决策"在全集团内的协同应用。

长虹财务云最基本的要求便是数据标准化以及要素精确化，大到企业之间的合同，小到出差的发票，对每一个财务要素进行标准化制定，在这个基础上，全面实现企业财务凭证无纸化，任何财务单据都直接进入财务云系统中，与此同时，特别开发了电子签名、电子签章等技术，让签字审批包括合同签订、报销账目等工作都能在网上实现。

如果说资金是企业的血液，母子公司财务管控体系则是企业帝国高效运转的心脏。高效的财务管控，是保障集团资金资产的有效使用，确保实现集团战略目标的关键。长虹有着220余家子公司，分支机构遍及全球，打造一颗强劲的"心脏"，建立一套行之有效的财务管控体系，是决定长虹能否把全球范围内的资源加以优化重整，从而使资源配置达到最佳，实现企业价值最大化的关键。

资料来源：作者根据多方资料整理而成。

（二）选择管控模式的影响因素

企业管控模式的选择主要受行业特点、组织规模、发展战略、企业家领导风格等因素的影响，如图 8-4 所示。

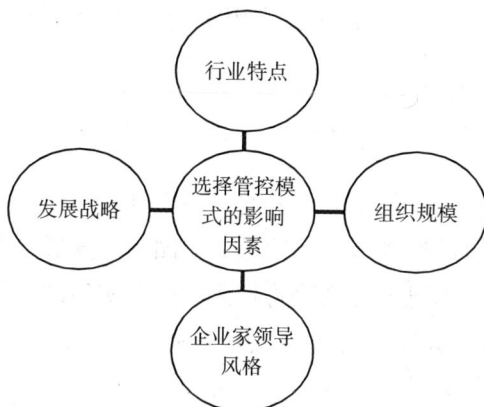

图 8-4 选择管控模式的影响因素

第一，不同的行业具有不同的特点，在管理控制上也有所不同。通常情况下如果业务运营单一，不需要成员企业做出太多个性化经营决策的行业，具备实现集权管控模式的基本条件，而对于那些需要成员企业做出大量个性化经营决策的行业，则需要侧重与分权型的管控模式。

第二，组织规模决定了集团总部的管理幅度和范围，在企业集团发展初期，成员企业较少，或者基本分布在同一区域，这种情况下集团有足够的能力对成员企业实行更紧密的集权型管控；而当企业集团规模不断扩大时，需要管理和协调的事务越来越多，全部交由集团总部来决策便会影响到决策速度和质量，尤其在竞争日趋激烈的今天容易因为决策速度而贻误商机，这就需要集团总部逐步放权，向分权型管控模式过渡。

第三，发展战略是企业集团对整个集团未来发展的全局性部署，企业的发展战略可以归结为单一业务、相关多元化和无关多元化三种类型。对于单一业务战略的企业集团来讲，所有成员企业都从事同一业务，每个成员企业的管控都能够不同程度地复制到其他成员企业，在这种发展战略下集团完全可以对成员企业实行集权式的管控模式，也就是说具备了实行集权管控模式的基本条件。而对于无关多元化来说，每个业务都有各自不同的行业特点，需要不同的管控模式来适应，因此集团无法对成员企业实行更为紧密的管控模式，分权管控成为必然。同样道理，相关多元化企业集团则可以在集权与分权之间需求平衡。

第四，每个人在做出各种决策时都有自己的风格，有些风格的决策者追求对安全感的把握，亦即决策者对管控的紧密程度源于他对局势掌控程度的一种需要。企业家亦是如此，有些企业家善于把握细节，事必躬亲，在集团管控当中体现为集权型管控；而有的企业家则更善于抓大放小，在集团管控中体现为分权型管控。企业应深入分析自己在这几个因素的现状与特点来选择适合自己的管控模式。

二、管控的原则

管控模式对于集团公司是十分重要的，要实现集团公司的有效管控，首先应该把本集团的业务发展战略理清楚，给整个集团一个发展的方向和目标。而人力资源体系、公司流程和信息系统则是管控模式得以实施的支持体系，它们帮助管控模式真正有效地运作起来，并最终实现企业的战略目标。它们是一个相互影响、相互支持的有机体系。

在具体到确定管控模式时，主要有以下五条原则：

第一是简化可复制的原则。企业管控模式的构筑必须优先思考如何建立一套"简单、可复制的管控模式"，即权衡：营运系统的协同性、战略模式的可复制性、管理控制的有效性以及企业文化的渗透性。

第二是适用型的原则。如前所述，既然没有一个"万能"的模式，企业必须根据自身的实际情况选择最适合自己的管控模式。

第三是整合的原则。虽然我们一直在探讨某个大型企业的管控模式，然而事实上，由于企业各下属企业的实力常常千差万别，对企业的战略价值也截然不同，企业内部无法也不能实施单一的管控模式，而应当是选择多种管控模式并存的格局。不仅不同性质的企业下属企业需要差异化的管控模式，下属企业不同的特征也会导致总部对其不同的监控重点和诊断思路。因此，分企业应该拥有精度的视野，对核心业务、新业务和未来业务相机采用不同的管控模式。

第四是战略的原则。简单来说，即管控模式的选择要符合企业整体战略的需要，并能够推进企业战略的贯彻实施。针对下属企业是否影响企业主业发展方向的具体情况，采用不同的管控模式，以确保规避主业的运营风险，同时不会对下属企业过度管控。

第五是渐进的原则。这个原则可以说贯穿企业管控的始终。在管控模式上比较稳妥的办法是渐进，把企业公司管控设计为一系列逐步演进的过程，在整体规划的基础上分步骤、分阶段实施，里程碑式地一步一个脚印步步为营，通过逐步逼近的方式最终到达希望的彼岸。管控模式没有最佳，只有最适合。广义的管控模式并不存在一个标准或万能的模式，而最适合企业自己的模式也还将随一些外界因素的变化而不断调整。

执行模式专栏 5　开滦集团：打造财务集中管控"范本"

开滦集团创建于 1878 年，前身是开滦矿务局，1999 年底改制为开滦有限责任公司，它已经走过了 136 年的沧桑岁月。企业旗下现有 46 个分公司，60 个子公司，一个上市公司，已建成为集煤炭生产、洗选加工、煤化工、现代物流、煤电热、装备制造、文化旅游、节能环保、建筑施工等多业并举的跨地区、跨行业、跨所有制、跨国的大型现代企业企业。

图片来源：www.kailuan.com.cn。

在改革开放的新形势下，百年开滦得到了长足发展。2008 年以来，开滦集团致力于加快企业转型发展、科学发展，确定了"开放融入，调整转型，科学发展，做大做强"的战略方针，积极探索实现产业格局多元化、发展高端化、发展集约化、资源整合全球化、融资渠道多元化，基本扭转了单一采煤的格局，初步走出了一条资源型企业转型发展的新路径，连续三年实现跨越式发展。2008~2010 年，企业的经济增长速度平均达到 81%，在中国 500 强企业排名中，三年上升了 200 位，2011 年被评为中国最具成长力企业第 7 名。2012 年，开滦集团以年营业收入 225.193 亿美元首次进入世界 500 强，名列第 490 位。

"财务是企业管理的核心，它的使命就是为企业的价值创造服务。"这是张志芳一直信奉的工作理念。但是企业的财务管控也要随着企业环境的变化而变化。对此，开滦集团一直都在身体力行。随着企业规模的不断扩大，财务管控模式也在不断探索中成长，开滦集团从制定财务战略、实施财务集中管控、构建内部控制体系、构建全面成本管理模式，逐渐形成了具有开滦集团特色的财务管控模式。开滦集团的财务集中管控系统由八个子系统组成，如图 8-5 所示。

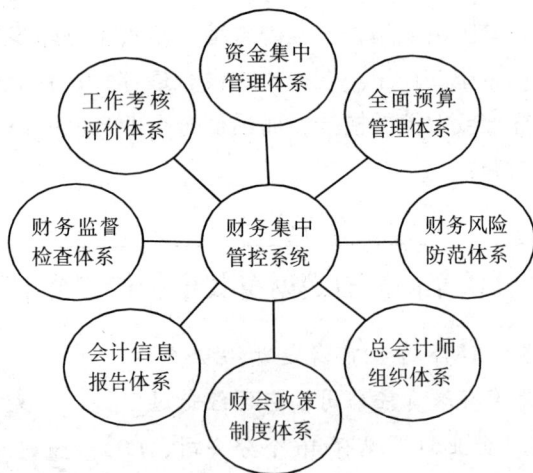

图 8-5　开滦集团的财务集中管控系统

这八个系统中，资金集中管理体系处于核心地位，财务风险防范体系是关键所在。企业通过全面预算管理体系这个平台，可以利用总会计师组织体系这一有效手段，在财会政策制度体系建设这个根本和会计信息报告体系建成的基础上，用财务监督检查体系有力地保障了财会集中管控系统的实施，用工作考核评价体系坚实地支撑了财务集中管控系统的落地。这些都是财务集中管控系统不可或缺的有机组成部分，"一个也不能少"。

开滦集团实施的全面预算管理将生产安全、外部投资、内部投资、筹资预算、收益分配预算等的资金全部纳入企业财务管控之中，从而确保企业资金链安全、提高资金运行效益、实现企业价值最大化，对企业的生存发展起到了不可或缺的重要作用。

资金集中管控系统的建立让开滦集团受益良多。为此，开滦集团经历了从内部银行到资金结算中心再到财务公司的蜕变过程，如图 8-6 所示。

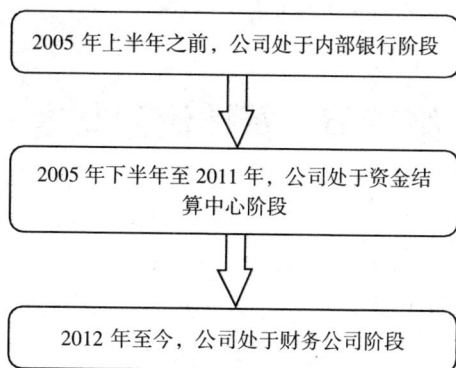

```
┌─────────────────────────────────────┐
│ 2005 年上半年之前，公司处于内部银行阶段 │
└─────────────────────────────────────┘
              ↓
┌─────────────────────────────────────┐
│ 2005 年下半年至 2011 年，公司处于资金结 │
│           算中心阶段                   │
└─────────────────────────────────────┘
              ↓
┌─────────────────────────────────────┐
│ 2012 年至今，公司处于财务公司阶段       │
└─────────────────────────────────────┘
```

图 8-6　资金集中管理体系的"三部曲"

最后，全面规范的制度建设和总会计师体系的构建，是开滦集团财务集中管控系统能够实施到位的保障。

开滦集团看重制度体系的建设。比如，2006 年 6 月，修订完成的《开滦企业公司会计制度实施细则》，包括会计基础工作在内，达到了 33 章、50 万字。2008 年 6 月，完成的《开滦企业公司会计准则实施细则》，包含了 38 章内容、58.5 万字。此外，开滦集团还制定了《财会岗位作业手册》、《关于开滦企业公司治理与管控模式财务集中管控模式的落实意见》、《开滦（企业）有限责任公司财务风险管理办法》、《开滦企业公司财务负责人管理实施细则》等一系列文件。从普通财会岗位的工作到总会计师的职责，开滦集团都一一落在了纸面上。很多管理会计的思维方法和企业战略的承接，正是通过制度规范的形式，传递到了企业的每个角落。

制度再好，也需执行。人就是执行中最重要的动因。为此，用人同样是开滦集团财务管控体系建设的重点。开滦集团把总会计师队伍建成了财务集中管控的抓手。开滦集团规定，企业公司和各二级公司配备符合任职资格的总会计师，相对控股以上的多元投资企业由企业公司派出财务总监，三级公司中资产规模较大的控股及全资子公司配备总会计师；同时，完成了二三级单位财务机构单设工作，形成了企业公司及所属二、三级单位财务机构的完整体系；对财务机构负责人实行下管一级办法。

开滦集团构建的财务集中管控系统，彰显出开滦集团财会人广阔的全球视野、精准的前瞻眼光、扎实的预算功底、严密的控制能力和系统的全局观念，也为开滦集团应对行业困境奠定了扎实基础。

资料来源：作者根据多方资料整理而成。

第三节　管控流程制度

管控流程制度是指母子治理、战略、财务、资本运营、研发、供应链、审计、信息、风险管理等管控子功能操作运作规则。如果这些管控职能运作的"游戏规则设定不好"，再好的管控模式也无法在企业落地生根。我们经常在一些企业发现"准则与流程两张皮"的现象，缺乏管控流程与制度再造的能力，进而造成很多企业管控变革面临较高的落地风险。

因此，企业应建立一套流程和制度的管控体系来解决各方面的挑战。具体来说，就是在企业应该实现"四个统一"并进而建立一套适应企业管控的制度和流程管理体系。所谓"四个统一"即设立一个统一的流程和制度管理机构；采用一套统一的流程描述语言；梳理一套统一的流程手册和岗位职责；建立一个统一的信息化流程管理平台。

一、设立一个统一的流程和制度管理机构

企业企图用流程来整合及规范企业及下属企业的管理体系，那么一个站在企业全局角度进行流程管理的机构就显得不可或缺了。当然，被赋予此职责的部门自然也就成为企业管理体系整合的中枢部门了。它的主要职责包括：建立统一的流程描述规范；设计统一的流程管理架构；进行流程和制度的统一发布；对流程变更进行统一管理并对流程执行情况进行统一的监控等。

二、采用一套统一的流程描述规范

不同的人在描述同一个流程时，或者同一批人在不同的时间点描述同一个流程时，由于没有一套强制统一的描述语言，就会出现流程描述的差异。另外，由于没有强制的规范性描述，各部门间讨论同一个流程时，往往会发生"各说各话"的现象，都认为对方懂了，但其实大家说的是两回事。因此，企业的流程管理职能部门的首要工作就是制定一套本企业统一的流程描述规范和语言，并强制和监督大家执行。

三、梳理一套统一的流程手册和岗位职责

不管企业引入并建立了多少种管理理念和体系，企业的业务流程都只能有一套，而且这套业务流程还应该是所谓端到端的流程。企业的员工只要严格按照这套流程手册中所规定的要求开展工作即可满足所有管理体系的要求。梳理出一套综合的流程手册和岗位职责书是管理体系整合成功的标志。因此，通过业务流程这个桥梁将各种管理思想和理念整合在一起并落实到每一个具体的流程步骤上去，从而使得各种管理思想能够真正落地是梳理一套统一的流程手册和岗位职责的根本目的。明确清晰地告诉员工应如何正确地做事，这是精细化和标准化管理的需要，也是企业管理优化和提升的基础。

四、建立一个统一的信息化流程管理平台

所谓统一的信息化流程管理平台是指企业所有的业务流程都必须在此平台上建立、修改和发布。企业所有的流程手册和岗位职责也必须通过这个平台自动生成。这样可以借助 IT 技术有效地避免不同管理体系之间的不协调和冲突，并实现管理体系的整合。事实上，没有信息化管理平台加以支撑，全凭人工管理来实现上述所谓的流程管理理念还是比较困难的。信息化技术的优势就是可以通过功能、权限和工作流的设置来固化流程管理本身的各种制度和流程，并且可以大大提高管理体系整合的效率和精确程度。另外，信息化技术还能使相关人员方便高效地进行流程的设计、更改和查询。

执行模式专栏6　　　　哈药企业风险管控不到位

图片来源：www.hayao.com.cn。

哈药企业股份有限公司（以下简称哈药企业），是 1991 年 12 月 28 日经哈尔滨市经济体制改革委员会哈体改发〔1991〕39 号文批准，由原"哈尔滨医药企业股份有限公司"分立而成的股份有限公司。它于 1993 年 6 月 29 日在上海证券交易所上市（股票代码：600664），成为黑龙江省医药行业首家上市公司。哈药企业是国有控股的中外合资企业。哈药企业拥有两家在上海证券交易所上市的公众公司和 27 家全资、控股及参股公司。员工 2 万余人，注册资本共计 37 亿元，资产总额 119 亿元。

哈药企业秉承"做地道药品，做厚道企业"的企业宗旨，市场份额迅速提升，业务领域不断扩大，部分产品打入欧洲、亚洲、非洲、中北美洲市场，年出口创汇 1 亿美元以上。凭借"以正合、以奇胜、以德存"的企业理念，积极实施品牌创新战略，赢得了社会各界的普遍赞誉。

但是现实却是，一直对外维护质量优先、消费者安全至上的哈药企业，却因为质量问题成为监管部门黑名单的"常客"。过去十年各项虚假宣传、质量问题累计超过十项，令人惊心。

2005 年 7 月，哈药六厂推出的一款瘦身饮料因为明确宣传了产品的功效，涉嫌违规宣传而遭到了有关部门的打击。2006 年，上海市食品药品监督局将哈药企业三精黑河药业公司在内的多家企业列上了诚信经营"黑名单"。同年，北京市药监局亦发布公告称，哈药企业等涉嫌发布违法药品广告。类似例子并未因此有所收敛，2007 年 6 月 6 日，国家药监局公告宣布，哈药企业"牛鲜茶"等广告批准文号被撤销，此后在浙江省发布的虚假违法医药广告警示中，哈药企业三精千鹤制药有限公司的"牛鲜茶"也榜上有名。

而从 2008 年至今，包括哈药企业世一堂制药厂生产的五海瘿瘤丸被国家药监局列为违法广告药品，哈药世一堂止咳喘冲剂违法宣传在云南省被禁，由于广告宣传擅自扩大药品功能欺骗和误导消费者，四川食品药品监督管理局禁止哈药中药三厂生津消渴胶囊在该省内销售，江苏省下令暂停哈药企业世一堂制药厂生产的微达康颗粒销售以及哈药企业制药总厂制剂厂生产的新贝增盖高钙片重金属铅超标而在深圳被叫停的案例林林总总，几乎在哈药企业旗下的各大业务分公司全面开花，堪称系统性爆发。

　　2006 年曾经携旗下 16 家所属企业联合发布安全倡议、宣称以"产品质量零事故"为永恒目标的哈药企业，却被外界在一次次事故中被视为质量管控的"惯犯"。

　　以上种种现象说明哈药企业质量管理意识不强，面对恶性竞争甚至不惜牺牲产品质量。同时也说明哈药企业在面对涉及产品负面事件的处理上，大多以回避或矢口否认为主且事后并没有引以为戒，才造成了更多的不信任。这在一定程度上表明哈药企业在风险管控或者规避风险能力上的不足，缺乏如杀毒软件一样的风险管控体系。

　　资料来源：作者根据多方资料整理而成。

第四节　人力资源管理

　　人力资源管理，是指在经济学与人本思想指导下，通过招聘、甄选、培训、报酬等管理形式对组织内外相关人力资源进行有效运用，满足组织当前及未来发展的需要，保证组织目标实现与成员发展的最大化的一系列活动的总称。就是预绩效支付报酬并进行有效激励、结合组织与个人需要进行有效开发以便实现最优组织绩效的全过程。

一、人力资源管理的内涵

　　学术界一般把人力资源管理分为六大模块，如图 8-7 所示。

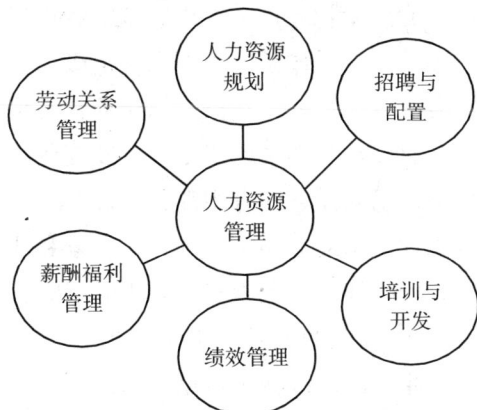

图 8-7　人力资源管理六大模块

诠释人力资源管理六大模块核心思想所在，可以帮助企业主掌握员工管理及人力资源管理的本质。

二、人力资源管理的目标

人力资源管理目标包括全体管理人员在人力资源管理方面的目标任务与专门的人力资源部门的目标与任务。显然两者有所不同，属于专业的人力资源部门的目标任务不一定是全体管理人员的人力资源管理目标与任务，而属于全体管理人员承担的人力资源管理目标任务，一般都是专业的人力资源部门应该完成的目标任务。

但是，无论是专门的人力资源管理部门还是其他非人力资源管理部门，进行人力资源管理的目标与任务主要包括以下三个方面：保证组织对人力资源的需求得到最大限度的满足；最大限度地开发与管理组织内外的人力资源，促进组织的持续发展；维护与激励组织内部人力资源，使其潜能得到最大限度的发挥，使其人力资本得到应有的提升与扩充。

三、制定人力资源管理制度

人力资源管理制度是对企业员工的各项工作习惯和行为的基本范定，也是组织框架下各项人力资源管理活动开展的规定与约束，是一项调节企业全员协作行为的制度。因而人力资源管理制度是企业人力资源管理规范和有效执行的基本保障。企业组织管理中各项人力资源管理制度制定要求，必须注意以下四个方面：

首先，企业制定人力资源管理制度必须满足企业实情。制订制度一定要符合企业的实际情况，在合法前提下，符合企业家的意愿，制度的设计目的明确，适用范围明确，大多数员工能接受和通过，并乐意遵守和执行。好的人力资源管理制度对大多数员工具有激励性，对偷懒、工作态度消极、工作行为不良的员工有约束力和纠错惩罚力，能使得全员的工作行动以企业核心价值观为中心，满足企业实情。公司在发展，企业经营管理情况也是在不断变化的，所以好制度也应根据具体情况不断修正完善，以确保它的有用性和有效性。

其次，企业人力资源管理制度的制定必须符合国家和地方法律法规标准。人力资源经理、总监制定、修改和完善人力资源管理制度时，一定要确保制定的制度是合法的，符合国家法律法规的要求。不侵犯员工的权益，也保护企业的权益，使得制定的制度在法律层面没有漏洞可钻。因此，在起草制度时，最好请企业常年法律顾问或律师进行审阅，让他们提出意见，以确保制度合法，不受内部员工或外部客户的投诉，保护劳资双方的权益。

再次，企业人力资源管理制度的制定必须注重系统性和配套性。人力资源管理制度的设计不能头痛医头，脚痛医脚，管理上出了问题才去找制度，没有制度和条文就赶紧起草，制度应用起来不对，或过时了，落后了，有漏洞了，马上修改；或者影响到公司或员工的利益了，才想起要改进。人力资源管理制度一般从人力资源管理的八大模块出发，围绕企业战略和目标进行设计。一般有：基本人事制度、组织设计管理制度、人力资源招聘管理制度、员工培训管理制度、员工绩效管理制度、员工薪酬福利管理制度、员工关系管理制度（劳动合同管理、离辞职管理、竞业禁止协议）、职涯规划制度、企业文化管理制度等，要保证各制度系统、完整、配套，既要有目标、有范畴、有流程、有章程、有责任、有奖惩、有审核、有修改说明、有实施起止日期等。

最后，企业制定的人力资源管理制度必须保持合理性、前瞻性。由于企业人力资源管理制度的执行对象是人，为提高制度执行的有效性，在制定制度时必须考虑人性化、合理化等特征。人性的特点是客观规律，是人的一种需求的满足，是一种人格的尊严，因此只宜尊重，不宜违背。一个好的制度除了合理性以外，在设计时要考虑前瞻性，保持制度的先进性，而不会朝令夕改，使制度能跟得上企业改革和发展之需。所以制度合理、前瞻两点要求的和谐统一，既具有促使本公司经营计划能如期实现的功能，又极具人性化。

【章末案例】 <h3 style="text-align:center">天音通信的执行能力</h3>

一、公司介绍

图片来源：www.bjldpb.com。

天音通信有限公司（以下简称天音通信）成立于 1996 年 12 月，并于 1997 年 12 月在深圳上市（股票代码：000829）。经过近 18 年的持续发展，现已形成三大产业企业：传统分销产业企业、移动互联产业企业和虚拟运营产业企业。其中，分销产业企业是中国最大的移动电话综合服务商之一，移动互联产业企业是中国最具潜力的移动互联网企业之一，虚拟运营产业企业则为中国首批移动通信虚拟运营商。

公司目前拥有正式员工 8000 余名，在中国大陆地区设立了 24 个分公司、

98 个办事处、560 个营销服务片区，直接覆盖并服务中国大陆 5 万家零售店，打造了中国规模最大的集分销、零售、售后服务、移动互联网、移动通信虚拟运营为一体的综合服务网络，其中，移动互联产业板块的塔读文学位列中国移动阅读前三强，欧朋浏览器为中国手机浏览器前四强。

公司秉承"客户至上，恒守诚信，以人为本，持续创新"的价值观，发扬"激情、协同、高效、执行"的企业精神，坚持"经营战略、经营员工、经营客户"的经营理念，公司未来的发展战略清晰明确：以传统分销业务为基础，从渠道向网络和平台转变，打造 B2B 和平台商业模式，做强做大分销业务；以创新业务为抓手，整合运营商、厂商和零售商资源，全面提升综合服务能力，发展和突破移动通信虚拟运营业务；以浏览器为引擎，聚合产品和服务，构建移动互联平台，将客户变用户，扩大发展移动互联业务。

二、公司经营运作情况

2013 年，公司坚持"平台为王、系统制胜"的发展思路，坚持"实现销售规模和用户规模方面双跨越"的主线，实施了力度空前的组织变革。分销业务积极落实公司相关策略，全力以赴抢平台、抓管理、谋发展，完善并巩固了公司在分销行业的地位。移动互联业务发展迅速，用户持续增加，三大核心业务开始协同。转售业务三大运营商转售牌照的同时获取增强了公司各项优质资源的紧密度并产生业务发展的乘数效应。2013 年度报告期内公司共实现销售收入 298.52 亿元。2014 年上半年营收和净利润同比增长，但扣除非经常性损益后的归属于上市公司股东净利润仅为 -1.89 亿元，同比下降 270.5%。受制于 3G 手机库存清理，公司上半年手机分销业务表现低于市场预期。

三、业务转型与突破

（一）业务转型

近几年天音控股正在积极推进转型，企业从传统的单一手机分销业务转变为手机分销业务、移动互联网业务及移动转售业务三大核心业务。发展和突破移动通信虚拟运营业务；以浏览器为引擎，聚合产品和服务，构建移动互联平台，将客户变用户，扩大发展移动互联业务。

（二）突破

随着公司"天音移动"虚拟运营商品牌的正式推出，公司三大核心业务开始逐步发挥协同效应：一方面公司拥有全国最广、最深的手机分销渠道，并且通过布局全国性电子商务平台努力成为手机分销业内电商；另一方面公司拥有多元化的移动互联网业务，目前已完成了移动互联网的入口、内容、应用三大方面的布局。公司在移动互联网平台、内容方面储备良久，欧朋浏览器、塔读文学等应用均位于各自行业前列，公司正朝着"成为移动互联网领域最卓越的综合服务商"长期战略目标迈进。2014年的虚拟运营商获牌又使得公司可以切入电信运营，将手机分销资源和移动互联网资源有效地衔接起来。

四、转型的可能性

天音控股实现业务转型的可能条件主要有以下两点。

首先，公司拥有中国最大的手机销量。目前公司年手机销量在3000万台以上，占据全市场20%左右市场份额，为中国最大手机分销商。而未来移动互联网业务均是以手机为终端载体进行的，这也是公司一直坚持手机销售以占据市场规模为导向的原因所在。公司销售出去的几千万台手机都可以成为公司移动互联网的潜在用户，而这个用户规模在移动互联网企业中是很大的。

其次，公司进军移动互联网与运营商、手机厂商相比最大的优势在于"没有围城"，中国移动的移动互联网用户只限于中国移动自己，诺基亚的移动互联网用户只限于诺基亚手机用户，天音控股的移动互联用户不受运营商和手机品牌限制。

五、公司执行落实的方式

首先，创建多元化的移动互联网业务，完成了移动互联网的入口、内容、应用三大布局。现在欧朋浏览器累计用户过亿、塔读文学已有注册用户过千万、九九乐游手机游戏拥有众多流量型用户，开奇应用商店业拥有众多重度活跃用户，公司正朝着"成为移动互联网领域最卓越的综合服务商"长期战略目标迈进。

其次，移动转售业务。2013年12月26日公司获得国家工信部颁发的中国移动第一张"移动转售业务"牌照，作为中国电信改革的标杆，公司将面临的重要历史性机遇和挑战，是推动公司转型移动互联网的重要机会。公司在终端分销和移动互联网领域积累丰富的经验和资源，推动公司步入一个新历史发展阶段。

最后，公司在2014年上半年，布局了全国性电子商务平台，尝试O2O线上线下相结合。在2014年5月公司还推出虚拟运营品牌"天音移动"。此外，2014年9月天音控股子公司还出资3.8亿元在青海省格尔木市设立全资子公司天乐联线科技有限公司。

六、结论与启示

互联网时代已经到来，企业的传统业务将面临严峻的考验。企业要想在日益激烈的竞争环境中生存和壮大起来，就必须从自己的实际出发，联合互联网，进行业务的转型。但是，转型并不是说说而已，企业首先要制定清晰的战略规划，然后根据自身的实际选择合适的管控模式，一步一步地执行下去，只有这样企业才能真正地实现转型。

一个企业是一个组织，一个完整的肌体，企业的执行力也应该是一个系统、组织和团队的执行力。执行力是企业管理成败的关键。只要企业有好的管理模式、管理制度，好的带头人，充分调动全体员工的积极性，管理执行力就一定会得到最大的发挥，企业就一定能创造百年企业的目标。企业要实现"办一流企业、出一流产品、创一流效益"的经营宗旨，解决管理中存在的问题，就必须在员工中打造一流的企业执行力。一个执行力强的企业，必然有一支高素质的员工队伍，而具有高素质员工队伍的企业，必定是充满希望的企业。

【本章小结】

执行模式是指企业贯彻战略意图，完成预定目标的一系列活动。它是把企业战略、规划转化成效益、成果的关键，对企业至关重要。有的公司没有明确的能够落实的战略规划、没有每一次的明确的营销策略，使员工得不到明确的指令；也有的公司营销策略不符合市场需求，员工只好自发地进行变动；还有的公司政策经常变，策略反复改，再加上信息沟通不畅，使员工很茫然，只好靠惯性和自己的理解去做事。这样员工在做事过程中就会很盲目且被动，最终体现出来的就是员工工作效率低，企业执行力差。

在企业的成长过程中，每一次飞跃的实现都得益于完美的执行。然而每一次执行都是阻力与动力并存，执行的成败在于阻力与动力问题的处理。我们不仅要减少阻力，还要努力激发执行的动力。那么如何激发企业的执行动力呢？第一是愿景，提出愿景，指出未来的方向；第二是规划落地，要有实在的规划，只有愿景大家会觉得很缥缈，那怎么办？就要规划落地。第三，把成败的基点放到影响的人身上，激发他们的斗志。

【问题思考】

1. 企业为什么要制定战略规划及如何制定战略规划?

2. 企业要如何培养执行文化?

3. 企业应如何进行战略管控?

4. 企业要如何选择适合自身的管控模式?

5. 企业为什么要进行人力资源管控以及如何进行人力资源的管控?

参考文献

［1］David I. Couins，Cynthia A. Motgomery. Resource Competition，90's Strategy ［J］. Harvard Basiness Review，1995，5（2）：12–13.

［2］柴国荣，李毅，苏雅娜. 项目导向型科技企业的组织模式与运行机制［J］. 科技管理研究，2014（18）：127–131.

［3］陈炜煜. 物流价值管理研究［M］. 北京：北京大学出版社，2013.

［4］方志远. 商业模式创新战略［M］. 北京：清华大学出版社，2014.

［5］高华. 项目群管理中的组织模式实证研究［D］. 成都：西南交通大学，2014.

［6］高连和. 中小企业集群融资新模式论［M］. 北京：中国金融出版社，2014.

［7］高小玲. 产业组织模式与食品质量安全——基于水产品的多案例解读［J］. 软科学，2014（11）：45–49.

［8］顾小姣. 基于现代企业的战略管控模式研究［J］. 经营管理者，2014（4）：97.

［9］洪峥. 创业融资最佳模式［M］. 广州：广州经济出版社，2014.

［10］黄焕冲. 探讨一体化的通信工程项目管理组织模式［J］. 经营管理者，2014（24）：313.

［11］黄莺. 战略管控：抓大放小［J］. 中国邮政，2014（6）：50–51.

［12］康斯坦丁诺斯·C. 马凯斯. 攻略：商业模式创新路线图［M］. 姜艳丽译. 北京：东方出版社，2010.

［13］李岱峰. 烟草行业内部审计组织模式探讨［J］. 商业会计，2014（21）：97–98.

［14］李海舰，李建明，孙为民. 商业模式原理：解密企业长期盈利逻辑［M］. 北京：北京联合出版公司，2014.

[15] 李宏，刘晓行，李皎. 云南省农业产业化组织模式探析 [J]. 当代经济，2014（21）：78-79.

[16] 李培哲，菅利荣，裴珊珊，张瑜. 企业主导型产业技术研究院组织模式及运行机制研究 [J]. 科技进步与对策，2014（12）：65-69.

[17] 李瑞平. 执行力是企业的核心竞争力 [J]. 现代商业，2014（2）：144-145.

[18] 李五四，卡依尔江·木台力甫. 基于物流中心的生鲜农产品物流组织模式研究 [J]. 经济研究导刊，2014（18）：92-93.

[19] 李晓鹏. 地方政府投融资模式研究 [M]. 北京：机械工业出版社，2014.

[20] 梁海山. 网络化时代海尔质量模式创新探索 [J]. 上海质量，2014（8）：20-24.

[21] 梁鸿雁. 大转型：商业模式的革命与重建 [M]. 深圳：海天出版社，2014.

[22] 林蔡萍. 构建执行力文化 提升企业竞争力 [J]. 东方企业文化，2014（7）：83.

[23] 刘健，戚聿东. 产业组织模式转型的路径探讨——基于第三次工业革命的视角 [J]. 现代经济探讨，2014（06）：34-37+46.

[24] 刘俊，吴嘀. 信息化条件下的集团管控模式与发展趋势研究 [J]. 经济研究导刊，2014（7）：24-25+27.

[25] 刘彤. 公司治理模式选择：基于融资结构的视角 [M]. 北京：中国经济出版社，2013.

[26] 罗宾斯. 管理学 [M]. 孙健敏译. 北京：中国人民大学出版社，2009.

[27] 彭向刚，程波辉. 论执行文化是执行力建设的基础 [J]. 学术研究，2014（5）：17-25+159.

[28] 芮明杰. 管理学——现代的观点 [M]. 上海：复旦大学出版社，2013.

[29] 邵永同. 科技型中小企业融资模式创新研究 [M]. 北京：知识产权出版社，2014.

[30] 施瑞芳. 人力资源管控问题的研究 [J]. 人力资源管理，2014（10）：60-61.

[31] 孙争取. 以质量和交付为中心生产组织模式的实践 [J]. 河北冶金，2014（04）：58-59+72.

[32] 滕琳. 宝钢：管控实践之路 [J]. 新理财，2014（4）：72-73.

[33] 王健林. 万达执行力的秘密 [J]. 董事会，2014（5）：60-62.

[34] 王金普. 让文化成为提升企业执行力的助推器 [J]. 施工企业管理，2014（11）：96-97.

[35] 王雅洁，戴景新，高素英，张金. 战略人力资源管理、企业特征与企业绩效 [J]. 科技管理研究，2014（4）：163-168.

[36] 危正龙，宋正权. 商业模式突围 [M]. 北京：中国经济出版社，2014.

[37] 危正龙，宋正权. 商业模式突围：中小企业的转型与重生 [M]. 北京：中国经济出版社，2014.

[38] 魏清文，李佳钰. 赢利：商业模式背后的秘密 [M]. 北京：中国商业出版社，2013.

[39] 吴朝晖，吴晓波，姚明明，现代服务业商业模式创新 [M]. 北京：科学出版社，2013.

[40] 吴趋书. 企业战略规划之浅见 [J]. 现代经济信息，2013，24：100.

[41] 徐威. 冷链物流运输组织模式优化的研究 [D]. 成都：西南交通大学，2014.

[42] 杨富超. 企业执行文化构建探析 [J]. 科技与企业，2011（12）：158.

[43] 杨靓，陈新湖，李培，周旭. 地理国情普查一体化生产组织模式探讨 [J]. 遥感信息，2014（4）：20-25.

[44] 尹君，谢家平. 汽车闭环供应链零部件回收组织模式研究 [J]. 现代管理科学，2014（9）：36-38.

[45] 于春辉. 构建我国企业组织的新模式：学习型组织 [J]. 现代经济信息，2014（11）：97.

[46] 张海良. 长尾理论 [M]. 北京：中国铁道出版社，2013.

[47] 张康之. 基于组织环境的组织模式重建 [J]. 行政论坛，2014（5）：1-8.

[48] 张瑞敏. 海尔的网络化战略 [J]. IT 经理世界，2013（8）：114-116.

[49] 张文松，郝宏兰. 商业模式再造：中国企业转型的路径选择 [M]. 北京：清华大学出版社，2012.

[50] 张燕，郭晶. 新编资本运营 [M]. 北京：经济科学出版社，2013.

[51] 周晶晶. 财务战略管理组织模式及相应的保证机制 [J]. 现代国企研究，2014，11：143-145.

[52] 周雪. 国有企业集团构建人力资源管控模式的有效路径研究——以中化

集团为案例［J］. 中国人力资源开发，2014（7）：71-77.

　　［53］朱鹏，潘琳. 基于自组织理论构建协同创新的科研组织模式　［J］. 高教探索，2014（3）：20-24.